Sylvia Buchen · Cornelia Helfferich · Maja S. Maier (Hrsg.)

Gender methodologisch

Sylvia Buchen · Cornelia Helfferich
Maja S. Maier (Hrsg.)

Gender methodologisch

Empirische Forschung in der
Informationsgesellschaft
vor neuen Herausforderungen

VS VERLAG FÜR SOZIALWISSENSCHAFTEN

VS VERLAG FÜR SOZIALWISSENSCHAFTEN

VS Verlag für Sozialwissenschaften
Entstanden mit Beginn des Jahres 2004 aus den beiden Häusern
Leske+Budrich und Westdeutscher Verlag.
Die breite Basis für sozialwissenschaftliches Publizieren

Bibliografische Information Der Deutschen Bibliothek
Die Deutsche Bibliothek verzeichnet diese Publikation in der Deutschen Nationalbibliografie;
detaillierte bibliografische Daten sind im Internet über <http://dnb.ddb.de> abrufbar.

1. Auflage Oktober 2004

Alle Rechte vorbehalten
© VS Verlag für Sozialwissenschaften/GWV Fachverlage GmbH, Wiesbaden 2004

Lektorat: Frank Engelhardt

Der VS Verlag für Sozialwissenschaften ist ein Unternehmen von Springer Science+Business Media.
www.vs-verlag.de

Das Werk einschließlich aller seiner Teile ist urheberrechtlich geschützt. Jede Verwertung außerhalb der engen Grenzen des Urheberrechtsgesetzes ist ohne Zustimmung des Verlags unzulässig und strafbar. Das gilt insbesondere für Vervielfältigungen, Übersetzungen, Mikroverfilmungen und die Einspeicherung und Verarbeitung in elektronischen Systemen.

Die Wiedergabe von Gebrauchsnamen, Handelsnamen, Warenbezeichnungen usw. in diesem Werk berechtigt auch ohne besondere Kennzeichnung nicht zu der Annahme, dass solche Namen im Sinne der Warenzeichen- und Markenschutz-Gesetzgebung als frei zu betrachten wären und daher von jedermann benutzt werden dürften.

Umschlaggestaltung: KünkelLopka Medienentwicklung, Heidelberg
Satz: Martin Janz, Freiburg
Druck und buchbinderische Verarbeitung: Rosch-Buch, Scheßlitz
Gedruckt auf säurefreiem und chlorfrei gebleichtem Papier
Printed in Germany

ISBN 3-531-14291-7

Inhalt

Vorwort 9

Sylvia Buchen
Standortbestimmung und Selbstvergewisserung der
Geschlechterforschung als Einführung 11

Sylvia Buchen, Cornelia Helfferich und Maja S. Maier
Zu den einzelnen Beiträgen 19

I Gender methodologisch

Regine Gildemeister
Geschlechterdifferenz – Geschlechterdifferenzierung:
Beispiele und Folgen eines Blickwechsels in der empirischen
Geschlechterforschung 27

Burkhard Schäffer
Doing Generation. Zur Interdependenz von Milieu, Geschlecht
und Generation bei der empirischen Analyse
generationsspezifischen Handelns mit Neuen Medien 47

Sylvia Buchen
PC/Interneterfahrungen von Schülerinnen einer katholischen
Mädchenrealschule. Die Nutzungspraxis als funktionales
Äquivalent für andere Handlungsmodi 67

Cornelia Helfferich
Gender-Positionierungen in Gruppendiskussionen 89

Nina Degele, Dominique Schirmer
Selbstverständlich heteronormativ: zum Problem der
Reifizierung in der Geschlechterforschung 107

Gabriele Winker
Internetforschung aus Genderperspektiven 123

II Anwendungsfeld: Jugend – Schule – Neue Medien

Annette Treibel, Elke Billes-Gerhart
Jugend und Neue Medien – eine Sekundäranalyse 143

Damaris Güting
Die Thematisierung von Geschlechtszugehörigkeit in
schulischen Interaktionen – eine Analyse von
ethnografischen Beobachtungen 161

Ingo Straub
Männlichkeitskonstruktionen im Kontext vergeschlechtlicher
Mediennutzungspraxen – eine empirisch-hermeneutische
Fallrekonstruktion 177

Ralf Biermann, Sven Kommer
Triangulation zur Annäherung an die Medienbiografie
und die Mediennutzung von Jugendlichen 195

Andreas Schnirch, Manuela Welzel
Nutzung Neuer Medien im Bereich des naturwissenschaftlichen
Unterrichtes der Realschule. Eine Studie unter Genderperspektive ... 213

Hannelore Faulstich-Wieland
Das Geschlechterthema an einem österreichischen Gymnasium
mit monoedukativer Tradition. Erste Ergebnisse einer
wissenschaftlichen Begleitung 231

III Gender methodologisch in Queerforschung, Bewältigungsforschung und Internetforschung

Maja S. Maier
Zur Reproduktion von Zweigeschlechtlichkeit. Methodische
Überlegungen zur Erforschung von homosexuellen Paarbeziehungen . 249

Bettina Wilke
„Im Endeffekt ist es ein Trieb – es kommt nix anderes bei raus."
Geschlechterkonstruktionen im Spiegel der Pornografie 267

Silke Birgitta Gahleitner
Zwischen Differenz und Dekonstruktion –
Methodische Überlegungen zur Überschreitung des bipolaren
Geschlechterdualismus in der Genderforschung nach
einem Verfahren von Hagemann-White 283

Gabriele Sobiech
Körper ohne Geschlecht? (Re- und De-)Konstruktionen der
Geschlechterdifferenz durch die ästhetische Arbeit am
Körper in Fitnessstudios 293

Christiane Schmidt
Analyse von E-Mails zur Rekonstruktion von
Diversity in virtuellen Teams 315

Silke Kirschning
Zur Entwicklung und Auswertung gendersensitiver
Online-Fragebögen – ein Werkstattbericht aus
der Gesundheitsforschung 335

Verzeichnis der Autorinnen und Autoren 351

Vorwort

Die Grundlage des vorliegenden Bandes bilden Beiträge eines interdisziplinären Methodenworkshops, der unter dem Titel „Genderforschung: methodische Fragen und empirische Befunde" im Januar 2004 an der Pädagogischen Hochschule Freiburg durchgeführt wurde.

Veranstaltet wurde der Workshop vom *Hochschulartenübergreifenden Kompetenzzentrum* zum Thema *Genderforschung und Bildungsfragen in der Informationsgesellschaft* (KGBI). Das Kompetenzzentrum wird vom Ministerium für Wissenschaft, Forschung und Kunst Baden-Württemberg als Strukturmaßnahme gefördert, um zur Institutionalisierung der Frauen- und Geschlechterforschung an baden-württembergischen Hochschulen beizutragen.

An dem hochschulartenübergreifenden und interdisziplinären Verbund sind die Pädagogischen Hochschulen Freiburg, Karlsruhe und Heidelberg sowie die Evangelische Fachhochschule Freiburg beteiligt. Prof. Sylvia Buchen (PH Freiburg) ist Leiterin des Kompetenzzentrums, die stellvertretende Leitung hat Prof. Annette Treibel-Illian (Karlruhe). Mit je einem Teilprojekt vertreten sind die Professorinnen Sylvia Buchen (Schulpädagogik/Gender Studies; PH Freiburg), Manuela Welzel (Physikdidaktik; PH Heidelberg), Annette Treibel-Illian (Soziologie; PH Karlsruhe), Cornelia Helfferich (Sozialpädagogik; EFH Freiburg) sowie HD Sven Kommer (Medienpädagogik; PH Freiburg).

Die Herausgabe dieses Bandes wurde durch das Ministerium für Wissenschaft, Forschung und Kunst (Az.: 24-729.18-1-22) unterstützt.

Sylvia Buchen

Standortbestimmung und Selbstvergewisserung der Geschlechterforschung als Einführung

In unserem Buch „Gender methodologisch" gehen wir der Frage nach, wie es gelingt, in der aktuellen Geschlechterforschung neue Wege zu gehen. Ein kurzer Exkurs in die Geschichte der Geschlechterforschung soll den gegenwärtigen Standort – und die damit verbundene aktuelle, auch politische Problemlage der Frauen- und Geschlechterforschung/Gender Studies verdeutlichen.

Ein historischer Exkurs in die Geschichte der Geschlechterforschung

Ein Exkurs in die Geschichte der Geschlechterforschung zeigt die Rückbindung der Kategorien 'Frauen'/'Männer' bzw. 'Weiblichkeit'/'Männlichkeit' an das Muster von Dominanz und Unterordnung (vgl. Gildemeister i.d.B.). Gildemeister arbeitet in ihrem Beitrag heraus, dass in den 50er und 60er Jahren in den USA und Westeuropa eine Vielzahl von Forschungsarbeiten entstanden sind, die nichts anderes taten, als vorgefundene Geschlechterstereotype „meßbar; d.h. objektivierbar zu machen". Durch die Frauenbewegung hat die feministische Frauen- und Geschlechterforschung in den späten 70er und frühen 80er Jahren wichtige Impulse bekommen. Feministische Theoretikerinnen begannen den androzentrischen Bias in den Wissenschaften zu hinterfragen, Geschlecht wurde Untersuchungen nicht mehr lediglich als Variable, sondern als soziale Strukturkategorie zugrundegelegt, mit der Unterdrückungs- und Ausgrenzungsphänomene von Frauen sichtbar gemacht werden konnten (vgl. Degele 2003a: 15). In den 80er, spätestens jedoch zu Beginn der 90er Jahre, ist offenkundig geworden, dass vereinheitlichende Großkategorien wie 'Frauen'/'Männer' ausgedient hatten, um Modernisierungs- und Pluralisierungsphänomene angemessen zu beschreiben. Es erfolgte eine Verschiebung des Blicks weg vom Geschlecht des Individuums auf die Geschlechterverhältnisse, die kontextualisiert und in den Zusammenhang von Interaktions-, Organisations- und Institutionsstrukturen gestellt wurden. Damit rückten theoretisch und empirisch die sozialen Verhältnisse ins Zentrum, durch die geschlechtsspezifisches Handeln hervorgerufen wird. „Geschlechterverhältnisse", „Geschlechterdifferenz", „geschlechtsspezifisches Zusammenspiel" etc. wurden zu prägenden Begriffen (vgl. Degele 2003a: 15). Differenztheoretische

Ansätze dieser Jahre unterschieden sich zwar von Untersuchungen der 60er Jahre, indem gesellschaftliche und soziale Konstruktionsprozesse von Zweigeschlechtlichkeit in den Blick genommen wurden, sie blieben jedoch grundsätzlich der binären Geschlechterordnung mit ihren Naturalisierungen und Essenzialisierungen verhaftet. Nach wie vor wurde von der Setzung wesenhafter unveränderbarer (essenzieller) Unterschiede zwischen Frauen und Männern ausgegangen, wodurch Erklärungen für soziales Handeln im Grunde genommen nur im biologischen Geschlecht als substanzieller Größe verankert werden konnte.

Erst Anfang der 90er Jahre fanden konstruktionstheoretische Ansätze der amerikanischen Ethnomethodologie wie die von Garfinkel (1967), Goffman (1977) und Kessler/McKenna (1978) nachhaltig in den deutschsprachigen Theoriediskurs Eingang und öffneten den Blick für die Frage nach dem Herstellungsmodus von Geschlecht und Geschlechterverhältnissen im Alltagshandeln, was West/Zimmermann (1987) auf den Begriff des „doing gender" gebracht haben. Die „soziale Konstruktion von Geschlecht" wurde zum prägenden Begriff der 90er Jahre, der besagte, dass die gesellschaftliche Arbeitsteilung der bürgerlich-kapitalistischen Gesellschaft die bipolare (hierarchische) Geschlechterordnung erst hervorgebracht hat und im Alltagshandeln der Gegenwart als interaktive Leistung immer wieder hergestellt und erbracht (konstruiert) werden muss. Damit wurden gesellschaftliche Reproduktionsprozesse als soziale Konstruktionen aufgefasst, die keine Aussagen über die 'Natürlichkeit' von Geschlecht und Geschlechterdifferenz zulassen. Vor diesem Hintergrund kam es zu einer Enttabuisierung innerhalb der Geschlechterforschung. Konstruktionstheoretikerinnen richteten ihre Kritik gegen die Frauen- und Geschlechterforschung selbst, mit der Begründung, es würden universalisierende Kategorien ('Frauen'/'Männer') als quasi natürlich vorausgesetzt und in die Untersuchung hineingetragen, mit dem Resultat, dass die „Bipolarität der Geschlechterordnung" immer wieder reifiziert und verfestigt werde (vgl. Gildemeister/Wetterer 1992). Es kann also festgestellt werden, dass bereits Anfang der 90er Jahre das methodologische Problem der Reifizierung, d.h. der Bestätigung und Fortschreibung der 'Natürlichkeit' des Geschlechts/der Geschlechterdifferenz auf wissenschaftlicher Ebene virulent wurde, das uns heute einmal mehr beschäftigt. Um mit Degele/Schirmer (i.d.B.) zu sprechen, lassen sich noch heute selbst „hartgesottene Geschlechterforscherinnen selten grundsätzlich von der dualen Ordnung der Geschlechter abbringen". Auf konstruktionstheoretische Enttabuisierungen ist auch die „Sex-Gender-Debatte" zurückzuführen (vgl. Feministische Studien 1993, Wobbe/Lindemann 1994, Waniek/Stoller 2001), die zwischen 'Sex' als biologischem und 'Gender' als sozialem Geschlecht unterscheidet. Die Umformulierung des Begriffs „Geschlechterforschung" in „Genderforschung" ist dem dezidierten Anspruch geschuldet, aufzuzeigen, dass Geschlechterverhältnisse historisch entstanden, sozial hergestellt und damit veränderbar sind, kurz, als soziale Konstruktionen zu begreifen sind. Hervorhebenswert ist in diesem Zusammenhang, dass Genderforschung unter der Optik konstruktionstheoretischer Ansätze erstmalig auch Männerforschung, d.h. Forschung über die soziale Konstruktion von Männlichkeit(en), salonfähig machte (vgl. Connell 1999).

Einen Paradigmenwechsel im Genderdiskurs hat zweifelsfrei die dekonstruktivistische Wissenschaftskritik der amerikanischen Philosophin und Geschlechtertheoretikerin Judith Butler herbeigeführt. In ihrem Buch „Das Unbehagen der Geschlechter" (1991) dekonstruiert sie die Kategorien 'Geschlecht', 'Zweigeschlechtlichkeit' und 'Heterosexualität' mit der Begründung, sie seien als kulturelle Konstruktion aufzufassen, die von der Annahme einer natürlichen Zweigeschlechtlichkeit ausgeht und Diskurse erzeugt, die in einem verfehlten Kausaldenken eben diese Annahme reproduziert. Gemeint ist die Unterscheidung von Sex und Gender, durch die semantisch auch eine Dichotomie zwischen biologischem und sozialem Geschlecht konstruiert werde (vgl. Butler 1991: 24). Nach Butler bildet Zweigeschlechtlichkeit, die Heterosexualität als selbstverständlich voraussetzt, den Kern reifizierenden und naturalisierenden Denkens (vgl. Degele/ Schirmer i.d.B.). Damit rückt das Konzept des 'queering' als integraler Bestandteil der Queer Theory mit der Dekonstruktion als prominenter Methode in den Blick. Hier geht es nicht, und das ist wichtig zu betonen, um die disziplinäre Beschäftigung mit Minoritäten. Vielmehr zielt das Konzept des 'queering' auf ein konsequentes Hinterfragen, Flexibilisieren, Verflüssigen, kurz, auf die Entselbstverständlichung derjenigen Kategorien, mit denen insbesondere die binäre Struktur der Geschlechterordnung konstruiert und reifiziert wird (vgl. Degele 2003a: 16f.).

Der kurze Exkurs zur Theoriebildung der *Geschlechterforschung* (aus oben ausgeführten Gründen ziehen wir im folgenden diesen Begriff vor) beabsichtigte aus doppeltem Grund, eine Standortbestimmung vorzunehmen: Zum einen sollte verdeutlicht werden, dass in der aktuellen Geschlechterforschung unterschiedliche Theorieansätze und Methodologien parallel zueinander in Anwendung kommen. Demzufolge sind auch die Beiträge in diesem Buch in der aktuellen Diskussion wie auch in der Breite der Theorieansätze zu verorten, die oben schlaglichtartig beleuchtet wurden. Zum anderen sollen vor diesem Hintergrund aktuelle Problemfelder der Geschlechterforschung in aller notwendigen Kürze skizziert werden:

1. Zum methodologischen Problem der Überführung (de)konstruktivistischer Annahmen in empirische Forschung

2. Zum Problem der Heterogenität innerhalb der Geschlechterforschung aufgrund unterschiedlicher Disziplinen, Ansätze und Organisationsformen
3. Zum Problem der Gratwanderung zwischen dekonstruktivistischen Höhenflügen und Backlash

1 Zum methodologischen Problem der Überführung (de)konstruktivistischer Annahmen in empirische Forschung

Wie oben ausgeführt, besteht das zentrale Anliegen der Geschlechterforschung heute darin, universalisierende Kategorien ('Frauen'/'Männer') und die hierauf basierende Geschlechterdichotomie nicht in die Forschung hineinzutragen; denn auf diese Weise gewonnene empirische Befunde reifizieren diese gesellschaftliche Ordnung, anstatt sie in Frage zu stellen. Dekonstruktivistische Ansätze zielen nun darauf, Kategorien, die diese bipolare Geschlechterordnung konstituieren und fortschreiben, konsequent zu hinterfragen und methodologisch zu verflüssigen, d.h. als nicht essenziell zu behandeln. Dekonstruktion als wissenschaftliche Methode/Methodologie heißt, alle der Forschung zugrundegelegten Kategorien kritisch „gegen den Strich zu bürsten". Dies erzeugt allerdings für die empirische Geschlechterforschung ein Dilemma, denn zur Analyse der Wirklichkeit bleiben die Kategorien 'Frauen'/'Männer' unerlässlich. Es kommt also darauf an, durch empirische Forschung nicht nur gesellschaftliche Strukturungleichheiten und ihre kontextspezifische Funktion aufzudecken, sondern insbesondere auch Abweichungen von Tradiertem sichtbar zu machen.

In diesem Band sollen generelle Fragestellungen nach einer der aktuellen Geschlechterforschung angemessenen Methode mit Herausforderungen verknüpft werden, die sich insbesondere auch der Forschung zum Untersuchungsgegenstand „Neue Medien" und „Internetforschung" stellen. Dieses neue Forschungsfeld bietet sich besonders an, zu eruieren, inwieweit mit den neuen Kommunikationsformen tatsächlich auch Veränderungen tradierter Wahrnehmungs-, Denk- und Handlungsmuster einer gehen: So haben Untersuchungen gezeigt, dass jugendliche Netznutzende im Zusammenhang mit der anonymen Kommunikationsform Chatten immer wieder das Problem der Glaubwürdigkeit ins Zentrum rücken, die sich in der Frage verdichtet: „Ist das Handlungsgegenüber die Person, die sie auf virtueller Ebene vorgibt, zu sein?" Ist das Phänomen des Widerspruchs zwischen Sein und Schein zwar kein grundsätzlich neues, so bekommt die Verunsicherung jedoch eine neue Qualität, wenn das Geschlecht einer Person zur Disposition steht („gender trouble"). Es taucht also die Frage auf, inwieweit sich hinter dem Glaubwürdigkeitsproblem auch eine Art „Geschlechterverwirrung" verbirgt, die nicht thematisiert wird, weil sie sich dem bewussten Zugriff der (jugendlichen) Probanden und Probandinnen entzieht. Damit sind wir jedoch erneut beim Problem der methodischen Herangehensweise angekommen, wie es nämlich gelingt, das gesellschaftliche Differenz-Dominanzsystem am konkreten Untersuchungsgegenstand aufzudecken und gleichzeitig Abweichungen davon, die sich in Widersprüchen, Inkongruenzen, Nichtthematisierungen u.a. manifestieren, zu explizieren. Da es hierfür kein methodologisches Patentrezept gibt, verstehen sich die Beiträge in diesem Buch als Suchbewegung, zur Weiterentwicklung einer der Geschlechterforschung angemessenen Methode/Methodologie beizutragen.

Abschließend ist anzumerken, dass das Reifizierungsproblem universalisierender Kategorien durch empirische Forschung kein exklusiv geschlechtertheoretisches ist, wenngleich es in diesem Kontext exzessiv erörtert wird. Für „Zombiekategorien" wie Familie, Klasse, Alter, Ethnizität stellen sich diese Fragen ebenso (vgl. Degele 2003a: 17). In diesem Sinne versteht sich das Buch auch als Beitrag, generell den Diskurs methodologischer Fragen empirischer Forschung neu zu beleben.

2 Zum Problem der Heterogenität innerhalb der Geschlechterforschung aufgrund unterschiedlicher Disziplinen, Ansätze und Organisationsformen

Wie oben ausgeführt, spiegeln sich im Wechsel der Begriffe von der Frauen- und Geschlechterforschung zur Genderforschung und zurück zur Geschlechterforschung theoretische Diskussionen, die sich notwendigerweise auch in der Methodologie niederschlagen. Die Komplexität der Geschlechterforschung wird noch erhöht angesichts der Vielfalt institutionalisierter Formen, in denen Forschung und Lehre verankert ist. Es würde zu weit führen, an dieser Stelle die historische Entwicklung von den Anfängen der Berliner Sommeruniversitäten in den 70er Jahren über die Etablierung von Frauenstudien in den 80er Jahren bis hin zur Einrichtung von Geschlechterforschungsprofessuren und Geschlechterstudien in den 90er Jahren nachzuzeichnen (vgl. hierzu: Faulstich-Wieland 2003). Allerdings sind selbst die institutionalisierten Formen der Gender Studies äußerst heterogen und variieren zwischen den jeweiligen Fachdisziplinen, an die sie gebunden sind, den jeweiligen Organisationsformen von Interdisziplinarität, in deren Rahmen Lehrangebote und Forschung erfolgen, und schließlich zwischen den Bildungsabschlüssen, die erworben werden können. Faulstich-Wieland hat allein die Genderstudien-Schwerpunkte im Rahmen der erziehungswissenschaftlichen Studiengänge untersucht und kommt zu der Einschätzung, dass selbst diese Lehrangebote äußerst heterogen, eher unsystematisch und „nach wie vor verbunden mit einer disziplinären Orientierung" sind (Faulstich-Wieland 2003: 84). Die Rede ist also von institutionalisierten Formen der Gender Studies und nicht von denjenigen Geschlechterforschern und Geschlechterforscherinnen, deren Orientierung primär auf die Fachdisziplin ausgerichtet ist und die im Rahmen ihrer Wissenschaftsdisziplin/Hochschule eher den Status von Einzelkämpfern haben.

Finden also einerseits in Kontexten, in denen Gender Studies etabliert sind, z.T. hochtheoretisch dekonstruktivistische Diskurse statt, in denen nach methodologischen Wegen der Entselbstverständlichung von Geschlechterkategorien gefahndet wird, ist jedoch andererseits die Kategorie Geschlecht – nicht zuletzt aufgrund des Gender Mainstreaming – in zahlreichen Fachdisziplinen/Hochschulen erst in jüngster Zeit öffentlichkeitswirksam geworden. Und diese Heterogenität erzeugt im Wissenschaftsdiskurs Antinomien besonderer Art. Wurde in der aktuellen Geschlechterforschung inzwischen Einigkeit darüber hergestellt, Geschlecht und Geschlechterverhältnisse als eine gesellschaftliche Konstruktion auszuweisen, ist damit jedoch noch wenig über die theoretischen Annahmen ausgesagt, die dem Begriff zugrunde gelegt werden. Aus diesem Grund ist Gildemeister nur zuzustimmen, wenn sie in einer Fußnote (vgl. i.d.B.) feststellt: „Der Terminus 'soziale Konstruktion' bezieht sich auf durchaus unterschiedliche theoretische Bezugsrahmen. Inzwischen ist er auch in die Strategie des Gender Mainstreaming hineingewandert und hat bei dieser Transformation in den politischen Kontext jegliche theoretische Konturierung verloren". So spiegelt sich auch in diesem Buch die Heterogenität des wissenschaftlichen Diskurses innerhalb der Geschlechterforschung: den theoretischen und methodologischen Bezugsrahmen bilden jeweils die unterschiedlichen wissenschaftlichen Kontexte, mit ihren jeweils fachspezifischen Bindungen, innerhalb oder außerhalb institutionalisierter Formen der Gender Studies. Angesichts dieser Heterogenität besteht ein dezidiertes Anliegen des „Hochschulartenübergreifenden Kompetenzzentrums für Genderforschung und Bildungsfragen in der Informationsgesellschaft" (KGBI) darin, eine Plattform für Diskurse bereitzustellen, die eben jener Heterogenität Rechnung trägt.

3 Zum Problem der Gratwanderung zwischen dekonstruktivistischen Höhenflügen und Backlash

Wie oben ausgeführt, oszilliert die aktuelle Geschlechterforschung zwischen dekonstruktivistischen Höhenflügen (Entselbstverständlichung der Kategorie Geschlecht) und der Schwierigkeit, die Relevanz der Analysekategorien 'Frauen'/ 'Männer' überhaupt erst ins Bewusstsein zu rücken; denn Diskurse der vergleichsweise jungen Scientific Community sind bei weitem noch nicht in den etablierten Wissenschaftsdisziplinen angekommen. Die Notwendigkeit, die Kategorie Geschlecht als analytische *und* politische Strukturkategorie ernst zu nehmen, ist fraglos, denn nach wie vor ist sie an Hierarchiestrukturen, männerbündisch organisierte Arbeitszusammenhänge und Ausschlussverfahren sowie eingefahrene kommunikativ organisierte vergeschlechtlichte Handlungsroutinen geknüpft, gegen die auch mit einer politischen Strategie des Gender Mainstreaming nach dem top-down-Prinzip nur schwer anzukommen ist (vgl. Degele 2003b).

Das Bildungssystem insgesamt, so auch die Hochschullandschaft, ist gegenwärtig durch gravierende Umstrukturierungsmaßnahmen gekennzeichnet, die sich in Begriffen wie Globalisierung (Vereinheitlichung der Bildungsabschlüsse in Bachelor-/Master-Studiengänge), Dezentralisierung (Finanzautonomie, Profilbildung etc.) und Effizienzsteigerung („Optimierung" durch eine „output-orientierte" Steuerung etc.) verdichten. Trotz Gender Mainstreaming zeichnet sich bereits heute ab, dass an Hochschulen zunehmend der Versuch unternommen wird, eben aus den noch wenig etablierten Gender Studies, mit den entsprechend geringen finanziellen Ressourcen und personellen Kapazitäten, wieder Potenziale abzuschöpfen, um bildungspolitischen Einsparvorgaben zu entsprechen. Selbst für bislang gut funktionierende Studiengänge der Gender Studies stellt sich gegenwärtig das Problem, angesichts mangelnder personeller Kapazitäten und relativ überschaubarer Studierendenzahlen, das interdisziplinäre Studienangebot in Bachelor-/Master-Studiengänge umzumendeln. Es kann also konstatiert werden, dass Gender Studies/Geschlechterforschung auf jeden Fall *nicht* von der Umstrukturierung profitieren.

Verschärfend kommt hinzu, dass dem politischen und wissenschaftlichen Genderdiskurs gegenwärtig ein Mainstream entgegenkommt, dessen Auswirkungen auf die 'Geschlechterforschung' noch gar nicht absehbar ist: So feiert die Ableitung der Geschlechterdifferenz aus der Steinzeit in populärwissenschaftlichen Büchern, Zeitschriften und Fernsehserien fröhliche Urständ, und der naturwissenschaftlich begründete Determinismus über die 'Natur von Frauen und Männern' hat durch Befunde aus der Evolutionsbiologie, Hirn-, Hormon- und Verhaltensforschung Hochkonjunktur. Endlich erfahren alteingesessene Geschlechterforscher und Geschlechterforscherinnen, weshalb das „starke Geschlecht" als das eigentlich „schwache" aufzufassen ist! Generell kann mit Blick auf die bildungspolitische Entwicklung sowie vorherrschende (populär-)wissenschaftliche Geschlechterdiskurse von einem backlash gesprochen werden. Die Antinomie zwischen dekonstruktivistischen Höhenflügen und backlash auszubalancieren, heißt deshalb v.a. auch, die politische Strategie von Gender Mainstreaming an Hochschulen durchzusetzen, um zu verhindern, dass der Backlash dominiert.

Vor diesem Hintergrund möchte der vorliegende Band dazu beitragen, die Herausforderungen für die Geschlechterforschung aufzugreifen. Er versammelt unterschiedliche methodologische Lösungsvorschläge für das Problem der „Reifikation" einer binären Geschlechtercodierung, oder, wie es in diesem Band immer wieder formuliert wird: für die Aufgabe, eine Reifizierung von Geschlecht zu vermeiden, ohne die Relevanz von Geschlecht zu ignorieren. Diese Lösungen werden vor allem in der Anwendung qualitativer Verfahren gesucht (v.a. Gruppendiskussionen, aber auch Einzelinterviews mit spezifischen Auswertungsverfahren sowie ethnografische Beobachtung). Weitere Beiträge setzen direkt bei den Herausforderungen der Forschung zum Thema Neue Medien an und entwickeln Perspektiven, wie der neue Untersuchungsgegenstand mit der Geschlechterperspektive verknüpft werden kann.

Literatur:

Butler, Judith. (1991): Das Unbehagen der Geschlechter, Frankfurt/M.: Suhrkamp
Connell, Robert W. (1999): Der gemachte Mann. Konstruktion und Krise der Männlichkeit. Opladen: Leske+Budrich
Degele, Nina (2003a): Happy together: Soziologie und Gender Studies als paradigmatische Verunsicherungswissenschaften. In: Soziale Welt. Jg. 54, Heft 1. 9-29
Degele, Nina (2003b): Anpassen oder unterminieren: Zum Verhältnis von Gender Mainstreaming und Gender Studies. In: Freiburger Frauen Studien. Ausgabe 12, Band 1. 79-102
Faulstich-Wieland, Hannelore (2003): Einführung in Gender Studien. Opladen: Leske+Budrich
Feministische Studien (1993): Kritik der Kategorie 'Geschlecht'. Jg. 11, Heft 2
Garfinkel, Harold (1967): Studies in Ethnomethology. Englewood Cliffs, NJ, Prentice Hall
Gildemeister, Regine/Wetterer, Angelika (1992): Wie Geschlechter gemacht werden. Die soziale Konstruktion der Zweigeschlechtlichkeit und ihre Reifizierung in der Frauenforschung. In: Knapp, Gudrun-Axeli/Wetterer, Angelika (Hrsg.): Traditionen Brüche. Entwicklungen feministischer Theorie. Freiburg: Kore. 201-254
Goffman, Erving (1994): Das Arrangement der Geschlechter. In: Ders.: Interaktion und Geschlecht. Frankfurt/M. und New York. 105-158. (Original 1977)
Kessler, Suzanne J./McKenna, Wendy (1978): Gender: An Ethnomethodological Approach. New York: Wiley
Waniek, Eva/Stoller, Silvia (Hrsg.) (2001): Verhandlungen des Geschlechts. Zur Konstruktivismusdebatte in der Gender-Theorie. Wien: Turia und Kant Verlag
West, Candace/Zimmermann, Don H. (1987): „Doing Gender". In: Gender & Society. 1/1987. 125-151
Wobbe, Theresa/Lindemann, Gesa (Hrsg.) (1994): Denkachsen. Zur theoretischen und institutionellen Rede vom Geschlecht, Frankfurt/M.: Suhrkamp

Sylvia Buchen, Cornelia Helfferich und Maja S. Maier

Zu den einzelnen Beiträgen[1]

An den Anfang haben wir den geschlechtertheoretisch-methodologischen Beitrag von *Regine Gildemeister* zum Thema „Geschlechterdifferenz – Geschlechterdifferenzierung" gestellt. Darin skizziert die Autorin den Blickwechsel in der empirischen Geschlechterforschung vom Individuum über die Interaktion hin zur Erfassung des Prozesses sozialer (Geschlechter-) Differenzierung, bei dem die Kategorie Geschlecht als a priori Ordnungskategorie an Funktionen verloren hat. Am Beispiel von drei Falldarstellungen (einem Beobachtungsprotokoll zum „Geschlechteralltag in der Schulklasse" von Helga Kelle; einer Gruppendiskussion mit Anwältinnen und Anwälten sowie einem berufsbiografischen Interview mit einer Richterin) expliziert Gildemeister ihren methodischen Ansatz, der insbesondere die Spannung von Gleichheitsnorm und geschlechtlicher Kategorisierung in den Blick nimmt.

Dem in der Geschlechterforschung heftig diskutierten Problem der Reifizierung begegnet *Burkhard Schäffer* in seinem Beitrag „Doing Generation" mit dem Konzept der dokumentarischen Methode, das methodologisch die relationale Dimensionierung von Geschlecht, Milieu und Generation bereithält. Grundlagentheoretisch führt der Autor die Reifizierungsproblematik auf ein generelles Problem qualitativer Sozialforschung zurück, wenn empirisch vergleichend vorgegangen wird („Nostrifizierung"), dem die dokumentarische Methode v.a. durch mehrdimensionale Typenbildung begegnet. Auf der Datenbasis von Gruppendiskussionen zur Frage generationsspezifischer Medienpraxiskulturen expliziert Schäffer den theoretischen wie methodologischen Bezugsrahmen, in dem die Befunde generationsspezifischen Handelns mit neuen Medien zu verorten sind.

Der Beitrag von *Sylvia Buchen* knüpft direkt am vorangegangenen an. Auf der Grundlage einer Gruppendiskussion mit Schülerinnen einer katholischen Mädchenrealschule zum Thema „PC/Interneterfahrungen" arbeitet die Autorin mit der dokumentarischen Methode heraus, dass die zweckrational-instrumentellen Orientierungsmuster der Nutzerinnen v.a. schulmilieu- und entwicklungstypisch geprägt sind. Die rekonstruktive Schuluntersuchung aus dem Forschungsprojekt „Internet-

---

[1] Unser besonderer Dank gilt an dieser Stelle Stefanie Rager für ihr großes Engagement bei der redaktionellen Fertigstellung der Beiträge des Buches

erfahrungen und Habitusformen Jugendlicher unterschiedlicher Schulformen" (KGBI) macht deutlich, dass von Jugendlichen eben jene Internetbereiche bevorzugt dazu genutzt werden, Geschlechtszugehörigkeit/Distinktion zu konstruieren und inszenieren, die geschlechtsspezifisch konnotiert sind („Ballerspiele"/Chatten). Um der Reifizierungsfalle zu entgehen, plädiert Buchen dafür, Prinzipien der dokumentarischen Methode ernst zu nehmen und klar zwischen den beiden Analyseebenen (dem immanenten und impliziten Sinngehalt von Text) zu unterscheiden; denn Widersprüche zwischen den beiden Sinnebenen bilden nach Buchen den 'Königsweg', Zugang zu Abweichungen von einer binären Geschlechtercodierung, d.h. zu Veränderungen, zu gewinnen.

Cornelia Helfferich wählt ebenfalls Gruppendiskussionen als eine dem prozessualen und relationalen Charakter der Kategorie Geschlecht angemessene Methodik. Um empirisch die interaktiven 'Herstellungsprozesse' von Geschlecht rekonstruieren zu können, wird in der Auswertung einer Gruppendiskussion auf die Positioning-Analyse zurückgegriffen, die ein besonderes Augenmerk auf die diskursive Erzeugung von Überlegenheit und auf die Selbst- und Fremdpositionierungen in Geschlechterrelationen richtet. Am Beispiel dieser Gruppendiskussion mit Studentinnen und Studenten zum Thema Sexualität und Internet aus dem Forschungsprojekt „Neue Medien in der Sexualpädagogik" (KGBI) zeigt die Autorin, wie unterschiedliche Formen von Gleichheitsrhetorik auf verbaler Ebene mit einer Polarisierung der Gruppe in Frauen und Männer auf der Handlungsebene einhergehen können.

In ihrem Beitrag „Selbstverständlich heteronormativ" veranschaulichen *Nina Degele* und *Dominique Schirmer* ebenfalls auf der Datenbasis von Gruppendiskussionen aus zwei empirischen Projekten zum Thema „Sich schön machen" und „Pornografie", wie es mit der dokumentarischen Methode gelingt, Mechanismen der Konstruktion und Dekonstruktion von Heteronormativität, wie sie in Gruppendiskussionen vorzufinden sind, zu rekonstruieren. Die Konzentration auf das Ordnungsprinzip Heteronormativität – und nicht auf die Kategorie Geschlecht – ermöglicht es, Arrangements vergeschlechtlichter sozialer Beziehungen, aber auch Abweichungen oder Auflösungen sichtbar zu machen. Als Technik der Dekonstruktion von Geschlecht nutzen die Autorinnen das systemtheoretische Verfahren der funktionalen Analyse nach Luhmann. Am konkreten Beispiel explizieren die Autorinnen, dass Schönheitshandeln ein Akt der sozialen Positionierung ist, und wie der Umgang mit dem Thema Pornografie mit symbolischen Bedeutungen verknüpft ist, die weit über die Sache selbst hinausgehen.

Auch im Beitrag von *Gabriele Winker* steht die Frage im Zentrum, wie es gelingt, einerseits die Geschlechterkategorie nicht fortzuschreiben, indem pauschal die ungleiche Techniknutzung von Frauen und Männern an die Ungleichheit der

Geschlechter gebunden wird. Andererseits dürften jedoch die empirisch vorfindbaren Verteilungsmuster der Differenzen nicht ignoriert werden. Als Lösung schlägt die Autorin kontextbezogene Untersuchungen vor, in denen unterschiedliche Dimensionen der Computernutzung differenziert und vermittelnde Faktoren einbezogen werden, die die individuellen Nutzungsmöglichkeiten bestimmen. Im letzten Teil ihres Beitrages diskutiert Winker neue Möglichkeiten, wie Online-Forschung für die Genderforschung nutzbar gemacht werden kann.

Unter der Überschrift *Anwendungsfeld: Jugend – Schule – Neue Medien* werden diejenigen Aufsätze zusammengestellt, die zum einen Mediennutzung, zum anderen die Thematisierung und Konstruktion von Geschlechtszugehörigkeit von Jugendlichen im schulischen und außerschulischen Kontext zum Thema haben.

Annette Treibel und *Elke Billes-Gerhart* führen in ihrem Beitrag Ergebnisse einer Sekundäranalyse repräsentativer Befragungen, wichtiger nicht-repräsentativer Studien sowie Ergebnisse einer eigenen Befragung an Hauptschulen Baden-Württembergs zusammen. Die Sekundäranalyse ist integraler Bestandteil des Projektes „Medienkompetenz von Migrantenjugendlichen unter der Perspektive ethnischer und geschlechtlicher Differenz" (KGBI). Da in gängigen Befragungen die Aspekte Mediennutzung, Geschlecht und Ethnie kaum aufeinander bezogen erhoben werden, zeigen die Autorinnen eine Fülle von Einzelaspekten des Zusammenhangs auf. Als Tendenz wird der kumulierende Effekt von Migrationshintergrund und weiblichem Geschlecht, der den Zugang zu neuen Medien erschwert, bestätigt.

Damaris Güting geht es in ihrem Beitrag um die Frage, ob und wie die Geschlechtszugehörigkeit als Vorhandenes und Unumstößliches angenommen oder in Frage gestellt wird und wie mit solchen Infragestellungen umgegangen wird. Auf der methodischen Grundlage ethnografischer Beobachtungen werden schulische Interaktionen in der Sekundarstufe I analysiert. Gezeigt wird, dass die individuelle Geschlechtszugehörigkeit von Mitschülerinnen und Mitschülern diskreditiert und ihre Geltung bestritten werden kann, was eine Diffamierung bedeutet. Gerade die Beobachtung von solchen Grenzsituationen verspricht, so Damaris Güting, im Kontext umfangreicher Feldforschung, einen vertieften Einblick in die kulturellen Selbstverständlichkeiten einer schulischen Gruppe.

Auch *Ingo Straub* geht es in seinem Beitrag um die Konstruktion von Geschlechtszugehörigkeit, konkret um die Konstruktion von Männlichkeit(en) Jugendlicher. Sein Interesse zentriert sich auf männliche Subkulturen, deren mediale Praxen sowie deren Einbindung in subkulturelle Milieus. Auf der Datenbasis einer Gruppendiskussion mit homosexuellen Jugendlichen – die im Zusammenhang mit dem Projekt „Interneterfahrungen und Habitusformen Jugendlicher" (Leitung: Prof. Buchen, KGBI) entstanden ist – arbeitet der Autor nach der dokumentarischen Methode Habitusformen, Medienpraxen und Männlichkeitskonstruktionen heraus, die als Produkt sozialer Praxis verstanden werden. Wie die Videoanalyse dazu genutzt werden kann, die in vielen Studien immer neu reproduzierte Geschlechterdifferenz im Bereich der Medienkompetenz von Jugendlichen kritisch zu hinterfragen, zeigen *Ralf Biermann* und *Sven Kommer* in ihrem Beitrag. Geschlechterdifferenzen finden sich vor allem auf der Ebene der Selbstbeschreibung – so die Ausgangsthese. Die Triangulation von verbalen und visuellen Daten ermöglicht es, die Diskrepanz zwischen Selbstbeschreibung und tatsächlicher Handlungskompetenz aufzudecken und einen vertieften Einblick in die Medienkompetenz von weiblichen und männlichen Jugendlichen zu gewinnen. Der Beitrag widmet sich den methodischen und technischen Herausforderungen, die bei der Umsetzung eines solchen Forschungsdesigns, konkret im Rahmen des Projektes „Medienbiografien mit Kompetenzgewinn" (KGBI) entstehen.

Im Beitrag von *Andreas Schnirch* und *Manuela Welzel* wird eine fachdidaktische Perspektive eingenommen. Ausgehend von der Fragestellung, wie die Attraktivität des Physikunterrichts durch den Einsatz Neuer Medien erhöht werden kann, so dass Mädchen und Jungen gleichermaßen davon profitieren, stellen Schnirch und Welzel zunächst die physikdidaktischen Erkenntnisse zur Geschlechterfrage dar. Der zweite Teil des Beitrags konzentriert sich auf die im Projekt „Lernen mit neuen Medien – Chancen für Mädchen und Jungen in der naturwissenschaftlichen Ausbildung" (KGBI) gewonnenen Ergebnisse einer Befragung von Physiklehrern und -lehrerinnen an baden-württembergischen Realschulen, die Grundlage der Entwicklung und Evaluation einer gendersensitiv gestalteten Lernumgebung für das Fach Physik sind.

Mit ihrem Beitrag gibt *Hannelore Faulstich-Wieland* Einblick in die laufende wissenschaftliche Begleitung des 7. Jahrgangs eines koedukativen österreichischen Gymnasiums mit monoedukativer Tradition. Interessant ist die geschlechtsspezifische Zusammensetzung der Klassen ein und derselben Jahrgangsstufe: Während zwei Klassen geschlechtsheterogen zusammengesetzt sind, ist eine Klasse eine reine Mädchenklasse. Angesichts der spezifischen Situation der Schule war der Autorin und Leiterin der wissenschaftlichen Begleitung besonders daran gelegen, methodologisch die Analysekategorie Geschlecht nicht in die Untersuchung hineinzutragen. Der Werkstattbericht gibt Einsicht in die Verfahrensweise (u.a. Fragebögen, dessen Sätze ergänzt werden sollten) und erste Ergebnisse der Untersuchung: Im monoedukativen Kontext liegt die Bedeutung von Geschlecht oben auf, was nach Faulstich-Wieland einmal mehr die Forderung nach einer 'reflexiven Koedukation' begründet.

Unter dem Thema *Gender methodologisch in Queerforschung, Bewältigungsforschung und Internetforschung* werden Beiträge aus einem breiten Themenspektrum zusammen gefasst. Strategien vorzustellen, wie die Reifizierung von Geschlecht in der Forschungspraxis vermieden werden kann, ist hierbei das gemeinsame Anliegen. Deutlich soll werden, dass die jeweiligen Vorgehensweisen, die anhand von konkreten Forschungsprojekten dargestellt werden, eng auf den Forschungsgegenstand und die Methode entwickelt werden müssen.

Maja S. Maier zeigt am Forschungsgegenstand „homosexuelle Paare", dass die Reifizierungsproblematik von Kategorien, hier: sexuelle Identität, bereits schon bei der Entwicklung eines empirischen Designs und nicht erst in der Auswertungsphase reflektiert werden muss. Im ersten Teil des Beitrages werden die dominierenden Forschungsperspektiven auf den Gegenstand (v.a. die US-amerikanischen Gay and Lesbian Studies und die deutschsprachige Familien- und Paarforschung) dargestellt. Im zweiten Teil stellt Maja S. Maier das Forschungsdesign ihrer eigenen vergleichenden qualitativen Studie zu homosexuellen und heterosexuellen Paaren vor und veranschaulicht die Herausforderungen, die der Verzicht auf Annahmen von Gleichheit oder Differenz für die Forschungspraxis mit sich bringt. Problematisiert wird (mit Bezugsnahme auf die Queer Theory) darüber hinaus, die Vernachlässigung der Ebene des sexuellen Begehrens in der Debatte um Geschlecht und Zweigeschlechtlichkeit.

Auf der Datenbasis von Gruppendiskussionen zum Thema „Pornografie" expliziert *Bettina Wilke* ihren dekonstruktivistischen Ansatz, der darauf gerichtet ist, gesellschaftliche Konstruktionen von Geschlecht und Sexualität unabhängig vom Geschlecht der Sprecher und dem eigentlichen Thema zu eruieren: „Pornografie" wird gleichsam als „Köder" ausgelegt, um die tief verankerten Deutungsmuster der Gruppe hervortreten zu lassen. Das Mittel der Maskierung hat die Funktion, Geschlecht zu neutralisieren. Die Autorin wählt den Begriff „rhetorische Stabilisierung" in Anlehnung und Umformulierung des Begriffs „rhetorische Modernisierung" (Wetterer), um Brüche in der Argumentation der Probanden und Probandinnen zu verdeutlichen: die Spannung zwischen Modernisierungsdiskurs und biologistischem Erklärungsmuster für Pornografie („es ist ein Trieb").

Silke-Birgitta Gahleitner führt anhand von Material aus einem Interview mit einer Frau und einem Interview mit einem Mann, die sexuelle Gewalt erfahren haben, eine Lösung für das – aus ihrer Sicht unlösbare – Dilemma vor, dass die Interpretation sich nicht außerhalb der „zweigeschlechtlichen" Ordnung bewegen kann. Die Autorin verwendet ein von Carol Hagemann-White entwickeltes Verfahren, das darin besteht, zunächst inhaltsanalytische Kategorien zu erarbeiten. In einem weiteren Schritt werden die Fundstellen geschlechtsindifferent verfremdet und durch Zweitbearbeiter und -bearbeiterinnen neu codiert. So werden stereotypisierende Suchstrategien unterlaufen und Cross-Gender-Effekte erfahren mehr Beachtung.

In ihrem Beitrag arbeitet *Gabriele Sobiech* auf der Datenbasis von zwei biografischen themenzentrierten Einzelinterviews die Bedeutung der Körperarbeit in Fitnesscentern heraus. Die Autorin kommt zu der Einschätzung, dass geschlechtsdifferente Reglements in Fitnessstudios tradierte inkorporierte Körperkonzepte von 'Weiblichkeit' und 'Männlichkeit' bestätigen und reproduzieren. Während das Trainingsprogramm des Fitnessstudios mit dem Körperkonzept des männlichen Probanden übereinstimmt, zeigt die Autorin am Fallbeispiel einer jungen Frau Hintergründe auf, weshalb die Körperarbeit (als „Arbeit am Habitus") im Kontext des Fitnessstudios mit dem eigenen Körperkonzept der Probandin kollidiert und vor dem Hintergrund von Modernisierungsprozessen Brüche erzeugt, die freilich individuell verarbeitet werden.

Auch bei *Silke Kirschning* geht es darum, eine Reifizierung von Geschlecht zu vermeiden, ohne die Relevanz von Geschlecht zu ignorieren. Sie diskutiert die Frage anhand der Entwicklung von geschlechtersensitiven Online-Fragebögen für das Forschungsprojekt „Krebserkrankung und Internetnutzung – Hilfe für Betroffene und Angehörige?" Statt von vornherein für Frauen mit Brustkrebs und Männer mit Prostatakrebs differente Versionen eines Fragebogens zu verwenden, werden Formulierungen für Männer und Frauen gleich gehalten; und statt bei der Interpretation von statistischen Differenzen essenzielle Geschlechterdifferenzen abzuleiten, werden neben genderrelevanten Aspekten andere Ungleichheitsfaktoren wie z.B. Alter, Bildung, beruflicher Hintergrund sorgfältig geprüft.

Thematisch geht es im Beitrag von *Christiane Schmidt* um die Entwicklung einer Genderperspektive auf internetgestützte Kooperation, konkret: die E-Mail-Kommunikation von Arbeitsgruppen. Die von Schmidt für die Analyse von E-Mails entwickelte Methode der Sequenzrekonstruktion ist ein Beispiel dafür, wie Forschungsmethoden an die neuen Kommunikationstechnologien angepasst werden können. Welche Potenziale und Probleme die dargestellte Methode für die Untersuchung von Gender bietet – von Schmidt im Rückgriff auf das Konzept des Diversity Managements als Diversitiy-Dimension begriffen – wird im Beitrag diskutiert.

I Gender methodologisch

Regine Gildemeister

Geschlechterdifferenz – Geschlechterdifferenzierung: Beispiele und Folgen eines Blickwechsels in der empirischen Geschlechterforschung

Nicht zuletzt im Gefolge der politischen Strategie des Gender Mainstreaming bemühen sich inzwischen viele sozialwissenschaftliche Forschungsprojekte dem 'gender Aspekt' Rechnung zu tragen. Eine Durchsicht der verschiedenen Forschungen und Instrumente bringt Fragen zutage wie: Wird sich in den nächsten Jahren die Gleichstellung von Frauen im Berufsfeld XY weiter verbessern? Wie wird sich die Zahl der Frauen in Führungspositionen in Zukunft ändern? Inwieweit werden Frauen die typischen Männerbereiche des jeweiligen Berufsfeldes erobern? In welchen Funktionen (Berufspositionen des jeweiligen Berufsfeldes) können Sie sich am ehesten Chancengleichheit vorstellen? Was erwarten Frauen von Arbeitgebern? Solche und ähnliche Frageformulierungen folgen dem alltagsweltlichen Verständnis, nach dem Frauen und Männer verschieden sind und es in der Forschung darum geht, diesen Unterschieden auf die Spur zu kommen. Die Art der Frageformulierung beinhaltet freilich das Problem, dass sie genau dieses alltagsweltliche Verständnis reifizieren. Dennoch oder besser *gerade* deshalb dokumentiert diese Vorgehensweise jedoch ein ganz und gar übliches Verfahren in der Genderforschung: 'Gender' zu untersuchen wird gleichgesetzt mit 'Frauen zählen'. Implizit werden dabei mit 'Frauen' bestimmte Eigenschaften und Merkmale verbunden. Karin Hausen (1976) sprach von „Geschlechtscharakteren", die im Übergang zum 20. Jahrhundert ihre Hochkonjunktur hatten und einen direkten Zusammenhang von biologischen Faktoren mit psychischen, sozialen, kulturellen Ausprägungen postulierten. Von seiner Entstehungsgeschichte her hatte das Begriffspaar 'Sex' und 'Gender' dagegen den theoriestrategischen Stellenwert, Geschlechtsrollen und soziale Geschlechtsidentitäten konzeptionell aus einem determinativen Bezug zum Körper zu lösen. Im Alltagsverständnis – oftmals auch im *wissenschaftlichen* Alltagsverständnis – werden 'Sex' und 'Gender' indes faktisch synonym gesetzt, 'Gender' scheint oft eher ein höflicher Euphemismus für 'Sex' und für 'Frauen' (vgl. Scott 2001: 44). Damit wird die Besonderung von Frauen zum 'anderen Geschlecht' fortgesetzt, wobei in diesem 'Anderssein' sowohl symmetrische, qualitative Differenzen thematisiert werden als auch Benachteiligungen und Defizite. Diese Besonderung zum 'anderen Geschlecht' zu durchbrechen, die zur Folge hat, dass nur Frauen als 'Geschlechtswesen' erscheinen, Männer dagegen das 'Allgemeine' repräsentieren, ist eines der wichtigsten Ziele der neueren Geschlechterforschung. Im folgenden Beitrag werde ich zunächst kurz darauf eingehen, wie das Denken in Unterschieden funktioniert und welche Alternativen dazu entwickelt worden sind. Im zweiten Teil werde ich auf die in diesen Alternativen liegende methodische Herausforderung eingehen, eine solche Sichtweise in empirische Forschung zu übersetzen. Abschließend werden dann an drei empirischen Beispielen Wege einer gegenstandsangemessenen Genderforschung vorgestellt.

1 Von Unterschieden zur Unterscheidung

Wenn wir heute von der Geschlechterdifferenz oder auch von Geschlechterdifferenzen reden, so haben wir in der Regel jenen von Karin Hausen herausgearbeiteten Merkmalskatalog zu den „Geschlechtscharakteren" vor Augen, dass nämlich Frauen auf das häusliche Leben gerichtet, sanft, passiv, bescheiden, freundlich, anpassungsfähig, abhängig seien, während Männer für das öffentliche Leben bestimmt seien und die Merkmale aggressiv, aktiv, rational, logisch, unabhängig etc. aufwiesen (Hausen 1976: 368). Diesem Katalog entsprechen die Differenzen in der Dimension „Expressivität" und „Instrumentalität", die Talcott Parsons als grundlegend für das Funktionieren der Familie als Kleingruppe ansah (Parsons 1964). In den 50er und 60er Jahren entstanden in Westeuropa und den USA eine Vielzahl von Forschungsarbeiten, die nichts anderes taten als die Unterschiede zwischen den Geschlechtern in Eigenschaften, Fähigkeiten, Charaktermerkmalen, psychischen Profilen etc. zu untersuchen und vor allem *messbar*, d.h. objektivierbar zu machen. Sie stimmen im Kern mit den genannten Merkmalskatalogen überein, fügten noch hinzu, dass Frauen schlecht im mathematischen und räumlichen Denken seien, während Männer geringere sprachliche Fähigkeiten aufwiesen. Inwieweit mit diesen Forschungen allerdings Fähigkeiten und Eigenschaften *gemessen* wurden oder aber hier methodisch induzierte Artefakte entstanden sind, das wird bis heute sehr kontrovers diskutiert (z.B. Hagemann-White 1994, Bilden 1991).
Unabhängig davon aber ist in diesen Studien aus den 50er Jahren interessant, dass eine große Übereinstimmung hinsichtlich der Beurteilung solcher 'Eigenschaften' bestand: beide Geschlechter bewerteten die Männern zugeschriebenen Fähigkeiten und Eigenschaften positiver als die den Frauen zugeschriebenen Fähigkeiten. Interessant ist weiter, dass die Geschlechterstereotype im Laufe der Zeit erhebliche Modifikationen erfahren haben – so wurden in Untersuchungen

der 80er und 90er Jahre geringere Unterschiede hinsichtlich der Aggressivität und fast keine mehr in Emotionalität, Rationalität und Unabhängigkeit gefunden (Gern 1992: 37ff.). Carol Hagemann-White bringt das in ihrem Buch „Sozialisation männlich-weiblich?" auf den Punkt, dass „die empirische Forschung insgesamt keine Belege für eindeutige, klar ausgeprägte Unterschiede zwischen den Geschlechtern liefert" (1984: 42). Dennoch stimmen bis heute beide Geschlechter der Auffassung zu, Frauen hätten ein größeres emotionales Verständnis und eine stärkere interpersonale Orientierung als Männer, für sie seien zwischenmenschliche Beziehungen wichtiger. Verändert hat sich auch die *Bewertung*: Hier stieg der positiv beurteilte Anteil 'weiblicher Merkmale'. Vor allem für die Studien der 80er Jahre und 90er Jahre gilt, dass Frauen 'weibliche Merkmale' und auf das eigene Geschlecht bezogene Items negativer bewerteten als Männer – Männer fanden 'weibliche Eigenschaften' zunehmend positiv (Gern 1992: 37f. und 48f.).

Nicht zuletzt dieses Ergebnis weist darauf hin, dass es eben nicht oder *nie* nur um 'objektivierbare' (messbare) Unterschiede, sondern vor allem um Komplementarität ging und geht. Die mit soviel Akribie und Sorgfalt untersuchten 'Unterschiede' sind ja nicht unabhängig voneinander zu denken, sie sind vielmehr systematisch aufeinander bezogen. In dieser Relationalität und Komplementarität sind sie rückgebunden in ein Muster von Dominanz und Unterordnung. Die mit dem Muster 'Weiblichkeit' und 'Männlichkeit' verbundenen Merkmale und Bestimmungen zielen auf eine bestimmte Positionierung innerhalb einer gesellschaftlichen Ordnung, die vor allem mit Einsetzen der Industrialisierung den Frauen Haus und Familie als Tätigkeitsfeld zuwies. Das 19. Jahrhundert und die Wende zum 20. überbieten sich mit 'Wesensbestimmungen' 'der Frau' – nicht: 'des Mannes' (Frevert 1995). Solche Wesenbestimmungen kumulierten darin, dass Frauen von Natur aus zur Mutterschaft bestimmt seien und sich daraus spezifisch weibliche Eigenschaften, Fähigkeiten und vor allem Tätigkeitsbereiche herleiteten. Viele Frauen fanden und finden sich in diesem Verständnis von 'Weiblichkeit' wieder – so machten sich Teile der bürgerlichen Frauenbewegung Anfang des 20. Jahrhunderts solche Weiblichkeitsbilder zu eigen, sahen darin eine Möglichkeit der Ausweitung von Handlungsräumen in Bildung, Kultur und Sozialem (vgl. Klinger 2000, Rahn 2001). Auch die beginnende Frauenforschung der 70er Jahre verwendet die polarisierte Geschlechtskategorisierung männlich-weiblich zur Organisation nicht nur ihrer Themen und Theorien, sondern auch ihres Personals: Frauenforschung ist Forschung von Frauen über Frauen. Vorstellungen von spezifisch weiblichem Arbeitsvermögen, weiblicher Moral, weiblichem Technikbezug, weiblichen Führungsstilen, weiblicher Kunst und viele andere mehr entstanden, und es fällt auf, dass die jeweilige inhaltliche Bestimmung dieser Muster weitgehend deckungsgleich ist zu den oben aufgerufenen Unterschieden in der Dimension Expressivität-Instrumentalität. Weiblichkeit wurde so zwar aufgewertet, das Denken in polarisierten Mustern aber nicht verändert. Vollkommen unbefragt blieb die Differenzierung als solche: *Dass* die Welt sich in Frauen und Männer aufteilt, wurde und wird immer schon vorausgesetzt. Linda Nicholsen (1994) hat das als den „heimlichen Biologismus" der Frauenforschung bezeichnet. Die Anfang der 90er Jahre einsetzende Wende in der theoretischen Thematisierung, die Hinwendung zur 'sozialen Konstruktion von Geschlecht', war gespeist von einem Unbehagen an jenem heimlichen Biologismus, und die ersten Texte dazu sind auch noch durchgängig in einer vergleichsweise polemischen Rhetorik verfasst. Inzwischen ist der Ansatz einer 'sozialen Konstruktion' so etabliert, dass er an Schärfe verloren hat.[1] Im Kern transportieren die konstruktionstheoretischen Ansätze einen Grundgedanken: Dass nämlich die Geschlechterklassifikation und die Geschlechterdifferenz nicht 'in der Natur der Sache' liegt, sondern die soziale Kategorie Geschlecht ein grundlegendes generatives Muster der Erzeugung sozialer Ordnung ist und empirische Frauen und Männer erst hervorbringt. Der Gedanke klingt einfacher als er ist und wenn man sich noch nie mit diesem Problem beschäftigt hat, erzeugt das 'gegen den Strich bürsten' des Alltagswissens zudem in der Regel Widerstand. Das 'eigentlich' wichtige Problem, die 'eigentliche' Herausforderung aber taucht auf, wenn dieses theoretische Programm übersetzt werden soll in empirische Forschung und die Entwicklung entsprechender methodischer Verfahren. Denn dabei kann es nicht mehr um 'Unterschiede' gehen – es geht um die *Art ihrer Herstellung*. Es geht darum, wie Carol Hagemann-White (1993) formulierte, die Konstrukteure des Geschlechts auf frischer Tat zu ertappen. Das aber ist, wie sich inzwischen auch gezeigt hat, voller Tücken.

2 Die methodische Herausforderung

Wenn die geschlechtliche Differenzierung selbst zum Gegenstand wird, dann kann nicht mehr von 'Männern und Frauen' ausgegangen und Geschlecht als Variable eingesetzt werden, über die Eigenschaften oder Merkmale von Personen 'gemessen' werden können. Die empirische Analyse verlagert sich vielmehr vom individuellen Handlungsträger hin zu dem System von sozialen Praktiken, die die Geschlechterdifferenzierung im Ergebnis hervorbringen („doing gender"). Mit

---

[1] Der Terminus 'soziale Konstruktion' bezieht sich auf durchaus unterschiedliche theoretische Bezugsrahmen (vgl. Gildemeister 2001). Inzwischen ist er auch in die Strategie des Gender Mainstreaming hineingewandert, und hat bei dieser Transformation in den politischen Kontext jegliche theoretische Konturierung verloren.

dieser Wendung wird die Frage nach 'Geschlecht' bzw. auch die nach 'Geschlechtszugehörigkeit' ein Stück weit aus dem Individuum und seinem psychophysischen Geschlecht-Sein herausverlagert. Der Blickwinkel verlagert sich von der Beschäftigung mit Einzelpersonen hin zur Analyse der sozialen Muster und Regeln, seien dies Interaktions- und Kommunikationsmuster, Deutungsmuster, Wissensformen oder Sinnstrukturen.

In der Entwicklung des theoretischen Konzepts einer 'sozialen Konstruktion von Geschlecht' hatten die empirischen Studien zur Transsexualität einen zentralen Stellenwert. In der ersten Untersuchung lagen Gesprächsprotokolle zwischen einer Transsexuellen, einem Psychiater und dem Forscher (vgl. Garfinkel 1967) vor, in einer zweiten ging es um eine ethnografische Feldstudie (vgl. Kessler/McKenna 1978). Als Kern der Erkenntnis ist bis heute festzuhalten, dass die Zweigeschlechtlichkeit „a matter of objective, institutionalized facts, i.e. moral facts" (Garfinkel 1967: 122) darstellt, also ein sozialer und vor allem *moralischer Tatbestand*, vor dessen Hintergrund Transsexuelle insbesondere zu Beginn ihres „passing" in der ständigen Angst leben, 'entdeckt' zu werden. Eine Aufdeckung ist gleichbedeutend mit einer Diskreditierung, die sie oder ihn ins 'Jenseits' der 'ordentlichen' Gesellschaftsmitglieder stellt. Sie wurden (und werden) in die Kategorie eines 'Dritten' eingeordnet, das als 'Anomalie' konstruiert wurde. Die Forschungen deckten auf, dass die Bedeutung der Geschlechtskategorien in einem Maße von der Norm der Heterosexualität bestimmt wird, dass andere Paarbildungen wie etwa die von Lesben oder Schwulen in ihr schlicht keinen Platz finden. Gerade aus diesem Grunde sind Geschlechterforschung und Queer Studies nicht voneinander zu trennen.

Die Studien zu 'gendertroublemakern' – oder, wie es heute heißt: zu 'queer' – begründeten damit Forschungen zur 'sozialen Konstruktion von Geschlecht' und zum 'doing gender'. Mit der Übernahme dieser Perspektive in die Frauen- und Geschlechterforschung entstanden zwei Problemkomplexe:

Erstens: In der Untersuchung des 'doing gender' wurde Gender tendenziell erneut zu einem auf den Vollzug von Stereotypen oder 'Rollen' beschränkten Phänomen. In der Rezeption der Studien wurde insbesondere die von Garfinkel entwickelte 'Omnirelevanzannahme' hervorgehoben (vgl. West/Zimmerman 1987): Die Zweiteilung der Menschen sei so tief in Wahrnehmung, Denken, Verhalten und Handeln eingedrungen und wird über so machtvolle institutionelle Ressourcen wie etwa Arbeitsteilung und heterosexuelle Paarbildung abgestützt, dass sie in faktisch *jeder Situation* von Bedeutung sei. Häufig wird als Beleg für diese Omnirelevanzannahme eine Studie von Pamela Fishman (1978) zitiert, die bei einigen Paaren herausgefunden hat, dass in Konversationen die Frauen mehr Fragen stellten und ihre Ehemänner thematisch mehr unterstützten als umgekehrt: „Interaction, the work women do". Der Befund wird so wiederum auf 'alle Frauen' generalisiert (zur Kritik vgl. Kotthoff 2002). Auf diese Weise wird die Omnirelevanzannahme hinterrücks erneut zu einem Einfallstor einer Reifizierung der Geschlechterdifferenz und lässt die Analyse des Differenzierungsprozesses als solchen wiederum außen vor. Auch lässt sie es kaum zu, die *relative* Bedeutung der Geschlechterunterscheidung im Vergleich zu anderen Klassifikationen wie Alter, Ethnizität und Schicht in den Blick zu nehmen (vgl. Fenstermaker/West 2001).

Gegen diese enge Auslegung der Omnirelevanzannahme hat Stefan Hirschauer (1994; 2001) seine Idee des „undoing gender" gestellt, d.h. eine vorübergehende situative Neutralisierung der Geschlechterdifferenz. Das Konzept des „undoing gender" verbleibt im Horizont der Geschlechterdifferenzierung und ist nicht gleichzusetzen mit einer naiven Annahme von 'Neutralität' als einer Art 'Geschlechtslosigkeit'. Es geht vielmehr darum, von der Theorieseite her die Chance zu eröffnen, in der empirischen Forschung Relevantsetzung *und* Neutralisierung untersuchen zu können. Entsprechend wird 'Geschlechtsneutralität' auch hier nicht als eine 'Eigenschaft' von Personen konzipiert. Im Mittelpunkt steht wiederum der Interaktionsablauf als solcher, ob nämlich die initiale (unvermeidliche!) Unterscheidung im Verlauf der Interaktion aktualisiert wird oder nicht.

Die Termini 'doing gender' wie auch 'undoing gender' haben indes ein großes Problem: Mit dem Terminus des 'Tuns' verbinden wir in der Regel eine gewisse Intentionalität – das ist bei den Autoren zwar nicht gemeint, aber es besteht in der Rezeption eine Tendenz, dass dieses 'doing' als ein individuelles, absichtsvolles Handeln gesehen wird und nicht als ein 'Tun' in Interaktionen und ihren institutionellen Rahmungen (vgl. Kotthoff 2002). Dieses Tun ist so hochgradig routinisiert und selbstvergessen, dass sich darüber Typisierungen, Klassifikationen, Wissens- und Sinnsysteme quasi 'selbstläufig' reproduzieren können. Diese *im Tun* sich dokumentierenden Wissens- und Sinnsysteme zu erfassen ist die Kunst der empirischen Forschung zur Geschlechterdifferenzierung.

Zweitens: Die neuere Geschlechterforschung betont nachdrücklich, dass die klassischen Geschlechterdifferenzen – also die 'Unterschiede' – nicht 'in der Natur der Sache' liegen, sondern Geschlecht als binäre Konstruktion die jeweils spezifischen Erwartungen an Frauen und Männer erst hervorbringt. In der Dimension des Sozialverhaltens ist diese Konstruktion auf Dominanz und Unterordnung bezogen und eine Folge der Positionierung der Geschlechter in einer bestimmten, historisch konkreten gesellschaftlichen Ordnung. Der zweite Problemkomplex für die empirische Forschung resultiert nun daraus, das dieser für das 19. und auch das 20. Jahrhundert unbezweifelte Sachverhalt in aktuellen gesellschaftlichen Entwicklungen unterhöhlt wird. Allzu oft wurde und wird übersehen, dass parallel zu der Durchsetzung einer zutiefst vergeschlechtlichten sozialen Ordnung in den industriellen Gesellschaften sich auf 'Gleichheit' angelegte normative Konzepte und Kategorisierungen verbreiteten und popularisierten. Diese Konstellation aber bildet den Hintergrund für eine ganze Reihe von Widersprüchen, mit denen wir heute in verschärfter Weise konfrontiert sind (vgl. Gildemeister/Robert 1999; 2003). So hat die Kategorie Geschlecht im Zuge sozialer Differenzierung als Ordnungskategorie auch an Funktionen verloren: Mitgliedschaftsrechte und Teilnahmechancen etwa sind nicht länger automatisch auf Geschlechtszugehörigkeit bezogen (vgl. Heintz/Nadai 1998). Verteilungstheoretische Analysen etwa im Bereich der sozialstrukturellen Dimensionen wie Berufsstatus und Einkommen sind zwar weiterhin wichtige Ausgangspunkte für die Geschlechterforschung, denn sie dokumentieren in diesen Dimensionen nach wie vor zu konstatierende 'Unterschiede' als Ungleichheiten. Sie zeigen aber nicht, wie sie zustande kommen. Die paradox anmutende Gleichzeitigkeit von programmatischer Gleichheit und faktischer (praktischer) Differenzierung ist für das gesamte Forschungsfeld konstitutiv und kann oder sollte daher nicht eindimensional aufgelöst oder eingeebnet werden.

Für die genannten Herausforderungen – Veränderung des Blicks vom Individuum zur Interaktion, die Erfassung einer möglichen situativen Neutralisierung von Geschlecht und die Erfassung der sich verändernden Bedeutung von Geschlecht als Ordnungsfaktor – ist das methodische Grundproblem zunächst identisch. Die methodische Herausforderung liegt darin, dass die Geschlechterforschung ein grundlegendes Problem faktisch nicht lösen kann: die Positionierung einer externen Beobachtung. Die soziale Wirklichkeit *ist* zweigeschlechtlich strukturiert, die Differenz *ist* bereits in die soziale Welt eingeschrieben und unsere Wahrnehmung *ist* darauf ausgerichtet, in jeder Situation Frauen und Männer zu unterscheiden. Auch Forscher und Beforschte sind im jeweiligen Untersuchungsfeld als Frauen oder als Männer erkennbar und sie sind als solche auch in den forschungsbezogenen Interpretationen und Auswertungen präsent. Dieses grundlegende Problem kann nur so in die Forschung einbezogen werden, dass man sich den eigenen Wissensbeständen gegenüber systematisch 'dumm' stellt, oder, wie es in der qualitativen Forschung heißt, eine Perspektive künstlicher Fremdheit einnimmt. Sowohl für die Phase der Datengewinnung als auch für die der Datenauswertung gilt: Nur mit einer ständig kontrollierten künstlich hergestellten Fremdheit kann im Umgang mit dem empirischen Material das Problem der Vorabeinspeisung von Differenzannahmen bearbeitbar gehalten werden (vgl. Gildemeister 2000).[2]

---

[2] Weitgehend ungelöst ist, wie die zeitliche systematisch Dimension in die Forschung einbezogen werden kann: Das 'doing gender' in face-to-face-Interaktionen ist als ein flüchtiges, situativ gebundenes Tun immer auch Resultat längerer Erfahrungsaufschichtung in kontinuierlich bestehenden Interaktionszusammenhängen. In einem grundsätzlichen Sinn haben nicht nur Individuen, sondern auch Institutionen und Organisationen eine Art 'Gedächtnis' (vgl. Douglas 1991).

Eine solche Perspektive auf den *Prozess der Geschlechterdifferenzierung* schließt von vornherein Forschungsanlagen aus, in denen Frauen und Männer als Blöcke miteinander verglichen werden. Stattdessen geht es darum, dass systematisch versucht wird, Ebenen und Kontexte zu identifizieren, in denen die Kategorisierung der Person nach Geschlecht bedeutsam wird oder anders ausgedrückt: Wie, wann, wo, von wem und von wo aus wird 'Geschlecht' relevant (gemacht)? Dabei geht es nicht nur um face-to-face-Interaktionen, wie es der Terminus des 'doing gender' suggeriert. In der Vielfalt gesellschaftlicher Praktiken, über die sich die Differenzierung nach Geschlecht herstellt, ist in weiten Bereichen ein 'doing' im engeren Sinne gar nicht verlangt. Massenmedien und Werbung etwa erreichen uns vor allem als Rezipienten, konfrontieren und überfluten uns mit Bildern, Stimmen, Arrangements auf der Grundlage klassischer Stereotype: „gender is done for us" (Kotthoff 2002: 20).

Im Folgenden werden am Beispiel konkreter empirischer Materialien drei verschiedene methodische Verfahren vorgestellt, die unterschiedliche Ebenen und Kontexte der Geschlechterunterscheidung zugänglich machen und über die zugleich die Spannung von Gleichheitsnorm und geschlechtlicher Kategorisierung in den Blick genommen werden kann.

3 Beispiele empirischer Forschung

Das erste Beispiel stammt aus einer Ethnografie zum „Geschlechteralltag in der Schulklasse" von Helga Kelle und Georg Breidenstein (1998). Bisher wurde in der Forschung davon ausgegangen, dass bei elf- bis zwölfjährigen Kindern die Geschlechter*separation* verstärkt eintritt und sie eigene Peer-Cultures ausbilden, die dann in der Regel je für sich und vergleichend untersucht wurden, eben als Mädchenkulturen *versus* Jungenkulturen. Genau diese Annahme wurde von Breidenstein und Kelle in Frage gestellt. Ein in einem Aufsatz von Helga Kelle abgedruckter Auszug aus einem Beobachtungsprotokoll während einer Unterrichtspause (Kelle 1999), der hier nur gekürzt wiedergegeben werden kann, illustriert das methodische Vorgehen in diesem Forschungsprojekt:

> „(...) auf Malte und Björns Tisch werde ich aufmerksam, als Malte ein Mädchen aus einer anderen Gruppe, dessen Namen ich nicht kenne, von diesem runterschubst. Als nächstes setzen sich zwei der fremden Mädchen auf den Tisch, worauf Malte und Björn den Tisch umkippen, um sie zu vertreiben. Als der Tisch wieder steht, sind auch sofort wieder zwei Mädchen drauf. (...) Malte ruft „nee ich hab ne bessere Idee!" Er geht um den Tisch herum und zieht ein Mädchen an den Füßen vom Tisch (...). Björn tut es ihm nach, eins der Mädchen landet auf dem Boden, doch alle haben strahlende Gesichter. Inzwischen wollen drei Mädchen sich immer wieder auf

den Tisch setzen. Björn und Malte schubsen sie immer wieder runter (...). Björns und Maltes neue Taktik ist, sich selbst auf den Tisch zu setzen und von dort aus zu treten, wenn eine der Tischfläche nahe kommt. Jetzt wächst die spielende Gruppe rapide an: Uwe, Daniel und Thomas kommen auf der Seite der „Verteidiger" hinzu, die Mädchen sind inzwischen zu sechst (...) ‚die Mädchen ziehen sich jetzt zurück, jedoch nur, um in einiger Entfernung dicht im Kreis stehend und flüsternd ihre Taktik zu besprechen. Auf einmal stürmen sie alle gleichzeitig auf den Tisch los." (Kelle 1999: 314).

Eine solche Szene – darauf weist die Autorin auch explizit hin – kann selbstverständlich nur ein Schlaglicht auf die Verwendungsweisen der Geschlechterunterscheidung im Schulalltag werfen. Ich habe dieses Beispiel ausgewählt, weil hier das empirische Material systematisch auf den Ablauf einer *Interaktion* bezogen ist. Die Zentrierung erzwingt in gewisser Weise bei den sozialen Praktiken selbst anzusetzen, statt bei Geschlecht als Eigenschaft von Personen stehen zu bleiben. In der Konzentration auf den Ablauf von Interaktionen scheint auf den ersten Blick eine vergleichsweise oberflächliche Ebene sozialer Wirklichkeit beschrieben zu werden. Genau darin aber wird die Unter- und Hintergründigkeit solcher 'oberflächlichen' Beobachtungen sichtbar.

Was hier im ethnografischen Protokoll festgehalten wird, ist eine mehr oder weniger typische Pausensituation elfjähriger Kinder. Bereits nach der Lektüre eines kurzen Ausschnittes wird klar, dass in der protokollierten Situation die Geschlechtszugehörigkeit der Kinder eine wichtige Rolle spielt. Das ist nicht notwendig und/oder immer der Fall, wie die Autorin betont, aber was hier im Gang ist, ist unzweifelhaft ein 'Geschlechterspiel'. Jeder Versuch jedoch, die Interpretation auf 'geschlechtstypisches Verhalten' zu lenken – also auf 'Geschlechtsunterschiede' – endet bei diesem Material notwendig in Spekulationen. Die Beschreibung des Ablaufs der Aktivitäten – Angreifen, Treten, Schubsen etc. – zeige, dass diese auch umgekehrt auf die Geschlechter verteilt sein könnten. Der Ertrag liegt also auf einer völlig anderen Ebene. In der Zusammenfassung ihrer Interpretation zeigt Helga Kelle, dass die situative Bedeutung der Kategorie Geschlecht in diesem Beispiel darin liegt, dass die Kategorie als ein Klassifikationskriterium genutzt wird – nur darin wird Geschlecht relevant gemacht. Die Verteilung auf zwei Parteien in einem spontanen, nicht organisierten Spiel stelle sich über die Geschlechtszugehörigkeit her und der Bezug auf die Kategorie Geschlecht bringe zwei Spielparteien hervor, die sich dann in komplementären Rollen (Angreifer versus Verteidiger) gegenüberstehen. Nur über eine ad hoc-Definition von Geschlechterterritorien – in diesem Fall: ein Tisch! – werde die Geschlechtergrenze aktiviert: „Der Sinn des Spiels scheint weniger in der Ermittlung von Siegern und Verlierern zu liegen, als vielmehr an der einfallsreichen Arbeit an der Grenze" (Kelle 1999: 315).

In der Auswertung und Analyse dieses oder auch anderer Beobachtungsprotokolle weist Helga Kelle auf die Unvermeidbarkeit hin, schon bei ihrer Erstellung des Beobachtungsprotokolls von 'Mädchen und Jungen' zu schreiben, und die beobachteten Prozesse in eben dieser dadurch aufgemachten Perspektive dann auch zu analysieren. Dennoch zeigen die Autoren der Ethnografie, wie dem Dilemma der Reifizierung durch Reflexivität und methodische Distanznahme zu begegnen ist. Dadurch gelingt es, am scheinbar an der Oberfläche verharrenden Beobachtungsmaterial zu zeigen, dass die Bedeutsamkeit von unterschiedlichen Praktiken von Mädchen und Jungen eben *nicht* darin liegt, dass sie 'eigene Kulturen' begründen würden. Die Bedeutsamkeit liegt vielmehr darin, „daß differente Praktiken ein System ergeben und eine Funktion der Unterscheidung selbst sind: Die Abgrenzung von den je anderen konstituiert erst das eigene" (Kelle 1999: 320).

Im Kontext dieses Beitrags ist das Forschungsbeispiel wichtig, weil an ihm besonders deutlich wird, dass die Grenzziehung kontingent ist, sie nicht auf einer irgendwie gearteten 'Essenz' eines Unterschieds beruht. Die Differenz ist als Differenz wichtig und die Kinder wachsen unter anderem durch aktive Selbstsozialisation in dieses kulturelle Muster der Unterscheidung hinein. Es geht in diesem Beispiel darum, dass *Spiel der Differenz spielen* zu lernen – die Inhalte sind an dieser Stelle austauschbar.

Das zweite Beispiel entstammt einer Gruppendiskussion mit Anwältinnen und Anwälten, die unter Anleitung zweier Projektmitarbeiter mit kurzen Ausschnitten aus Transkripten konfrontiert wurden, in denen die Geschlechts- und Professionszugehörigkeit der Beteiligten auf den ersten Blick nicht zu erkennen war. Die Diskussionsbeteiligten wurden aufgefordert, ihre Eindrücke und ihr Urteil darüber zu formulieren, was in den vorgelegten Textbeispielen passiert. Im Verlauf dieser Diskussion geht es um die Frage der potenziellen Bedeutung der Geschlechterdifferenz im Interaktionsgefüge der an einem Familiengerichtsverfahren Beteiligten. Das (für diesen Beitrag gekürzte) Transkript beginnt mit dem entscheidenden Stimulus, den die Person Sauer für diese Diskussionsepisode gab:

Sauer: (...) Also insoweit is Chemie oder Anwältin oder Anwalt unter Umständen von Bedeutung.
Zoll: Mhm. Is glaub von Bedeutung. Also jetzt wo ses so also au eventuell (3 sec.) ich hör da so geschlechtsspezifische also ein Vorwurf von geschlechtsspezifischen Schwächen oder sowas leicht heraus, muß ich sagen. Äh (lacht) also de/
Ernst: Aber ich find grad bei dem Beispiel was/ was Sie gesagt haben, das könnte genauso passieren äh wenn es zwei Männer oder [Zoll: ja] 'n Mann
⌠ und die Frau <auf der Gegenseite> ...
Sauer: ⌊Jaja, klar des/
Ernst: ... daß man grad mit dem [Sauer: ja] Kollegen oder
der Kollegin zusammenkommt irgendwo

Geschlechterdifferenz – Geschlechterdifferenzierung

Sauer: ⌊Des is klar, ich wollt des ja au nur als Beispiel sagen [Zoll: also/],
daß unter Umständen da des schon 'ne oder so oder so rum ja, wie Sie recht sagen Frau Ernst kann schon 'ne große Rolle spielen, das glaub ich schon auch.
Ernst: Un/ und ob der Richter dann noch 'n Mann oder 'ne Frau is [Sauer: auch das wieder] des spielt au 'ne Rolle. (lacht) Also wenns schon gerichtlich war, ne. [Sauer: jaja] Also ich/
L.: Des hab ich schon öfter gehört [Zoll: ja] diese Befürchtung von Mandanten oh 'ne Richterin
Sauer: <...> mhm
Zoll: ⌈Dabei is umgekehrt, viel bei Richtern (lacht)
Ernst: ⌊Also wo ich manchmal Bedenken hab jetzt sogar von mir aus is, wenn nur Anwältinnen und dann auch noch 'ne Richterin. Und dann vielleicht wenns noch um Kinder geht und wenn der also sozusagen nur ein einzelner Mann (lacht) auf weiter Flur [Sauer: mhm] von lauter Frauen umgeben, da hab ich dann manchmal selbst schon das Gefühl, daß das vielleicht äh
Sauer: Unglücklich ist.
Ernst: Äh ja, also allein aus der
⌈ähm Geschlechtszugehörigkeit äh ...
Zoll: ⌊Des is aber 'ne Frage der Perspektive (lacht)
Ernst: ... vielleicht also nich unbedingt ähm das Ideal is (lacht) sag mer mal so also/ also des kann gehen, ja des kommt drauf an, aber ich/ ich find des also es is mir schon mal öfter so durch 'n Kopf gegangen bei solchen Situationen
Zoll: Eher umgekehrt fällt mir des ständig ...
Ernst: ⌈Klarer is es natürlich ähm
Zoll: ⌊... auf also meistens ischs ja eher umgekehrt.
Sauer: Also lauter Männer und die/
⌈die Mandantin
L.: ⌊Das die arme Frau nur/ nur <...>
Zoll: Jaja, also des isch eher's Normale un/
Ernst: Nur das kenn ich ja nich so, weil ich dann wenn ich mit drin bin (lacht) <schon mehr als nur eins>
Zoll: Dann sind se wenigstens zu zweit [Ernst: ja] na was/ also die Situation schon a bißele entschärft, aber also i/ i empfind des immer als angenehm wenn wenigstens a Richterin da isch und wenn gar noch die Gegenseite von 'ner Anwältin vertreten wird, also ehrlich g'sagt des sind schon die produktiveren Prozesse, die mer dann führt nach meiner Wahrnehmung,
⌈ganz deutlich.
Sauer: ⌊Frau Zoll/ Frau Zoll
also äh so/ so tragend würd ich des da nich festmachen, wir sind uns sicher sehr schnell einig ob Männlein oder Weiblein auf der Richterbank, wenn es 'ne Persönlichkeit ist, die mit sachlicher und fachlicher Kompetenz und Persönlichkeit die Dinge im Griff hat, dann is es meine ich gleichgültig wer vorne sitzt. Seh'n Sie des nich so?
(...)
Zoll: Ja. (1 sec.) Also wie hab ich so schön mal gelesen, aber man is/ dann und wann findet sich auf der Richterbank auch eine Frau, aber freuen Sie sich nicht zu früh, häufig hat vor/ handelt es sich um verkleidete Männer (lacht). [alle: lachen] [Sauer: jaja, is was dran] Also mer kanns net einfach am Geschlecht festmachen [Sauer: Neenee] des is es nich ...
Ernst: ⌈Neenee, da gibts irgendwelche kleine Unterschiede, die man auch/
Zoll: ⌊...und es gibt sicherlich au hier in der Region einige männliche Richter, bei denen mer durchaus Gehör für weibliche Interessen findet, also des/ au/ ausschließlich am biologischen Geschlecht fest zu machen wär heut bestimmt, ja oberflächlich [Sauer: mhm, mhm] bis zu Dummheit.

Aus Platzgründen kann hier keine umfassende Analyse erfolgen; auch hier bezieht sich die Auswertung bewusst auf die 'Oberfläche' des ablaufenden Prozesses: Was geschieht hier?[3]

Sauer eröffnet den Austausch mit der Annahme, dass die Geschlechterkonstellation im Gerichtsverfahren von Bedeutung sein kann, Zoll generalisiert in der Reaktion die Annahme: Die Geschlechterkonstellation *ist* von Bedeutung. Ernst sieht das nicht so und nimmt die Generalisierung zurück: Die Geschlechterkonstellation muss nicht von Bedeutung sein. Dem stimmt Zoll hier zu – Zoll hatte aber zuvor etwas anderes behauptet. Und obwohl Ernst die Bedeutung der Geschlechterdifferenz bei Anwälten relativiert hat, erfolgt jetzt eine Stellungnahme dahingehend, dass die Geschlechtszugehörigkeit des Richters auch eine Rolle spiele. Die Konstellation ein Mann (Mandant) und nur Frauen (Anwältinnen, Richterin) sei unbehaglich. Zoll ist eher die Konstellation eine Frau (Mandantin) und nur Männer unangenehm. Die andere Konstellation sei sogar produktiver. Daraufhin sieht Sauer die Geschlechtszugehörigkeit des Richters als nicht so erheblich an, es sei alles vielmehr eine Frage der „Persönlichkeit und der fachlichen Kompetenz". Zoll stimmt ihm grundsätzlich zu. Zolls Einschätzung nach werden aber bei ausschließlich männlich besetzten Familiengerichten „Fraueninteressen" kaum berücksichtigt. Erst neuerdings, im Gefolge der stärkeren Beteiligung von Juristinnen, werden diese auch von männlichen Juristen wahrgenommen. Allerdings seien häufig Richterinnen „verkleidete Männer".

Allein diese Paraphrase der Äußerungen zeigt, dass der Diskussionsverlauf hochgradig inkonsistent ist und die Positionen ambivalent sind. Die Intensität der Diskussion zeigt, dass es sich hierbei aber um ein Deutungsproblem handelt, mit dem man sich offenbar auseinandersetzen muss und auseinandergesetzt hat. Einig sind sich die Diskutanten zunächst darin, *dass* die Geschlechtszugehörigkeit der professionellen Akteure im Verfahren faktisch bedeutsam ist, alle können diese Einschätzung mit beruflichen Erfahrungen verbinden, aber darüber, *auf welche Weise* sich die Geschlechtszugehörigkeit auswirkt, besteht kein Konsens. So selbstverständlich die Annahme ist, dass die Geschlechtszugehörigkeit spezifische soziale, hier: *berufliche* Konsequenzen hat, so selbstverständlich scheint auch die Annahme zu sein, dass man die Akteure in ihrem Handeln *nicht* auf das (partikulare) Kriterium ihrer Geschlechtszugehörigkeit festschreiben kann. Hier kommt ein Universalismus professionellen Handelns zum Tragen, der sich vor allem an den von Sauer benannten „sachlichen und fachlichen Kompetenzen" festmacht. Die Sequenz von Zoll: „Also mer kanns net einfach am Geschlecht festmachen,

---

[3] Zur ausführlichen Darstellung der Auswertung der Gruppendiskussion inkl. Transkriptionsregeln vgl. Gildemeister et al. 2003: 51-69.

des ist es nicht (...) des wär ja oberflächlich bis zur Dummheit", zeigt eine generelle Ablehnung solcher partikularen Zuschreibungen bei gleichzeitigem Insistieren auf der Relevanz der Unterscheidung. Geschlecht wird von den Beteiligten in unterschiedlicher Weise relevant gemacht – dann aber wieder gleichermaßen zurückgenommen. Dieser Widerspruch durchzieht die gesamte Gruppendiskussion und es wird immer wieder deutlich, dass es den Beteiligten nicht gelingt, die basale Hintergrundannahme, dass die Geschlechtszugehörigkeit einen Unterschied macht, in irgendeiner Weise inhaltlich eindeutig zu füllen. Wenn die Äußerungen der Beteiligten 'de-gendered' werden, also die Geschlechtszugehörigkeit der Sprecher unkenntlich gemacht wird, ist nur eine Person aufgrund ihrer 'frauenrechtlerischen' Haltung als *vermutlich* 'weiblich' identifizierbar, von der Interaktionsdynamik her sind die einzelnen Personen (ohne entsprechendes Kontextwissen) nicht eindeutig nach Geschlecht differenzierbar.

Im dritten Beispiel geht es um einen Ausschnitt aus einem berufsbiografischen Interview mit einer Richterin. Berufsbiografische Interviews haben tendenziell auch eine zeitliche Dimension im Blick, nämlich die Erfahrungsaufschichtung von Personen (und in Organisationen). In den Interviews wurde die Frage nach Geschlecht nicht zentriert – hier wollten wir gerade wissen, ob (und wenn, wie) die Geschlechterdimension zur Sprache kommt. Erst im Nachfrageteil wurde z.T. expliziter nachgefragt. Es handelt sich bei den Interviews also um Material, das nicht auf beobachtbare interaktive Abläufe zentriert ist, sondern sich auf Einzelpersonen bezieht, in denen diese *über* ihr Handeln berichten und es z.T. reflektieren. In dem von der interviewten Richterin berichteten Fall geht es um eine Sorgerechtsentscheidung. Beide Elternteile hatten das alleinige Sorgerecht beantragt. Die konkrete Fallkonstellation ist hier jedoch nicht von Bedeutung:

> „Jaa ´ und in dem Fall ´ hab ich mich dann für die Mutter entschieden. (2sec) Hab ich mich an dem Fall auch gefragt ´´ hab ich jetzt des sozusagen nach meinen tieferen Überzeugungen Mutter isch für die Kinder doch am beschten ´ gemacht ´also ´ ich denk nich daß ich ´ dieses ´ diese persönliche Ü ´ oder dass ich des habe aber ma kann sicherlich sagen´ für Kinder mit zwei und vier´´ da muss's für die Kinder ´ da muß beim Vater schon was Besonderes sein (I_2. mh) ´äh daß ich sag den zieh (I_2. mh) ich der Mutter vor. (I_1. mhm) Denn jetzt zum Beispiel meinem Fall der interessiert sich natürlich für seine Kinder also des muß ma s echt sagen (I_1. Ja) der hatt sich schon gekümmert´ aber so dieses Tagesgeschäfte des wollte er seiner littauischen Lebensgefährtin überlassen. (I_1. mhm) Und wenn der dann jobmäßig was Wichtigeres hat oder ne neue Kneipe aufmachen will dann stehen die Kinder <u>auch</u> hintan." (Gildemeister et al. 2003: 153f.)

Was wird hier gesagt?[4] Wenn die Sprecherin sagt „Ja, und in dem Fall" so bedeutet das, dass die Sprecherin sich in diesem *spezifischen* Fall für die Mutter entschied,

---

4   Zur ausführlichen Darstellung der sequenziellen Analyse dieses Interviewausschnittes vgl. Scheid et al. 2001.

in anderen Fällen also auch anders entschieden hat – der Mutterstatus spielt also in der getroffenen Entscheidung eine Rolle. Die Sprecherin hat sich „in dem Fall" gefragt, ob sie die tiefere Überzeugung hat, dass die Mutter für die Kinder doch das Beste sei – sie nutzt also explizit den Fall für eine Reflexion ihrer Entscheidungsprämissen. Sie greift dabei auf eine klischeehafte Wendung zurück („Mutter ist am besten"), von der sie sich dann sogleich distanziert. Mit dem „aber" leitet sie dann eine Einschränkung dieser Aussage und der Distanzierung ein. Zugleich ist der Versprecher bzw. der nicht zu Ende geführte Begriff („diese persönliche Ü oder") sehr aufschlussreich: Die Sprecherin kann sich nicht entscheiden was sie *nicht* hat: Eine Überzeugung, ein Vorurteil, ein Stereotyp, ein Klischee, eine Prämisse – eine begriffliche Festlegung bleibt aus. Sie belässt diese in der Schwebe. Von was aber grenzt sie sich dann mit dem „aber" ab? Die Frage, die sich hier für die Interpreten stellte, ist die, ob dieses 'in der Schwebe lassen' vielleicht einem Konflikt entsprungen ist, auf eine de facto vertraute, aber doch problematisierte Überzeugung nicht verzichten zu wollen?

Fahren wir in dem Text fort: In „man kann sicherlich sage" spricht die Sprecherin auf einen Satz von Erfahrungen an, die allgemein gemacht werden und auf die sie in der Unsicherheit der Entscheidungsfindung zurückgreift. Mehrere Satzumplanungen zeigen, dass das für die Sprecherin ein schwieriges Thema ist. Will ein Vater in Sorgerechtsverhandlungen einen Platz haben, muss etwas „Besonderes" an ihm sein – das allgemeine Vater-Sein reicht nicht aus. Zugleich wird das Besondere als ein Kriterium inhaltlich nicht ausgeführt. Im Allgemeinen, so sagt die Sprecherin mit diesem Satz, ziehe sie die Mutter dem Vater in der Frage der Sorge für Kleinkinder vor. Damit ist die Einschränkung, die durch das „aber" eingeleitet wurde, zugleich ein Widerspruch zu ihrer vorab intellektuell eingenommenen kritischen Haltung.

In ihrer Argumentation wird damit von einer Allgemeinheit bei Vätern und Müttern ausgegangen, die die Entscheidung in *diesem* besonderen Fall begründen und legitimieren soll. Der selbe Fall wird zugleich als ein Beleg für die in Anschlag gebrachte Geschlechterdifferenzierung genutzt, die das Argument in sich birgt, im Allgemeinen Müttern die Sorge zuzusprechen. Sieht man sich dann die zur Begründung eingebrachte Passage näher an, stellt man fest, dass die entscheidende Trennlinie über den Bezug auf „Tagesgeschäft" erfolgt. In der Begriffstrias von 'Interesse – sich kümmern – Tagesgeschäft' fehle Vätern in der Kleinkindzeit die Neigung und vielleicht auch die Fähigkeit zu Letzterem. Als entscheidender Grund, sich „in dem Fall" für die Mutter zu entscheiden, wird genannt, dass der Vater die Tagesaufsicht an seine neue Lebensgefährtin übergeben will. Da auch Mütter, wenn sie erwerbstätig sind, eine Aufsicht (Kindergarten, Tagesmutter) brauchen, stellt sich die Frage, welche Differenz die Sprecherin hier thematisiert. Das entscheidende Argument scheint darin zu liegen, dass der Vater – in der Sicht der Sprecherin – das Tagesgeschäft abgeben *will*, die Mutter dies zwar manchmal tut oder tun *muss*, es aber grundsätzlich nicht *will*. Damit wird eine differente Form von Bindung zu den Kindern angesprochen. Die mütterliche Form der Bindung geschieht gerade und vor allem durch die Routine des Tagesgeschäfts. Durch „Aufsicht" und „Kümmern" stellt sich diese besondere Form der Bindung nicht her. Grundlage der Entscheidung dieser Richterin ist also die Annahme einer differenten Bindung bei Männern und Frauen zu ihren Kindern. *Wie* diese zu Stande kommt, wird nicht angesprochen – es erfolgt keine Aussage zu sozialen oder biologischen Zwängen. Es ist einfach so: Die Bindung von Mutter und Kind hat a priori größeres Gewicht als andere soziale Beziehungen, ohne dass dies argumentativ hergeleitet wird.

Was ist denn daran nun Besonderes? Es weiß doch jede und jeder, dass es Frauen sind, die sich um Kleinkinder kümmern und die Erfahrung zeigt, dass es gute Gründe dafür gibt, kleine Kinder bei der Mutter zu belassen. Das Interessante an diesem Interview ist auch nicht das *Ergebnis* der Urteilsfindung – es ist ein normales und durchaus nachvollziehbares Ergebnis. Das Interessante an dieser Falldarstellung ist, dass die Richterin den Anspruch auf Entscheidung, also auf Alternativen zu dieser Entscheidung und auf eine Begründung der Entscheidung *selber* stellte, und diesen Anspruch nicht einlöste. Dieser Anspruch wurde nicht von den Interviewern eingebracht.

Trotz der expliziten intellektuellen Distanzierung von geschlechtsbezogenen Klischees greift das Klassifikationssystem, die Unterscheidung nach Geschlecht de facto ohne Argument. An diesem Textausschnitt kann man sehr deutlich zeigen, dass die von der Sprecherin explizierten Thematisierungen und Konzepte nicht mit implizitem Wissen und impliziten Orientierungen identisch sind. Letztere beruhen auf stillschweigenden und stillgeschwiegenen Voraussetzungen. Der auf der Ebene des impliziten Wissens erfolgende Rückgriff auf die Polarisierung enthält genau *deswegen* keine weitere Begründungsverpflichtung. Der Akt des Unterscheidens 'an sich' ist wichtig und in gewisser Weise erfolgt hier in ganz ähnlicher Weise, wie in dem oben dargestellten Kinderspiel und in der Gruppendiskussion, eine unhinterfragte, selbstverständliche Grenzziehung auf der Basis binärer Klassifikation. Nur geht es in diesem Beispiel nicht um Spiel und auch nicht um kollegialen Austausch, sondern um ernsthaftes, hochgradig konsequenzenreiches, sich objektivierendes, institutionelles Handeln. Genau dieses Vorgehen, in dem auf Unterscheidungen rekurriert wird ohne diese explizieren zu können oder zu müssen, reproduziert die Differenzierung nach Geschlecht und dies vermutlich nicht nur im Bereich des Familienrechts.

4 Ein Resümee

Geschlechterforschung muss sich also nicht darauf reduzieren, Frauen oder Männer zu zählen. In der hier vorgestellten Perspektive geht es vielmehr um die Analyse geschlechterdifferenzierender Praxis und Praktiken, die als solche kaum in den Blick kommen, weil sie eher agiert als reflektiert werden. Um diese Perspektive zu verfolgen, bedarf es *keiner* These eines vorab bestehenden inhaltlich benennbaren Unterschieds, sondern einer hohen Sensibilität dafür, dass die Differenzierung nach Geschlecht unterschwellig mit Deutungen und Bedeutungen verknüpft sein kann, die auf einer expliziten (bewussten) Ebene abgelehnt werden. Dieses Auseinanderfallen ist eine Grundlage für das von Ridgeway (2001) analysierte Wirksamwerden von „gender status believes", Glaubensvorstellungen, in denen sich die Geschlechterasymmetrie fortsetzt und die zum Einfallstor für neue Unterscheidungen in der klassischen Dimension 'Instrumentalität versus Expressivität' werden.

Auf diese Weise ergibt sich eine Erklärungsmöglichkeit für etwas, was alltagspraktisch häufig nur diffus erfahren wird: der Eindruck, *dass* nach Geschlecht differenziert wird, *dass* die Kategorie Geschlecht in sozialen Abläufen wirksam wird, dass man diesen Eindruck aber an expliziten und explizierten Aussagen allein *nicht* festmachen kann. Einen solchen Eindruck in den entsprechenden Situationen anzusprechen ist i.d.R. schwierig, weil ein solches Ansprechen vor dem Hintergrund der politisch korrekten Gleichheitsnormen in der Regel Reaktionen auslöst wie „aber ich doch nicht" oder „hier doch nicht" oder „was hat das denn mit Geschlecht zu tun". Das Interessante ist ja gerade, dass in unserer Untersuchung zum Berufsfeld Familienrecht etwa *keine* eindeutig geschlechterdifferenten beruflichen Handlungsstile auszumachen sind, bei den Professionsangehörigen *kein* Konsens darüber besteht, was 'den Unterschied' denn ausmacht, geschlechterdifferenzierende Muster aber ein wesentlicher Bestandteil der Berufspraxis darstellen. Bei solchen Analysen geschlechterdifferenzierender Praktiken geht es daher nicht zuletzt darum, solche impliziten (latenten) Geschlechterkonzeptionen im beruflichen Handeln in einen methodisch kontrollierten Umgang zu überführen – denn dies dürfte ein Problem in vielen beruflichen Bereichen sein, in der gesamten Lehrtätigkeit an Schulen etwa, an Universitäten, aber auch im gesamten Gesundheits- und Beratungswesen.

Auch wenn also der Geschlechterforschung in gewisser Weise 'die Differenz' abhanden gekommen ist, Optionen und Handlungsspielräume sich erheblich erweitert haben, so ist doch in weiten Bereichen gesellschaftlichen Lebens der Rückgriff auf die Kategorie Geschlecht so konzipiert und organisiert, dass die beiden „Geschlechtsklassen" (im Sinne von Goffman 1994) sowohl polar aufeinander verweisen als auch exklusiv sind, einander ausschließen. Das Denken im binären, zweigeschlechtlichen Muster durchzieht auch die gesamte politische Debatte. Lässt man sich jedoch auf die soziale Wirklichkeit ein, so wird gerade in der empirischen Forschung die *Gleichzeitigkeit* auf Gleichheit zielender, universalistischer Bestimmungen und Differenz betonender, partikularistischer Bilder zentral, und entsprechend scheitert hier jeder Versuch diesen Widerspruch und diese Spannung eindimensional aufzulösen. Nicht zuletzt das Aushalten dieser Spannung unterscheidet Forschung von politischer Bewegung.

Literatur

Bilden, Helga (1991): Geschlechtsspezifische Sozialisation. In: Hurrelmann, Klaus/Ulich, Dieter (Hrsg.): Neues Handbuch der Sozialisationsforschung. Weinheim und München: Juventa. 281-303

Breidenstein, Georg/Kelle, Helga (1998): Geschlechteralltag in der Schulklasse: Ethnografische Studien zur Gleichaltrigenkultur. Weinheim und München: Juventa Verlag

Dausien, Bettina/Herrmann, Martina/Oechsle, Mechtild/Schmerl, Christiane/Stein-Hilbers, Marlene (Hrsg.) (1999): Erkenntnisprojekt Geschlecht. Feministische Perspektiven verwandeln Wissenschaft. Opladen: Leske+Budrich

Douglas, Mary (1991): Wie Institutionen denken. Frankfurt/M.: Suhrkamp

Fenstermaker, Sarah B./West, Candace (2001): „Doing Difference" revisited. Probleme, Aussichten und der Dialog in der Geschlechterforschung. In: Heintz, Bettina (Hrsg.): Geschlechtersoziologie. Opladen: Westdeutscher Verlag. 236-249

Fishman, Pamela M. (1978): Interaction: The Work Women do. In: Social Problems. Vol. 25, No.4. 397-406

Frevert, Ute (1995): „Mann und Weib, und Weib und Mann": Geschlechter-Differenzen in der Moderne. München: Beck

Garfinkel, Harold (1967): Studies in Ethnomethodology. Cambridge: Polity Press

Gern, Christiane (1992): Geschlechtsrollen: Stabilität oder Wandel? Eine empirische Analyse anhand von Heiratsinseraten. Opladen: Westdeutscher Verlag

Gildemeister, Regine (2000): Geschlechterforschung (gender studies). In: Flick, Uwe/von Kardorff, Ernst/Steinke, Ines (Hrsg.): Handbuch der qualitativen Sozialforschung. Reinbek: Rowohlt. 213-223

Gildemeister, Regine (2001): Soziale Konstruktion von Geschlecht: Fallen, Mißverständnisse und Erträge einer Debatte. In: Rademacher, Claudia/Wiechens, Peter (Hrsg.): Geschlecht, Ethnizität, Klasse. Zur sozialen Konstruktion von Hierarchie und Differenz. Opladen: Leske+Budrich. 65-90

Gildemeister, Regine/Robert, Günther (1999): Vergeschlechtlichung – Entgrenzung – Revergeschlechtlichung. Geschlechterdifferenzierende Arbeitsteilung zwischen Rationalisierung der Arbeitswelt und 'postindustriellem Haushaltssektor'. In: Honegger, Claudia/Hradil, Stefan/Traxler, Franz (Hrsg.): Grenzenlose Gesellschaft? Verhandlungen des 29. Kongresses der Deutschen Gesellschaft für Soziologie in Freiburg i. Brsg. Opladen: Leske+Budrich. 110-126

Gildemeister, Regine/Maiwald, Kai-Olaf/Scheid, Claudia/Seyfarth-Konau, Elisabeth (2003): Geschlechterdifferenzierungen im Horizont der Gleichheit. Wiesbaden: Westdeutscher Verlag

Gildemeister, Regine/Robert, Günther (2003): Politik und Geschlecht: Programmatische Gleichheit und die Praxis der Differenzierung. In: Nassehi, Armin/Schroer, Markus (Hrsg.): Der Begriff des Politischen. Grenzen der Politik oder Politik ohne Grenzen? Baden-Baden: Nomos Verlag. 133-156

Goffman, Erving (1994): Das Arrangement der Geschlechter. In: Ders.: Interaktion und Geschlecht. Frankfurt/M. und New York: Campus. 105-158

Hagemann-White, Carol (1984): Sozialisation: Weiblich – männlich? Opladen: Leske+Budrich

Hagemann-White, Carol (1993): Die Konstrukteure des Geschlechts auf frischer Tat ertappen? Methodische Konsequenzen einer theoretischen Einsicht. In: Feministische Studien. Jg. 11, Heft 2. 68-78

Hagemann-White, Carol (1994): Der Umgang mit Zweigeschlechtlichkeit als Forschungsaufgabe. In: Diezinger, Angelika/Kitzer, Hedwig/Anker, Ingrid/Bingel, Irma/Haas, Erika/Odierna, Simone (Hrsg.): Erfahrung mit Methode. Wege sozialwissenschaftlicher Frauenforschung. Freiburg: Kore. 301-320

Hausen, Karin (1976): Die Polarisierung der „Geschlechtscharaktere". Eine Spiegelung der Dissoziation von Erwerbs- und Familienleben. In: Conze, Werner (Hrsg.): Sozialgeschichte der Familie in der Neuzeit Europas. Stuttgart: Klett-Cotta. 363-401

Heintz, Bettina/Nadai, Eva (1998): Geschlecht und Kontext. De-Institutionalisierungsprozesse und geschlechtliche Differenzierung. In: Zeitschrift für Soziologie. Jg. 27, Heft 2. 75-93

Hirschauer, Stefan (1994): Die soziale Fortpflanzung der Zweigeschlechtlichkeit. In: Kölner Zeitschrift für Soziologie und Sozialpsychologie. Jg. 46, Heft 4. 668-692

Hirschauer, Stefan (2001): Das Vergessen des Geschlechts. Zur Praxeologie einer Kategorie sozialer Ordnung. Opladen: Westdeutscher Verlag

Kelle, Helga (1999): Geschlechterunterschiede oder Geschlechterunterscheidung? Methodologische Reflexionen eines ethnographischen Forschungsprozesses. In: Dausien, Bettina/ Herrmann, Martina/Oechsle, Mechtild/Schmerl, Christiane/Stein-Hilbers, Marlene (Hrsg.): Erkenntnisprojekt Geschlecht. Feministische Perspektiven verwandeln Wissenschaft. Opladen: Leske+Budrich. 304-324

Kessler, Suzanne J./McKenna, Wendy (1978): Gender. An Ethnomethodological Approach. New York: John Wiley & Sons

Klinger, Cornelia (2000): Die Ordnung der Geschlechter und die Ambivalenz der Moderne. In: Becker, Sybille/Kleinschmitt, Gesine/Nord, Ilona/Schneider-Ludorff, Gury (Hrsg.): Das Geschlecht der Zukunft. Zwischen Frauenemanzipation und Geschlechtervielfalt. Stuttgart: Kohlhammer. 29-63

Kotthoff, Helga (2002): Was heißt eigentlich „doing gender"? Zu Interaktion und Geschlecht. In: van Leeuwen-Turnovcová, Jirina/Wullenweber, Karin/Doleschal, Ursula/Schindler, Franz (Hrsg.): Gender-Forschung in der Slawistik. Wiener Slawistischer Almanach. Sonderband 55.

Nicholson, Linda (1994): Was heißt „gender"? In: Institut für Sozialforschung (Hrsg.): Geschlechterverhältnisse und Politik. Frankfurt/M.: Suhrkamp. 188-220

Parsons, Talcott (1964): Alter und Geschlecht in der Sozialstruktur der Vereinigten Staaten. Neuwied, Kriftel und Berlin: Luchterhand

Rahn, Sylvia (2001): Die Karrierisierung des weiblichen Lebenslaufs. Frankfurt/M.: Peter Lang

Ridgeway, Cecilia L. (2001): Interaktion und die Hartnäckigkeit der Geschlechter-Ungleichheit in der Arbeitswelt. In: Heintz, Bettina (Hrsg.): Geschlechtersoziologie. Opladen: Westdeutscher Verlag. 250-275

Scheid, Claudia/Gildemeister, Regine/Maiwald, Kai-Olaf/Seyfahrt-Konau, Elisabeth (2001): Latente Differenzkonstruktionen. Eine exemplarische Fallanalyse zu Geschlechterkonzeptionen in der professionellen Praxis. In: Feministische Studien. Jg. 19, Heft 2. 23-38

Scott, Joan Wallach (2001): Die Zukunft von *gender*. Fantasien zur Jahrtausendwende. In: Honegger, Claudia/Arni, Caroline (Hrsg.): Gender. Die Tücken einer Kategorie. Zürich: Chronos. 39-64

West, Candace/Zimmerman, Don H. (1987): Doing Gender. In: Gender & Society. Vol. 1, No. 2. 125-151

Burkhard Schäffer

Doing Generation. Zur Interdependenz von Milieu, Geschlecht und Generation bei der empirischen Analyse generationsspezifischen Handelns mit Neuen Medien

In der Erziehungswissenschaft und dort speziell in der Medienpädagogik, löst die Frage nach der Relevanz der Generationszugehörigkeit für das Handeln mit Medien zwar diejenige nach der Relevanz der Geschlechts- oder Schichtzugehörigkeit nicht ab; im Zusammenhang mit der Erforschung der sog. Neuen Medien ist jedoch eine deutliche Akzentverlagerung hin auf die Generationenproblematik zu beobachten (vgl. Gogolin/Lenzen 1999). Dies hat damit zu tun, dass vielfältige, zumeist theoretisch deduzierte, aber wenig empirisch generierte Evidenzen dafür anzutreffen sind, dass die mit der neuen Technologie verbundenen Anforderungen an Medienkompetenz (besser: Medienperformanz) von den Angehörigen unterschiedlicher Generationen unterschiedlich erfüllt werden – um es vorsichtig zu formulieren. Ich könnte es auch mit einem 16-jährigen Teilnehmer einer von mir durchgeführten Gruppendiskussion ausdrücken: „Für die Alten wird's schwieriger" (Schäffer 2003: 251). Die oft vertretene These in diesem Zusammenhang lautet, dass, aufgrund der zunehmenden Beschleunigung der Entwicklung und Vermarktung digitaler Technologien und deren Anwendung im Alltag, ältere Kohorten irgendwann an einen Punkt kommen, wo sie mental, kognitiv und emotional-affektiv den Anschluss verlieren und sich nicht mehr auf das Neue einlassen. Sackmann und Weymann haben dies in einer umfassenden Studie bereits 1994 für unterschiedliche alltagsrelevante Technologien (Geräte der Haushaltstechnik, Automobil, Computer; vgl. Sackmann/Weymann 1994) herausgearbeitet. Demnach ist die Zugehörigkeit zu einer „Technikgeneration", die sich über „konjunktive Technikerfahrungen" (2000: 53) definiert, „einflussreicher als Unterschiede des Einkommens, der Bildung, des Berufs und des Geschlechts" (Sackmann/Weymann: 54).

In Studien dieses Typs wird zumeist eine der Ebenen, hier die der Generation, zu Lasten der anderen fokussiert. Dies lässt sich bei einem spezifischen Forschungsinteresse auch gar nicht vermeiden. Allerdings muss diese *legitime Selektivität der Perspektive* immer im Blick behalten werden, um sie methodisch kontrollierbar zu halten. Dies ist bei vielen Studien zum Thema Medien und Generation nicht immer der Fall. Dort wird das Alter der Erforschten als die wichtigste Variable apostrophiert und andere Aspekte, wie das Geschlecht oder die Milieuzugehörigkeit außer Acht gelassen (exemplarisch: vgl. Tapscott 1998). In einem Forschungssetting, das sich der dokumentarischen Methode (vgl. Bohnsack 2003; Bohnsack/Nohl/Nentwig-Gesemann 2001, Schäffer 2004) bedient, wäre ein solches Vorgehen undenkbar, weil hier von vornherein von einer Interdependenz unterschiedlicher „Erfahrungsaufschichtungen" (Mannheim) ausgegangen wird, die sich aus verschiedenen Quellen speisen: Erfahrungsaufschichtungen generationeller Art überlagern sich bspw. mit solchen der Geschlechts- und Bildungsmilieuzugehörigkeit, die wiederum abhängen von der entwicklungstypischen Phase in der die Erfahrungen gemacht werden (denn es stellt einen Unterschied dar, ob eine Erfahrung im Jugendalter, im Erwerbsalter oder im Ruhestand gemacht wird, um nur drei Extrempole herauszugreifen). Wenn man die Interdependenz unterschiedlicher Erfahrungsaufschichtungen berücksichtigt, kann an einem „Fall" (einer Gruppendiskussion, einem biografischen Interview, einer Beobachtungssequenz etc.) Generationstypisches valide erst dann herausgearbeitet werden, wenn die Einbettung und Verschränkung dieses Generationstypischen mit anderen Erfahrungsdimensionen berücksichtigt wird. Erst dann kann ausgeschlossen werden, dass bei den zu interpretierenden Phänomenen – bspw. einer spezifischen Medienpraxis in einem konkreten Umfeld – die Generationendifferenz die Leitdifferenz darstellt und *nicht* geschlechts-, milieu- oder entwicklungsphasenbedingte Differenzen im Vordergrund stehen. Es gilt also die Interdependenz von Milieu, Geschlecht und Generation herauszuarbeiten und nicht eine Perspektive vorschnell zuungunsten der anderen in den Vordergrund zu stellen.

Der vorliegende Beitrag wird sich zentral mit dieser Interdependenzthese beschäftigen. Hierfür werde ich zunächst (1) aufzeigen, dass sich bei einer Generationenanalyse unter methodisch-methodologischen Gesichtspunkten ähnliche Probleme auftun wie bei der Analyse von Genderaspekten. Den Kontext für meine Fragestellungen bildet ein zwischenzeitlich abgeschlossenes empirisches Forschungsprojekt zu generationsspezifischen Medienpraxiskulturen und intergenerationellen Bildungsprozessen (vgl. Schäffer 2003), in dem gefragt wird, ob sich in *empirisch valider Art und Weise* Generationenunterschiede in Hinsicht auf das Handeln mit *Neuen Medien, also mit Computer und Internet* herausarbeiten lassen. Das Konzept dieser Studie werde ich im dritten Kapitel (3), nach einem Exkurs zum Reifizierungsproblem (2) eingehender darstellen. Im Anschluss hieran (4) stelle ich das Untersuchungsdesign und dessen empirische Umsetzung in ihren wichtigsten Aspekten dar und werde, gestützt auf ein empirisches Beispiel, näher auf den Prozess der Typenbildung innerhalb eines rekonstruktiven Untersuchungsdesigns eingehen.

1 Milieu, Geschlecht und Generation als konjunktive Erfahrungsräume

In jüngster Zeit hat in den Sozialwissenschaften der Generationenbegriff eine ungeahnte Renaissance erfahren. Dies hat, neben vielen anderen zeitgeschichtlichen Einflüssen (89er Systemwechsel), u.a. auch mit der rasanten Entwicklung neuer Medientechnologien zu tun, die es nahe legen, diese Thematik mittels der Generationensemantik zu bearbeiten. Dementsprechend findet im Kontext Neuer Medien der Generationenbegriff – über die Bezeichnung verschiedener Hard- und Softwareversionen hinaus – vielfältige Anwendung. Allerdings bleibt die grundlagentheoretische Fundierung des Begriffs in vielen Veröffentlichungen zu Neuen Medien und Generation vor dem Hintergrund der Generationendebatte in Erziehungswissenschaft und Soziologie recht blass (vgl. hierzu etwa Büchner 1995, Zinnecker 1997, Ecarius 1998, Müller 1999). Es wird bspw. selten genau zwischen 'Alter', 'Generation' und 'Kohorte' differenziert (exemplarisch hierfür: Tapscott 1998 und auch viele der Beiträge in Gogolin/Lenzen 1999). Ob allerdings einige nebeneinander liegende Geburtsjahrgänge (Kohorten) gemeinsame handlungsleitende kollektive Orientierungen hinsichtlich neuer Medientechnologien entwickeln und erst damit eine Generationengestalt ausbilden, ist eine nur empirisch und nicht ex ante entscheidbare Frage. Überspitzt: Es gibt etliche Kohorten (Jahrgänge), die es gewissermaßen „nicht zur Generation gebracht" haben.

Im Kontext der Debatte um Generation und Neue Medien wird zudem denjenigen Kohorten die größte Aufmerksamkeit gezollt, die gerade das Jugendalter durchlaufen. Dies lässt sich daran ablesen, dass viele Studien primär die Mediennutzung einer Kohorte beschreiben und dann im Titel in eins setzen mit dem Generationenbegriff (Generation, Windows Generation, Generation SMS etc.). Für die hier verfolgte Fragestellung entscheidend ist aber der dritte Kritikpunkt: Neben dem Fehlen einer Differenzierung der Ergebnisse in milieuspezifischer Hinsicht werden in den seltensten Fällen geschlechts- bzw. genderspezifische Differenzierungen vorgenommen.

In Abgrenzung hiervon möchte ich einen Generationenbegriff in Anschlag bringen, der dies leistet und zudem auch dem komplexen mehrdimensionalen empirischen Material gerecht wird, das mit neueren qualitativen Erhebungsmethoden wie etwa dem Gruppendiskussionsverfahren (vgl. Loos/Schäffer 2004, Bohnsack/Przyborski/Schäffer 2004) erzeugt werden kann. Hier bin ich zunächst bei Karl Mannheims Generationenaufsatz aus dem Jahre 1928 fündig geworden (vgl. Mannheim 1964), der m.E. in vielen Veröffentlichungen zumeist nur pflichtschuldigst zitiert, aber, zumal in der Erziehungswissenschaft, in seiner analytischen Potenzialität zugunsten unterkomplexer Modelle vernachlässigt wird. Mannheim hat in dem Beitrag ein umfangreiches begriffliches Instrumentarium der Generationenanalyse zur Verfügung gestellt (vgl. hierzu ausführlich Schäffer 2003: 54-86). Unter anderem sind in dem Aufsatz die Konzepte der „Gleichzeitigkeit des Ungleichzeitigen" (Mannheim 1964: 517), der „Generationsentelechie" (Mannheim 1964: 518) und des generationsspezifischen „Polarerlebnisses" (Mannheim 1964: 537) ausformuliert. Darüber hinaus nimmt er die vielzitierte Differenzierung in „Generationslagerung, Generationszusammenhang und Generationseinheit" vor (Mannheim 1964: 542f.). Mit entscheidend für seinen Ansatz ist die Annahme, dass für die Generationenbildung zentral die kollektiven Erfahrungen in der Jugendphase der jeweiligen Kohorten sind, weil dort die größte Aufnahmebereitschaft für geistig-kulturelle Gehalte vorhanden sei. Unter Bezug auf Dilthey formuliert Mannheim: „Gleichzeitig aufwachsende Individuen erfahren in den Jahren der größten Aufnahmebereitschaft, aber auch später dieselben leitenden Einwirkungen sowohl von Seiten der sie beeindruckenden intellektuellen Kultur, als auch von Seiten der gesellschaftlich-politischen Zustände" (Mannheim 1964: 516).

Sein Potenzial für die oben aufgestellte Interdependenzthese gewinnt Mannheims Generationenkonzept aber erst in der Kombination mit den posthum zu Beginn der 80er Jahre herausgegeben Schriften desselben Autors zum Konzept des konjunktiven Erfahrungsraumes (vgl. Mannheim 1980: 211ff., Matthes 1985, Bohnsack 2003). Dieses Konzept macht den Mannheim'schen Generationenansatz an aktuelle Milieu- und Genderperspektiven anschlussfähig und soll deshalb in aller Kürze erläutert werden.

Konjunktive Erfahrungsräume zeichnen sich dadurch aus, dass die ihnen Zugehörigen über einen ähnlichen „Fond, der unser Weltbild ausmacht" (Mannheim 1980: 207) verfügen. Der die konjunktiven Erfahrungsräume fundierende „Fond", also die Basis der Erfahrungen, wird von Mannheim vorrangig auf vorsprachlichen Ebenen angesiedelt, also z. B. in Gesten, Körperhaltungen und vor allem in ästhetisch-kulturellen Ausdrucksformen.[1] Diese Erfahrungsbasis haben Angehörige konjunktiver Erfahrungsräume durch gemeinsame bzw. strukturidentische Erlebnisse erworben, auf deren Grundlage sich entsprechende *Erfahrungsaufschichtungen* ablagern, welche die Basis für ihr gegenseitiges Verstehen bilden (vgl. Mannheim 1980: 211ff.). Wichtig ist hierbei, dass Erfahrungsaufschichtungen sich in den verschiedensten Dimensionen ausbilden können, so dass es in der Praxis immer zu *Überlappungen verschiedener konjunktiver Erfahrungs-*

---

1 Diese spezifische Verwendung dieser Kategorie des Präreflexiven, im Mannheim'schen Begriffsapparat diejenige des „A-Theoretischen", weist, wie unschwer zu erkennen ist, Parallelen auf zum Bourdieuschen Habituskonzept. Dort wird der Habitus als milieuspezifische Disposition zum Handeln gefasst, als ein modus operandi, der auf einer nicht bewussten Ebene das Handeln von Akteuren innerhalb ihrer Milieus strukturiert (vgl. etwa Bourdieu 1991).

räume kommt: solche der Generation, des Herkunfts- und des Bildungsmilieus überlappen sich mit „geschlechtsspezifischen Erfahrungsräumen" (Bohnsack 2001a). Zudem sind konjunktive Erfahrungsräume nicht statisch sondern dynamisch konzipiert, d.h. sie verändern sich in der Zeit. Besonders deutlich wird dies in der Jugendphase, in der die kollektiven Erfahrungsaufschichtungen sich nicht nur gemäß der milieu-, geschlechts- oder generationsspezifischen „existenziellen Hintergründe" (Mannheim) der Träger konjunktiver Erfahrungsräume aufschichten, sondern in den rasanten Veränderungsprozessen innerhalb dieser Phase einer stark entwicklungsphasenbezogenen, d.h. lebenszyklischen Akzentuierung unterliegen. In der hier entfalteten Perspektive ist Generation also nur *eine* Dimension konjunktiver Erfahrung; sie steht gewissermaßen immer im Austausch bzw. Wechselspiel mit anderen Dimensionen konjunktiver Erfahrungen. Mit dieser Erweiterung des klassischen Mannheimschen Generationenansatzes kann Generation systematisch auf einer Mesoebene als mehrdimensionales, gleichzeitige Ungleichzeitigkeiten austarierendes, sich überlappendes Zusammenspiel von Alter, Milieu und Gender gefasst werden.

Aus diesem Interdependenzansatz folgt unmittelbar, dass eine Generationenanalyse, die Gender- und Milieuaspekte nicht berücksichtigt, keine gute Generationenanalyse sein kann, aber auch, dass eine empirisch valide Erforschung von Genderaspekten beim Handeln mit Neuen Medien nicht ohne die Berücksichtigung von Generations- aber auch von Milieuaspekten möglich ist: „doing" und „undoing" von Gender ist in dieser Perspektive besser im wechselseitigen Zusammenspiel von „doing" und „undoing" von Milieu und Generation zu verstehen. Helga Kotthoff hat kürzlich mit Bezug auf Pierre Bourdieu darauf aufmerksam gemacht, dass „doing gender" nicht in einer engen – auf das bewusste (Aus)handeln von Situationen, Positionen und Zuschreibungen – begrenzten Art und Weise verstanden werden sollte, sondern als Chiffre für eine praxeologische Perspektive, in der „doing" mit habitualisierter Handlungspraxis übersetzt wird: Sie schlägt vor,

> „die Relevanz von gender nicht auf das Thematisieren zu verkürzen, sondern Inszenierungsverfahren mitzuberücksichtigen, die im Sinne von Bourdieu (...) habitualisiert worden sind, verkörperlicht und einfach als soziale Praxis mitlaufend, ohne ins Zentrum des Bewusstseins zu rücken." (Kotthoff 2002: 9)

Dies ist m.E. unmittelbar anschlussfähig an die vorstehend entwickelte Perspektive von Generation als konjunktivem Erfahrungsraum, der sich mit anderen Erfahrungsdimensionen überkreuzt: Das in der Handlungspraxis fundierte alltägliche habitualisierte „doing generation" unterliegt auch milieu- und geschlechtsspezifischen „Rahmungen und Spielräumen" (Wittpoth 1994).

2 Exkurs: Zum Vorwurf der Reifizierung

Gegen den, u.a. seit dem Aufsatz von Gildemeister und Wetterer (1992) in der Genderforschung allgegenwärtig lauernden Vorwurf der „Reifizierung"[2], bietet dieses Konzept das Mittel der *relationalen Dimensionierung* von Geschlecht, Milieu und Generation: Jede der Erfahrungsdimensionen wird relationiert durch die jeweils anderen. In dieser Perspektive 'gibt' es also nicht nur zwei Geschlechter, sondern weitaus mehr, die sich durch je spezifische milieu- und generationsspezifische Tönungen voneinander unterscheiden und nur empirisch herausgearbeitet werden können. Etwas Ähnliches hatten m.E. auch Heintz und Nadai im Sinn, als sie darauf verwiesen, dass „die Bedeutung der Geschlechtszugehörigkeit durch andere soziale Zugehörigkeiten (Klasse, Ethnie etc.) gebrochen" (1998: 78ff.) wird. Umgekehrt gilt, dass, um *Milieu- oder Generationsreifizierungen* zu vermeiden, mit den Dimensionen des Milieus oder der Generation gleichermaßen zu verfahren ist: Sie müssen auf geschlechtsspezifische Aspekte kontrolliert werden. Dieses Prinzip kann generell für jedes Erkenntnisinteresse an einem durch eine spezifische Praxis oder einen spezifischen lebensgeschichtlichen Zusammenhang konstituierten Erfahrungsraum durchdekliniert werden.[3]

Grundlagentheoretisch gesprochen ist mit der Reifizierung von Geschlecht im Forschungskontext, d.h. der Voraussetzung von Zweigeschlechtlichkeit, ohne ihre soziale Konstruiertheit zu berücksichtigen, eine Unterspielart von Prozessen der „Nostrifizierung" (Matthes 1992: 96) angesprochen, die dann auftauchen, wenn man empirisch vergleichend vorgeht, d.h. eine komparative Analyse vornimmt. Sie müssen in *jedem* Forschungs- und Interpretationszusammenhang in Rechnung gestellt werden und sind in der qualitativen Sozialforschung auch als hermeneutischer Zirkel bekannt. Im Endeffekt läuft es auf die Frage hinaus, wie man bei der Konstruktion des tertium comparationis dem Problem begegnet, dass man nur das erkennen kann, was man schon weiß bzw. stillschweigend voraussetzt (vgl. hierzu Nohl 2001b, Schäffer 1994). Aus diesem Zirkel *grundlegend* auszubrechen ist unter erkenntnistheoretischen Gesichtspunkten schlichtweg unmöglich. Die dokumentarische Methode versucht diesem Problem durch eine weitgehende

---

2 Bekanntlich kritisieren Wetterer und Gildemeister aus der Perspektive der konstruktivistischen Geschlechterforschung die „Tradition des Denkens in zweigeschlechtlichen strukturierten Deutungsmustern" (Gildemeister/Wetterer 1992: 203) in der Geschlechterforschung und warnen in diesem Zusammenhang vor der *Reifizierung von Geschlecht* im Sinne einer „Verdoppelung der 'natürlichen' Zweigeschlechtlichkeit" (Wetterer/Gildemeister 1992: 248).

3 Wenn man also bspw. migrationsspezifische Erfahrungsräume rekonstruieren möchte, muss dies vor dem Hintergrund geschlechts-, milieu- und generationsspezifischen Dimensionen geschehen (vgl. hierzu Nohl 2001a).

Doing Generation 53

Explikation ihres forschungspraktischen Vorgehens (von der Datenerhebung bis zur Interpretation) und die oben kurz angerissene und weiter unten noch genauer zu erläuternde mehrdimensionale Typenbildung zu begegnen.

Aber zurück zur Ausgangsfragestellung nach dem Zusammenhang von Medien und Generation: Das eben dargestellte Generationenkonzept habe ich in Bezug auf meine spezifische Fragestellung in Auseinandersetzung mit einschlägigen Medien- und Techniktheorien einerseits und dem empirischen Material andererseits exemplarisch weiterentwickelt zu einem Konzept *generationsspezifischer Medienpraxiskulturen*.

3 Habituelles Handeln mit Medien innerhalb generationsspezifischer Medienpraxiskulturen

Das Konzept *generationsspezifischer Medienpraxiskulturen* geht davon aus, dass sich auf der Grundlage der konjunktiven Medienerfahrungen und -praxen zu einer gegebenen Zeit für die jeweiligen Kohorten in ihrer Jugendzeit eigenständige Formen und Stile des Handelns mit den zur Verfügung stehenden Medien innerhalb der jeweiligen konjunktiven Erfahrungsräume ausbilden. Diese Handlungsstile verdichten sich in Medienpraxiskulturen und erscheinen den Handelnden in ihrer Jugendzeit als quasi 'natürliche' Form des Handelns mit Medien schlechthin. Derartige Medienpraxiskulturen – und das ist die entscheidende Annahme *eines jeden* Generationenansatzes – haben die Tendenz mit ihren Trägern die Jahre zu überdauern und prädisponieren deren aktuelles Handeln mit den jeweils neuen Medien. Diese generationenbedingte Prädisposition entfaltet ihre größte Kraft auf einer habituellen Ebene, die den Akteuren zumeist reflexiv nicht oder nur in Bruchstücken zugänglich ist. Hieraus ergibt sich in dem Konzept generationsspezifischer Medienpraxiskulturen eine besondere Betonung der Ebene des *habituellen Handelns mit Medientechnologien*.

Das Konzept greift Ideen des Techniksoziologen und -philosophen Bruno Latour auf und adaptiert diese für eine, an einer praxeologischen Methodologie ausgerichtete Forschungspraxis. Latour thematisiert die Handlungspraxis des Menschen 'zusammen mit' (Medien)technologien. Diesem Ansatz zufolge ist das Handeln von Menschen und ihren Techniken nur noch als *gemeinsames* kollektives Handeln von „Hybridakteuren" zu verstehen, d.h. von unterschiedlichen Zusammensetzungen menschlicher und nichtmenschlicher Aspekte des Handelns, die in den meisten Fällen, so Latour, nicht voneinander zu trennen sind. Die Vermittlungen, die zu diesem *gemeinsamen Handeln* von Menschen und ihren Techniken führen, differenziert Latour innerhalb von vier Dimensionen (vgl. Latour 1998):

1. Die Dimension der „Übersetzung": Ursprüngliche „Handlungsprogramme" menschlicher Akteure werden durch das Zusammenhandeln mit einer Technik verändert. So verändert sich bspw. die Kultur des Briefeschreibens durch das Aufkommen von Schreibprogrammen und mehr noch durch die, im Vergleich zur früheren Praxis, weitaus informeller gestaltete E-Mail-Kommunikation.
2. Die Dimension der „Zusammensetzung": Handlungen sind nur rekonstruierbar aus den einzelnen, von Menschen *und* Techniken beigesteuerten, „Handlungsprogrammen": Bspw. löst das Handlungsprogramm „Anklicken eines Buttons auf einer Internetseite" seitens eines Menschen auf der Handlungsprogrammseite der Technik eine weitverzweigte Reaktion aus, die schließlich zum hochgradig komplex zusammengesetzten Handlungsergebnis führt.
3. Die Dimension des „reversiblen Blackboxens": Die Handlungsprogrammverkettungen werden im alltäglichen Handeln ausgeblendet („geblackboxt") und kommen erst zu Bewusstsein, wenn eine Technik im herkömmlichen Sprachgebrauch bzw. im Sprachgebrauch Latours „nicht funktioniert": wenn eine Technologie nicht ihren Teil des Handlungsprogramms zum *gemeinsamen hybriden* Handlungsprogramm beiträgt. Beim alltäglichen Handeln bspw. 'zusammen mit dem Computer' ist man also nicht bewusstseinsmäßig darauf gerichtet, dass man zusammen mit der Maschine handelt.
4. Die Dimension der „Delegation": Durch Technologien werden Handlungsprogramme von räumlich und zeitlich weit voneinander entfernt liegenden kollektiven Hybridakteuren delegiert und bestimmen somit das Handeln mit der Technik im Hier und Jetzt, obwohl sie räumlich und zeitlich nicht mehr anwesend sind. Beispielsweise wurde mein Handeln beim Verfassen dieses Vortragstextes vom Kollektiv derjenigen mit beeinflusst, die die verschiedenen Versionen des Schreibprogramms WORD 2000 im Kontext von Ingenieur- und Programmiererkulturen entworfen, getestet und weiterentwickelt haben, sowie vom Handeln der Millionen anderer 'User' und 'Userinnen', die ihre Ansprüche an das Programm in der Praxis artikuliert haben. In diesem Sinne kann auch das Betriebssystem Windows als komplexer (ursprünglich von Bill Gates 'in die Welt gesetzter') Delegierter aufgefasst werden, der im Zusammenspiel verschiedenster Hybridakteure 'erzeugt' wurde.

Um die Ideen Latours nun an die oben skizzierte Generationentheorie und eine Theorie des Handelns innerhalb konjunktiver Erfahrungsräume anschlussfähig zu machen, war es in einem vorbereitenden Schritt zunächst nötig, sie handlungstheoretisch anders zu fundieren, als dies der Autor selbst tut. Denn aus der Perspektive einer wissenssoziologisch fundierten Handlungstheorie ist die Perspektive Latours zu einseitig an einem intentionalistischen und entwurfsorientierten Handlungsmodell orientiert (zumindest deuten alle Handlungsbeispiele des Autors darauf hin). Menschliches Handeln in seiner Komplexität lässt sich mit solchen vergleichsweise einfachen, intentionalistischen und entwurfsorientierten Handlungsmodellen nur unzureichend erklären. So hat man nicht immer eine Absicht hinter seinem Tun, geschweige denn man folgt immer einem Entwurf. Vielmehr sind weite Bereiche des Handelns routinisiert und habitualisiert; so ist Handeln oft eingebettet in milieu- oder geschlechtsspezifische *unhinterfragte* Alltagspraxen. Aus der Perspektive einer praxeologischen Wissenssoziologie ist es deshalb zwingend notwendig, eine Kategorie des nicht ausschließlich entwurfsorientierten und intentionalistischen Handelns zu konzeptualisieren. Bohnsack (1993) hat hierfür den Begriff des *habituellen Handelns* geprägt. Habituelles Handeln vollzieht sich fraglos innerhalb konjunktiver Erfahrungsräume und ist nicht an Handlungsentwürfe im Sinne der Umzu-Motivation von Alfred Schütz gebunden. Vielmehr verhält es sich empirisch gesehen so, dass habituellem Handeln *erst nachträglich*, also im Modus der Retrospektion, Entwürfe zugeschrieben werden.

Diese Gedankengänge weiterverfolgend habe ich, in enger zeitlicher Taktung und Abstimmung mit der empirischen Analyse, ein Konzept des *habituellen Handelns mit Medientechnologien* entwickelt, das zwei zentrale Annahmen beinhaltet: zum einen, dass Menschen auch mit Techniken habituell handeln und zum anderen, dass *den Medientechnologien selbst habituelle Handlungsaspekte eingeschrieben* sind und zwar über die von Latour beschriebenen Prozesse der Übersetzung, Zusammensetzung, des reversiblen Blackboxens und der Delegation. Dieses „habituelle Gestimmtsein" des medientechnischen Zeugs überträgt sich beim habituellen Handeln mit den jeweiligen Medientechnologien auf die aus Menschen und ihren Techniken gebildeten kollektiven Hybridakteure (vgl. Schäffer 2003: 103ff.).

Vor dem Hintergrund des oben entfalteten relationalen Generationenkonzeptes fließen in die – den Medientechnologien innewohnenden – habituellen Handlungsaspekte neben den generationsspezifischen selbstverständlich auch bildungsmilieu- und genderbezogene Anteile ein (man denke nur an die männlich dominierten Entwicklungsabteilungen der großen Computer- und Softwarehersteller etc. oder an die nach wie vor von Männern dominierten Expertenkulturen der Freaks). Die im Folgenden in Ausschnitten vorgestellten empirischen Ergebnisse *meiner* Untersuchung geben nun Hinweise darauf, dass für die Ausbildung generationsspezifischer konjunktiver Erfahrungsräume im Jugend- und frühen Erwachsenenalter derartigen Handlungspraxen mit habituell gestimmtem medientechnologischen Zeug eine entscheidende Funktion innewohnt.

4 Zur Analyse generationsspezifischer Medienpraxiskulturen im Kontext der dokumentarischen Methode

4.1 Zur Auswahl des Samples

Für die empirische Analyse generationsspezifischer Medienpraxiskulturen habe ich Realgruppen unterschiedlichen Alters, unterschiedlichen Geschlechts und unterschiedlichen Bildungsmilieus gesucht, die in irgendeiner Weise mit heutzutage neuen Medientechnologien handeln. Die Vergleichsgruppenbildung habe ich dabei so zugeschnitten, dass die Gruppenmitglieder in ihrer Jugend- und frühen Erwachsenenphase je nach Kohortenzugehörigkeit unterschiedliche „Primärerfahrungen" (Mannheim) mit Medientechnologien gemacht haben können.

Schwerpunktmäßig habe ich nach Angehörigen dreier Kohorten gesucht: Senioren, die zwischen 1930 und 1940 geboren wurden, Berufstätige, die zwischen 1955 und 1965 geboren wurden, und Schüler und Schülerinnen und Auszubildende, die Mitte bis Ende der 80er Jahre geboren wurden. Hierzu habe ich in einer Mittelstadt in Ostdeutschland an einer Volkshochschule, einem Gymnasium und an einer berufsbildenden Schule zwischen 1998 und 2000 Gruppendiskussionen mit insgesamt fünfzehn computerinteressierten Gruppen unterschiedlichen Alters durchgeführt, von denen ich als *empirische Eckfälle* zentral sechs Gruppen ausgewählt habe: Drei GymnasiastInnengruppen, eine Auszubildendengruppe, eine Gruppe Berufstätiger und eine Seniorengruppe. Grob lassen sich die Gruppen in 'Junge' (14-17 Jahre), 'Mittelalte' (um die 40) und 'Alte' (um die 65) unterteilen. Die Teilnehmenden sind beiderlei Geschlechts und unterscheiden sich nach Herkunft, Bildungsstand und Beruf in erheblicher Weise.

Um die verschiedenen Ebenen konjunktiver Erfahrung, d.h. vor allem die Differenzierung in milieu-, geschlechts- und generationsspezifische konjunktive Erfahrungsräume zu erfassen, habe ich, soweit dies forschungspraktisch möglich war, neben der Kohortendifferenzierung auch auf eine Differenzierung nach Geschlechts- und Bildungsmilieugesichtspunkten geachtet.

Dieser beabsichtigten Heterogenität des Samples stand *ein* homogener Faktor gegenüber, der mir für meine Fragestellung – neben dem Alter – als tertium comparationis dient: Alle Gruppen haben Umgang mit Computern und für (fast) alle Gruppen gilt, dass der Computer auch ein wichtiger bzw. der einzige Anlass ist, sich zu treffen.

4.2 Gruppendiskussionen als Methode zur Rekonstruktion generationsspezifischer Medienpraxiskulturen

In einer Perspektive, die „Generation als konjunktiven Erfahrungsraum" (Bohnsack/Schäffer 2002) fasst, eröffnet sich über die Interpretation entsprechender empirischer Phänomene eine Möglichkeit, sich generationsspezifische kollektive Gehalte interpretativ zu erarbeiten, *ohne* auf einen *quantitativen Begriff des Kollektiven* im Sinne von Mittelwerten abgefragter Einstellungen verwiesen zu sein (wie dies in der quantitativen Kohortenforschung üblicherweise der Fall ist). Für eine solche qualitativ-rekonstruktive Generationen-, Milieu und Geschlechterforschung hat sich das Gruppendiskussionsverfahren in vielfacher Hinsicht bewährt (vgl. Loos/Schäffer 2004, Bohnsack 2003, Behnke/Meuser 1999). Im Gegensatz zu gängigen Verfahren qualitativer *und* quantitativer empirischer Sozialforschung, die durch das Setting der *Einzelbefragung* von vornherein den Blick auf das Individuum lenken, dokumentieren sich bei einer Gruppendiskussion kollektive Orientierungen im Diskursverlauf selbst, also in der interaktiven Bezugnahme der Beteiligten aufeinander. Auf diese Weise können generationsspezifische kollektive Orientierungen unter Berücksichtigung milieu- und geschlechtsspezifischer Aspekte empirisch valide rekonstruiert werden. Sie müssen nicht, wie in allen auf Einzelbefragungen beruhenden Verfahren, durch entsprechende mathematische und/oder semantische Operationen nachträglich konstruiert werden.

Bei den oben benannten Gruppen gelang es in den überwiegenden Fällen mit einer bewusst unscharf gehaltenen Eingangsfrage nach Altersunterschieden bei der Mediennutzung in den Gruppen selbstläufige Gruppendiskussionen anzustoßen, die sich im Spannungsfeld zwischen der Materialität der Medientechnik, ihrer Thematisierung in den Medien und den handlungspraktischen Wissensbeständen über die Technologie bewegten. Auf diese Weise wurde ein umfangreicher Materialkorpus erzeugt, der noch durch narrativ-biografische Interviews mit ausgewählten Einzelpersonen (sog. Kerncharakteren) aus den Gruppendiskussionen ergänzt wurde.

4.3 Fallbeispiele: Die Haltung zu Arbeit und Spiel am Computer als Generationen-, Milieu- und Geschlechterdifferenz

Ein wesentliches Ziel der empirischen Analyse des vorliegenden Materials bestand zunächst darin, in Feinanalysen von Gruppendiskussionspassagen das implizite Orientierungswissen herauszuarbeiten, welches das habituelle Medienhandeln der unterschiedlichen Gruppen anleitet. Dies ist den Beteiligten der Diskussionen gar nicht voll reflexiv verfügbar, denn oft wissen die Gruppen gar nicht genau, was sie da eigentlich wissen, da gerade Bestände praktischen Wissens eher selten als Anlass zur Reflexion genommen werden und damit theoretisch explizit thematisierbar werden.

Dieses Phänomen soll exemplarisch an einem Teilaspekt erläutert werden. In den Gruppendiskussionen wurde der Computer auf die unterschiedlichste Art und Weise als Arbeits- und als Spielgerät thematisiert. Diese doppelte Rahmung der Technologie diente *allen* Gruppen als Anknüpfungspunkt dafür, in je (generations-)spezifischer Weise ihre Orientierungen zu entfalten. Dabei ist die doppelte Rahmung nicht an die verwendeten Programme gebunden: Man kann nämlich ein Computerspiel ernsthaft betreiben und mit einem Arbeitsprogramm, z.B. einem Schreibprogramm, spielen, so dass hier je nach Handlungskontext unterschiedliche Modi des habituellen Umgangs mit den Rahmungen Arbeit und Spiel zu verzeichnen sind.

Aus den kollektiven Erzählungen und Beschreibungen zweier, sich ausschließlich aus Jungens rekrutierenden Gymnasiastengruppen ließ sich ein Handlungsmodus herausarbeiten, der sich als *Oszillieren zwischen Spiel, Basteln und Arbeit* beschreiben ließ: Das Spielen von Computerspielen bekommt für die Jungen bereits im Grundschulalter die Funktion einer Initiation in die Handlungspraxis mit dem Computer. Durch die rasante Weiterentwicklung der Technik werden schnell Mängel in der Hard- oder Software wahrgenommen und durch Basteleien behoben: Die Jugendlichen verändern die Programme jenseits der Benutzeroberfläche, beginnen also, sich mit Betriebssystemen auseinanderzusetzen und greifen auch in die Hardware des Computers ein. Dies tun sie jedoch nicht allein auf sich gestellt, sondern in Kooperation *und* Konkurrenz mit anderen Bastlern. Man will, dass der eigene Computer „schneller läuft" als der von „Kumpels und Freunden" (Konkurrenzaspekt) und man tauscht sich mit eben diesen Kumpels und Freunden auch aus, indem man sich Tipps und Tricks verrät, wie dies zu bewerkstelligen sei (Kooperationsaspekt). „Basteln" kann deshalb als ein Oberbegriff für *selbstgesteuerte kollektive Lern- und Aneignungsprozesse* begriffen werden, die fundiert sind in der probehaften, tentativen Handlungspraxis selbst. Immer wieder werden neue Schleifen des „Ausprobierens" in Gang gesetzt, denen eine selbstreferentielle Tendenz innewohnt: Der spielerische Modus des „Bastelns" verselbständigt sich. Das in diesem – grundlegend: kollektiven – Prozess erworbene Wissen kann relativ zwanglos in Arbeitskontexte transferiert werden. Ob man in den Ferien das Netzwerk des Wirtschaftsministerium wartet oder versucht, ein komplexes 3D-Spiel für L(ocal)A(rea)N(etwork)-Parties zu optimieren, unterscheidet sich nur hinsichtlich der Komplexität des Problems, nicht jedoch grundsätzlich.

Studien, denen es nur um die Herausarbeitung neuer medienträchtiger Etikettierungen geht (z.B. Tapscott 1998), würden hier die empirische Arbeit für beendet erklären und eine neue Generationenformation aus der Traufe heben: etwa die der „kreativen Bastler" o.ä. Das Vorgehen im Kontext der dokumentarischen Methode ist hiervon grundverschieden. Denn jetzt geht es darum, zunächst auf der Ebene der heutigen jungen Generation bildungsmilieu- und geschlechtsspezifische Kontraste zu der beschriebenen Computerpraxis männlicher Gymnasiasten heranzuziehen, um genauer herauszuarbeiten, welche der oben skizzierten Dimensionen konjunktiver Erfahrungen für die hier anhand der detaillierten Erzählungen und Beschreibungen der Jungens rekonstruierte spezifische Praxis im Vordergrund steht. Es gilt dann a) zu schauen, welche Bedeutungen diese *Dimension Spiel versus Arbeit* bei den Gruppen aus einem anderen Bildungsmilieu bzw. bei Mädchengruppen bzw. Gruppen junger Frauen inne haben. Und b) dann weiterzugehen und dieselbe Frage auch an die Erwachsenengruppen zu richten. Erst vor diesem Hintergrund lassen sich empirisch valide Aussagen über *generationsspezifische* Medienpraxiskulturen treffen. Komparative Generationenanalyse besteht insofern aus dem systematischen Gegenüberstellen von verschiedenen, *empirisch generierten* Vergleichshorizonten, d.h. aus dem Vergleich verschiedener konjunktiver Erfahrungsräume. Wichtig hierbei ist, dass der sich auf diesem Wege konstituierende „Denkraum" (Matthes 1992: 96) nicht auf eine Dimension beschränkt, sondern gleichermaßen Milieu-, Generations- und Geschlechtsaspekte berücksichtigt.

Diese zunächst theoretisch erhobene Forderung gewinnt an Evidenz, wenn man sich den Erzählungen und Beschreibungen über die Spielpraktiken der anderen Gruppen versichert. So nutzen die Mädchen der Gymnasiastinnengruppe *Chatgirls* den Computer ebenfalls in einem spielerischen Rahmen, allerdings unterscheidet sich dieser Rahmen fundamental von denen der Jungen. Ihre Erzählungen und Beschreibungen laufen darauf hinaus, dass sie den Computer hauptsächlich in seinen Chat- und E-Mail-Funktionen nutzen und dass es hierbei vor allem um eine *Erprobung heterosexueller Beziehungen* über das Chatten mit männlichen Chatpartnern geht. Das Medium bietet hierbei eine Fülle an Möglichkeiten, den Grad und die Intensität des Kontakts zu steuern oder auch abzubrechen. Lästige Chatpartner kann man bspw. durch einen einzigen Klick „wegscheuchen" oder gar über ein Filterprogramm gänzlich aus der Kommunikation aussperren. Bei anderen wiederum kann man den Kontakt über E-Mail intensivieren, ggf. Fotos austauschen oder sich sogar offline verabreden. Als entscheidend stellen die Mädchen heraus, dass diese „Gespräche" „irgendwo persönlich" sind und sie gleichzeitig aber nicht „so verlegen" wie in einer face-to-face Kommunikation werden. In den Worten einer 14-jährigen Teilnehmerin: „Also ich kann dann einfach frei weg reden und er weiß dann was ich meine und dann is dis klar dann is dis nich diese dumme Druckserei und so" (Schäffer 2003: 155). Die Internetkommunikation ist für die Gruppe mithin ein Medium der Erprobung alternativer Kommunikationsmöglichkeiten mit dem anderen Geschlecht, sozusagen eine Spielwiese um „persönliche Gespräche" zu 'üben' bei gleichzeitiger Möglichkeit, Distanz zu wahren.

Vergleicht man nun innerhalb dieses gymnasial geprägten Bildungsmilieus den männlichen Oszillationsmodus zwischen Spiel, Basteln und Arbeit mit der Handlungspraxis der Mädchen, so handeln die Mädchen, auf die Technik bezogen, beinahe ausschließlich im Modus des Spiels. Bezogen auf die in diesem Alter wichtige Frage der heterosexuellen Beziehungsanbahnung gibt es hier natürlich ebensolche Oszillationsprozesse, die in Ernsthaftigkeit enden können, aber bezüglich des Erwerbs von habitualisierter Medienkompetenz gelangen die Mädchen im Vergleich zu den Jungens ins Hintertreffen. Sie habitualisieren zwar mit ihrer Praxis ebenfalls grundlegende Fertigkeiten. Sie gelangen jedoch, aufgrund der stark differierenden primären Rahmung ihrer Computerpraxis, nicht in einen Modus des Bastelns. Vereinfachend könnte man sagen, die Mädchen rahmen ihre Praxis am Computer *sozial,* während die Jungens ihr Handeln mit dem Computer primär in einem technischen Rahmen verorten. Umgekehrt haben die Jungen kein Interesse, die Chatprogramme in derselben kreativen Art und Weise für den Erwerb von kontaktentlasteter Handlungspraxis mit dem anderen Geschlecht zu handhaben, wie die Mädchen. In Bezug auf den Aufbau medientechnischer Kompetenz ergeben sich aus diesen unterschiedlichen Präferenzen große Unterschiede: Die Mädchen wissen, dass Jungen an ihrer Schule basteln und wenden sich an diese, wenn softwaretechnische Probleme mit ihren Chat- oder Email-Programmen o.ä. auftauchen. Wie unschwer zu erkennen ist, reproduzieren sich hier Geschlechterverhältnisse, die durchaus als traditionell zu bezeichnen sind: Die Mädchen werden sozialisiert in eine, was die Technikhandhabung anbelangt, eher passive Userhaltung, und die Jungen machen hier, wie in anderen Bereichen mit den Neuen Medien auch (in der Schule, im Elternhaus), die Erfahrung von Expertenschaft. An diesem Beispiel wird deutlich, dass sich Geschlechterverhältnisse

„auf dem Wege der erlebnismäßig internalisierten (in Beschreibungen und Erzählungen reproduzierbaren) wie auch der (beobachtbaren) modi operandi der – jeweils komplementären – Habitus der Beteiligten" reproduzieren (Bohnsack 2001a: 53).

Aus Platzgründen werde ich die eigentlich nötige Differenzierung nach Bildungsmilieugesichtspunkten bei den Jugendlichen meines Samples nicht vorstellen (vgl. hierzu Schäffer 2003: 158ff.), sondern noch kurz auf eine gemischtgeschlechtliche Gruppe Berufstätiger eingehen (vgl. hierzu Schäffer 2003: 172ff. und 295ff.). Deren Handeln mit dem Computer steht den unterschiedlichen Ausprägungen des spielerischen Modus der jungen Gruppen beinahe diametral gegenüber. Es ist bestimmt durch einen fast durchgängig *zweckrationalen Modus*, wie er bei den jungen Gruppen nicht zu finden ist: Bei den erwachsenen Berufstätigen steht der gesamte Bereich von Computer und Internet unter dem *Primat von Arbeit und Qualifikation*. Wenn überhaupt, dann werden Spiele auf der Anwenderebene zur Reproduktion der Arbeitskraft genutzt (Tetris, Mohrhuhn o.ä.). Diese Engführung auf Effizienz und Zeitersparnis führt nicht zu entsprechenden selbstreferentiellen Prozessen im Bereich des habituellen Handelns mit Computer und Internet, wie dies bei den beiden eingangs dargestellten Gruppen der Fall ist. Diese Haltung ist verbunden mit einem Primat fremdgesteuerter Lern- und Aneignungsprozesse: Die Erwachsenen wollen alles genau erklärt bekommen, am besten in einem Kurs bzw. in einem Handbuch. Hierüber machen sich die Jugendlichen meiner Untersuchung geschlechts- und milieuübergreifend lustig, da sie über das in ihrer spielerischen Praxis erlangte implizite Wissen verfügen, dass sich die Praxis am Computer weitaus besser über die geschilderten spielerischen Abläufe erlernen lässt.

Aus einer soziogenetischen Perspektive, also einer, die nach den sozialisationsgeschichtlichen Hintergründen dieser Orientierungen sucht, wird deutlich, dass die Erwachsenen, als sie sich im Jugendalter befanden, noch keinen Zugang zum Computer hatten. Nach der Wende haben sie ihre Computerkenntnisse überwiegend in einer der flächendeckenden Schulungen in Bürokommunikation Anfang der 90er Jahre erhalten, also einem äußerst *spielfernen* Weiterbildungskontext. Die Ferne zur Welt des Spiels wird insbesondere dort deutlich, wo sie sich in langen Passagen über ihre Ängste austauschen, dass ihre Kinder zu viel am Computer spielen, gleichzeitig dies aber auch nicht unterbinden wollen, weil sie merken, dass ihre Kinder gerade im häuslichen Bereich etwas können, von dem sie als Eltern überzeugt sind, dass es für die Kinder irgendwie wichtig und nützlich ist.

In dieser Differenz bezüglich der spielerischen Erfahrungen mit Computertechnologie, die zu weitgehenden Habitualisierungsprozessen führen, sehe ich eine der mächtigsten Generationendifferenzen: Im Gegensatz zu den früheren Spielarenen der Jugend (Popkultur, Sport etc.) spielen die Jüngeren heutzutage mit etwas, das von den Älteren, ja von der Gesellschaft insgesamt, als zukunftsrelevant eingeschätzt, aber oft selbst nicht richtig beherrscht wird.

4.4 Methodologisches Fazit: Typenbildung als Ziel der komparativen empirischen Analyse

So weit ein kurzer Ausschnitt aus der Beschäftigung mit dem umfangreichen empirischen Material. Diese Beschäftigung ist nur in einem ersten Schritt auf die Erstellung von Fallanalysen (mit den Gruppen als Fällen) gerichtet: Vielmehr geht es von Beginn an auch um die Erstellung einer *Typologie* dieser Form des habituellen Handelns mit neuen Medientechnologien, im dargestellten Beispiel um die Herausarbeitung einer Typologie der habitualisierten spielerischen Handlungspraxis in den Gruppen.

Aus der Perspektive der dokumentarischen Methode setzen sich Typologien aus *Typiken* zusammen, die durch die einzelnen Fälle mehr oder weniger deutlich repräsentiert werden und füreinander wechselseitige Vergleichshorizonte bilden (vgl. Bohnsack 2003: 141ff.; 2001b). In dem angeführten Beispiel habe ich bei der Gruppe männlicher Gymnasiasten anhand ihrer kollektiv vorgetragenen Erzählungen und Beschreibungen über ihre *spielerische Praxis* mit dem Computer einen ersten empirisch bestimmten Vergleichshorizont generiert, der sich in der These der Oszillation zwischen Spiel, Basteln und Arbeit niedergeschlagen hat. Zu einer validen Typenbildung innerhalb einer Typologie, im Sinne der hier favorisierten „praxeologischen Methodologie" (Bohnsack 2003: 187ff.), komme ich jedoch erst, indem ich *thematisch ähnliche* Gruppendiskussionspassagen von Gruppen, die bezüglich des Geschlechts, des Bildungsmilieus oder des Alters differieren, dagegen halte. Ich habe also, um im eben genannten Beispiel zu bleiben, die Diskurse der anderen Gruppen auf Passagen hin untersucht, in denen diese das Spielen mit dem Computer thematisieren. Denn nur über die systematische Generierung eines *empirisch erzeugten* dichten Geflechts von Vergleichshorizonten kann ich einzelne (generations-, geschlechts- oder bildungsmilieuspezifische) Typiken identifizieren sowie deren Position innerhalb einer Typologie verorten. Eine Typologie im hier verstandenen Sinn setzt sich also aus aufeinander bezogenen, *empirisch generierten* Typiken zusammen; gleichzeitig werden die einzelnen Typiken umso konturierter, je vielfältiger sie in dieser Typologie verankert sind.

Bei der Typenbildung im Sinne der dokumentarischen Methode (Bohnsack/Nentwig-Gesemann/Nohl 2001) handelt es sich also nicht um eine Typisierung der Ergebnisse im Sinne einer Zusammenfassung und Kategorisierung von Aussagen und deren Interpretation. Vielmehr ist Typenbildung ein Prozess, der schon in einer frühen Phase, nämlich bei den ersten Fallvergleichen, einsetzt und sukzessive im Laufe der komparativen Analyse verfeinert wird (vgl. hierzu Nohl 2001, Schäffer 1994).

Ganz allgemein folgt die komparative Analyse und die Typenbildung in dieser Untersuchung dem Modell des Theoretical Sampling (vgl. Glaser/Strauss 1970). Systematisch wechseln sich Datenerhebung und -auswertung, Interpretation und (Ideal-)Typenbildung, die zu neuen Erhebungen und Auswertungen Anstoß gibt, ab. Der Leitfaden bei dieser Vorgehensweise sind dabei die jeweils durch die Realgruppen repräsentierten Dimensionen des existenziellen Hintergrundes.

Der empirisch generierten Typenbildung vorgegeben ist natürlich eine „Ausgangs oder Basistypik" (Bohnsack 2001: 237), die vom Erkenntnisinteresse des jeweiligen Projekts abhängt. Wenn ich also etwas über den Zusammenhang von Generationszugehörigkeit und Medienhandeln erfahren möchte, wird allein schon durch die Samplebildung eine gewisse Typologie nahegelegt. Die „Basistypik", von der ich heuristisch ausgegangen bin, war, da die Untersuchung in Ostdeutschland angesiedelt war, die der „DDR-spezifischen Medienlagerung". Eine Medienlagerung konstituiert sich durch die mit dem Stand der Alltagstechnik zu einer gegebenen Zeit verbundenen Möglichkeiten, das Handeln mit Medientechnologien innerhalb von Medienpraxiskulturen zu habitualisieren.

Um eine Geschlechterforschungsperspektive stärker in den Vordergrund zu rücken, müsste hierauf in der Samplebildung und dem theoretischen Rahmen Rücksicht genommen werden. Die prinzipielle Anlage einer Untersuchung zu „geschlechtsspezifischen Medienpraxiskulturen" müsste m.E. aber nicht geändert werden. Es sollten also bei der Analyse nicht die generations- sondern die geschlechtsspezifischen konjunktiven Erfahrungsräume im Vordergrund stehen und in ihren generations- und milieuspezifischen Differenzierungen untersucht werden.

Literatur

Behnke, Cornelia/Meuser, Michael (1999): Geschlechterforschung und qualitative Methoden. Opladen: Leske+Budrich
Bohnsack, Ralf (1993): Konjunktive Erfahrung und Kollektivität. Unveröffentlichtes Manuskript. Berlin
Bohnsack, Ralf (2001a): Der Habitus der „Ehre des Mannes". Geschlechtsspezifische Erfahrungsräume bei Jugendlichen türkischer Herkunft. In: Döge, Peter/Meuser, Michael (Hrsg.): Männlichkeit und soziale Ordnung. Neuere Beiträge zur Geschlechterforschung. Opladen: Leske+ Budrich. 49-71
Bohnsack, Ralf (2001b): Typenbildung, Generalisierung und komparative Analyse: Grundprinzipien der dokumentarischen Methode. In: Bohnsack, Ralf/Nentwig-Gesemann, Iris/Nohl, Arnd-Michael: Die dokumentarische Methode und ihre Forschungspraxis. Grundlagen qualitativer Sozialforschung. Opladen: Leske+Budrich. 225-252
Bohnsack, Ralf (2003[5]): Rekonstruktive Sozialforschung. Einführung in qualitative Methoden. Opladen: Leske+Budrich
Bohnsack, Ralf/ Nentwig-Gesemann, Iris/Nohl, Arnd-Michael (2001): Die dokumentarische Methode und ihre Forschungspraxis. Grundlagen qualitativer Sozialforschung. Opladen: Leske+ Budrich
Bohnsack, Ralf/Schäffer, Burkhard (2002): Generation als konjunktiver Erfahrungsraum. Eine empirische Analyse generationsspezifischer Medienpraxiskulturen. In: Burkart, Günter./Wolf, Jürgen: „Lebenszeiten. Erkundungen zur Soziologie der Generationen". Festschrift zum 60-ten Geburtstag von Martin Kohli. Opladen: Leske+Budrich. 249-273
Bohnsack, Ralf/Przyborski, Aglaja/Schäffer, Burkhard (Hrsg.) (2005): Das Gruppendiskussionsverfahren in der Forschungspraxis. (i.V.)
Bourdieu, Pierre (1991): Die feinen Unterschiede. Kritik der gesellschaftlichen Urteilskraft. Frankfurt/M.: Suhrkamp
Büchner, Peter (1995): Generation und Generationsverhältnis. In: Krüger, Heinz-Hermann/Helsper, Werner (Hrsg.): Einführung in Grundbegriffe und Grundfragen der Erziehungswissenschaft. Opladen: Leske+Budrich. 237-245
Ecarius, Jutta (1998): Was will die jüngere mit der älteren Generation? Generationenbeziehungen in der Erziehungswissenschaft. Opladen: Leske+Budrich
Gildemeister, Regine/Wetterer, Angelika (1992): Wie Geschlechter gemacht werden. Die soziale Konstruktion der Zweigeschlechtlichkeit und ihre Reifizierung in der Frauenforschung. In: Knapp, Gudrun-Axeli/Wetterer, Angelika (Hrsg.): Traditionen Brüche. Entwicklungen feministischer Theorie. Freiburg: Kore. 201-254
Glaser, Barney G./Strauss, Anselm L. (1970): Theoretical Sampling. In: Denzin, Norman K. (Hrsg.): Sociological Methods. A Sourcebook. Chicago: Aldine Publ. Co
Gogolin, Ingrid/Lenzen, Dieter (1999): Medien-Generation. Beiträge zum 16. Kongress der DGfE. Opladen: Leske+Budrich
Heintz, Bettina/Nadai, Eva (1998): Geschlecht und Kontext. De-Institutionalisierungsprozesse und geschlechtliche Differenzierung. In: Zeitschrift für Soziologie. Jg. 27, Heft 2. 75-93
Kotthoff, Helga (2002): Was heißt eigentlich „doing gender"? Zu Interaktion und Geschlecht. In: van Leeuwen-Turnovcová, Jirina/Wullenweber, Karin/Doleschal, Ursula/Schindler, Franz (Hrsg.): Gender-Forschung in der Slawistik. Wiener Slawistischer Almanach. Sonderband 55.
Loos, Peter/Schäffer, Burkhard. (2004[2]): Das Gruppendiskussionsverfahren. Theoretische Grundlagen und empirische Anwendung. Opladen: Leske+Budrich
Latour, Bruno (1998): Über technische Vermittlung. Philosophie, Soziologie, Genealogie. In: Rammert, Werner (Hrsg.): Technik und Sozialtheorie, Frankfurt/M.: Campus. 29-81

Mannheim, Karl (1964): Das Problem der Generationen. In: ders.: Wissenssoziologie. Auswahl aus dem Werk. Soziologische Texte 28. Berlin und Neuwied: Luchterhand. 509-565 (Original 1928 Kölner Vierteljahreshefte für Soziologie. Jg. 7, Heft 2.)

Mannheim, Karl (1980): Strukturen des Denkens. Herausgeben von Kettler, David/Meja, Volker/ Stehr, Nico. Frankfurt/M: Suhrkamp

Matthes, Joachim (1985): Karl Mannheims „Problem der Generationen", neu gelesen. Generationen – „Gruppen" oder „gesellschaftliche Regelung von Zeitlichkeit"? In: Zeitschrift für Soziologie. Jg. 14, Heft 5. 363-372

Matthes, Joachim (1992): The Operation Called „Vergleichen". In: Ders. (Hrsg.): Zwischen den Kulturen? Die Sozialwissenschaften vor dem Problem des Kulturvergleichs. Sonderband 8. Göttingen: Soziale Welt. 75-99

Müller, Hans-Rüdiger (1999): Das Generationenverhältnis. Überlegungen zu einem Grundbegriff der Erziehungswissenschaft. In: Zeitschrift für Pädagogik. Jg. 45, Heft 6. 787-805

Nohl, Arnd-Michael (2001a): Migration und Differenzerfahrung. Junge Einheimische und Migranten im rekonstruktiven Milieuvergleich. Opladen: Leske+Budrich

Nohl, Arnd-Michael (2001b): Komparative Analyse: Forschungspraxis und Methodologie dokumentarischer Interpretation. In: Bohnsack, Ralf/Nentwig-Gesemann, Iris/Nohl, Arnd-Michael: Die dokumentarische Methode und ihre Forschungspraxis. Grundlagen qualitativer Sozialforschung. Opladen: Leske+Budrich. 253-273

Sackmann, Reinhold/Weymann, Ansgar (1994): Die Technisierung des Alltags. Generationen und technische Innovationen. Frankfurt/M. und New York: Campus

Schäffer, Burkhard (1994): Kollektive Orientierungen in jugendlichen peer-groups. Methodische und methodologische Aspekte einer komparativen Analyse. In: Treibel, Annette (Hrsg.): Gesellschaften vergleichen. Erträge des Graduiertenkollegs 1. 185-200

Schäffer, Burkhard (2003): Generationen – Medien – Bildung. Medienpraxiskulturen im Generationenvergleich. Opladen: Leske+Budrich

Schäffer, Burkhard (2004): Die dokumentarische Methode in der qualitativen Medienforschung. In: Mikos, Lothar/Wegener, Claudia (Hrsg.): Handbuch „Qualitative Medienforschung". Konstanz: UVK (i.D.)

Tapscott, Don (1998): Growing Up Digital. The Rise of the Net Generation. New York: McGraw-Hill

Weymann, Ansgar (2000): Sozialer Wandel, Generationenverhältnis und Technikgenerationen. In: Kohli, Martin/Szydlik, Marc: Generationen in Familie und Gesellschaft. Opladen: Leske+ Budrich. 36-58

Wittpoth, Jürgen (1994): Rahmungen und Spielräume des Selbst. Ein Beitrag zur Theorie der Erwachsenensozialisation im Anschluss an George H. Mead und Pierre Bourdieu. Frankfurt/ M.: Diesterweg

Zinnecker, Jürgen (1997): Sorgende Beziehungen zwischen Generationen im Lebensverlauf. Vorschläge zur Novellierung des pädagogische Codes. In: Lenzen, Dieter/Luhmann, Niklas: Bildung und Weiterbildung im Erziehungssystem. Frankfurt/M.: Suhrkamp. 199-227

Sylvia Buchen

PC/Interneterfahrungen von Schülerinnen einer katholischen Mädchenrealschule. Die Nutzungspraxis als funktionales Äquivalent für andere Handlungsmodi

1 Zum Forschungsdesign der Untersuchung

Die Studie in einer katholischen Mädchenrealschule ist integraler Bestandteil einer breiter angelegten qualitativen Untersuchung zum Thema „PC/Interneterfahrungen und Habitusformen Jugendlicher unterschiedlicher Schulformen" (Buchen/Straub) und zielt darauf, Erfahrungen Jugendlicher mit den 'Neuen Medien' *schulform-* und *geschlechtspezifisch* zu präzisieren. Die Rekonstruktion jugendlicher Orientierungsmuster zielt auf Typenbildung (Generierung von Habitusformen). Die Schuluntersuchung zentriert sich auf Jugendliche zwischen 14 und 16 Jahren (9. Klassen), wobei die Variable städtischer/ländlicher Einzugsbereich zugrundegelegt wird (vgl. Buchen 2003). Bislang wurden je acht Gruppendiskussionen im Haupt- und Realschulbereich sowie je 16 Einzelinterviews in diesen Schulformen erhoben. Um schulformspezifische Aussagen machen zu können, wurden stichprobenhaft auch fünf Gruppendiskussionen mit Schülerinnen und Schülerinnen im Gymnasialbereich durchgeführt. Die Untersuchung folgt der dokumentarischen Methode wie sie von Ralf Bohnsack u.a. expliziert wurde (vgl. Bohnsack/Nentwig-Gesemann/Nohl 2001, Schäffer i.d.B.).

Dem Anliegen des Methodenbandes folgend, zielt die Analyse einer Gruppendiskussion mit Schülerinnen einer 9. Klasse einer katholischen Mädchenrealschule auf doppeltes: Erstens soll am konkreten Einzelfall eine methodologische Herangehensweise verdeutlicht werden, die beansprucht, Essenzialismen zu überwinden und gleichzeitig die Kategorie Gender als Struktur- und Analysekategorie ernst zu nehmen. Zweitens soll die Kategorie 'Neue Medien' als grundlegende Kategorie des Untersuchungsgegenstands 'Gender/Neue Medien/Jugendliche' kritisch beleuchtet und am konkreten Einzelfall der Frage nachgegangen werden, was im Leben der Schülerinnen 'neu' ist an den 'Neuen Medien'. Selbstverständlich ist hier nicht der Ort, die Frage der sozialen Veränderungsprozesse zu erörtern, die durch die Anwendung und Weiterentwicklung wissensbasierter Informations- und Kommunikationstechnologien in der sog. Netzwerkgesellschaft zu konstatieren sind, wie sie u.a. in dem Werk von Manuel Castells (2001) herausgearbeitet wurden. An dieser Stelle soll lediglich der Frage nach der 'Sinnhaftigkeit' der 'Neuen Medien' im Milieu von Schülerinnen einer Mädchenrealschule nachgegangen werden, um über die Rekonstruktion erzählter Handlungspraxen im Umgang mit PC/Internet Einblick in geschlechts- und schulspezifische Erfahrungsräume zu bekommen. Vor diesem Hintergrund, so viel sei an dieser Stelle bereits vorweggenommen, erscheint die Neuartigkeit der 'Neuen Medien' allerdings in neuem Licht.

2 Zu den Rahmenbedingungen der Schule

Die Schule befindet sich in einer Kreisstadt mit ländlichem Einzugsbereich in Baden-Württemberg. Da vor Ort auch ein privates katholisches Gymnasium existiert, das eher von Jugendlichen aus Akademikerhaushalten besucht wird, stammt die Schülerschaft der katholischen Mädchenrealschule überwiegend aus der Mittelschicht (mittlere Angestellte, mittelständische Betriebe) mit wertekonservativer Grundhaltung. Da zwischen den katholischen Bildungseinrichtungen eine enge Kooperation besteht, haben die Realschülerinnen nach Abschluss der 10. Klasse – bei entsprechender Leistung – die Chance, direkt auf dieses Gymnasium überzuwechseln. Die Gruppendiskussion wurde von einer Lehrerin bzw. Studentin des Diplomaufbaustudiengangs von der Pädagogischen Hochschule Freiburg durchgeführt, die vor Jahren selbst Schülerin dieser Mädchenrealschule war.[1] Demzufolge erhielt sie von der Schule bei ihrer Erhebung große Unterstützung. Die Gruppendiskussion fand im Sprechzimmer der Schule statt. Insgesamt wurden an dieser Schule je zwei Gruppendiskussionen mit Schülerinnen der Jahrgangsstufe 9 sowie der Jahrgangsstufe 7 durchgeführt, auf die an dieser Stelle jedoch nicht weiter eingegangen werden soll. Da die Bereitschaft aller Schülerinnen groß war, zum Thema PC/Internet-Erfahrungen für eine Befragung sogar die Mittagspause zu opfern, wurde die Auswahl der Probandinnen lediglich unter pragmatischem Gesichtspunkt getroffen (Gruppengröße, Zeitfaktor). Die Schule ist mit einem Computerraum mit 16 PCs ausgestattet, darüber hinaus existiert in allen Klassen ein PC mit Internetanschluss, der nach Absprache mit den Lehrkräften von den Schülerinnen auch in den Pausen genutzt werden kann.

Die befragte Gruppe setzte sich aus acht Schülerinnen im Alter von 15 und 16 Jahren zusammen, die mehrheitlich aus dem ländlichen Umfeld kamen; z.T. nahmen die Schülerinnen längere und umständliche Busfahrten in Kauf, um die

---

[1] Ich möchte mich an dieser Stelle ganz herzlich bei Margit Stroe für ihr großes Engagement im Rahmen unseres Forschungsseminars zum Untersuchungsthema bedanken.

katholische Mädchenrealschule zu besuchen. Die Berufsvorstellungen der Schülerinnen reichten von „Tierärztin", „Archäologin", „Realschullehrerin", „Assistentin für Informations- und Kommunikationstechnik" über „Laborantin" bis hin zu „Automobilverkäuferin". Hierzu ist zu konstatieren, dass die Berufswünsche, die z.t. Abitur/Studium voraussetzen, von gängigen Berufswahlorientierungen von Schülerinnen des Realschulmilieus abweichen. In der 7. und 8. Klasse wurde ITG-Unterricht angeboten, den die Mädchen im Rückblick positiv bewerten. Ab Klasse 9 wird für Interessierte eine ITG-AG angeboten (Homepageerstellung, Power Point etc.), die allerdings von keinem Gruppenmitglied genutzt wurde. Alle Probandinnen – mit einer Ausnahme – haben zu Hause Netzanschluss. Im folgenden sollen die PC/Interneterfahrungen der Schülerinnen genauer beleuchtet werden.[2]

3 Zur Computerspielkultur aus Sicht der Mädchen: „In unserem Alter ist der PC nicht mehr zum Spielen da"

Auf die Frage der Interviewerin, ob die Mädchen es gut fänden, im ITG-Unterricht unter sich sein zu können, entwickelt sich ein längerer Disput, der durch Selbstläufigkeit gekennzeichnet ist:

A: Schon. Also, wenn man mit Jungs zusammen irgendwas am Computer macht, dann heißt's immer gleich: Geh' weg, du kannst das sowieso nicht. Irgendwie das klischeemäßige Können am Computer.
B: Mm. Ich find's jetzt nicht so. Also, ich find' (.), ich weiß nicht. Mir würde es nichts ausmachen, wenn jetzt Jungs dabei wären.
A: ((alle durcheinander)) Also ausmachen auch nicht.
B: In der 6. Klasse hätte es mir vielleicht (.). Ich weiß auch nicht. Da war mir das eigentlich ziemlich egal, aber. Ich weiß nicht. Ich finde. Mir würde es auch jetzt nichts ausmachen, ob jetzt da Jungs dabei wären. Ich mein, wenn die was sagen würden, dann würde ich dann halt auch was dagegen sagen. Ich würd' mir da jetzt nichts von denen befehlen lassen.
A: Ja, es ist bloß so, wenn Jungs da sind, da muss man sich viel mehr am Computer beweisen oder so. ((mehrere)) Ää ... Doch, also, wenn mein Bruder Kumpels dabei hat und ich am Computer sitz', da heißt es wieder: Ach, schon wieder am Computer. Hmm? Dauert's wieder so ewig. ((Gemurmel))
B: Z.B. jetzt (.) ein Kumpel von mir, der hat null Ahnung am Computer. Da weiß ich z.B. viel mehr wie der.
A: Ja, da hab' ich auch einen, aber wenn mein Bruder eben seine Kumpels (.), die haben ein bitzle 'nen Dachschaden.

---

[2] Für wichtige Anregungen und Interpretationshinweise danke ich ganz besonders der AG zur „Dokumentarischen Methode" unter Leitung von Prof. Dr. Ralf Bohnsack und PD Dr. Burkhard Schäffer (6. Bundesweiter Workshop zur qualitativen Bildungs- und Sozialforschung an der Universität Magdeburg, Jan. 2002). Ebenso danke ich meiner Kollegin Prof. Dr. Helga Kotthoff für wichtige sprachwissenschaftliche Hinweise.

C: Ja, denen ist das auch ziemlich egal. Über so Computer, da redet man eigentlich gar nicht drüber. ((allgemeines Gemurmel)) Wer da jetzt besser ist, wer schlechter. Wir treffen uns ja nicht, um Computer [A: Ja, ja.] am Computer.
A: ((mehrere)) Ja, ja.
C: Das ist eher langweilig. Ich glaub' auch, grad' in unserem Alter ist der Computer gar nicht mehr zum Spielen da. Da wird halt im Internet gesurft, um vielleicht wichtige Informationen für die Schule zu holen oder halt dann Textverarbeitung. Aber ich seh' das an meinem kleinen Bruder. Der kauft sich andauernd so Spiele [A: Ja, genau.] und sitzt dann vorne dran und spielt so Formel-1-Zeug.
A: Das ist auch eher bei Jungs so, bei Mädchen überhaupt nicht. Ich glaub', dass Jungs schon mehr spielen.
C: Also. Ich mein, in unserem Alter wüsst' ich jetzt eigentlich auch niemanden mehr, der jetzt vor dem Computer sitzt und da irgendwelche Spiele spielt.
A: (mehrere) Ja.

Ausgangspunkt der Kontroverse ist die Frage der Interviewerin, die auf eine Bewertung des ITG-Unterrichts in geschlechtshomogenen Lerngruppen zielt: „Findet Ihr es gut, dass Ihr da jetzt unter Mädchen seid im ITG-Unterricht?". Während eine Schülerin die (suggestive) Fragevorgabe affirmiert, indem sie auf Verhaltensmuster der Jungen im Geschlechterverhältnis rekurriert, die gängigen Klischees entsprechen („das klischeemäßige Können am Computer"), wird ihr von einer Mitschülerin deutlich widersprochen. Die Antagonistin hält entgegen, keine Probleme damit zu haben, wenn im Unterricht „jetzt Jungs dabei wären". Ist sie sich zwar unschlüssig darüber, ob ihre Haltung in der 6. Klasse möglicherweise eine andere gewesen wäre („Da war mir das eigentlich ziemlich egal, aber ich weiß nicht"), ist sie sich aus heutiger Sicht jedoch sicher, gleichaltrigen Jungen Paroli bieten zu können („Ich würd' mir da jetzt nichts von denen befehlen lassen"). Mit dem gedanklichen Ausflug in die Vergangenheit als 12- bzw. 13-Jährige (in die Phase der Pubertät) wird konzediert, dass sich die Sachlage in der 6. Klasse vielleicht anders dargestellt hätte. Noch einmal versucht die Protagonistin und Anwältin monoedukativen (ITG)-Unterrichts die häuslichen Querelen mit dem Bruder und dessen „Kumpels" um den PC-Zugang ins Spiel zu bringen, um ihr Plädoyer für Geschlechtertrennung zu untermauern. Gleichsam gegen „klischeemäßige[s]" geschlechterstereotypes Denken wird ihrer Argumentation jedoch ein Gegenbeispiel entgegengesetzt „ein Kumpel von mir, der hat null Ahnung am Computer. Da weiß ich z.B. viel mehr als der", das sie – auch aufgrund eigener Erfahrungen – nicht entkräften kann („Ja, da hab' ich auch einen"). Von mehreren Schülerinnen wird nun die Einschätzung validiert, dass weder der PC ein Thema sei („da redet man eigentlich gar nicht drüber"), noch die Frage (geschlechtsspezifischer) PC-Kompetenz („Wer da jetzt besser ist, wer schlechter"); denn Treffen fänden ja heute – im Unterschied zu den Jungen – auch nicht mehr am PC statt, um zu spielen. In der Satzsequenz zum Thema „Auseinandersetzung mit Jungs" werden alte Positionen verhandelt, die eine Schülerin auf den Begriff bringt:

„Ich glaub' auch grad' in unserem Alter ist der PC gar nicht mehr zum Spielen da. Da wird halt im Internet gesurft, um vielleicht wichtige Informationen für die Schule zu holen oder halt dann Textverarbeitung". Die kontroverse Auseinandersetzung wird aufgelöst, indem sich die Gruppe darüber einig ist, dass Mädchen ihres Alters den PC nicht mehr zum Spielen nutzen („Ich mein, in unserem Alter wüsst' ich jetzt eigentlich niemanden mehr, der jetzt vor dem Computer sitzt und da irgendwelche Spiele spielt").

Bei genauerer Betrachtung ergibt sich aus der Textpassage, die dem Argumentationsmuster These/Antithese/Synthese folgt, folgendes Bild: Einerseits werden Verhaltensmuster von Jungen thematisiert, die ganz dem Stereotyp des technikbegeisterten, spielebesessenen männlichen PC-Users entsprechen: Weiblichkeit wird abgewertet („Geh' weg, du kannst das sowieso nicht"); frau gerät angesichts männlicher Inszenierungen unter Selbstbehauptungsdruck („Wenn Jungs da sind, da muss man sich viel mehr am PC beweisen"); frau wird durch die exzessive Spielleidenschaft des „kleinen Bruder[s]" vom PC verdrängt („Der kauft sich andauernd so Spiele und sitzt dann vorne dran und spielt so Formel-1-Zeug"). Diese Alltagserfahrungen plausibilisieren das Plädoyer für geschlechtshomogenen Unterricht, der ganz offensichtlich als Entlastung und Entfaltungsmöglichkeit erlebt wird. Antithetisch wird dieser Position die Selbsteinschätzung entgegengehalten, heute gleichaltrigen Jungen selbstbewusst gegenüber treten zu können. Räumt die Kontrahentin zwar ein, dass sich die Situation noch vor drei Jahren (in der 6. Klasse) vielleicht anders dargestellt hätte, steht sie Monoedukation jedoch indifferent gegenüber („Mir würde es nichts ausmachen, wenn jetzt Jungs dabei wären"). Die Schülerin scheint nur wenig mit dem Selbstverständnis der Mädchenschule identifiziert, allerdings ist sie auch weit davon entfernt, sich zur Anwältin von Koedukation zu machen. Die leidenschaftslose Position lässt darauf schließen, mit der schulischen Situation prinzipiell nicht unzufrieden zu sein. Konsens wird durch Selbstvergewisserung herbeigeführt, indem ein Rekurs auf Veränderungsprozesse vorgenommen wird, wie sie seit dem 6. Schuljahr stattgefunden haben: Die Mädchen sind sich darüber einig, dass heute der PC weder Anlass für Gespräche noch ein Rivalisieren mit den Jungen biete („Über so Computer, da redet man eigentlich gar nicht drüber. Wer da jetzt besser ist, wer schlechter").

Der Umgang mit den 'Neuen Medien' scheint für die 15/16-jährigen Mädchen so selbstverständlich geworden zu sein, dass sich jedes Gespräch darüber erübrigt. Generell kann von einer *Veralltäglichung* des Mediums im Leben jugendlicher User gesprochen werden, was auch durch breiter angelegte Jugend(vergleichs)studien belegt wird.

Einerseits verweisen zwar allgemeine Trends auf die stetig abnehmenden Unterschiede zwischen weiblichen und männlichen (jugendlichen) Nutzern (vgl.

Winker i.d.B.). Andererseits werden jedoch nach wie vor bestimmte Online-Praxen in besonderem Maße mit der Kategorie Geschlecht verknüpft. Hierfür liefern die jungen Frauen ein anschauliches Beispiel: Sie sind sich darin einig, über das Alter des Computerspielens hinausgewachsen zu sein („grad' in unserem Alter ist der Computer gar nicht mehr zum Spielen da. Da wird halt im Internet gesurft, um vielleicht wichtige Informationen für die Schule zu holen oder halt dann Textverarbeitung"). Aus der Aussage wird deutlich, dass der spielerische Umgang mit dem PC nicht mehr dem Habitus der jungen Frauen entspricht. Im Unterschied zu den gleichaltrigen Jungen treffen sie sich heute nicht mehr zum Zeitvertreib am PC, vielmehr werden die neuen Technologien zur Beschaffung schulrelevanter Informationen eingesetzt. Aus der Satzsequenz geht also hervor, dass die Computer- und Netztechnik innerhalb von zwei bis drei Jahren ihre Bedeutung als Spielzeug verloren hat. Damit markieren die Mädchen einen Entwicklungsprozess, der mit einem Bedeutungswandel des Mediums korrespondiert. So werden heute die neuen Technologien nicht mehr – wie noch vor wenigen Jahren – als konventionelles Unterhaltungs- und Freizeitmedium genutzt, vielmehr werden sie als zweckrationales Mittel eingesetzt, um konkrete schulische Aufgaben zu lösen. Die antithetische Auseinandersetzung findet also eine Synthese durch Selbstvergewisserung: Konsens und Kohäsion werden durch Selbstvergewisserung der eigenen entwicklungs- und geschlechtstypischen Veränderungsprozesse und – damit verbunden – dem Wandel der eigenen medialen Praxis hergestellt. Deutlich wird hier ein Unterschied zu den gleichaltrigen Jungen markiert.

Es stellt sich die Frage nach Hintergründen für diesen drastischen Bedeutungswandel, der durch einen Bruch mit dem spielerischen Umgang mit dem Medium gekennzeichnet ist („in unserem Alter ist der Computer gar nicht mehr zum Spielen da"). Die radikale Absage an einen spielerischen Nutzungsmodus schließt beispielsweise Online-Gesellschaftsspiele, Chatten etc. ein. Das Nutzungsverhalten scheint von schulischen Anforderungen dominiert, denn Surfen dient nur noch dem Zweck, „wichtige Informationen für die Schule zu holen", d.h. die Internetaktivität folgt ganz dem Vernunftprinzip. In der Textpassage fällt auf, wie stark von den Schülerinnen das Alter ins Zentrum der Aufmerksamkeit gerückt und die Einschätzung validiert wird: „in unserem Alter wüsst' ich jetzt eigentlich auch niemanden mehr, der jetzt vor dem Computer sitzt und da irgendwelche Spiele spielt". Mit der Hervorhebung des Alters und einer damit begründeten Absage an den spielerischen Modus der Kindheit sowie der Betonung einer zweckrationalen, nicht-spielerischen Medienpraxis markieren die Schülerinnen die Zugehörigkeit zur Erwachsenenwelt. Es kann also mit Blick auf die Medienpraxis von einem '*Erwachsenen-Habitus*'der 15/16-Jährigen gesprochen werden. Dass diese Habitusform durch geschlechtstypische Erfahrungen gekennzeichnet ist, geht aus dem Text unzweideutig hervor; denn Computerspielen wird den Jungen zugeschrieben. Wie unsere bisherigen Untersuchungen im Realschulmilieu gezeigt haben, ist unter 15/16-jährigen Mädchen das Chatten – als eine Form des spielerischen Umgangs mit der Technologie – durchaus noch verbreitet, sofern die finanzielle Lage im Herkunftsmilieu dies zulässt. Es stellt sich also die Frage nach der Spezifik des Einzelfalls, der durch die Hyperdrophierung der zweckrationalen Seite der Nutzungspraxis gekennzeichnet ist.

3.1 Der Einzelfall unter der Optik der Milieuspezifik

In diesem Zusammenhang soll noch einmal die Schulkultur der katholischen Mädchenrealschule in Erinnerung gerufen werden: In der Kreisstadt mit ländlichem Einzugsbereich besuchen überwiegend Töchter aus der Mittelschicht (mittlere Angestellte; mittelständische Unternehmer) die Schule, die einen guten Ruf genießt. Vor Ort ist bekannt, dass die Schule eng mit dem privaten katholischen Gymnasium kooperiert; d.h. bei entsprechender Leistung kann der Bildungsweg Abitur/Studium ohne Überwindung größerer bürokratischer Hürden eingeschlagen werden. Dieser spezifischen Situation entsprechen die für das Realschulmilieu untypischen Berufswünsche der Schülerinnen: Tierärztin, Archäologin, Realschullehrerin etc. Es liegt die Vermutung nahe, dass insbesondere jene Herkunftsfamilien für ihre Töchter eine katholische Mädchenrealschule wählen, die mit der Schule Aufstiegschancen verbinden. Geschlechtshomogener Unterricht, bei dem Schwierigkeiten und Benachteiligungen von Mädchen, insbesondere in naturwissenschaftlichen Fächern, ausgeklammert bleiben, durch die koedukativer Realschulunterricht in der Regel gekennzeichnet ist, bietet sich als Ausgangsbasis für den Erwerb eines höheren Bildungsabschlusses an. Es kann also von einer bewusst getroffenen Schulwahl ausgegangen werden, für die auch schlechte Verkehrsverbindungen in Kauf genommen werden. Betrachtet man die extreme Leistungsorientierung der Mädchen („in unserem Alter ist der Computer gar nicht mehr zum Spielen da") unter der Optik dieser Milieuspezifik, so lässt sich folgende Strukturhypothese entwickeln: Die von Zweckrationalität geleitete Medienpraxis scheint die Funktion zu haben, verinnerlichte Aufstiegswünsche zu realisieren. Vor diesem Hintergrund wird auch verständlich, weshalb sich die Schülerinnen vom Modus des Spielens so scharf abgrenzen: Für Kinder aus der Mittelschicht mit hoher Aufstiegsmotivation ist – verglichen mit Gleichaltrigen anderer Milieus – früher 'Schluss mit lustig', d.h. mit Orientierung auf das idealisierte Zielmilieu (Gymnasium/Studium) wird schon früh ein vernunftbetonter 'Erwachsenen-Habitus' aufgebaut, der die Funktion hat, den Verlockungen unbefangener, spielerischer Freizeitgestaltung zu widerstehen.

Abschließend lässt sich zur Milieuspezifik des Einzelfalles feststellen, dass es der katholischen Mädchenrealschule dank der engen Kooperation mit dem katholischen Gymnasium gut zu gelingen scheint, die Schülerinnen aus 'eigenem Antrieb' dazu zu motivieren, die neuen Technologien überwiegend unter der Optik ihrer Funktionalität, d.h. für die Schule und den zukünftigen Beruf einzusetzen. Die erstaunlich gute technische Ausstattung der Schule (ein PC/Internetanschluss in jedem Klassenraum) kann als Beleg dafür gewertet werden, dass der Mädchenrealschule daran gelegen ist, ihre weibliche Schülerschaft angemessen auf die Anforderungen eines modernen Berufslebens in der Informationsgesellschaft vorzubereiten.

3.2 Der Einzelfall unter der Genderperspektive

Mit einem 'Erwachsenen-Habitus' grenzen sich die Mädchen nicht nur vom Kinderstatus, sondern insbesondere auch von einer Computerspielkultur ab, die männlich konnotiert ist („Das ist auch eher bei Jungs so, bei Mädchen überhaupt nicht. Ich glaub', dass Jungs schon mehr spielen"). Wenn sich die Mädchen auf Computerspiele gleichaltriger Jungen beziehen, so sind damit vor allem Online-Actionspiele und Ego-Shooter gemeint (z.B. Counterstrike), wie aus späteren Ausführungen hervorgeht. So spielen die männlichen Peers in ihrer Freizeit eben auch jene sog. Ballerspiele, die in der Öffentlichkeit häufig genug mit männlicher Gewalt in Verbindung gebracht werden. Bekannte sich zwar eine Schülerin, die sich selbst als „Computersuchtel" (d.h. PC-süchtig) typisierte, offen dazu, auch hin und wieder zur „Abreaktion" Counterstrike zu spielen, bestätigte sie jedoch damit die vorherrschende kritische Haltung gegenüber männlicher Spielleidenschaft; denn der Begriff „Computersuchtel" heißt, von der Norm abzuweichen. Interessant ist nun, mit welcher Begründung der Versuch unternommen wird, die Position der Außenseiterin zu relativieren und in das kollektive Orientierungsmuster zu integrieren. So hält ihr eine Mitschülerin, die ihren älteren Bruder auch schon auf eine LAN-Party begleitete („Das war Horror pur"), entgegen: „Aber Counterstrike spielt sowieso fast jeder (von uns)"; denn, so die Kontrahentin, „Wir haben ja keine andere Wahl (...) viele haben ja Kumpels oder Freunde (...) die sitzen ja eigentlich auch immer [spielend vor dem PC]". Die Mädchen grenzen sich also deutlich von der Spielleidenschaft der Jungen ab: die eigene Beteiligung an der Kampf-Spiel-Kultur wird äußeren Zwängen, um nicht zu sagen, den 'bösen Buben' zugeschoben. Auf die Mädchen wirkt diese Spielleidenschaft – 'just for fun' – eher befremdlich. Demzufolge wird den Jungen auch ein gewisses kognitives Defizit bescheinigt („die haben ein bitzle 'nen Dachschaden"), was verständlich ist, angesichts der eigenen zweckrationalen Grundhaltung. Hervorhebenswert ist allerdings, dass die Schülerinnen mehrheitlich die Spiele kennen und nach eigenen Angaben lediglich aus sozialen Gründen – zur Aufrechterhaltung der Beziehung zu den Jungen – mitspielen. Wie lässt sich nun folgende Widerspruchsfigur erklären? Einerseits wird validiert, dem Spielealter entwachsen zu sein, andererseits wird validiert, in die Computerspielpraxis integriert zu sein, wenngleich nicht aus eigenem Antrieb („Wir haben ja keine andere Wahl"). Es taucht also die Frage auf, inwieweit das Freizeitverhalten der jungen selbstbewussten Frauen tatsächlich so stark vom Spieltrieb der Jungen dominiert wird, dass die eigenen Interessen dabei auf der Strecke bleiben.

In ihren Überlegungen zu Geschlechterunterschieden im Nutzungsverhalten von Computerspielen arbeiten Yates/Littleton (2001) überzeugend heraus, dass das Spielen als kontextuell geprägte und sozial konstruierte Aktivität gesehen werden muss, die von der kulturellen Position der Spieler selbst abhängig ist. Deshalb könnten Computerspiele nicht in der simplen Mensch-Computer-Interaktion gesehen werden, wie dies in herkömmlichen Untersuchungen häufig geschieht, denn

„(...) computer gaming is viewed as a contextually situated and socially constructed activity, that draws heavily upon the cultural position of the gamers themselves. We therefore view computer gaming as something, that is constructed out of set of practises, that computer gamers engage in." (Yates/Littleton 2001: 106)

So hätten Gruppendiskussionen mit Computerspiel-erfahrenen jungen berufstätigen Frauen und Männern ergeben, dass aktive weibliche Spielerinnen – im Unterschied zu Männern – ihre Aktivitäten abschwächten oder mit der Beziehung zu männlichen Freunden oder Partnern rechtfertigten:

„It is interesting to note, that the woman gamers we interviewed, seemed constantly to be negotiating complex subject positions for themselves, positions in which they 'were but were not' active game players." (Yates/Littleton 2001: 117)

Die Erkenntnisse von Yates/Littleton zeigen, dass sich die Geschlechterdifferenz im Umgang mit Computerspielen auf Unterschiede in der *Bewertung* der eigenen Aktivitäten bezieht, die sozial-kulturell vorstrukturiert ist, Erkenntnisse, die sich auf unseren konkreten Fall übertragen lassen: So begründen auch die Schülerinnen eigene Spielerfahrungen (Counterstrike u.a.) mit dem Zwang, den Sozialkontakt zu den Jungen nicht verlieren zu wollen („Wir haben ja keine andere Wahl"). Hieraus lassen sich zwei Strukturhypothesen ableiten:

Betrachtet man die Aussage *erstens* auf der textimmanenten Ebene, so müsste davon ausgegangen werden, dass der Inhalt der Spiele die Mädchen in der Tat langweilt und sie zum Zweck der Aufrechterhaltung des Kontakts (Neugier an den Spielern und nicht an den Spielen) ihre eigenen Interessen denjenigen der Jungen unterordnen. In diesem Sinne käme der Computerspielkultur eine Normierungsfunktion hegemonialer gesellschaftlicher Geschlechterverhältnisse zu, die von den Mädchen auf der expliziten Ebene ja gerade problematisiert wird („das klischeemäßige Können am Computer"). In diesem Fall würden die Mädchen den Jungen – wider besseres Wissen – den Raum zur 'Inszenierung von Männlichkeit' zur Verfügung stellen, Inszenierungen, die im geschlechtshomogenen Kontext ja gerade beklagt werden. In diesem Fall wären Problembewusstsein (über essenzialistische Zuschreibungen) und die eigene Handlungspraxis (Bestätigung von Essenzialismen) durch Inkongruenz gekennzeichnet.

Vergleicht man *zweitens* die Aussage mit Erkenntnissen von Yates/Littleton, so gewinnt freilich folgende Hypothese an Plausibilität: Es scheint, als werde die eigene Neugier und der eigene Spaß an gesellschaftlich stigmatisierten Kampfspielen, die zweifelsfrei von einer katholischen Bildungseinrichtung missbilligt werden, an die Jungen delegiert; d.h. die Verantwortung für die eigene 'unvernünftige' Medienpraxis wird den Jungen zugeschoben. Dieser Musterbildung käme eine doppelte Funktion zu: zum einen kann mit diesem Passivitätsmuster die kritisch-distanzierte Haltung gegenüber einer – im bildungsbürgerlichen Sinne – 'schlechten' Medienpraxis aufrechterhalten werden. Zum anderen wird mit dieser Haltung Distinktion zum anderen Geschlecht – und damit verbunden – Geschlechtszugehörigkeit konstruiert und inszeniert; denn Kampf-Spiele, die in der Öffentlichkeit immer wieder hinsichtlich ihrer Auswirkungen auf das Aggressionsverhalten der Spieler diskutiert werden, sind männlich konnotiert. Aber auch in diesem Fall wäre ein Widerspruch zwischen 'Erwachsenen-Habitus' und tatsächlicher Spielepraxis zu konstatieren. Beide Strukturhypothesen verbindet, dass der Nutzungsbereich Computerspiele durch Ambiguität gekennzeichnet ist, wie dies auch die Diskursstruktur zeigt (s.u.).

Mit Blick auf den Genderaspekt lässt sich also zusammenfassend feststellen, dass sich die Mädchen mit einem 'Erwachsenen-Habitus' von der Spielleidenschaft der Jungen abgrenzen, d.h. gerade der Nutzungsbereich Computerspiele wird dazu genutzt, Geschlecht zu konstruieren und inszenieren. Allerdings geht aus dem Text ebenfalls hervor, dass die Mädchen keinesfalls aus diesem Nutzungsbereich ausgeschlossen sind, wenngleich sich geschlechtsspezifische Unterschiede in der Bewertung dieses medialen Bereichs konstatieren lassen. Mit dem 'Erwachsenen-Habitus', der bildungsmilieu- und geschlechtsspezifisch vorstrukturiert ist, wird den Jungen das Feld des spielerisch-technischen Experimentierens und Explorierens (LAN-Parties) überlassen, eine Handlungspraxis, die eben jenen 'Experten-Habitus' erzeugt, wie er häufig genug bei männlichen Jugendlichen aller Schulformen anzutreffen ist. So haben wir in unserer Falldarstellung einer Jungengruppe

("Computerfreaks") aus dem Realschulmilieu herausgearbeitet, dass der Habitus des Expertentums, mit dem sich männliche Jugendliche auch gegenüber der Eltern-Generation abgrenzen, eben auf dem spielerischen Umgang mit der neuen Medientechnologie basiert, der nicht zweckrational motiviert ist (vgl. Buchen/Philipper 2003). Aus schulpädagogischer Sicht taucht in diesem Zusammenhang die Frage auf, die an dieser Stelle jedoch nicht weiter erörtert werden kann, inwieweit sich der experimentelle, explorierende, spielerische Umgang mit den Neuen Medien per se jeder Unterwerfung unter die Zweck-Mittel-Rationalität des Nutzens entzieht oder ob Schule nicht gerade auch für solche Ambitionen Handlungsräume zur Verfügung stellen sollte.

3.3 Die Gruppendiskussion unter der Perspektive der Diskursstruktur

Bei genauerer Betrachtung der Diskursstruktur fällt auf, dass die Mädchen zwar einen vorsichtigen – auf Harmonie bedachten – Umgang miteinander praktizieren (Einschränkungen erfolgen erst nach Zustimmung: „ja, aber"; „ja, es ist bloß so" etc.), bei dem jedoch Kontroversen nicht ausgeklammert bleiben. So wird dem begründeten Plädoyer für Monoedukation klar die These entgegengesetzt, 15/16-jährige Mädchen könnten – auch im koedukativen Unterricht – Jungen Paroli bieten („Ich find's jetzt nicht so"; „Ich würd' mir da jetzt nichts von denen befehlen lassen"). Die Position der Antagonistin wirkt nicht zuletzt deshalb überzeugend, weil sie auch der suggestiven Fragestellung der Interviewerin, die auf eine positive Bewertung monoedukativen Unterrichts zielt, standhalten kann. Es scheint also, als sei das Schulklima an der katholischen Mädchenrealschule dazu geeignet, eine Diskursform zu kultivieren, die differenzierenden Positionen Raum gibt und ermöglicht, Konfliktfähigkeit und Kohäsion auszubalancieren.

Mit Rekurs auf den eigenen geschlechtstypischen Entwicklungs- und Veränderungsprozess der medialen Praxis („in unserem Alter ist der Computer gar nicht mehr zum Spielen da") wird Distinktion zum anderen Geschlecht und – damit verbunden – Nähe zum eigenen Geschlecht markiert. Das Muster der Distinktion ('Erwachsenen-Habitus') dokumentiert kollektive – an schulischem Fortkommen orientierte – Erfahrungen, die zu Vergemeinschaftung beitragen. Obwohl eine Synthese zwischen den antithetischen Positionen hergestellt wird, indem die Geschlechterdifferenz betont wird, erfolgt jedoch parallel dazu die kritische Auseinandersetzung mit eben jenen essenzialistischen Sichtweisen: Zum einen relativiert die Protagonistin für Monoedukation ihre Argumentation, indem sie ihre angeführten Beispiele über geschlechtsstereotypes männliches Verhalten selbst der Kategorie „Klischee" zuordnet. Zum anderen werden geschlechterdifferenzierende Beispiele männlichen PC-Verhaltens angeführt („ein Kumpel von mir hat null Ahnung am PC"), die darauf zielen, Essenzialismen entgegenzuwirken. Darüber hinaus spricht Ärger aus der Feststellung einer Schülerin, Jungen gegenüber am PC unter Beweisdruck zu geraten; d.h. die Schülerin hält sich für kompetent, gerät jedoch unter Beweisdruck, weil die Selbstwahrnehmung mit der Fremdwahrnehmung nicht übereinzustimmen scheint. Es kann also auch auf der Diskursebene folgender Widerspruch konstatiert werden: Einerseits werden binäre Geschlechterzuschreibungen in Frage gestellt, andererseits wird die Kontroverse zwischen den Mädchen aufgelöst, indem auf Stereotype (Jungen nutzen das Medium zum Spielen; Mädchen für die Schule) rekurriert wird, um die eigene Medienpraxis zu begründen.

Insgesamt zeigt der Diskurs jedoch, dass ein Denken in Essenzialismen brüchig geworden ist. Die Ausführungen der Mädchen über die eigene Computerspielpraxis, wenngleich als außengelenkt begründet, weisen darauf hin, dass die Mediennutzungsbereiche bei weitem nicht so vergeschlechtlicht sind, wie dies durch reifizierende Untersuchungsergebnisse suggeriert wird. Der Diskurs zeigt also, abschließend gesagt, eine motivationale Geschlechterdifferenz im Nutzungsbereich Computerspiele, nicht jedoch die Exklusion der Mädchen aus diesem Bereich. Eine vergleichbare Reifizierungsproblematik ist im Nutzungsbereich Chatten zu konstatieren, der weiblich konnotiert ist, auf den im folgenden genauer eingegangen werden soll.

3.4 Chaterfahrungen der Mädchen

In der Fachliteratur wird Chatten („plaudern", „quatschen") via Computer/Internet als dialogische und synchrone Kommunikation gekennzeichnet, die auf der Grundlage eines Client-Server-Prinzips (etwa IRC etc.) potenziell die Möglichkeit bietet, mit einer undefinierten Anzahl von Personen eine Unterhaltung zu führen. Je nach Bedarf reicht die Nutzung der Chat-Kommunikation vom Austausch von Belanglosem, über Alltagserfahrungen bis hin zu Intimitäten. Innerhalb eines Servers ist es möglich, zwischen verschiedenen Channels zu wählen, die als Unterkategorien fungieren und den Personen ermöglichen, sich je nach Interessenslage in kleineren Gruppen zusammenzufinden. Die Teilnahme in Chat-Rooms (-Channels) erfolgt durch ein Pseudonym („Nick"). Die Chatkommunikation besteht aus einem fortlaufenden Text, der durch die Verwendung sog. Emoticons (etwa :-) oder Akronyme (sprachliche Kürzel) gekennzeichnet ist. In jedem Channel übt ein Operator (OP), der mit bestimmten Vollmachten ausgestattet ist, eine gewisse Kontrolle aus. Da Anonymität aufrechterhalten werden kann, ist es im Chat auch möglich, anerkannte soziale Normen zu missachten („Anmache" etc.), gegen die sich die Chatcommunity jedoch durch Distanz bis hin zum Abbruch der Kommunikation (Ausstieg aus dem Channel) wehren kann. I.d.R. fungieren im Rahmen des Chattens die 'Neuen Medien' als Mittel zur Herstellung kurzfristiger oder zur Aufrechterhaltung länger- und langfristiger interpersonaler Beziehungsgeflechte (vgl. Schmidt/Brnic 2001: 188f.). Döring verweist darauf, dass in Chat-Mitteilungen differenzierte Argumentationen, wie sie etwa in Mailinglisten, Newsgroups und Newsboards stattfinden, nicht gegeben sind, allerdings bekomme der Interaktionsverlauf oft einen „überraschenden", „witzigen" und „spielerischen Touch", der zum Zwecke des Kennenlernens und der Unterhaltung kultiviert werde (Döring 2003: 92).

Doch wenden wir uns nun den Chaterfahrungen der Mädchen zu: Auch auf diese Internetaktivität bezogen stellt die Schülerin, die sich selbst als „Computersuchtel" charakterisiert, in der Gruppe eine Ausnahme dar: So erzählt sie, Mitglied bei einem „Chat-Betreiber" zu sein, der für interessierte „Internet-Pärchen" ritualisierte „Chat-Hochzeiten" durchführe, bei denen sie als „Standesbeamter" fungiere. Der Text der Trauungszeremonie und des vollzogenen Bekenntnisses der Paare zur virtuellen Ehe („die ganze Abhandlung"), könne dann auf der Homepage der Chats „verewigt" werden. Auf die Nachfrage der Interviewerin, ob die anderen ähnlich Chat-begeistert seien, entwickelt sich folgender Dialog, der durch Lebhaftigkeit gekennzeichnet ist:

B: <u>Gar nicht.</u>
C: <u>Überhaupt nicht.</u> ((mehrere gleichzeitig))
D: Ich bin lieber mit meinen Freunden oder Kumpels unterwegs, bevor ich am Computer ... Also, ich weiß nicht. Das ist für mich ein Gerät und sonst nichts.
A: Grad auch mit dem Chatten. Ich mein, das ist ja schon ganz nett. [C: Ich finde das auch.] Ich mein, die Leute können dir erzählen, was sie wollen. Und was weiß ich was alles. Das stimmt ja eh nicht. Also, ich find das etwas übertrieben, so chatten.
C: Also, bei uns ist es auch so. Wir beide. Wir haben mal gechattet. ((Gekicher)) Da haben wir so nette [A: Also, das war vor zwei Jahren.] ((zwei gleichzeitig)) Männchen kennengelernt.
D: Da waren wir noch jung und dumm. ((großes Gelächter)) Da waren wir halt 14 Jahre. Und dann fanden wir das halt auch irgendwie voll witzig, weil, Ähm. Ja. Und dann haben wir uns halt ziemlich gut mit den Jungs da unterhalten, und die fanden wir dann irgendwie auch nett und so. (1) Die wohnten in München. Also. Das ist ja sehr weit entfernt. Doch, (.) wir hatten halt (.) ((Gekicher)) irgendwie dann etwas mit denen zwei. Und dann haben die uns besucht. Ja, und dann (.) haben wir die Schnauze vollgehabt (.) vom Chatten.
C: Ja. Seither chatten wir nicht mehr.
D: Und Chatten find' ich seither am Computer gar nicht mehr gut.
C: Sonst sind wir abends echt immer lang vor dem Computer gesessen und haben gechattet, aber jetzt (.) ...
(...)
E („Computersuchtel"): Aber, es gibt auch positive Beispiele. Ich hab' einen Kumpel im, beim Chatten kenngelernt. den treff' ich jetzt auch ganz regelmäßig richtig. ((andere kichern)). Das ist o.k., also ...

Wie die Textpassage zeigt, ist allen Mädchen Chatten als mediale Form der Kontaktaufnahme und Beziehungsanbahnung bekannt, wobei hierbei freilich einzelne über mehr oder weniger einschlägige Erfahrungen verfügen. Im Zentrum der Erzählung steht das Problem der Anonymität als Glaubwürdigkeitsproblem, das aus heutiger Sicht die Nutzung der Chat-Kommunikation unattraktiv gestaltet („Ich mein', die Leute können dir erzählen, was sie wollen"). Während die Mädchen mehrheitlich die unverbindliche Seite des Interaktionsrahmens favorisierten und heute virtuellen Beziehungen nichts mehr abgewinnen können („Ich bin lieber mit meinen Freunden oder Kumpels unterwegs, bevor ich am Computer [sitze]"), waren zwei Schülerinnen vom Austauschprozess mit ihren virtuellen Gesprächspartnern so involviert, dass sie den Versuch unternahmen, die Tragfähigkeit des Kontakts in der Wirklichkeit auszuloten („Und dann haben wir uns halt ziemlich gut mit den Jungs da unterhalten, und die fanden wir dann irgendwie auch nett und so", „Und dann haben die uns besucht"). Die beiden Mädchen haben also als 14-Jährige Chatten nicht nur zur Kontaktanbahnung genutzt, sondern auch das Experiment unternommen, die netzbasierte Beziehung in eine alltagsweltliche 'real-life'-Beziehung überzuführen, was jedoch misslang. Das Scheitern dieser Ambitionen wird aus heutiger Sicht 'jugendlicher Unvernunft' zugeschrieben, einer Entwicklungsphase also, die als überwunden markiert wird („Da waren wir noch jung und dumm. ((großes Gelächter)). Da waren wir halt 14 Jahre"). Allerdings hatte der misslungene Versuch, die virtuelle Beziehung in der Wirklichkeit zu verankern, nachhaltige Konsequenzen: Es erfolgte ein radikaler Bruch mit der Chat-Kultur („Ja, und dann haben wir die Schnauze voll gehabt, vom Chatten", „Ja, seither chatten wir nicht mehr"). Aus den Erzählungen wird deutlich, dass unterschiedliche Erfahrungen mit der Netzkommunikation gemacht wurden: Mehrheitlich scheint sich bei den Mädchen der Übergang vom Faszinosum Chatten zum Abschied von dieser Nutzungspraxis unspektakulär vollzogen zu haben. Für die 16-Jährigen hat das Zusammensein mit Freunden in der Realität Vorrang, erneut wird in diesem Zusammenhang der funktionale Charakter des Mediums in den Vordergrund gerückt („Das ist für mich ein Gerät und sonst nichts"). Nur eine Schülerin („Computersuchtel"), deren Außenseiterposition in Sachen Netznutzung bereits deutlich geworden ist, gibt an, dass sich eine Chatbeziehung dauerhaft auch als Beziehung im wirklichen Leben etablieren ließ „Ich hab einen Kumpel beim Chatten kennengelernt, den treff' ich jetzt auch ganz regelmäßig *richtig*" (Herv.: S.B.). Aus der Formulierung geht hervor, dass die „virtuelle Standesbeamtin", auch wenn sie sich selbst als „Computer-süchtig" typisiert, zwischen virtuellen und „richtigen" Beziehungen sehr wohl unterscheidet. Bei zwei Schülerinnen nahm der experimentelle, spielerische Umgang mit der Netznutzungspraxis Chatten ein jähes Ende. Kontrastiert man beide Textpassagen miteinander

(Computerspiele, Chatten), so wird – trotz differenzierender Erfahrungen mit der Chat-Kultur – ein homologes Muster erkennbar: Die 16-jährigen Mädchen ordnen ihre Chat-Praxis als 14-Jährige einer Phase zu, die im Rückblick als unvernünftig, besser: unerfahren gekennzeichnet wird („Da waren wir noch jung und dumm"). Die Textpassage dokumentiert also einmal mehr jenes kollektive Grundmuster, das bereits herausgearbeitet wurde: Mit dem 'Erwachsenen-Habitus' wird auch Chatten (als eine Form des spielerischen Umgangs mit dem Medium) als entwicklungsbedingt markiert. Mit anderen Worten, auch in dieser Textpassage wird eine Entwicklungstypik dokumentiert, die eng an das Milieu der katholischen Mädchenrealschule, nicht jedoch an die Schulform gebunden ist; denn in anderen Realschulmilieus wird von 15/16-jährigen Schülerinnen die Chat-Kommunikation durchaus noch zur Freizeitgestaltung genutzt, wie unsere bisherigen Untersuchungen ergeben haben.

3.5 Der Chat-Rahmen als risikofreier Raum für pubertäres Probehandeln

Betrachtet man die Chaterfahrungen der beiden Schülerinnen genauer, die zu einem radikalen Bruch mit dieser Nutzungspraxis führten, so zeigt der Text, dass die pubertierenden Mädchen den anonymen Chat-Rahmen zunächst zur unverbindlichen Kontaktanbahnung zum anderen Geschlecht nutzten („Wir haben 'mal gechattet…da haben wir so nette…Männchen kennengelernt"). Die Netzaktivitäten erfolgten gemeinsam und hatten Unterhaltungscharakter („voll witzig"). Ganz offensichtlich hat es den Mädchen Spaß gemacht, die risikolose Annäherung ans andere Geschlecht auszuloten, zumal nicht nur die virtuelle Welt, sondern auch die geografische Entfernung dazu geeignet waren, sich die Jungen vom Leib zu halten („Die wohnten in München, also, das ist ja sehr weit entfernt"). Damit kam dem Medium in der Pubertät eine zentrale Bedeutung zu: Es diente als Probelauf, Unsicherheit im (sexuellen) Umgang mit dem anderen Geschlecht zu überwinden. Nicht von ungefähr chatten sexuell noch wenig erfahrene Mädchen (und Jungen) i.d.R. mit Peers oder gleichgeschlechtlichen älteren Geschwistern, um beim Begehen eines noch wenig vertrauten Terrains, Unterstützung zu bekommen. Weiter geht aus der Erzählung hervor, dass der Spaß mit den anonymen Chatpartnern sukzessive intensiveren Gefühlen wich („Wir hatten halt irgendwie dann etwas mit denen zwei"). Damit bekam das Medium die Funktion, (risikolos) Nähe herzustellen und letztlich Verliebtheitsphantasien zu kultivieren (und inszenieren). Die Interaktion im medialen Raum bot sich also als Projektionsfläche für Idealisierungen an, denen die Wirklichkeit letztlich nicht standhalten konnte. Die radikale Absage an die Chat-Praxis ist ein Hinweis darauf, wie wenig die „Männchen" dem Idealbild vom Mann entsprachen. Fraglich ist allerdings, ob es anderen

Jungen gelungen wäre, den Idealisierungen der Mädchen zu entsprechen; denn die Münchner Jungen waren immerhin 'manns' genug, das Risiko und die Erschwernisse (Entfernung) einer face-to-face-Begegnung auf sich zu nehmen. Die Textstelle zeigt, dass die Chat-Kommunikation in der Pubertät weniger die Funktion hat, Alltagsbeziehungen zu etablieren (Ausnahmen bestätigen die Regel), sondern eher dazu herangezogen wird, die Wirkung von Nähe/Verliebtheitsgefühlen spielerisch und – dank der Technik – steuerbar auszuprobieren; denn der Ausstieg aus dem Geschehen ist jeder Zeit möglich. Es kann also von Probehandeln auf der technischen Grundlage von Risikovermeidung gesprochen werden. In diesem Sinne entspricht die Nutzungspraxis der Rationalität. Sicherlich konnten die Mädchen durch ihr Neugierverhalten und den Mut, Anonymität aufzuheben, wichtige Einsichten in den Unterschied zwischen (eigener) Phantasieproduktion und Wirklichkeit gewinnen. Wie nachhaltig die Erfahrung wirkte, verdeutlicht der Text: Die eigene Medienpraxis wird als entwicklungstypisch markiert, unter großem allgemeinem Gelächter wird validiert: damals „waren wir noch jung und dumm", d.h. unerfahren.

Vor diesem Hintergrund stellt sich die Frage, inwieweit den 'Neuen Medien' in dieser allgemeinen Entwicklungsphase eine spezifische Bedeutung zukommt, oder ob sie nicht vielmehr als funktionales Äquivalent für andere (mediale) Möglichkeiten genutzt werden, risikofrei erste Erfahrungen mit der „romantischen Liebe" zu sammeln. So arbeitet Bettina Fritzsche (2001) am Beispiel der „Fan-Kultur" anschaulich heraus, dass das „Fan-Sein" von Boygroups Mädchen die Möglichkeit eröffnet, Verliebtheit zu erproben, ohne den Risiken einer „realen Beziehung" ausgesetzt zu sein. Unter „Zuhilfenahme von Medienangeboten und mittels kultureller Praktiken in der peer-group", so die Autorin, können sich Mädchen „mit entwicklungstypischen Fragen" auseinandersetzen und auf „spielerische und flüchtige Weise die Identität einer heterosexuellen weiblichen Jugendlichen einnehmen" (Fritzsche 2001: 39f.). Aus der eigenen Pubertät ist mir noch lebhaft in Erinnerung, wie sich die reduzierte Form körperlicher Präsenz des Kommunikationsmittels Telefon dazu anbot, mit dem – aus der Ferne – verehrten Liebesobjekt Kontakt aufzunehmen – und dennoch Anonymität zu wahren. Es kann also einerseits davon ausgegangen werden, dass sich Mädchen (wie Jungen) in der Pubertät den ihnen entsprechenden risikofreien (medialen) Handlungsrahmen suchen, um Verliebtheit zu erproben: Fan-Kulturen, Telefon, Handy (SMS) – und u.a. Chatten. Andererseits soll die kommunikationstypische Dialogstruktur des Chattens zum Zweck des Kennenlernens nicht unerwähnt bleiben: Angesichts der Kürze der einzelnen Chat-Mitteilungen sowie des Zwangs zum schnellen Reagieren gehorcht diese Form des netzbasierten Austauschs dem Prinzip der Spontanität, bei dem – im Unterschied zum face-to-face-Kontakt – ein Stück

Kontrolle ausgeschaltet wird. Darüber hinaus haben Emoticons (und Akronyme), die in ihrer (abstrakten) symbolischen Ausdrucksform darauf zielen, den eigenen Äußerungen eine persönliche (emotionale) Note zu geben, komplexitätsreduzierenden Charakter; d.h. mit der symbolischen Schnell- und Kurzsprache werden differenzierende oder ambivalente Haltungen unsichtbar gemacht. Die kommunikationstypische Struktur des Mediums suggeriert also eine Gefühlslage (z.B. Nähe), die im 'real-life'-Kontakt durch Gestik, Mimik, Tonfall etc., aber auch differenziertere sprachliche Äußerungen relativiert werden kann. Gerade weil das Medium dazu geeignet ist, Nähe zu suggerieren, die nur bedingt der eigenen emotionalen Verfasstheit entspricht, erleben nicht nur pubertierende Mädchen häufig genug fundamentale Enttäuschungen, wenn sie den Versuch unternehmen, Chat-Kontakte ins wirkliche Leben überzuführen.

4 Methodologische Überlegungen zum Problem der Reifizierung

Unter dem Genderaspekt soll abschließend folgender Sachverhalt hervorgehoben werden: Unsere Untersuchungen haben bisher ergeben, dass alle Mädchen, die den Chat-Rahmen (z.B. auch im regionalen Raum) zur Kontaktaufnahme mit Jungen nutzen, berichten, darin erfolgreich zu sein. 'Real-life'-Begegnungen belegen einmal mehr die Präsenz junger Männer im Chat-Kontext. Darüber hinaus geht aus unseren Untersuchungen hervor, dass der Chat von beiden Geschlechtern gleichermaßen zur Kultivierung von 'real-life'-Freundschaften genutzt wird (vgl. hierzu auch die JIM-Studie 2002 in: Medienpädagogischer Forschungsverbund Südwest 2003: 47). Uneingedenk dieser Nutzungspraxis hält sich hartnäckig die weibliche Konnotation dieses Nutzungsbereichs. Aus unseren Gruppendiskussionen, die wir mit männlichen Jugendlichen des Haupt- und Realschulbereichs durchgeführt haben, geht hervor, dass die eigene Chat-Praxis – analog zur Computerspielpraxis der Mädchen – häufig genug heruntergespielt oder mit dem Etikett 'Leute verarschen' versehen wird. I.d.R. wird diese Nutzungspraxis von den Jungen jedoch gänzlich entthematisiert, wenn nicht explizit nachgefragt wird. Demzufolge lässt sich ein *zentrales Ergebnis* unserer bisherigen Untersuchungen auf den Begriff bringen: Jungen nutzen Chat-Räume – wie die Mädchen – zur Kontaktanbahnung und -aufrechterhaltung. Damit ist eine Geschlechterdifferenz nicht in der faktischen Nutzung anzunehmen, wohl aber in der *unterschiedlichen Bewertung* dieser Netzaktivität. Nach wie vor werden jedoch in einschlägigen Publikationen die geschlechtsspezifischen Konnotationen der Nutzungsbereiche Computerspiele/ Chatten fortgeschrieben. Die Reifizierung empirischer Befunde solcher Art verweist auf ein grundsätzliches methodologisches Problem, durch das häufig genug auch sog. qualitative Untersuchungen gekennzeichnet sind, insbesondere wenn Erkenntnisse durch computergestützte Auswertungsverfahren gewonnen werden: Es ist der unhinterfragte immanente Sinngehalt von Wirklichkeitskonstruktionen und -inszenierungen von (jugendlichen) Probanden und Probandinnen, der die Materialgrundlage für Reifizierungen liefert. Demgegenüber zielen rekonstruktive Interpretationsverfahren darauf, Wirklichkeitskonstruktionen von Proband/innen als das zu verstehen, was diese sui generis sind, nämlich *Interpretationen* der Wirklichkeit, um nicht Gefahr zu laufen, Interpretationen der Wirklichkeit (Interpretationen über die Handlungspraxis der Proband/innen) mit der Wirklichkeit (der faktischen Handlungspraxis der Proband/innen) in eins zu setzen. Diesem Forschungsproblem kann nur durch eine doppelte Strategie begegnet werden: erstens durch ein radikales in Frage stellen wissenschaftlicher Sicherheiten und Gewissheiten sowie zweitens eine klare Unterscheidung zwischen zwei Analyseebenen, wie sie methodologisch in rekonstruktiven Verfahren der Sozialforschung gegeben ist. So werden aus gutem Grund auch in der dokumentarischen Methode der Interpretation von Wirklichkeitskonstruktionen zwei Analyseschritte deutlich voneinander getrennt: die formulierende Interpretation, die sich auf den immanenten Sinngehalt der Erzählungen bezieht, und die reflektierende Interpretation, mit der die Regelhaftigkeit der Handlungspraxis der Akteure zur Explikation gebracht wird, die sich jedoch – und dies ist wichtig zu betonen – „der Perspektive der Akteure selbst entzieht". Die „methodische Fremdheitshaltung" der dokumentarischen Methode zielt also darauf, „einerseits dem Wissen der Akteure als empirischer Ausgangsbasis der Analyse verpflichtet" zu bleiben, ohne jedoch andererseits „an deren subjektiven Intentionen und Common-Sense-Theorien gebunden zu bleiben, diesen sozusagen 'aufzusitzen'" (vgl. Bohnsack/Nentwig-Gesemann/Nohl 2001: 12). Manfred Clemenz kennzeichnet Rekonstruktionsverfahren als „Aggregation von Wirklichkeitskonstruktionen", wobei diese „Zusammenstellung" die Wirklichkeitskonstruktion der Wissenschaftler und Wissenschaftlerinnen ist. Er schreibt dazu:

> „Die Wirklichkeit, um die es geht, ist uns nur zugänglich über individuelle und kollektive Wirklichkeitskonstruktionen, ihre Wahrheit besteht darin, dass wir uns auf diese Interpretationen einigen können oder sie verwerfen" (Clemenz 2001: 36).

Kurz, die Wirklichkeit ist Forschenden nicht in Form von objektiven 'Tatsachen' zugänglich, sondern immer nur in Gestalt von Interpretationen, Konstruktionen oder Inszenierungen, die es sinnlogisch zu entschlüsseln gilt. Gerade das kritische Hinterfragen von Common-Sense-Theorien ist somit zentral für Verfahren der rekonstruktiven Sozialforschung.

Die Überführung dekonstruktivistischer Überlegungen in ein empirisches

Forschungsdesign, das beansprucht, Essenzialismen zu überwinden und gleichzeitig die Kategorie Gender als Struktur- und Analysekategorie ernst zu nehmen, bedeutet also doppeltes: eine „methodische Fremdheitshaltung" gegenüber wissenschaftlichen sowie alltagsweltlichen Common-Sense-Theorien einzunehmen, denn nur die Pendelbewegung zwischen Selbstreflexion (Entselbstverständlichung eigener Theoriebildungen) und „reflektierender Interpretation" ermöglicht, den sozialen Sinn von Inkongruenzen, Ambiguitäten, Entthematisierungen u.a., die sich dem bewussten Zugriff der Akteure entziehen, begrifflich fassbar zu machen. Die Rekonstruktion von Widersprüchen bildet also die Materialgrundlage, auf der 'die Gleichzeitigkeit von Ungleichzeitigkeiten', d.h. individuelle und kollektive Veränderungsprozesse, so auch im Geschlechterverhältnis, expliziert werden können, um über die Konstatierung von sattsam Bekanntem hinauszukommen.

Abschließend soll mit Blick auf den Einzelfall noch kurz die Frage erörtert werden, inwieweit die 'Neuen Medien' in ihrer Bedeutung für die weiblichen Jugendlichen einer katholischen Mädchenrealschule tatsächlich 'neue' Erfahrungen bereithalten. Hierzu kann zunächst ganz allgemein auf die Tendenz der Veralltäglichung der 'Neuen Medien' im Leben dieser Jugendgeneration hingewiesen werden, obwohl wir zweifelsfrei erst am Anfang einer Entwicklung hin zu einer Informationsgesellschaft stehen, was die kulturelle Entwicklung (Informationsverarbeitung, Selbstorganisation und -kontrolle etc.) und weniger die technische betrifft. So arbeitet der Kommunikationswissenschaftler Michael Giesecke in seinem Buch „Von den Mythen der Buchkultur zu den Visionen der Informationsgesellschaft" (2002) strukturelle Parallelen heraus, wie sie zwischen der Durchsetzung der Buchkultur, die zur Entwicklung der Industriegesellschaft beigetragen hat, und der Durchsetzung elektronischer Medien bestehen, die einen neuen Zeitabschnitt von der Industriegesellschaft zur Informationsgesellschaft eingeleitet haben. Der historische Blick auf die Kommunikationsgeschichte des Buchdruck-Zeitalters zeigt, so Giesecke, dass in einer bestimmten Kultur immer ein „bestimmtes Medium prämiert und zur Identitätsstiftung herangezogen wurde", obwohl parallel dazu, andere mediale Verständigungsformen bestehen bleiben: so wurde im Zeitalter des Buchdrucks (der technischen Entwicklung der Vervielfältigung von Texten) auch weiterhin (bis heute: S.B.) die handschriftliche Form von Text zur Informationsspeicherung und Kommunikation genutzt; d.h. auch die typografische Kultur der Neuzeit entwickelte sich multimedial. Die „Prämierung eines Mediums" führe unweigerlich zu Mythenbildungen, ideologischen Verklärungen und blinden Flecken in der Selbstbeschreibung der Gesellschaft (vgl. Giesecke 2002: 46f.). Sie sind Ausdruck „reflexiver Selbstimplifikation" und liefern, so der Autor, die „Legitimation für die Vereinfachungen, die wir bei unseren Selbst- und Umweltbeschreibungen vornehmen". Die zentrale Frage bei der

Durchsetzung des Buchdrucks war – und wird es auch bei der Durchsetzung der neuen elektronischen Medien sein:

„Welchen Nutzen für die soziale Gemeinschaft, für die vielfältigen sozialen Gruppen und schließlich für den einzelnen Menschen haben diese Medien und die neuen Formen der Informationsverarbeitung?" (Giesecke 2002: 204)

Betrachtet man vor diesem Hintergrund den konkreten Einzelfall, so lässt sich zur Bedeutung der 'Neuen Medien' lakonisch – und vielleicht als Entwarnung in Richtung Bewahrpädagogik und Kulturpessimismus gesprochen – feststellen: Die Probandinnen nutz(t)en die 'Neuen Medien' als Kinder zum Spielen, als Pubertierende zur (risikolosen) Kontaktaufnahme mit den Jungen und als – aufstiegsorientierte – junge Frauen (überwiegend) zur Informationsbeschaffung für die Schule: Mit anderen Worten, die Nutzungspraxis entsprach bzw. entspricht den jeweils *entwicklungstypisch* bedingten Bedürfnis- und Bedarfsstrukturen der Probandinnen und kann als rational gekennzeichnet werden. Die 'Neuen Medien' fungierten also in der jeweiligen Entwicklungsphase als *funktionales Äquivalent* für andere Betätigungsformen. Inwieweit hierbei von 'neuen' Erfahrungen durch die 'Neuen Medien' gesprochen werden kann, mag bezweifelt werden. Der konkrete Einzelfall hat gezeigt, wie stark die medialen Orientierungen der Schülerinnen, die sich in einem 'Erwachsenen-Habitus' manifestieren, vom spezifischen Bildungsmilieu der katholischen Mädchenrealschule vorstrukturiert sind. Erst die Kontrastierung mit anderen Schulkulturen wird die Frage klären können, inwieweit den Variablen Bildungsmilieu/Entwicklungstypik bei der Konstruktion medienbezogener Habitusformen Jugendlicher möglicherweise eine zentrale Bedeutung zukommt als der Variablen Geschlecht: Zumindest lassen unsere bisherigen Untersuchungen diese Tendenz erkennen.

Literatur

Bohnsack, Ralf/Nentwig-Gesemann, Iris/Nohl, Arnd-Michael (Hrsg.) (2001): Die dokumentarische Methode und ihre Forschungspraxis. Opladen: Leske+Budrich

Buchen, Sylvia (2003): Hochschulartenübergreifendes Kompetenzzentrum zum Thema „Genderforschung und Bildungsfragen in der Informationsgesellschaft". In: Medienwissenschaft Schweiz. 2/2003. 95-99

Buchen, Sylvia/Philipper, Ingeborg (2003): Biographie, Generation, Gender im Hinblick auf die Nutzung neuer Medien: Was bewirken veränderte Lernarrangements in der Schule? In: Bachmair, Ben/Diepold, Peter/de Witt, Claudia (Hrsg.): Jahrbuch Medienpädagogik 3, Leske+Budrich: Opladen. 123-137

Castells, Manuel (2001): Das Informationszeitalter I. Der Aufstieg der Netzwerkgesellschaft. Opladen: Leske+Budrich

Clemenz, Manfred (2001): „Wir können nicht besser klagen". Ostdeutsche Lebensläufe im Umbruch. Berlin: Aufbau-Verlag

Döring, Nicola (2003^2): Sozialpsychologie des Internet. Die Bedeutung des Internet für Kommunikationsprozesse, Identitäten, soziale Beziehungen und Gruppen. Göttingen: Hogrefe

Fritzsche, Bettina (2001): Mediennutzung im Kontext kultureller Praktiken als Herausforderung an die qualitative Forschung. In: Bohnsack, Ralf/Nentwig-Gesemann, Iris/Nohl, Arnd-Michael (Hrsg.): Die dokumentarische Methode und ihre Forschungspraxis. Opladen: Leske+Budrich

Giesecke, Michael (2002): Von den Mythen der Buchkultur zu den Visionen der Informationsgesellschaft. Frankfurt/M.: Suhrkamp

Medienpädagogischer Forschungsverbund Südwest (Hrsg.) (2003): JIM 2002. Jugend, Information, (Multi-)Media. Basisstudie zum Medienumgang 12-19-Jähriger in Deutschland. Baden-Baden: mpfs

Schmidt, Axel/Brnic, Irena (2001): Chatten – Fallstudien zur Verschränkung potenzieller Nutzungsmöglichkeiten und faktischer Aneignungsmuster. In: Zeitschrift für Qualitative Bildungs-, Beratungs- und Sozialforschung. Jg. 2, Heft 2. 187-204

Yates, Simeon J./Littleton, Karen (2001): Understanding Computer Game Cultures. A situated Approach. In: Green, Eileen/Adam, Alison: Virtual Gender. Technology, Consumption and Identity. London: Routledge. 103-123

Cornelia Helfferich

in Zusammenarbeit mit Silke Burda, Monika Götsch und Sebastian Klus

Gender-Positionierungen in Gruppendiskussionen

Grundlegender Ausgangspunkt der im Kompetenzzentrum „Genderforschung und Bildungsfragen in der Informationsgesellschaft" (KGBI) versammelten Forschungsprojekte ist ein Verständnis von Gender als prozessualer und relationaler Kategorie. In dem Forschungsprojekt „Neue Medien (Internet) in der sexualpädagogischen Arbeit in der Schule – Mediennutzung und Geschlechterinteraktion im Entwicklungsbezug", durchgeführt an der Evangelischen Fachhochschule Freiburg, werden die Prozesse und Relationen, in denen Gender konstituiert wird, zum expliziten Forschungsgegenstand.

Das Projekt ist an der Schnittstelle von Sexual-, Medien- und Geschlechterpädagogik angesiedelt und erprobt den Einsatz des Internet als Medium in der geschlechtsbewussten Sexualpädagogik. Am Ende wird ein Modul der Fortbildung für sexualpädagogische Lehrkräfte erstellt, das dazu befähigen soll, Schülern und Schülerinnen[1] in dem speziellen Bereich „Internet und Sexualität" Medienkompetenz zu vermitteln z.B. im Sinn von Wissen um entsprechende Netzinhalte (u.a. Aufklärungsseiten), von technischen Nutzungskompetenzen (u.a. im Umgang mit Dialern oder Pop-ups) und von Gestaltungsfähigkeit (u.a. in interaktiven Angeboten). Das pädagogische Ziel ist auch bezogen auf Sexualität und Geschlecht angemessen zu definieren. In einer ersten Arbeitsdefinition haben wir eine entsprechende „Genderkompetenz" umrissen, die berücksichtigt, dass Gender als prozessuale und relationale Kategorie verstanden wird. Dann kann das Ziel nämlich nicht im üblichen Sinn als „Förderung der angemessene Übernahme der Geschlechtsrolle" formuliert werden. Die zu vermittelnde Genderkompetenz im Bereich „Sexualität und Internet" soll vielmehr umfassen: das *Wissen* um die gesellschaftliche und die eigene Entwicklung von Sexualität und Geschlechteridentifikation unter Einbezug Neuer Medien, das *Verfügen über Praktiken und Diskurse* und die *Fähigkeit, sexuelle und Geschlecht konstituierende Interaktionen und Kommunikation in, mit und über Neue Medien zu reflektieren und zu gestalten.*

---

[1] Auf dieser Ebene wird alltagspraktisch von „Mädchen" und „Jungen" gesprochen, entsprechend den in der Schule relevanten Einordnungskriterium des „Personalausweis-Geschlechts" (Helfferich 2001).

Um diese „Genderkompetenz" vermitteln zu können, ist mehr Wissen über die Kommunikations- und Interaktionsprozesse und über die Arrangements, Figurationen und Kontexte der Interaktion notwendig. Die Figuration Mädchen – Jungen – Internet – Lehrer – Lehrerinnen bildet ein Netz von Kommunikationsmöglichkeiten mit- und übereinander mit unterschiedlichen Formen und Dimensionen, z.B. mit virtueller und realer Kommunikation und den Formen des Sprechens, der technischen Nutzung oder der sexuellen Begegnung. Beispiele sind: Jungen chatten im Internet miteinander, Lehrerinnen sprechen mit Jungen über Cybersex, Mädchen geben technische Hilfen zur Internetnutzung etc. In diesen Verbindungen zeigt sich eine für das Thema charakteristische Doppelung: Es wird direkt oder indirekt über Geschlecht(er) kommuniziert und zugleich Geschlecht inszeniert – in welcher Form auch immer. Das Forschungsprojekt will ausgewählte Ausschnitte dieses Kommunikationszusammenhangs erhellen, um in diesem offenen Feld Geschlechterpositionierungen und „Reproduktionen von Geschlecht" verstehen und im Sinne der Vermittlung von Gender-, Medien- und sexueller Kompetenz pädagogisch gestaltbar zu machen.

Wenn die Prozesse, deren 'Produkt' Ausformungen von Geschlecht sein können (aber nicht müssen!), Gegenstand der Genderforschung sind, müssen die Schlüsselbegriffe bei der *theoretischen Verortung*, also hier die Begriffe „Entwicklung", „Identität", „Sexualität" und „Medien(nutzung)", so definiert werden, dass ihnen die Prozesshaftigkeit und das Konstituierte/Konstruierte inhärent ist. Weiter muss die *empirische Erhebungsmethode* dem Gegenstand angemessen sein: Qualitative Forschung empfiehlt sich, denn dort wurden Erhebungs- und Auswertungsverfahren ausgearbeitet, die die prozessuale Entstehung und 'Konstruktion' von Sinn oder Deutungen abbilden können. Auch verlängert die qualitative Sozialforschung den Prozess der Sinnkonstitution auf die Metaebene: Der Prozess, in dem die Forschenden Sinn konstituieren, und zwar indem sie verstehen, wie die Befragten die Welt verstehen, wird systematisch reflektiert.

Zunächst sollen die Überlegungen zur prozessualen Dimension in den theoretischen Schlüsselbegriffen vorgestellt werden, dann wird auf die relevanten Diskussionen in der qualitativen Sozialforschung Bezug genommen. Für das Forschungsprojekt wurden Gruppendiskussionen als Erhebungsmethode gewählt und das Auswertungsverfahren orientiert sich an der „Positioning-Analyse". Am Beispiel der Auswertung einer Gruppendiskussion soll die Eignung des Verfahrens als eine mögliche Antwort auf die methodologische Herausforderung der neueren Geschlechterforschung vorgeführt werden.

1 Die prozessuale Dimension in der theoretischen Verortung

Das 'Herstellen von Geschlecht', wie die große Chiffre der neueren Geschlechterforschung lautet, ist immer gebunden an Herstellungskontexte, in denen Geschlechterzuschreibungen formiert oder verflüssigt, präsentiert oder abgesprochen werden. So gängig die Chiffre der 'Herstellung' ist, so wenig Einigkeit herrscht darüber, wie der 'Produktionskontext' gefasst werden kann[2]. Er könnte kleinräumig verstanden und eng gefasst werden, nämlich als die unmittelbare Umgebung der vorangegangenen Kommunikations- oder Interaktionsakte, auf die hin ein Interaktionsbeitrag produziert wird, der unter anderem eine Positionierung von Geschlecht enthält. Der Kontext kann auch weiter als 'symbolische Ordnung' gefasst werden, wie es z.B. in der Diskursanalyse üblich ist.

Für das vorliegende Projekt bekommt der Prozess des 'Herstellens von Geschlecht' einen *weiter gefassten* Produktionskontext zugewiesen: die biografische Entwicklung. Genau genommen, wird das 'Herstellen' als zentraler Teil biografischer Entwicklung gefasst. Für beide Prozesse, für die 'Herstellung' von Geschlecht ebenso wie für die Entwicklung gilt nämlich, dass sie sich in den konkreten Interaktionen als *engem* Kontext realisieren und die Interaktionserfahrungen zugleich die Entwicklung konstituieren. Beide Prozesse, die konkrete Interaktion wie die biografische Entwicklung, sind reaktiv und aktiv gestaltet. Der Gewinn der Aufhebung der Beschränkung auf den *engen* Kontext liegt darin, dass nun die Einflüsse von Vorerfahrungen oder auch des Umfelds einbezogen werden können. Die im *engen* Kontext der konkreten Interaktion geschaffenen Konstruktionen sind in dem *weiteren* Kontext der jugendlichen biografischen Entwicklung von Mädchen und Jungen interpretierbar. Die Ausbildung von Überzeugungen zu Geschlecht oder von Inszenierungs- und Interaktionspraktiken bedeutet immer auch Gestaltung der eigenen Entwicklung.

Die biografische Entwicklung wiederum ist in dem gesellschaftlichen Umfeld mit seinen sozialen Agenten und seinen kulturellen Systemen als *weitestem* Kontext zu verorten. Entwicklung ist durch diesen weitesten Kontext strukturiert, aber die Anforderungen, die dieser Kontext stellt, und der Rahmen, den er bietet, wird in einer eigenen Gestaltungsleistung bearbeitet. Bei einigen Fragestellungen führt die Annahme, dass die jeweils heraus gearbeiteten Konstruktionen von Weiblichkeit und Männlichkeit spezifische Verarbeitungsformen unter spezifischen Kontextbedingungen darstellen, zu wichtigen Erkenntnissen, wie Geschlechterverhältnisse reproduziert und dabei modifiziert werden. Der Zusammenhang der

---

2 Diese Frage, wie der Produktionskontext zu fassen ist, hat nicht nur theoretische, sondern auch methodologische Konsequenzen, auf die später eingegangen wird.

Ebenen lässt sich an einem Beispiel verdeutlichen: Menschen im Umfeld von Jugendlichen reagieren aufgrund kultureller Deutungen (weitester Kontext) auf den sich verändernden weiblichen Körper, diese Erfahrung der Reaktion anderer führt zu einer spezifischen Entwicklungsdynamik (weiterer Kontext), die sich in spezifischen Strategien der Körperpräsentation und der Inszenierung von Weiblichkeit in konkreten Interaktionen (enger Kontext) bearbeitet wird, was wiederum den weiteren Kontext strukturiert (vgl. Düring 1995). Entwicklung in diesem Sinn zielt nicht auf die bloße Reproduktion gegebener (Geschlechter-)Verhältnisse, bezieht aber die gesellschaftlichen Bedingungen ein.

Anschluss an die Vorstellung einer prozessualen Genderkategorie bietet der Begriff der „Identität" – sofern er in einem interaktionistischen Paradigma[3] verortet wird. Diesem Paradigma zu Folge wird in der Interaktion im Zusammenspiel von Fremd- und Selbstdefinition Identität 'produziert': Eine Selbstpräsentation ist vom Gegenüber anzuerkennen oder zurückzuweisen (nach der klassischen interaktionstheoretischen Konzeption von Identität bei George H. Mead und Lothar Krappmann). Insofern die Selbstpräsentation in Geschlechterkategorien agiert oder aufgenommen wird, sind die Entwicklung von Identität und die Entwicklung von Geschlechterkonstruktionen untrennbar miteinander verbunden. Die Interaktion ist prozessual und zugleich relational, weil sie zwischen Menschen stattfindet, die interaktiv in Beziehung zueinander treten. Zudem gehen wir davon aus, dass in den einzelnen Lebensphasen ein unterschiedlich starker Druck zur Vereindeutigung von Geschlecht im Sinne einer klar binär codierten Geschlechtsvorstellung und -inszenierung besteht (vgl. Bettelheim 1990). Eine nicht eindeutige Präsentation in der Interaktion ist zwar zu jedem biografischen Zeitpunkt möglich, hat aber in den jeweiligen Lebensphasen mehr oder weniger gravierende Folgen. Eine Geschlechterpräsentation, unabhängig von ihrer Form und Eindeutigkeit, macht jeweils 'Sinn' vor dem Hintergrund, welches Verhältnis eine Person aufgrund ihrer biografischen Erfahrungen zu der von ihr erwarteten Geschlechteridentifikation hat.

Ein weiterer Schlüsselbegriff ist „Praktiken". Dieser Begriff, der v.a. Connell (1999; mit Bezug auf Bourdieus „Praxisformen": Bourdieu 1987: 277ff.) ausgearbeitet wurde[4], eignet sich hier deshalb besonders gut, weil er akzentuiert,

---

[3] Theoretische Bezugspunkte sind damit nicht die in der entwicklungspsychologischen Geschlechterdiskussion gängigen Konzepte der „Geschlechtsrolle" oder „Geschlechtsidentität", die eine inhaltliche Fixierung unterstellen, die zudem implizit normativ auftritt (Helfferich 1994).
[4] Während der psychologische Begriff „Verhalten" eher auf behavioristische Erklärungskonzepte (Übernahme von Rollenverhalten) zielt und der soziologische Begriff des „(sozialen) Handelns" den mit dem Handeln verbundenen Sinn in den Blick nimmt, ist der Begriff der „Praktiken" stärker einer (kultur-)soziologischen Tradition verpflichtet.

dass mit den Praktiken – gewaltförmige Praktiken eingeschlossen – etwas 'hergestellt' wird, seien es z.b. Formen von Weiblichkeit bzw. Männlichkeit oder aber auch Überlegenheit bzw. Unterlegenheit. Praktiken sind durch den Kontext strukturiert und, zu Mustern verfestigt, strukturieren sie den Kontext[5]. Sowohl sexuelle Stile als auch Formen der Mediennutzung lassen sich als besondere Praktiken oder Praxisformen beschreiben. Sie umfassen sowohl Formen der direkten Handlungspraxis als auch Formen des Sprechens über Handlungspraxis im Feld von Sexualität und Mediennutzung. Mit diesen diskursiven Praktiken und rhetorischen Strategien in der Kommunikation über Sexualität und Medien können z.B. Nähe und Distanz reguliert, Über- oder Unterlegenheit hergestellt oder spezifische Identitäts- bzw. Geschlechterpräsentationen eingebracht und Selbst- und Fremdpositionierungen vorgenommen werden.

Die Gruppendiskussionen bieten Material für die Rekonstruktion auf mehreren Ebenen: für die Rekonstruktion der *sozialen Sinn-Konstruktionen,* die erzeugt werden, für die Rekonstruktion *der diskursiven Praktiken, mit denen – unter Bezug auf Handlungspraktiken in den Feldern Sexualität und Medien – Identität hergestellt wird,* und für die Rekonstruktion der Interaktion, in der *kontextspezifische* Beziehungen – und zwar *Geschlechterbeziehungen* – hergestellt werden.

2 Die prozessuale Dimension in dem methodischen Ansatz

Für diese prozessuale Verortung der Forschungsfrage bietet die qualitative Sozialforschung nicht nur methodologische Überlegungen, sondern auch angemessene methodische Umsetzungen. Zunächst einmal sind qualitative Verfahren als *rekonstruktive* Verfahren (Bohnsack 1999) einer *(de-)konstruktivistischen* Fragestellung angemessen. In der Fülle der unter „Qualitative Forschung" subsumierten methodologischen und methodischen Variationen gibt es den gemeinsamen Ausgangspunkt, dass Wirklichkeit uns immer als schon konstruierte gegenübertritt. Der Ansatz systematisiert die Möglichkeit, mit regelhaften Interpretationsverfahren die Wirklichkeitskonstruktion z.b. von Geschlecht aus Texten *rekonstruieren,* d.h. herausarbeiten, als sinnhaft beschreiben und verstehen zu können. Die Interpretation enthält dann Vorschläge, welche kulturellen, soziohistorischen oder individualbiografischen Hintergründe zu dieser besonderen Konstruktion geführt

---

5   Praktiken strukturieren, zu Mustern verfestigt, die Beziehungen Jugendlicher zu Menschen des anderen oder des gleichen Geschlechts. Zugleich sind sie strukturiert durch Codierungen z.B. von Männlichkeit, Weiblichkeit, Sexualität, Liebe etc., die in der symbolischen Ordnung angeboten werden, und durch in die soziale Strukturen eingeschriebenen Positionen für Geschlechter.

haben. Wenn so Konstruktionen rekonstruiert werden, entspricht dies einer Art 'Produktorientierung', d.h. Forschungsergebnis ist die Beschreibung eines sinnhaften Deutungsmusters als *Produkt* eines zurückliegenden, vor allem interpretatorisch erschlossenen Konstitutionsprozesses. Eine der methodologisch strittigen Fragen ist die nach der 'Festigkeit' und Konsistenz dieses Produkts: Existiert es als struktureller Niederschlag außerhalb seines Konstruktionsprozesses und über ihn hinaus?

Qualitative Sozialforschung beinhaltet aber immer auch eine Art 'Prozessorientierung' – je nach verwandter Methode in unterschiedlichem Ausmaß. Gerade Texte von Gruppendiskussionen, aus denen sich „kollektive Meinungen" einer Gruppe, also z.B. die gruppenspezifisch konstituierten Bedeutungsfelder, rekonstruieren lassen, können zugleich als Interaktionsprotokolle gelesen werden, als Dokument eines aktuell in Gegenwart der Diskussionsleitung stattfindenden Konstruktionsprozesses mit einer hohen Eigendynamik. Damit ist der interaktive *Prozess* zugänglich z.B. in wechselseitigen Zuschreibungen oder Aberkennungen von Geschlechterpositionen. Auch Einzelinterviews stellen Kommunikationssituationen dar und lassen sich unter dem Aspekt der Interviewinteraktion analysieren (Helfferich 2004), aber mit einer stärker durch das Setting gesteuerten Interaktion verglichen mit Gruppendiskussionen, in denen die Gruppe mehr Macht hat, den Verlauf zu bestimmen („Selbstläufigkeit").

Aufgrund der 'Prozessorientierung' wurde für das vorliegende Projekt die Gruppendiskussion als angemessenes Erhebungsverfahren gewählt. Auch bei der Auswertung wurde der 'Prozessorientierung' mit Anlehnung an die „Positioning-Analyse" (Lucius-Hoene/Deppermann 2001, Bamberg 1997, Harré/van Langenhove 1999) möglichst weitgehend Rechnung getragen: Während das allgemeine Auswertungsvorgehen nach den von Bohnsack (1999) entwickelten Schritten absolviert wird, wird im Einzelnen die „Diskursbeschreibung" ausgeweitet, detailliert und mit einer in der Gesprächsanalyse entwickelten Genauigkeit vorgegangen[6]. Insbesondere wird die *Positionierung* der Sprechenden beachtet.

Die Positioning-Analyse untersucht bei der Interpretation von Kommunikation die Selbstpositionierungen (mit dem Anspruch, als eine Person mit bestimmten Eigenschaften anerkannt zu werden) und Fremdpositionierungen (die Anerkennung oder Zurückweisung der Positionierung des Gegenübers) in ihrer Interaktionsdynamik und in ihrer Bedeutung im Gesamtkontext. Die Gruppendiskussion wird damit lesbar als Abfolge von aktiven und reaktiven Realisierungen rhetorischer Figuren oder 'Strategien', mit denen bestimmte Selbstpräsentationen vorgetragen

---

6 Allerdings wird, wie gezeigt wurde, die Entstehung der Identität nicht nur im 'engen' Kontext aktueller Interaktion verortet.

werden, und als Aushandlungsprozess situativer, „lokaler" Identität (Lucius-Hoene/ van Deppermann 2002: 200). Die Auswertung zielt somit auf die „Funktion beliebiger sprachlicher Handlungen, Positionen zu erstellen und zuzuweisen. Positionierung kann als eine der grundlegenden Formen beschrieben werden, Identitäten in sozialen Interaktionen zu konstruieren und auszuhandeln." (Lucius-Hoene/van Deppermann 2002: 196) Lucius-Hoene und Deppermann[7] beschreiben ausführlich die Verwobenheit von Selbst- und Fremdpositionierung (Lucius-Hoene/ van Deppermann 2002: 196ff.).

Die qualitative Sozialforschung bietet nicht nur die einem prozessualen Verständnis von Geschlecht angemessenen Erhebungs- und Auswertungsmethoden, sondern auch Ansatzpunkte für die Lösung des Problems einer möglichen, vorschnellen „Reifikation" von Geschlechterkategorien. Schon Schütz formulierte aus phänomenologischer Perspektive die erkenntnistheoretischen Fragen, die damit verbunden sind, dass Forschende das Verstehen verstehen, das Konstruierte rekonstruieren, dass sie also eine „Konstruktion zweiten Grades" vollbringen (vgl. Flick 1995: 44ff.). Unter ethnomethodologischer Perspektive (z.B. Geertz 1983) wurde in der qualitativen Sozialforschung die Reflexion der eigenen Vorannahmen, Kategoriebildungen und „Normalitätshorizonte", also der unhinterfragten Grundlagen, die in die „Konstruktionen zweiten Grades" eingehen, gefordert (vgl. Bohnsack 1999: 97ff.). Von Kardoff stellt mit Bezug auf Habermas und Devereux als „allen qualitativen Ansätzen gemeinsame Eigenschaft" fest: „Die Interaktion des Forschers mit seinen 'Gegenständen' wird systematisch als Moment der 'Herstellung' des 'Gegenstandes' selbst reflektiert." (von Kardoff 1995: 4). Auf diese Weise ist *Reflexivität im Interpretationsprozess* als Grundprinzip verankert (zusammenfassend: Helfferich 2004). Die Reflexion führt zu der hermeneutischen Spirale, dass Alltags- ebenso wie wissenschaftliche Theorien an den Forschungsgegenstand herangetragen werden, um am Gegenstand durch dessen „Eigensinn" verändert zu werden. Damit ist das Problem der „Reifikation" mit umfasst, denn die Frage ist gerade, wie im Forschungsprozess, in dem über Geschlecht kommuniziert und mit den gewonnenen Aussagen Geschlecht in Geltung gesetzt und als „Konstruktion zweiten Grades" erzeugt wird, vorgefasste Geschlechterkategorisierungen in den Forschungsprozess eingebracht werden. In der Frauenforschung wurden diese Fragen allgemeiner auch als politische Fragen der (hierarchischen)

---

[7] Identität wird hier ebenfalls als prozessuale Kategorie im Sinne „narrativer" bzw. narrativ hergestellter Identität gefasst. Mit den im engen Kontext der Interview- bzw. Interaktionssituation stattfindenden Aushandlungen „schaffen die Personen für sich selbst und die jeweils Anderen lokale, d.h. für den Stand der Kommunikation geltende Identitäten." (Lucius-Hoene/ Deppermann 2002: 200); es wird ausdrücklich auf den „prozesshaften" Charakter Bezug genommen (Lucius-Hoene/Deppermann 2002: 201).

Beziehung zwischen Forschungsobjekt und -subjekt thematisiert und die Reflexion der eigenen Wertungen gefordert, damit sie nicht den Zugang zum zu verstehenden subjektiven Sinn der anderen Person verstellen (z.B. Becker-Schmidt/Bilden 1995).

Diese Aufgabe der Selbstreflexion und der „Befremdung" des eigenen „Normalitätshorizontes" ist verbunden mit einer grundlegenden methodologischen Auseinandersetzung innerhalb der qualitativen Sozialforschung, die z.b. zwischen denen, die die Grounded Theory nach Strauss, und denen, die die Inhaltsanalyse nach Mayring als Auswertungsverfahren bevorzugen, angesprochen wird. Dabei geht es um die Frage, ob die beobachteten Produktionsprozesse von 'Sinn' z.B. in einem Interview, also die qualitativen Daten, 'für sich sprechen' können, was, strikt verstanden, die Möglichkeit einer voraussetzungslosen Erkenntnis implizieren würde. Kultiviert die Grounded Theory in diesem Sinn ein induktives Vorgehen, aus der systematischen Analyse der Daten eine Theorie zu entwickeln[8] (Strauss 1994), werden dagegen bei Mayring die Kategorisierungsdimensionen deduktiv und theoriegeleitet vorab bestimmt und der Auswertung zu Grunde gelegt (Mayring 2002: 115f.).

Korobov (2001) zeichnet einen ähnlichen Streit zwischen der Konversationsanalyse und der Kritischen Diskursanalyse nach. Beide formulieren ähnliche konstruktivistische Grundannahmen. Die Konversationsanalyse folgt aber dem eher induktiven Vorgehen und will die Wirklichkeit allein aus den von den Befragten verwendeten Zeichen rekonstruieren. Sie, so referiert Koborov den Streit, handelt sich für den Glauben an die Möglichkeit, Fakten könnten authentisch sprechen[9], die Kritik eines „naiven Realismus" ein. In der Diskursanalyse wird dagegen auf außerhalb der konkreten Interaktion konstituierte Konzepte z.B. von Macht oder Geschlecht Bezug genommen, die in der Interpretation an die Texte herangetragen werden. Sie sieht sich Vorwürfen ausgesetzt, sie würden unsystematisch, methodisch nicht kontrolliert und unreflektiert ihre theoretischen Vorannahmen den Befragten 'unterstellen'. Koborov schlägt als „Versöhnung" oder „Kompromiss" gerade die Positioning-Analyse nach Bamberg vor, die von der Gesprächsanalyse das systematische Vorgehen bei der Analyse der Funktionen eines Gesprächs- oder Textabschnitts übernimmt, und von der Diskursanalyse das Hinausgehen über den konkreten engen Kontext, indem die Wirksamkeit früherer

---

8   Strauss wehrte sich dabei gegen eine Verkürzung auf diesen induktiven Aspekt (Strauss 1994: 38) und ermunterte die Forschenden, ihr Kontextwissen einzubringen (Lucius-Hoene/Deppermann 2002: 36). Nichtsdestotrotz steht die Entwicklung von Theorien im Mittelpunkt.
9   In der qualitativen Forschung hat sich allgemein – insbesondere mit Bezug auf die Verortung von Interviews als Formen der Kommunikation und Interaktion – die Sichtweise durchgesetzt, dass es keine „authentischen" Texte gibt (vgl. Helfferich 2004: 101).

Interaktionserfahrungen und daraus gebildeter „interpretativer Repertoires" und Regeln (Edley 2001) einbezogen wird.

Im Folgenden soll anhand von Ausschnitten aus einer Gruppendiskussion gezeigt werden, wie eine Akzentsetzung in Richtung einer Positioning-Analyse im Rahmen des Verfahrens der dokumentarischen Auswertung (Bohnsack 1999) der 'Prozessorientierung' der Geschlechterforschung Rechnung tragen kann.

3 Ein Forschungsbeispiel: Geschlechterselbst- und -fremdpositionierungen in einer Gruppendiskussion

Einer der methodischen Zugänge zur Forschungsfrage besteht in unserem Forschungsprojekt darin, Gruppen von Mädchen und Jungen über Sexualität im Internet diskutieren zu lassen. Als Szenario und Schauplatz der 'Herstellung von Geschlecht', also als Kontext in engem Sinn, werden diese in ihrer Zusammensetzung nach Geschlecht und Schulform systematisch variierten Gruppendiskussionen gefasst. Gruppendiskussionen werden in zwei gemischten Gymnasien, einem Mädchengymnasium und in Klassen des Berufsvorbereitenden Jahres mit jeweils etwa 16- bis 18-Jährigen durchgeführt. Innerhalb der Klassen werden, soweit möglich, gemischte, Mädchen- und Jungendiskussionsgruppen gebildet. Die Gruppendiskussionen sind eingebettet in eine Unterrichtseinheit zu „Internet und Aufklärung". Pro Klasse werden fünf bis sechs Diskussionen geführt. Ergänzend wurden drei Diskussionen mit Studierenden an der Evangelischen Fachhochschule geführt, die ein Seminar zu „Neuen Medien in der Sexualpädagogik" besuchten[10], weil es sinnvoll schien, auch die kollektiven Konstruktionen von Sexualität und Internet und die rhetorischen und interaktiven Strategien derjenigen zu kennen, die später unter Umständen in diesem pädagogischen Bereich tätig sein werden. Was die Durchführung der Gruppendiskussionen angeht, wird auf Peter Loos und Burkhard Schäffer (2001) verwiesen; die allgemeinen Ausführungen über das Auswertungsverfahren sind bei Ralf Bohnsack (1999) zu finden.

Die 'produktorientierte' Auswertung der Gruppendiskussion, also die Rekonstruktion der gruppenspezifischen kollektiven Deutungsmuster von Medien, Geschlecht und Sexualität, wird hier außer Acht gelassen; wir konzentrieren uns auf die Prozesse der im Diskussionsverlauf interaktiv verwobenen Selbst- und Fremdpositionierungen der weiblichen und männlichen Akteure. Diese Prozesse werden gestaltet durch rhetorische Strategien und kommunikative „Praktiken", mit denen

---

10 Die Diskussionen an zwei Gymnasien und an der Evangelische Fachhochschule wurden bereits durchgeführt.

Definitionsmacht akkumuliert wird. Bei den folgenden Ausschnitten geht es vor allem um die Prozesse, wie sich die Beteiligten positionieren, indem sie auf eigene sexuelle und medienbezogene Praktiken Bezug nehmen, und wie sie in der Diskussion einerseits, in der Interaktion untereinander andererseits Geschlecht kommunizieren und 'herstellen'. Methodologisch ist von Interesse, welchen Gewinn die Positioning-Analyse und insbesondere die Beachtung der Selbst- und Fremdpositionierungen unter der Geschlechterperspektive bringen kann. Auch die vielfältigen Kontrastierungsmöglichkeiten, die die systematische Variation der Diskussionssettings z.B. nach Schulform, Geschlechterzusammensetzung in der Gruppe und Alter (letzteres im Vergleich Schule – Hochschule) eröffnet, sind weiteren Auswertungen vorbehalten und bleiben hier außen vor.

Diese Gruppendiskussionen erwiesen sich als heikle und hochgradig offene Situationen, da die jungen Frauen und Männer die Form der Transformation ihrer privaten und intimen Erfahrungen in einen gruppenöffentlichen Diskurs, in dem sie eine bestimmte Position anerkannt haben möchten, organisieren müssen und dafür wenig Routinen mitbringen. Die Positionierung geht nicht ohne Risiken: Wer sich mit seinen privaten Erfahrungen offensiv einbringt, geht das Risiko ein, dass sie nicht anerkannt werden. Übertreiben birgt das Risiko der Entlarvung, sich zurückzuhalten bedeutet aber möglicherweise einen Verzicht auf die mit einer Führungsposition verbundene Definitionsmacht. Gilt es auf der einen Seite, die eigenen Offenbarungsgrenzen zu wahren, so gibt es auf der anderen Seite Anforderungen der Diskursivierungsfähigkeit. Diese riskante Offenheit erweist sich als besonders günstig für die Beobachtung der Positionierungsprozesse

Das Material wurde aus einer Diskussion mit einer geschlechtergemischten Gruppe von Studierenden entnommen. In der Auswertung wird der sonst weniger beachtete Aspekt der Positionierung heraus gearbeitet.

3.1 Der Ablauf der Diskussion

An der Diskussion nehmen A, B, C und D teil – zwei Frauen und zwei Männer. In der Diskussion positionieren sich A als unkundig und B und D als kundig bezogen auf Internet. C, die, wie sich im Laufe der Diskussion herausstellt, die Erfahrenste in der Gruppe sowohl bezogen auf Internet, als auch bezogen auf Sexualität ist, problematisiert das „Frauenbild" auf pornografischen Seiten. Daraufhin entwickeln B und D zahlreiche Anläufe, um dagegenzuhalten: Sie argumentieren mit den positiven Chancen, die im Internet in Form von Zugang zu Lust liegen, mit der Normalität von pornografischen Seiten, mit dem unabänderlichen Zeitgeist, oder damit, dass die verächtliche Darstellung auch Männer betreffe (s.u.). In dem zweiten Teil geht es um Cybersex. Hier schweift die Diskussion zunächst ab zum

Unterschied zwischen Frauen und Männern im Zugang zu sexuellen Inhalten im Netz und in Videotheken. A und C bekennen sich als unkundig und fordern B, der sich als Experte profiliert hat, auf, Cybersex zu erklären. B und D schmücken Cybersex als Simulationsszenario (Bildschirm, Körpersensoren) aus. C korrigiert und führt einen weiteren Begriff von Cybersex ein.

Insgesamt kann C ihre kritische Sicht auf pornografische Seiten nicht durchsetzen – sie ist nicht konsensfähig, aber C erneuert ihre Position hin und wieder und es wird auch von B und D darauf Bezug genommen. B und D argumentieren von einem überlegenen Expertenstatus aus. A hält sich zurück und hat die Rolle der 'Mehrheitenbeschafferin', indem sie jeweils wechselnde Zustimmungen äußert. A und C sind Frauen, B und D Männer.

3.2 Selbst- und Fremdpositionierungen

Jeder Beitrag in einer Gruppendiskussion ist mit einer Positionierung verbunden – zu den „sozialen Zwängen" gehört schließlich „der Zwang (dadurch, dass man überhaupt erscheint) sich selbst darstellen zu müssen" und „der Zwang, die Anderen wahrnehmen zu müssen, die sich aber (...) selbst auch darstellen müssen" (Claessens 1993: 115 – ausdrücklich wird auch die „Musterung" und „Einordnung" nach Geschlecht erwähnt). Die Mitglieder stellen sich z.B. als unsicher oder selbstbewusst, als offensiv-dominant oder zurückhaltend, als widerspruchsbereit oder am Konsens orientiert dar. Für die Auswertung sind zum einen die Positionierungen als kundig bzw. erfahren oder als unkundig und unerfahren in den Bereichen Neue Medien und Sexualität interessant sowie ihre Verfestigungen zu hierarchischen Binnenstrukturen in der diskutierenden Gruppe, zum anderen die Selbst- und Fremdpositionierungen in den Geschlechterkategorien.

Vom praktischen Vorgehen her wird in der Auswertung für jedes Segment, das jeweils mehrere aufeinander bezogene Äußerungen umfasst, für die einzelnen Beiträge festgehalten, welche Positionierungen vorgenommen werden, was der Inhalt des Beitrags ist und welche diskursstrategische Bedeutung er besitzt. Letzteres umfasst eine persönliche (z.B. Verteidigung, Anklage) und eine diskursbezogene (z.B. Konsensvorschlag, Besetzung eines Themas, Themenwechsel) Funktion. Für die Positionierungen stehen zahlreiche sprachliche Mittel zur Verfügung; diese gesprächsanalytischen Details können bei Lucius-Hoene/Deppermann (2002) in aller Ausführlichkeit nachgelesen werden.

Es lassen sich zwei rhetorische Strategien beobachten, sich als Kundige zu positionieren. Die eine ist der explizite Bezug auf persönliche Erfahrungen, die andere operiert mit verallgemeinernden Aussagen, die als Expertenwissen vorgetragen werden. Beides birgt rhetorische Chancen und Risiken: Der Bezug auf persönliche Erfahrungen kann die Überlegenheit des/der Erfahrenen gegenüber Unerfahrenen begründen. Das Risiko liegt darin, dass diese Erfahrungen als 'bloß' persönliche, partielle diskreditiert und der Status des bzw. der Expertin nicht anerkannt wird. Allgemeine Aussagen von sich zu geben, impliziert die Unterstellung, Erfahrungen gemacht zu haben, und zwar so viele, dass auf deren Basis das verallgemeinernde Wissen formuliert werden kann. Allgemeine Aussagen können so den Status des Expertenwissens beanspruchen. Das Risiko liegt darin, dass die Wissensbasis sich bei Nachfragen als hohl erweisen kann.

Im folgenden Beispiel wird die Aushandlung des Expertenstatus erkennbar:

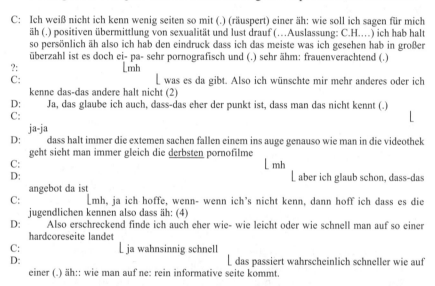

C positioniert sich mit persönlichen Erfahrungen („ich kenne", „was ich gesehen habe") als Kundige. Präsupposition ist: Sie kennt viele Seiten, darunter sind wenige, die sie positiv bewertet. Am Ende der Passage schließt sie aber wenig offensiv, indem sie die Begrenztheit ihrer Erfahrung selbst einführt („oder ich kenne das andere nicht"). D bestätigt diese Begrenztheit und diskreditiert damit den beanspruchten Expertenstatus von C. Gleichzeitig baut er mit einem verallgemeinernden Wissen den eigenen Status als Kundiger auf. Die Aussage „Erschreckend finde ich auch eher wie- wie leicht oder wie schnell man auf so einer Hardcoreseite landet" macht nur Sinn, wenn man D als erfahrenen Surfer unterstellt. Indem C dem Inhalt der Aussage beipflichtet, akzeptiert sie die Unterstellung, dass D über entsprechendes Wissen verfügt und erkennt so dessen Expertenstatus an.

Bezogen auf Sexualität sind die Positionierungen noch prekärer, denn eigene Erfahrungen werden nicht direkt angesprochen, sondern kommen durchgehend als unterstellte vor. B setzt gegen die Aussage von C, dass die pornografischen Seiten frauenverachtend seien, die rhetorische Frage, was an „normalen pornografischen Seiten" das Schlimme sei. Er beansprucht nicht nur einen Status als Kundiger im Bereich Sexualität, sondern bringt A in eine Zwickmühle:

B: Ja aber weißt mein punkt ä- meine frage ist jetzt halt, wenn man sagt es ist verachtend (.) ähm ich weiß jetzt nicht (.) wie jetzt Sexualität von euch abläuft zu hause mit eurem partner
A: ⌊@(.)@
B: ⌊ aber im grunde genommen wenn du ne f- ne gut funktionierende partnerschaft hast (.) wo ist jetzt groß der unterschied zu dem (.) was du jetzt auf pornografischen seiten siehst?"
A: Die tatsache, dass-das in der partnerschaft passiert und nicht f- für alle Welt öffentlich dargestellt wird
B: ⌊ ja aber da
C: ⌊ ja
B: ⌊siehst du ja dass du das in grunde genommen auch machst.

B setzt damit implizit Normen für sexuelle Begegnungen, die in dem „gut funktionierend" gefasst, aber nicht präzisiert sind. Präsupposition ist, dass er selbst eine gut funktionierende Partnerschaft hat oder zumindest kennt und das „gut funktionierend" in einem bestimmten Sinn als Qualität der sexuellen Begegnung zu füllen ist. A bleibt die Möglichkeit, diese Präsuppositionen zurückzuweisen, etwa zu fragen; „Was meinst du denn mit 'gut funktionierend'?" oder „Ich weiß ja nicht, wie das bei Dir genau aussieht – sag mal, was du machst." A könnte auch theoretisch sagen: „Ich habe keine gut funktionierende Partnerschaft". Indem A mit einem neuen Aspekt, der Öffentlichkeit, argumentiert, akzeptiert A sowohl des Status von B als jemand, der sich auskennt, als auch der Norm des „guten Funktionierens" der Partnerschaft.

Im Diskussionsverlauf verfestigt sich eine Hierarchie, in der die persönlichen Erfahrungen von C wenig zählen. C kann daraus wenig Gewinn im Sinne von Definitionsmacht ziehen. In den einzelnen Interaktionen wird aber der präsentierte Expertenstatus von B und D akzeptiert. Er bezieht sich zunächst auf den Bereich der Umgangs mit Medien, erstreckt sich dann aber auch auf eine Definitionsmacht im Bereich von Sexualität.

Der Expertenstatus hat nur vermittelt mit realen Erfahrungen zu tun, er wird vielmehr rhetorisch-interaktiv konstruiert. Zwar gibt es zahlreiche Arbeiten über „weibliches" und „männliches" Kommunikationsverhalten" (z.B. Stechert 1988, Heilmann/Becker 1995). Man könnte sich damit zufrieden geben festzustellen, dass die beiden männlichen Diskussionsteilnehmer mit „männlichen" Strategien

Überlegenheit herstellen und es gerade die „weichen" kommunikativen Strategien sind, die C in die Defensive bringen. Doch dies erfasst nicht die eigentliche Dynamik. Zum einen sollten Macht- und Geschlechteraspekte analytisch getrennt werden und die beschriebenen Positionierungen sind vor allen Produktionen von Überlegenheit, weniger Produktionen von Männlichkeit. Und die rhetorischen Strategien, Überlegenheit herzustellen, sind auch in den reinen Frauen- bzw. Mädchengruppen zu beobachten. Sie sind also nicht an das männliche Geschlecht gebunden.

Die Geschlechterpositionierungen als Selbst- und Fremdpositionierungen haben noch einmal eine eigene Dynamik. Sie kommen in Passagen vor, in denen der Unterschied zwischen Männern und Frauen als nichtexistent dargestellt wird, und in anderen, in denen er festgelegt wird. Die Differenz zwischen den Geschlechtern wird zweimal in Abrede gestellt, indem B auf die Kritik von C antwortet. C hatte kritisiert: „Ich hab ähm persönlich ein problem mit diesem (.) frauenbild auch einfach weil das sind ja jetzt nicht unbedingt die doktor sommer ähnlichen seiten die angeklickt werden, sondern halt die pornografischen seiten. Da find ich die bilder halt einfach ziemlich ätzend." Die Replik von B bezieht sich darauf, dass der Mann „auch als dauergeil und immer geil hingestellt (.) also ich sehe da jetzt- ich persönlich sehe da jetzt keinen großen unterschied. Gut dieses dümmlich hingestellte das-das ist bei dem mann jetzt weniger. Das sind immer so die Kraftprotze." Und kurze Zeit später „und wenn man jetzt mal nennen Männerporno anguckt also ich- (.) oder ein Männerpornoheft dann ist es ja auch auf Männer bezogen verachtend." Weiter geht es darum, ob auch Frauen auf Sexseiten „landen" und ob sie sich die Bilder auf diesen Seiten auch so lange anschauen wie Männer. C hält das Thema bei Frauen für schambesetzter, macht also einen Unterschied. Hier widerspricht D wird und betont die Gleichheit der Geschlechter:

D. Also ich glaub auch dass man das nicht so- so leicht runterreduzieren darf auf (.) ja hier die (.) sexgeilen oder sexbes- sexbesessenen männer (.) äh (.) des gibt bestimmt so (.) genauso viel frauen die spaß ( ) an dem thema haben wie- wie männer
?: ⌊mh
?: ⌊ @ja@
D: Also des wäre vielleicht ein bisschen zu leicht zu sagen ja (.) immer (.) das sind immer die männer die solche sachen nutzen und so ne"

Die Thematisierung der Geschlechterdifferenz, die C mit ihrer Kritik am Frauenbild in Pornos eingebracht hatte, wurde von B und D offenbar als eine abwertende und vorwurfsvolle Fremdpositionierung von Männern verstanden. In der Interpretation lässt sich der Hinweis auf die Gleichheit von Frauen und Männern so verstehen, dass damit diese Fremdpositionierung, die sich an das gesamte Geschlecht richtet („das sind immer die Männer") zurückgewiesen wird; gleichzeitig wird die Selbstpositionierung der Frauen als „schamhafter" nicht anerkannt. Auch Männer werden somit auf Pornoseiten verächtlich dargestellt und auch Frauen haben Interesse an dem Thema. Bei der weiteren Aushandlung, ob es nun Unterschiede zwischen Frauen und Männern gibt, was den Besuch von Videotheken und Sexshops angeht, weist C darauf, dass Frauen seltener in Sexshops gehen. B widerspricht C mit der Aussage „Im Sexshop da gehen die frauen rein, da gehen die männer nicht rein":

B: die von diesen sogenannten supergeilen männern oder so nicht befriedigt werden die holen
   sich dann auch ihr spielzeug also (schnackst) (2)
C: Find ich gut wenn sies machen also (2) also (1) lieber ne befriedigte frau als ne unbefriedigte
B/D: L@haha@
C: Lalso-
B: LAlice Schwarzer
Alle: L@(2)@
C: Nee, Vera Muster
Alle: L@(.)@
C: L@also mh@
Alle: (4)

B konstruiert hier das Bild einer unersättlichen, sexuell aktiven Frau, wobei nicht klar ist, ob hier nicht auch eine ironische Übertreibung als Stilform gewählt wurde. Inhaltlich wird wiederum zumindest indirekt Gleichheit oder eine Analogie der „sexbesessenen" Männer und der unbefriedigten Frauen konstruiert. C die vorher eine größere Hemmschwelle von Frauen erwähnt hatte, in einen Sexshop zu gehen, akzeptiert nun diese Fremdpositionierung, die sie dahingehend auslegt, dass der Wunsch nach sexueller Befriedigung bei Frauen ebenso legitim ist wie bei Männern. B gibt C zurück, dass die Gleichheit *in diesem Sinn* ein Thema der Emanzipation sei. C lehnt diese Zuschreibung ab: ihre Selbstverortung als „Vera Muster" meint, dass ihre Ansicht Allgemeingut ist.

Damit gibt es zwei Gleichheitsdiskurse: einen legitimatorischen, der, als Replik auf das Thema der Geschlechterdifferenz in Pornos von den männlichen Teilnehmern eingebracht, die Funktion hat, einer Fremdpositionierung von Männern als frauenverachtend und sexbesessen und einer Problematisierung der Geschlechterbeziehungen die Geltung zu entziehen: Es gibt keine Unterschiede; konstruiert wird eine Frauen und Männer gleichermaßen verachtende Sexbesessenheit. Der zweite Diskurs der Gleichheit problematisiert die Geschlechterbeziehungen und fordert, ausgehend von den festgestellten Ungleichheiten, Gleichheit im Sinne gleicher sexueller Rechte für Frauen; dies wird von der weiblichen Teilnehmerin eingebracht.

Damit werden die Unterschiede zwischen Frauen und Männern aber de facto im Laufe der Diskussion immer pointierter und deutlicher: Die beiden männlichen Teilnehmer haben nämlich einen anderen Gleichheits- und Ungleichheitsdiskurs als zumindest die eine weibliche Teilnehmerin. Und während so oder so rhetorisch die *Gleichheits*diskurse dominieren, polarisiert sich die Gruppe immer stärker in *die ungleichen Lager* der Frauen und Männer und es gewinnen die kollektiven Geschlechterpositionierungen von „wir (Frauen/Männer)" versus „ihr (Männer/ Frauen)" an Gewicht – zwei Lager, die jeweils Gleichheit behaupten und Differenz herstellen. Das Beispiel zeigt deutlich die Gleichzeitigkeit von Gleichheitsrhetorik bei einer Reproduktion und Konstruktion von Differenz auf der Interaktionsebene (vgl. Gildemeister i.d.B.).

Die Beanspruchung des Expertenstatus bekommt damit noch einmal einen anderen Sinn als die bloße Reproduktion eines männlichen Habitus: Sie verleiht einen Vorteil im Disput um die Positionierung von Frauen und von Männern und Definitionsmacht nicht nur bezogen auf die 'richtige' Sexualität und 'funktionierende' Partnerschaften, sondern auch bezogen auf die Definition der Geschlechterbeziehungen allgemein und ihre Problematisierung. C kann sich mit ihrer Problematisierung nicht durchsetzen.

4 Ausblick

Zur Vermeidung der „Reifikation" binärer Geschlechterkodierungen (Buchen i.d.B.) ist vor allem methodische Sorgfalt und systematische Kontrolle des Fremdverstehens bei der Interpretation notwendig – auf der Basis einer in der Genderforschung eingeübten Sensibilität. Wir haben zudem Ausschnitte aus dem Interview in einem Seminar[11] verwendet, wobei das Geschlecht der Teilnehmenden anonymisiert wurde (vgl. Gahleitner i.d.B.). Um ihre Einschätzung gebeten, ordneten die Seminarteilnehmerinnen A als weiblich und B als männlich ein. Bei C und D war die Meinung weniger einheitlich und ein Drittel ging davon aus, dass C ein Mann und ebenso viele davon, dass D eine Frau sei. C's und D's Präsentationen gehen somit in den Stereotypen nicht auf. In der Diskussion bei der Textinterpretation wird immer wieder die Frage eingebracht, was es bedeuten würde, wenn eine Person des anderen „Personalausweisgeschlechts" denselben Beitrag geleistet hätte.

---

[11] Seminar „Arbeit mit Frauen und Mädchen, Genderkompetenz", Evangelische Fachhochschule Sommer 2004.

Die Unterschiede bzw. die Gleichheit von Frauen und Männern sind auch in den reinen Mädchen oder Jungengruppen Thema, allerdings ist die Aushandlungsdynamik eine andere[12].
Jede Diskussion hat eine etwas andere Dynamik der Selbst- und Fremdpositionierungen im Zusammenhang mit der Herstellung von Über- und Unterlegenheit einerseits, mit der Aushandlung der Geschlechterpositionierungen andererseits. Über die Kontrastierungen nach Schulformen und nach Geschlechterzusammensetzung der Diskussionsgruppen wird die Bedeutung des „weiteren Kontextes" eingeführt – die spezifische Aushandlungsdynamik wird vor dem Hintergrund der sozialgruppenspezifischen Gestaltung der sexuellen Entwicklung gesehen und die Diskussion als Ausschnitt der interaktiven Bildung einer „lokalen" sexuellen Identität verstanden. Die spezifischen Elemente der Diskussion unter den Studierenden werden dann z.B. in Verbindung gebracht mit den Formen studentischer Geschlechterbeziehungen im Studium von Sozialarbeit und Sozialpädagogik.

Für die Diskussionen an den Schulen wird die Gestalt der Positionierungsprozesse in der Interpretation in Bezug gesetzt zu den Entwicklungsanforderungen für die jeweilige spezielle Gruppe und damit die Verbindung von engem, weiteren und weitestem Kontext für die Konstruktion von Geschlecht und Geschlechterrelationen gefüllt. Die Frage ist, ob für andere Themen die Kombination von Gruppendiskussion als Erhebungsverfahren und Positioning-Analyse als Auswertungsverfahren ähnlich ergiebig ist – die ausgewerteten Diskussionen profitierten davon, dass bei den Themen Sexualität und Internet wenig Routinen vorhanden sind und so Aushandlungen auf einem unsicheren Terrain stattfinden.

Über die grundlagentheoretische und methodologische Diskussionen soll der anwendungsbezogene Aspekt des Projektes nicht ganz in den Hintergrund treten: Passagen aus den Gruppendiskussionen werden für die Fortbildung sexualpädagogischer Fachkräfte als Lehrmaterial aufbereitet werden: Sie sollen für die Geschlechterdynamik der Interaktionsprozesse unter Jugendlichen sensibilisieren und als Ausgangspunkt für die Diskussion der pädagogischen Gestaltbarkeit solcher Interaktionen im Sinne der Vermittlung einer – über die Arbeitsdefinition hinaus noch näher auszuformulierenden – Genderkompetenz dienen. Wir hoffen, dass damit – zusammen mit anderen, im Projekt erarbeiteten Ergebnissen – wichtige Impulse für die Nutzung des Internet in einer geschlechtsbewussten Sexualpädagogik gegeben werden können.

---

12 Auf die Ergebnisse der Kontrastierungen wird hier nicht eingegangen.

Literatur

Bamberg, Michael (1997): Positioning between structure and performance. In: Journal of Narrative and Life History. Vol. 7. 335-342
Becker-Schmidt, Regina/Bilden, Helga (1995): Impulse für die qualitative Sozialforschung aus der Frauenforschung. In: Flick, Uwe/von Kardoff, Ernst/Keupp, Heiner/von Rosenstiel, Lutz/ Wolff, Stephan. (Hrsg.): Handbuch Qualitative Sozialforschung. Grundlagen, Konzepte, Methoden und Anwendungen. Weinheim: Beltz Psychologie Verlags Union. 23-30
Bettelheim, Bruno (1990): Die symbolischen Wunden. Pubertätsriten und der Neid des Mannes. Frankfurt/M.: Fischer
Bohnsack, Ralf (1999[3]): Rekonstruktive Sozialforschung. Einführung in Methodologie und Praxis qualitativer Sozialforschung. Opladen: Leske+Budrich
Bourdieu, Pierre (1987): Die feinen Unterschiede. Kritik der gesellschaftlichen Urteilskraft. Frankfurt/M.: Suhrkamp
Claessens, Dieter (1993[2]): Macht und Herrschaft. In: Korte, Hermann/Schäfers, Bernhard (Hrsg.): Einführung in Hauptbegriffe der Soziologie. Opladen: Leske+Budrich
Connell, Robert (1999): Der gemachte Mann. Konstruktion und Krise von Männlichkeiten. Opladen: Leske+Budrich
Düring, Sonja (1995): Wilde und andere Mädchen. Die Pubertät. Freiburg: Kore
Edley, Nigel (2001): Analysinz Masculinity: Interpretative Repertoires, Ideological Dilemmas and Subject Positions. In: Wetherall, Margaret/Taylor, Strephanie/Yates, Simeon (Eds.): Discourse as data, A guide for analysis. The Open University: Sage
Flick, Uwe (1996[2]): Qualitative Forschung. Theorien, Methoden, Anwendung in Psychologie und Sozialwissenschaften. Reinbek bei Hamburg: Rowohlt
Geertz, Clifford (1983): Dichte Beschreibung. Beiträge zum Verstehen kultureller Systeme. Frankfurt/M.: Suhrkamp
Harré, Rom/van Langenhove, Luk (1999) (Eds.): Positioning Theory: Moral Contexts of Intentional Action. Oxford: Blackwell Publishers
Heilmann, Christa/Becker, Susanne (1995) (Hrsg.): Frauensprechen – Männersprechen. Geschlechtsspezifisches Sprachverhalten, Sprache und Sprechen. München: Reinhardt
Helfferich, Cornelia (1994): Jugend, Körper und Geschlecht. Die Suche nach sexueller Identität. Opladen: Leske+Budrich
Helfferich, Cornelia (2001): Gender Mainstreaming in der Bundeswehr. Grundlagenpapier. Unveröffentlichtes Manuskript. Freiburg: SoFFI K.
Helfferich, Cornelia (2004): Die Qualität qualitativer Daten. Wiesbaden: VS Verlag für Sozialwissenschaften
Korobov, Neill (2001): Reconciling Theory with Method: From Conversation Analysis and Critical Discourse Analysis to Positioning Analysis. In: Forum Qualitative Sozialforschung. Jg. 2, Heft 3. http://www.qualitative-research.net/fqs/fqs-eng.htm (01.06.2004)
Loos, Peter/Schäffer, Burkhard (2001): Das Gruppendiskussionsverfahren. Opladen: Leske+Budrich
Lucius-Hoene, Gabriele/Deppermann, Arnulf (2001): Rekonstruktion narrativer Identität. Ein Arbeitsbuch zur Analyse narrativer Interviews. Opladen: Leske+Budrich
Mayring, Phillip (2002[5]): Einführung in die qualitative Sozialforschung. Weinheim/Basel: Beltz
Strauss, Anselm L. (1994): Grundlagen qualitativer Sozialforschung: Datenanalyse und Theoriebildung in der empirischen und soziologischen Forschung. München: Fink
Stechert, Kathryn (1988): Frauen setzen sich durch. Frankfurt/M.: Campus
Von Kardorff, Ernst (1995[2]): Qualitative Sozialforschung – Versuch einer Standortbestimmung. In: Flick, Uwe/von Kardorff, Ernst/Keupp, Heiner/von Rosenstiel, Lutz/Wolff, Stephan (Hrsg.): Handbuch Qualitative Sozialforschung. Grundlagen, Konzepte, Methoden und Anwendungen. Weinheim: Beltz Psychologie Verlags Union. 3-8

Nina Degele, Dominique Schirmer

Selbstverständlich heteronormativ: zum Problem der Reifizierung in der Geschlechterforschung

1 Reifizierung, Heteronormativität und Geschlecht

In der aktuellen Geschlechterforschung ist es inzwischen common sense, Geschlecht und Zweigeschlechtlichkeit als eine gesellschaftliche Konstruktion auszuweisen. Alles andere wäre eine Naturalisierung und Essenzialisierung, und das ist outmoded. Allerdings ist das meist alles. Selbst hartgesottene Geschlechterforscherinnen lassen sich selten grundsätzlich von der dualen Ordnung der Geschlechter abbringen. Der kulturell geschulte (Zwei-) Geschlechter-Blick lässt sich nur schwer überlisten. So werden bei der Erhebung und Auswertung von Daten Frauen und Männer fein säuberlich getrennt und verglichen, um zu sehen, ob und welche Unterschiede es gibt. Die Aufgabe lautet aber, „die Geschlechterperspektive in empirische Arbeiten einzubringen und gleichzeitig die Vorstellung außer Kraft zu setzen, es gebe zwei Geschlechter. Denn nur, wenn gedankenexperimentell auf die Setzung der Differenz verzichtet wird, ist es möglich, den Konstruktionsprozessen von Geschlecht und Geschlechterdifferenz auf die Spur zu kommen." (Althoff/Bereswill/Riegraf 2001: 193) Und nur dann ist es möglich, auf eine Hierarchisierung, also Bewertung, Hervorhebung oder das Ignorieren ganz bestimmter Eigenschaften im Vergleich zu anderen Differenzen zu verzichten. Die Forschenden müssen also *nach* der Erhebung und Ordnung von Daten auf Geschlecht blicken, nicht davor. Als Forderung ist das noch nicht lange präsent. Im „vor-dekonstruktivistischen Zeitalter" hat die Geschlechterforschung ganz selbstverständlich das dichotome und naturalisierte Alltagswissen der Verschiedenheit genau zweier Geschlechter in die Konstruktion des theoretischen und begrifflichen Bezugsrahmens projiziert. Gerade auch in der empirischen Forschung, wo es immer auch um die Rekonstruktion der Sinnhorizonte von Menschen geht, die sich überwiegend als Männer und Frauen verorten. Gehen Geschlechterforscher und -forscherinnen diesen (bequemen) Weg der forschungsstrategischen Vorsortierung zweier Geschlechter, bestätigen und verfestigen sie die Verschiedenheit von Frauen und Männern immer wieder aufs Neue. Das nennen wir Reifizierung: In die Untersuchung wird hineingetragen, was man eigentlich erforschen möchte, nämlich die Alltagsbedeutung von Geschlecht. Aber wie können Forschende der

Neigung begegnen, „Wahrnehmungs- und Denkkategorien als Erkenntnismittel zu verwenden", die Erkenntnisgegenstände sein sollten (Bourdieu 1997: 153, Weber 1988: 61)?
In der dekonstruktivistischen Theorie der queeren Hauptprotagonistin Judith Butler (1991) bildet die Zweigeschlechtlichkeit den Kern reifizierenden und naturalisierenden Denkens. Das Problem der Zweigeschlechtlichkeit ist allerdings nicht auf die Zuschreibung von Geschlecht beschränkt. Denn zum einen verknüpft das zweigeschlechtliche Denken Geschlecht, Identität und Begehren und stilisiert Heterosexualität zur Norm natürlicher Sexualität. Zum anderen ist die gesellschaftliche Organisation von Sexualität mit der Bevorzugung heterosexueller Lebensweisen ein Mittel, „moderne Gesellschaften in sich zu strukturieren und in eine hierarchische Form zu bringen" (Ott 2000: 189). Weiterhin sind die zwei Geschlechter in aller Regel ergänzend gedacht, was sich in der gesellschaftlichen Verteilung von Arbeit, Einkommen und Macht zeigt, die auch im persönlichen Bereich Konsequenzen hat. Damit ordnet, strukturiert und organisiert Heteronormativität gesellschaftliche und persönliche Verhältnisse. Die Naturalisierung von Zweigeschlechtlichkeit und Heterosexualität bildet den vermutlich 'härtesten' Stabilitätskern des Alltagswissens: Nichts verunsichert Alltagsmenschen und Institutionen mehr, als nicht zu wissen, ob das Gegenüber Mann oder Frau ist. Entsprechend definieren wir Heteronormativität als ein binäres Wahrnehmungs-, Handlungs-, und Denkschema, das Zweigeschlechtlichkeit und Heterosexualität als selbstverständlich voraussetzt und das als gesellschaftliches Ordnungsprinzip in Institutionen und Beziehungen funktioniert (vgl. dazu Butler 1997: 171-197; 309-332, Dyer 1997, Haller 2001, Jagose 2001: 19-37).

Der Vorteil, sich der Reifizierungsproblematik über die Kategorie Heteronormativität anzunähern, besteht darin, die Selbstverständlichkeiten, die im Verständnis von Zweigeschlechtlichkeit und Heterosexualität, und damit von Geschlecht, stecken, überhaupt erst in den Blick zu bekommen. Die Konzentration auf das Ordnungsprinzip Heteronormativität macht deutlich – anders als die Auseinandersetzung mit einer Kategorie Geschlecht – , dass sich zwei Geschlechter unterscheiden und gegenüber stehen *müssen*. „Die" zwei Geschlechter oder Geschlecht stehen nicht für sich; deshalb ist es gleichgültig, was ein Geschlecht jeweils auszeichnet, wichtig ist, dass sich zwei Geschlechter voneinander unterscheiden lassen (Gleichheitstabu) und meistens auch, dass sie einander gegenüber stehen (Komplementarität). Eine Forschung, die Geschlecht fokussiert, läuft Gefahr, die Auseinandersetzung an konkreten Eigenschaften festzumachen und die Veränderung 'männlicher' und 'weiblicher' Eigenschaften zu ernst zu nehmen. Eine methodologisch unreflektierte Analyse von Geschlechterverhältnissen *nach* dem Geschlecht, die auf der Grundlage von Heteronormativität arbeitet, reinszeniert und zementiert Differenzen, die teilweise in Auflösung begriffen sind oder vielleicht auch gar nicht (mehr) existieren. Das führt die grundlegende Idee von Forschung ad absurdum: Für empirische Überraschungen offen zu sein und zu bleiben. Sie verstellt den Blick auf Denkmöglichkeiten jenseits dichotomer Zweigeschlechtlichkeit – und darauf, „Voraussetzungen in Frage zu stellen" (Butler 1993: 52). Im Ordnungsprinzip der Heteronormativität sind also Vorstellungen von Normalität und Natürlichkeit von Geschlecht und Sexualität enthalten und bis zur Unsichtbarkeit verselbstverständlicht. Bleiben diese Komponenten und Mechanismen implizit, verfügt die empirische Forschung über keine Möglichkeit, etwas anderes als die vorgegebenen Muster wiederzufinden. Abweichungen bleiben unsichtbar, das Bestehende wird verfestigt. Im Folgenden wollen wir Heteronormativität empirisch rekonstruieren. Dazu erläutern wir Mechanismen der Konstruktionen und Dekonstruktionen, wie sie üblicherweise in Gruppendiskussionen vorzufinden sind.

2 *Sich schön machen als soziale Positionierung* und *Pornografie als Kontextphänomen* – zwei empirische Beispiele

Auf Grundlage dieser Überlegungen lassen sich nun thematisch völlig unterschiedliche Konstruktionen von Geschlecht rekonstruieren. Als Themen wählen wir Ansichten zu *Pornografie* und *Sich-schön-Machen*, die empirische Grundlage der Forschungsprojekte bilden Daten, die wir über die Methode der Gruppendiskussion erhoben haben.

Beim Sich-schön-Machen geht es nicht um Schönheit, sondern um Schönheitshandeln als einem Akt der sozialen Positionierung. Schönheitshandeln ist ein Medium der Kommunikation, das der Inszenierung der eigenen Außenwirkung zur Erlangung von Aufmerksamkeit und Sicherung der eigenen Identität dient. Dabei versuchen Menschen, soziale (Anerkennungs-)Effekte zu erzielen. An der Frage „was bedeutet es für Euch/Sie, sich schön zu machen?" haben sich 31 Gruppen mit insgesamt 160 Diskutanten und Diskutantinnen, zwischen 55 Minuten und zweieinhalb Stunden an dieser Leitfrage abgearbeitet (zur Zusammensetzung der Gruppen in Bezug auf Themen, Geschlecht, sexuelle Orientierung, Alter und soziale Lage vgl. Degele 2004). Die Auswahl war vom Prinzip des „theoretical sampling" (Strauss/Corbin 1996) geleitet: Wenn sich bestimmte Themen und Fragestellungen (wie etwa Professionalität von Inszenierungen, manipulierender Bezug auf den Körper, Bedeutung von Alter, sexuelle Orientierung oder Geschlecht, schichtspezifische Distinktionsmerkmale) bei Gruppendiskussionen herauskristallisierten, wurden gezielt themenspezifische Gruppen gesucht und in das Sample aufgenommen. Die Auswertung des Materials folgte den Prinzipien und Interpretationsschritten der dokumentarischen Methode im Rahmen der rekonstruktiven Sozialforschung (s.u.). Als besonders aufschlussreich hat sich dabei die Rekonstruktion von Widersprüchen, argumentativen Verstrickungen und Überzeugungen erwiesen. Ein Beispiel dafür ist einer der wirkungsmächtigsten Glaubenssätze, der mit Schönheitshandeln verbunden ist, nämlich der 'Ideologie privaten Schönheitshandelns'. Konkret heißt das: Auf die Frage „für wen machen Sie sich schön?" antworten die meisten Diskutanten: „für mich selbst". Denn sich schön machen gilt als eine private Angelegenheit, die das persönliche Wohlbefinden und Selbstvertrauen steigert. So auch in der folgenden Aussage: „Also für mich ist Schönmachen wirklich, was für mich ist. Ich mache mich nicht für andere schön, sondern ich mache mich für mich schön. Und ich muss mir gefallen, und nicht den anderen. Das finde ich ganz wichtig." Die Konstruktion dieser Ideologie des privaten Schönheitshandelns hat einen handfesten Grund: Sich für andere schön zu machen, signalisiert offensichtlich Abhängigkeit, mangelndes Selbstbewusstsein und wenig Charakterfestigkeit. Ideologisch ist privates Schönheitshandeln, weil es zum gesellschaftlich notwendigen „impression management" (Goffman 1973) gehört, als autonom und selbstbewusst zu erscheinen. Diese Privatheitsideologie wird hartnäckig verfochten, dennoch halten die Diskutanten sie nicht durch und/oder verfangen sich in Widersprüchen.

Im Mittelpunkt des Projekts zu Pornografie als Kontextphänomen[1] steht die Rekonstruktion von Ansichten über Geschlecht und über Geschlechterverhältnisse sowie Arrangements vergeschlechtlichter sozialer Beziehungen. Wir ermitteln sie über die Analyse von Diskussionen über Pornografie. In diesen Diskussionen verschiedenster Gruppen wird deutlich, wie sich Menschen in ihrem Alltagsleben in den Geschlechterverhältnissen einrichten. Dazu haben bisher knapp zwanzig verschiedene Gruppen mit den unterschiedlichsten Lebenshintergründen und in verschiedenen Lebensphasen (Jahrgänge 1920er bis 1980er) diskutiert. Darunter sind gleich- und gemischtgeschlechtliche Gruppen sehr verschiedener beruflicher, politischer, religiöser, geschlechtlicher und 'sexueller' Hintergründe. Gerade beim Thema Pornografie werden Mechanismen der Vergeschlechtlichung besonders deutlich, da der Umgang mit Pornografie nicht relativ neutral, sondern mit symbolischen Bedeutungen verknüpft ist, die weit über die eigentliche Sache hinausgehen. Zum Konsum von Pornografie bzw. zu Sexualität und Trieben und ihrem Zusammenhang zu Geschlecht gibt es einige gängige Erklärungsmuster: Männer und Frauen sind beide triebgesteuert; sexueller Trieb und Triebhaftigkeit gelten

---

1 Das Projekt zu „Pornografie als Kontextphänomen" wird vom Ministerium für Wissenschaft, Forschung und Kunst Baden-Württemberg (Az.: 7713.1-28 und 7713.1-28/2.1.5) unterstützt.

als natürlich, als Aspekt der Natur. Viele vertreten dabei einerseits die Überzeugung, die Biologie bzw. Evolution habe für die Ausbildung von unterschiedlichen, weiblichen bzw. männlichen Trieben gesorgt. Andererseits wird in allen Diskussionen die Auffassung deutlich, soziale Faktoren (Erziehung, Machtverhältnisse etc.) würden zu – auch zweigeschlechtlich – unterschiedlicher Ausformung und Befriedigung von Sexualität bzw. Trieben führen. Einerseits wird also in fast allen Diskussionen dem sozialen Faktor, also den Machtverhältnissen, der Sozialisation, gesellschaftlich gewachsenen Strukturen usw., eine wesentliche Rolle zugeschrieben, andererseits fällt der regelmäßige Rückgriff auf den Faktor Natur, Biologie oder Evolution auf. Dieser Widerspruch der Erklärungsmuster – gesellschaftlich gemacht vs. natürlich – ist gleichzeitig das Feld, auf dem Alltagskonstruktionen von Geschlecht stattfinden und zu beobachten sind.

3 Mechanismen der Konstruktion und Techniken der Re- und De-Konstruktion in Gruppendiskussionen

Um der Gefahr der Reifizierung zu entgehen, eigenen sich besonders qualitative Methoden der Datenerhebung und -analyse, weil diese auf die Offenheit der Ergebnisse angelegt sind. Das Erhebungsverfahren der Gruppendiskussion (vgl. Bohnsack 2000, Loos/Schäffer 2001) ermöglicht gleichzeitig die Berücksichtigung vieler sehr unterschiedlicher gesellschaftlicher Gruppen. Es zielt darauf, tiefliegende – und oftmals unbewusste – Überzeugungen und vor allem gruppen- und milieuspezifische Orientierungsmuster explizit zu machen. Bei dieser Methode entfalten natürliche Gruppen, d.h. Gruppen, deren Mitglieder sich kennen und einen gemeinsamen Erfahrungshintergrund haben, ein Thema entsprechend ihres eigenen, gruppenspezifischen Sinnhorizonts. Auf diesen Sinnhorizont zielt die Gruppendiskussion als Methode; es geht ihr nicht um die individuellen Lebensrealitäten der einzelnen Mitglieder.

Indem Gruppen über ein Thema diskutieren, konstruieren sie oft genug auch Geschlecht. Um bei der Rekonstruktion von Geschlechterkonstruktionen heteronormative *biases* zu vermeiden, ist es notwendig, das Alltagswissen um Geschlecht so weit wie möglich zu suspendieren. Aber schon die gängige Praxis in der qualitativen Analyse läuft dem zuwider: Sie schreibt eine Markierung des Geschlechts des Sprechers bzw. der Sprecherin in der Transkription vor. Dort sind die Beteiligten also immer – ausschließlich – durch zwei Dinge gekennzeichnet: Sie lassen sich identifizieren und voneinander unterscheiden (A ist immer A, B immer B usw.) und sie haben ein Geschlecht (Aw, Bm usw.). Da 'Frau' und 'Mann' zwar verhaltenssteuernde Idealtypen, aber keine empirischen Beschreibungen sind, ist

es aber sinnvoll, die Geschlechtsspezifität von Äußerungen „systematisch in Zweifel zu ziehen" (Hagemann-White 1994: 310) und sich auf das Gesprochene, statt auf die Sprechenden zu konzentrieren, um das Analyseinteresse von den Sprechenden zum Gesprochenen hin zu verlagern. Techniken der Maskierung können das Geschlecht der Sprechenden für die Interpretation des Gesagten unkenntlich machen (vgl. Schultz 1991, vgl. Wilke i.d.B.)
Wie man über die Techniken der Maskierung hinaus Geschlecht dekonstruieren, d.h. die Konstruktion von Geschlecht verfolgen kann, möchten wir im Folgenden zeigen. Zum einem stellen wir gängige Mechanismen des Erzählens und Sprechens in Gruppendiskussionen vor, an denen sich eine Analyse orientieren lässt. Zum anderen führen wir Techniken der Aufdeckung vor, mit denen wir vermeiden, erwartete Untersuchungsergebnisse von Anfang an zugrunde zu legen. Das geschieht, indem wir das Untersuchungsziel – Geschlecht oder aber Ethnizität, Alter, Klasse, religiöse Überzeugungen usw. – zunächst einmal nicht zum Thema machen, um erst dann die Bedeutung der jeweiligen Kategorie zu rekonstruieren. Wir schlagen hier einige Verfahren vor, die im Kontext der beiden Forschungsprojekte verwendet wurden. Sie zielen darauf, Glaubenssätze, Selbstverständlichkeiten und vermeintlich sicheres Alltagswissen zu dekonstruieren. Die angesprochenen Mechanismen der Konstruktion von Geschlecht sind beispielsweise Zugzwänge der Erzählung, gruppendynamische Prozesse und Reifizierungen in Wissensbeständen des Alltags. Als Technik der Dekonstruktion fragt die funktionale Analyse, wie die Unterscheidung von Geschlecht selbst dazu verwendet wird, soziale Ordnung herzustellen. Dazu rekonstruiert sie Probleme und Problemlösungen kontextspezifisch und hält die Bedeutung von Geschlecht offen – wie es die neuere methododologische Diskussion einfordert (vgl. Kelle 2001). Dieses Verfahren lässt sich für die Analyse (innerhalb) einer Gruppendiskussion, sowie für den Vergleich mehrerer Gruppendiskussionen nutzen.

3.1 Mechanismen der Konstruktion von Geschlecht

Der *Zugzwang der Erzählung* (Schütze 1982: 571ff.) basiert darauf, dass ein Sprecher bei Erzählungen einer inneren kausalen Logik der Ereignisse wie auch einer intentionalen Logik von Zusammenhängen der Handlungsplanung folgt. D.h. er/sie kann nicht einfach aus der Erzählung 'ausbrechen'. Dies gilt umso mehr, wenn andere die Geschichte kennen oder deren Plausibilität einschätzen können. Solche Zugzwänge kann man nutzen, wenn es darum geht, hinter erste Eindrücke oder auch Ideologien zu schauen. So steht am Anfang fast aller Gruppendiskussionen zum Schönheitshandeln das vehemente Einklagen ausschließlich privater Motive (s.o.). Dass die Bezugnahme auf andere Menschen dennoch eine zentrale

Selbstverständlich heteronormativ 113

Bedeutung für das eigene Schönheitshandeln hat, wird deutlich, wenn die Diskutierenden auf Anlässe zu sprechen kommen, für die sie einen größeren Aufwand betreiben, als wenn sie allein zuhause bleiben.

Also, ich finde immer dieses, für sich selbst, das sagen eigentlich wirklich die meisten Leute, und das ist auch das wo, was ich eigentlich vertrete. Aber zum Beispiel, wenn ich jetzt an heute denke, ich hole jetzt dann in zwei Stunden meinen Freund von Bahnhof ab. Ich habe mich vorhin geduscht, ich habe meine Haare schön gemacht, weil er kommt. Und, also, das gebe ich auch zu, wenn ich weiß, ich kriege Besuch, dann mache ich mich auch für den Besuch schön. Aber im großen und ganzen, in erster Linie, mache ich mich für mich schön. (23-jährige Berufsschülerin)

Also, ich mache mich eigentlich für mich selber zunächst mal ... na gut, schön will ich nicht sagen. Aber, ich versuche, gepflegt zu sein. Und natürlich für das Umfeld. Damit ich also da nicht irgendwie äh, aus der Reihe tanze. Aber zunächst mal für mich selber. (67-jähriges Mitglied eines katholischen Kirchenchors)

Die beiden Sprechenden beginnen eine Geschichte und bringen sie zu einem in der Erzähllogik plausiblen Ende, auch wenn sie dabei im weiteren Verlauf ihren einleitenden Worten widersprechen. Solche 'Eingeständnisse' oder Relativierungen des eingangs häufig formulierten Anspruchs, es doch für sich allein zu tun, finden sich entweder zeitlich versetzt oder aber in einer Aussage – als offenkundigen Widerspruch präsentiert. Es muss nicht durch Nachfragen, Einwände oder Äußerungen anderer Diskutierender initiiert sein, sondern steckt in der Logik des Geschichtenerzählens. Widersprüche dieser Art ziehen sich durch – von der 23-jährigen Berufsschülerin bis zum 67-jährigen pensionierten Mitglied eines katholischen Kirchenchors.

Neben dem Zugzwang der Erzählung kann man aber auch – und das ist hier vielleicht entscheidender – die *Gruppendynamik* – etwa die Äußerungen anderer Gruppenmitglieder – nutzen, wenn sich Sprechende in Widersprüche verstricken oder schlicht flunkern. Ein Beispiel dafür ist eine Auseinandersetzung um *straight schwules* im Gegensatz zu *queerem* Auftreten bei schwulen SM-Praktizierenden.

A: Wenn ich meine Chaps anhabe, Leder, Chaps. Das ist nun einerseits sehr ledrig und andererseits sehr schwul, dann trage ich dazu nicht unbedingt mein selbstgebasteltes Kettenharness, was noch in die selbe Richtung geht. Ich trage ...
B: Und warum hast Du es gestern angehabt? (lacht)
A: Das war was anderes. Ich trage gerne ... ich trage gerne dieses Kettenharness, was Härte und gewisserweise, in meinen Augen zumindest, mit schwul zu tun hat, zum Beispiel gerne in Kombination mit meinem Rock. Weil am liebsten dann (...)
B: Warum hattest Du gestern den Rock nicht angezogen?
A: Darauf wäre ich nicht gekommen, keine Ahnung.
B: Aber das wundert mich jetzt, also auf einer queeren SM-Party kommst du nicht auf die Idee, einen Rock anzuziehen? (lacht)

B ertappt A, wie er ein *queeres* Bild von sich konstruiert, sich am Abend zuvor aber *straight schwul* inszeniert hat. Solche Kontrollmechanismen kommen in Gruppendiskussion zum Tragen, wenn die Teilnehmenden miteinander vertraut sind, gemeinsame Erfahrungen und Erlebnisse teilen. Häufig geschieht diese Korrektur aber unbemerkt oder erfolgt „in vorauseilendem Gehorsam". Das heißt, die sprechende Person passt ihre Standpunkte dem Diskussionsverlauf und der Stimmung an. Sie weist damit auf Bereiche hin, zu denen es unterschiedliche, häufig konflikthafte Positionen bzw. Erklärungen gibt. Als solche müssen sie gelesen werden.[2] In der Diskussion von Freundinnen, die zusammen in einer Aerobic-Gruppe aktiv sind, äußert sich D beispielsweise mehrfach zur Frage sexueller Lust bzw. Triebe von Frauen und Männern:

D: Mh, genau, aber ich denk, dass prinzipiell also die Lust oder so bei beiden Geschlechtern gleich groß ist, denk ich mal.

In einer späteren Passage dann:

D: ich hab mal gelesen, dass irgendwie Männer, die hätten, also das ist irgendwie biologisch oder medizinisch erwiesen, dass Männer irgendwas ich weiß nich, wie man das sagt, also was chemisches praktisch ham, wie so nen, keine Ahnung Enzym oder irgendwas, das halt das auslöst, dass-dass Männer praktisch also ja mehr Lust ham.

Wieder später fragt sich D zum gleichen Thema (dem Interesse am Konsum bestimmter Pornografie):

D: vielleicht sind Frauen Frauen anders erzogen? Als Männer?

Die Antwort erfolgt wiederum einige Zeit später:

D: Die haben einfach stärkere Triebe und deshalb. (Obwohl, wenn) der Begriff weiter gefasst is, dann konsumieren eigentlich auch Frauen im gleichen Sinn jetzt Pornografie als Männer.

Am Ende erinnert sich D aber wieder an die schon erwähnte Studie, die beweist, „dass Männer halt einfach ja auf auf jeden Fall mehr Lust verspüren oder ja ihre Triebe haben und und vielleicht dann öfter diese Lust verspüren". Es ist offensichtlich, dass sich D ‚nicht entscheiden kann', ob die Lust von Frauen und Männern „gleich groß" ist oder ob nicht „Männer mehr Lust verspüren" und wenn

---

2 Die Analyse von Widersprüchen in Gruppendiskussionen ist insgesamt vielversprechend. Das können logische Widersprüche in der Rede einzelner Personen sein, Widersprüche zwischen Personen oder zwischen dem Reden und Handeln einzelner oder mehrerer Gruppenmitglieder. Zur Arbeit mit Widersprüchen als konstitutives Element von Kommunikation und als Analyse-Werkzeug siehe Schirmer (2005).

ja, ob das eine Folge unterschiedlicher – körperlich bedingter – Triebe ist oder eine Folge der geschlechterdifferenten Erziehung. Als Konsequenz sowohl einer Gruppendynamik, in der unterschiedliche Themensetzungen im Mittelpunkt stehen, als auch eines Zugzwangs der eigenen Erzählung, vertritt die Sprecherin unterschiedliche und widersprüchliche Positionen. Das ist ein Hinweis auf einen Paradigmenwechsel des Alltagswissens in Bezug auf Triebe. Im Alltagswissen gibt es gegenwärtig sowohl für die biologische oder naturalistische, als auch für die gesellschaftliche Begründung bzw. Erklärung männlichen oder weiblichen Triebverhaltens eine hohe Plausibilität. Eine Gruppendiskussionen zeigt alle diese Wissensbestände des Sinn- und Wertehorizonts der Gruppe auf.

Ein (weiterer) Mechanismus, der sich ähnlichen – und manchmal gleichen – Logiken verdankt, wie der Zugzwang der Erzählung und die Gruppendynamik, sind *Reifizierungen in Wissensbeständen des Alltags*. Damit ist gemeint, dass bei Konstruktionen, die wir im Alltag ständig vornehmen, die Analyse bzw. Argumentation erst dann erfolgt, nachdem das Ergebnis bereits feststand. Solche Konstruktionen lassen sich in einer 'eingefrorenen', also schriftlich festgehaltenen Diskussion besonders gut nachvollziehen. Bei einer Diskussion christlicher Studenten, aus der das folgende Beispiel stammt, schreibt die Gruppe das Interesse an der Produktion von Pornografie vor allem Männern zu. Zuerst unterstellt sie, vor allem Männer seien für die Produktion von Pornos verantwortlich. Dann kommen Zweifel auf und die Studenten sprechen die Verbreitung von Pornografie „in Frauenhand" an (z.B. Beate Uhse). Die Gruppe löst diesen Konflikt auf, indem A und D kurzerhand zu erkennen glauben, es ginge Beate Uhse dabei um Erotik, um mehr Kreativität und um mehr Spaß am Sex, nicht um Pornografie. Damit bestätigen sie zum einen die zuvor in der Diskussion gemachte Unterscheidung von „weiblicher Erotik" und „männlicher Pornografie" und sie „retten" ihre Vorstellung, dass Pornografie nur im Interesse von Männern sein kann.

A: Ja, genau, und da sind wir doch wieder bei der Frau, also ich denke, Pornografie hat insofern zwei Seiten, ja der Mann, der konsumiert und die Frau, die sich in einer ganz bestimmten Weise darzustellen hat, dass er gut konsumieren kann, also der, der es verkaufen will, und der, der es kauft will, dass es gut konsumiert werden kann.
D: Wobei ich in dem Falle denke, was, was die Darstellerinnen in diesem Film von pornografischen Darstellungen angeht, da wird sicher von den, also in den meisten Fällen männlichen Produzenten, eine wirtschaftliche Notlage ausgenutzt. Also da bin-
A: von den Frauen.
D: ich mir sehr, sehr sicher. Hier wird ne wirtschaftliche Notlage oder Abhängigkeit der Frauen, also, da bin ich mir sehr sicher. Ich mein das führt, das ist, auch noch in ne andere, in andere Bereiche rein, was zum Beispiel auch die ganze, die ganze Prostitution und so weiter angeht, wobei das dort auch ziemlich ähnlich ist. (.) ich denke, es gibt sicher auch'n paar Beispiele, wo man auch sagen muss, zumindest es gibt, irgend welche ja ich sag mal Unternehmen, die auch Pornografie vertreiben, die in Frauenhand sind. Also, wie Beate Uhse zum Beispiel, ich glaube es gibt in den USA auch noch'n grossen-"

A: Obwohl die natürlich den größten Erotikversand von ganz Deutschland hat.
D: Ja, ja ... .
A: Also wieder Erotik, nich Pornografie.
D: Ja, ja, aber ich meine, was im Endeffekt dann gemacht wird, das is klar. (...) das is von Beate Uhse. Aber eben, ich denke auch viel mehr so, mein ich im Interview mit ihr mal irgendwo in den Nachrichten gehört zu haben, ging es ihr, zunächst nich um, um Pornografie, sondern einfach darum, den Deutschen, ja einfach nen bissel mehr Spass am Sex halt, zu mehr Kreativität, so hat sie sich ausgedrückt. Also das war nicht primär pornografisch.

Ein anderes Beispiel für die Konstruktion vermeintlich sicher gewusster Sachverhalte ist die Sicherheit, mit der Diskutierende Schönheitshandeln als lustvolle Tätigkeit behaupten: „Mir macht's Spaß!" Gleichzeitig beschreiben sie teilweise sehr detailliert die Mühen, die mit dem täglichen Sich-schön-Machen verbunden sind:

Aber ich muss mich manchmal, so im Frühjahr oder im Herbst ist es auch schon wieder Arbeit, das Richtige für mich einzukaufen. Was mir steht, was passt ... Jetzt fällt es mir schwerer wie früher. Früher habe ich das leichter eingekauft.

Mit Schönheitshandeln ist ein zeitaufwändiges und auch mühsames Nachdenken, Abwägen und Ausprobieren verbunden, was wozu passt und was für die nächste Saison zu erwerben ist. Schönheitshandeln nimmt Zeit in Anspruch (die man für längeres Schlafen verwenden könnte), es erfordert eine stressfreie Umgebung, was oft nicht gewährleistet ist:

Also dieses schön machen, mit diesen ganzen Ritualen drum herum und mit dem Sich-darauf-Vorbereiten und schon gedanklich Tage vorher ... Wenn irgendwas dazwischenkommt ... Ich weiß nicht, zeitlich oder irgendetwas geht kaputt, was man vielleicht gerade braucht, klamottenmäßig oder so. Ich bin da vollkommen frustriert und auch total unflexibel, weil ich mir ja genau vorgestellt habe, wie es sein soll.

Ob es sich dabei um eine Rentnerin oder ein/e Transgender handelt, der Mechanismus ist ähnlich: Die Diskutierenden konkretisieren das anfangs gesetzte spaßvolle Tun über sein Gegenteil (Arbeit und Mühe), schließen von der Prämisse dann aber unbeeindruckt auf das Ergebnis der Argumentation: Sich-schön-Machen macht Spaß! Das ist ein gesellschaftlich konstruierter Glaubenssatz: Die Inszenierungen in die eine oder andere Richtung sind ein Akt freier Entscheidung, und wenn man sich jeden Tag neu entwirft (ein Transgender), ist man für das eigene Tun und das damit erzielte Ergebnis selbst und allein verantwortlich. Wer will sich schon dazu bekennen, sich fremden Zwängen zu unterwerfen? Das Bekenntnis zum Spaß am Schönheitshandeln signalisiert vielmehr, dass die eigene Inszenierung als Ergebnis einer autonomen Entscheidung und als authentisch zu werten sein soll.

3.2 Techniken der Dekonstruktion von Geschlecht

Beim Vergleich von Gruppendiskussionen ist es häufig nicht leicht, die verschiedenen thematischen Schwerpunktsetzungen der Gruppen zueinander in Bezug zu setzen und miteinander zu vergleichen. Solch ein Vergleich ist aber häufig der Schlüssel, um Mechanismen der Refizierung und der Konstruktion aufzudecken und selbst Reifizierungen zu vermeiden. Dafür eignet sich ein Verfahren, das den Zusammenhang von Problemen und Problemlösungen fokussiert, nämlich die systemtheoretische Technik der *funktionalen Analyse* (vgl. Luhmann 1984: 83ff.). Dabei geht es nicht so sehr um die Identifikation von Gründen für das Auftreten eines Phänomens, die Fragestellung ist vielmehr umgekehrt: Für welches Problem ist ein Phänomen die Lösung? Welche Funktionen erfüllt das Auftreten bestimmter Phänomene? Dahinter steht die Überlegung, dass ein Problem so oder auch anders gelöst werden kann, d.h., in der Regel würden andere Wege – funktionale Äquivalente – zur gleichen Lösung führen. Nach solchen funktionalen Äquivalenten fahndet die funktionale Analyse. Greift man etwa das Phänomen des Schminkens als Komponente von Schönheitshandeln heraus, so löst es ganz unterschiedliche Probleme der sozialen Positionierung: Für einige ist Schminken eine Möglichkeit, Konkurrenz auszuschalten. Daneben kann Schminken vieles andere bedeuten: nicht aufzufallen (wo erwartet wird, sich zu schminken), aus der Menge hervorstechen oder Sicherheit für ein Vorstellungsgespräch zu bekommen. Schminken kann aber auch zur Provokation eingesetzt werden, wie im Fall eines schwulen Mannes:

Da passiert es dir dann ja auch, dass du da irgendwo auf dem Kaff einen Kajal brauchst und dann in irgend so eine Drogerie gehst und dich die Verkäuferin verdutzt anschaut. Ich meine, das passiert dir ja schon manchmal in [Großstadt]. Nicht im 'Douglas', die sind das gewöhnt. Aber mir ist es dann schon im ‚Müller' passiert, dass die Verkäuferin mich fragt, ist es für ihre Freundin, für ihre Mutter oder ist es für ihre Schwester. Und dann ganz hilflos guckt, wenn du jedes Mal nein sagst und ihr schlussendlich sagst, dass du es für dich selbst willst. Ich meine, ich mache das dann manchmal auch absichtlich, dass ich mir dann irgend eine Verkäuferin ausgucke, die mich noch nicht kennt.

Indem Problem und Lösungswege zueinander in Beziehung gesetzt werden, kommen Konstellationen in den Blick, die eine geschlechterdifferenzierende Perspektive übersehen würde. Gleichzeitig ist aber für eine zureichende Rekonstruktion der Funktionen von Schönheitshandeln die Mobilisierung geschlechtertheoretischen und methodologischen Wissens erforderlich: Warum provoziert ein Kajal-kaufender Mann in der Drogerie, nicht aber eine Frau? Hier hilft eine heteronormativitätskritische Perspektive weiter: Eine Naturalisierung findet etwa statt, wenn Frauen qua Geschlecht darauf festgelegt werden, ein aufwändigeres Schönheitshandeln zu betreiben, wozu Schminken gehört. Solche Wissensbestände werden ins Unbewusste verlagert, wenn dieser Zusammenhang nicht mehr bewusst ist. Institutionalisierungen sind zu beobachten, wenn eine geschminkte Frau zum 'Normalitätsbestand' gesellschaftlicher Erscheinungen gehört, ein geschminkter Mann dagegen mit Sanktionen zu rechnen hat. Mit einer Reduktion von Komplexität sind solche Konstruktionen ebenfalls verbunden, wenn man sich darauf verlassen kann, dass diese Wissensbestände nicht erklärungsbedürftig sind. Die Funktionen des Schönheitshandelns sind also nicht von den Akteuren und Akteurinnen und den Situationen zu lösen. Denn verschiedene Gruppen und Subkulturen verwenden Körper, Kleidung, Schmuck oder eben Schminke in unterschiedlicher Weise, d.h. in Abhängigkeit von verschiedenen Identitätskonstruktionen (Lippenstift bei Männern als Aneignung von Weiblichkeit, Muskeln als Aneignung von Männlichkeit) und strukturellen Zusammenhängen (beispielsweise erfahren tuntig inszenierte, d.h. mit klassischen Weiblichkeitsinsignien versehene Männer gesamtgesellschaftlich wie auch in der schwulen Szene wenig Anerkennung). Die funktionale Analyse erlaubt die Konstruktion unkonventioneller Analyse- und Deutungswege. Dabei kann ein zweigleisiges Vorgehen fruchtbar sein: Deutungen werden ohne und mit Hinzunahme von Geschlecht als Erklärungsfaktoren nebeneinandergestellt. Die Differenz zwischen den beiden Interpretationen zeigt dann die Bedeutung von Geschlecht. Methodisch bedeutet das, zur Vermeidung von Reifizierungen Thematisiertes und Nicht-Thematisiertes abzugleichen.

Im folgenden Ausschnitt stellt eine Gruppe politisch aktiver Lesben die Frage, warum die vielen unsäglich schlechten Pornos – so die einhellige Meinung – in so großer Zahl konsumiert werden.

A: Du ich glaube, es konsumieren die Leute, die noch weniger mit ihrer eigenen Sexualität und mit sich selber anfangen können, die brauchen das, um überhaupt irrgendwo da sowas-
D: Wieviel war der statistische Durchschnitt? ( ) Durchschnitt der Deutschen einmal im Monat Sex hat oder so ähnlich?
L: Ah, des kann doch nich sein!
D: und mit 1,2 Sexualpartnern im Leben?
L: Ah, des @kann doch nich sein@.
(...)
D: Super- supererstaunlich.
L: Dann heben wir den Durchschnitt wahnsinnig an @(.)@.
(...)
D: Also ich glaube, wenn diese Gesellschaft insgesamt nicht so @verklemmt@ wäre, wär dieser Markt nich so groß.

Die Analysen der „schlechten" Pornografie, des Sexuallebens und der „Verklemmtheit" der Gesellschaft und das Unverständnis in Bezug auf Mainstream-Pornografie haben die Funktion, zu zeigen, dass die Mitglieder dieser Gruppe sexuell aktiv sind und darüber hinaus eine reife Sexualität haben. Sie sind – im Gegensatz zu den vermeintlichen Pornokonsumenten – nicht langweilig, unerotisch, verklemmt, jämmerlich und abgestumpft. Für die Vertreter und Vertreterinnen dieser Gruppe ist die Abgrenzung zum 'sexuellen Mainstream', der sich ja häufig als (sexuell) normal begreift, außerdem eine wichtige Identifikation und Entgegnung.

Das vorgestellte Verfahren der funktionalen Analyse lässt sich auch für den *Vergleich von Gruppendiskussionen* nutzen. Beispielsweise findet sich die Betonung sexueller Aktivität und Reife, die wir soeben diskutiert haben, in vielen Diskussionen wieder. In jeder Gruppe übernehmen aber andere Prämissen die Funktion, diese Eigenschaften zu beweisen. Sexuelle Vitalität ist also ein (mehrere) Gruppen übergreifender Sinnhorizont. In der Diskussion einer Gruppe von Türstehern ist dies ebenso wichtig, wird aber völlig anders ausgedrückt. Dort entfaltet Sexualität ein Eigenleben, dem Raum gegeben wird. Die sexuelle Aktivtät wird damit betont, dass es normal ist, die Triebe zu befriedigen, das ist Berechtigung genug, „deshalb machts auch Spaß" – wie die verschiedene Aussagen zeigen:

C: Da will man es reduziert sehen auf Sexualität und nicht ( ) die Frau kocht am Herd, hast wieder nicht eingekauft, die Kinder schreien, das will doch kein Mensch, das kannst Du im Pornofilm ...

B: Das ist eine gewisse Form von Entspannung einfach.

C: Bedürfnisbefriedigung nach (...) nachner Welt, wos einfach (...) nur wirklich um die Sache geht, wo man nicht drüber nachdenken muss und es gibt keine Konflikte und keine Situationen mit denen man sich auseinandersetzen muss, sondern es geht einfach nur ums Ficken.

Auch beim Schönheitshandeln erfüllen verschiedene Handlungen und Inszenierungen gleiche Funktionen. Um den Stellenwert und die Bedeutung der jeweiligen Funktionen zu ermitteln, ist es sinnvoll, die Diskussionen daraufhin zu vergleichen, was die Teilnehmenden sagen und was sie aussparen. Dazu filtert man aus der Gesamtheit der Gruppendiskussionen die relevanten Kontexte (wie z.B. sexuelle Vitalität) heraus und überprüft, welche Bedeutung sie für die anderen Gruppen haben (die vielleicht ganz unterschiedliche thematische Schwerpunkte gesetzt haben). Wenn sich beispielsweise alle Befragten für das Schönheitshandeln als private Angelegenheit stark machen und damit den Kontext des unbeobachteten Alleinseins betonen, warum sprechen sie ausgerechnet *darüber* am wenigsten? Warum etwa thematisieren viele Essgestörte stattdessen vor allem den Kontext der anonymen Öffentlichkeit? Funktional analysiert lautet die Antwort: Im Kontext der anonymen Öffentlichkeit stellen die essgestörten Frauen über ihre Auseinandersetzung mit Schönheit, Wohlfühlen und Gesundheit die Identitäts- und Selbstwertfrage von Schönheitshandeln in den Vordergrund. Gleichzeitig blenden sie den Kontext von Arbeit und Beruf aus, dem sie sich in ihrer gegenwärtigen Situation offensichtlich nicht gewachsen fühlen und der den Eindruck eines mangelhaften Selbstbewusstseins hinterlässt. Bezieht man diese beiden Strategien der Thematisierung und Nicht-Thematisierung von Kontexten aufeinander, schält sich die Entwicklung eines positiven Selbstbilds als zentrales Thema heraus. Im Gegensatz dazu thematisieren die Bodybuilder berufliche Kontexte, in welche sie die Kraft und Macht des Körpers zu verlängern versuchen; sie sprechen aber wenig über Aspekte der anonymen Öffentlichkeit oder auch des privaten Vergnügens. Sie tun damit das, was man von ihnen als Männer erwartet, nämlich sich im (beruflichen) Leben durchboxen. Und dafür instrumentalisieren sie Schönheitshandeln in Form eines zur Schau gestellten Muskelpanzers. Wiederum im Gegensatz dazu ist der Kontext des Ausgehens und Vergnügens ein Leitmotiv der tätowierten schwulen SM-Praktizierenden. Ihre Ausführungen lassen auf eine Bedeutungsverschiebung von der Kleidung zum Körper schließen, der im Rahmen einer Spaß-, Beziehungs- und Vergnügungskultur inszeniert wird. Berufliche Zusammenhänge spielen in der Diskussion keine Rolle; vielmehr bietet Schönheitshandeln für die schwulen SM-Praktizierenden eine Möglichkeit, sich auf dem Partnermarkt zu positionieren, indem sie in einer vom gesellschaftlichen Mainstream abweichenden Sexualität, mit der dazugehörigen Inszenierung von Verletzlichkeit, nicht nur Toleranz, sondern auch Bestätigung finden. Die Gruppe der muslimischen Frauen schließlich differenziert zwischen verschiedenen Logiken von 'schön reizend' für den Ehemann und 'schön ordentlich' für die anonyme Öffentlichkeit. Dabei hat Letzteres gerade keinen Zugriff auf das, was üblicherweise als schön inszeniert wird, nämlich explizite Weiblichkeit: „Ich finde, meine Schönheit gehört mir und nicht den Leuten." Diese Funktion des Verhüllens erfüllt die Verwendung des Kopftuchs – nicht in Zusammenhängen der Privatheit und Familie, sondern der Öffentlichkeit.

Auf diese Weise vervollständigt die Hinzunahme nicht-thematisierter Kontexte das Bild dessen, was den Gruppen wichtig ist. Darüber hinaus erleichtert sie den Schluss auf die Gemeinsamkeit der verschiedenen Gruppen: Diese produzieren von sich ein Bild von Autonomie und Selbstbewusstsein, das Unsicherheiten, Selbstzweifel und Abhängigkeiten verbirgt. Schönheitshandeln zielt dann darauf, nicht aus der Rolle zu fallen. Für die Gruppen von essgestörten Frauen etwa ist es wichtig, sich hinter einer Maske verstecken zu können, und dafür schminken sie sich. Ähnliche Funktionen des Verbergens sind bei muskelgepanzerten Bodybuildern zu beobachten, bei Menschen mit Ganzkörpertätowierungen, die auch dann, wenn sie nackt sind, nie wirklich nackt erscheinen, oder auch bei muslimischen Frauen in verhüllender Kleidung und Kopftuch. Wenn Schönheitshandeln ein Akt der sozialen Positionierung ist, liegt also der Schluss nahe, dass – funktional betrachtet – die Muskeln der Bodybuilder, die Tattoos der SM-Praktizierenden, die Schminke der Magersüchtigen und die Kopftücher der muslimischen Frauen etwas Ähnliches leisten können: die Protagonisten und Protagonistinnen des Geschehens nicht nackt und hilflos dastehen zu lassen.

Auch wenn Geschlecht nicht immer und überall die Masterkategorie zur Erklärung von Schönheitshandeln oder zur Positionierung gegenüber Ponografie ist, bleibt es doch relevant und stets präsent. Der Clou ist, die Bedeutung von Geschlecht zu ermitteln, ohne seiner bloßen Präsenz zu viel Gewicht beizumessen. Methodisch heißt das, dass diese Kategorie nicht einfach vorausgesetzt werden darf. Statt dessen geht es darum, Geschlecht ebenso permanent wie auch konsequent zu anderen Kategorien in Bezug zu setzen und dessen Bedeutung über Mechanismen und Techniken, wie den hier vorgestellten, auf die Spur zu kommen.

Literatur

Althoff, Martina/Bereswill, Mechthild/Riegraf, Birgit (2001): Feministische Methodologien und Methoden. Opladen: Leske+Budrich

Bohnsack, Ralf (2000[4]): Rekonstruktive Sozialforschung. Einführung in die Methodologie und Praxis qualitativer Forschung. Opladen: Leske+Budrich

Bourdieu, Pierre (1997): Die männliche Herrschaft. In: Dölling, Irene/Krais, Beate (Hrsg.): Ein alltägliches Spiel. Geschlechterkonstruktion in der sozialen Praxis. Frankfurt/M.: Suhrkamp. 153-217

Butler, Judith (1991): Das Unbehagen der Geschlechter. Frankfurt/M.: Suhrkamp

Butler, Judith (1993): Kontingente Grundlagen: Der Feminismus und die Frage der „Postmoderne". In: Benhabib, Seyla/Butler, Judith/Cornell, Drucilla/Fraser, Nancy: Der Streit um die Differenz. Feminismus und Postmoderne in der Gegenwart. Frankfurt/M.: Fischer. 31-58

Butler, Judith (1997): Körper von Gewicht. Frankfurt/M.: Suhrkamp

Degele, Nina (2004): Sich schön machen. Zur Soziologie von Geschlecht und Schönheitshandeln. Wiesbaden: VS Verlag für Sozialwissenschaften

Dyer, Richard (1997): Heterosexuality. In: Medhurst, Andy/Munt, Sally R. (eds.): Lesbian and Gay Studies. A Critical Introduction. London and Washington: Cassell. 261-272

Goffman, Erving (1973): Wir alle spielen Theater. München: Piper

Hagemann-White, Carol (1994): Der Umgang mit Zweigeschlechtlichkeit als Forschungsaufgabe. In: Diezinger, Angelika/Kitzer, Hedwig/Anker, Ingrid/Bingel, Irma/Haas, Erika/Odierna, Simone (Hrsg.): Erfahrung mit Methode. Wege sozialwissenschaftlicher Frauenforschung. Freiburg: Kore. 301-318

Haller, Dieter (2001): Die Entdeckung des Selbstverständlichen: Heteronormativität im Blick. In: kea. Zeitschrift für Kulturwissenschaften. Sonderband 14. 1-28

Jagose, Annamarie (2001): Queer Theory. Eine Einführung. Berlin: Querverlag

Kelle, Helga (2001): „Ich bin der die das macht." Oder: Über die Schwierigkeiten „doing gender" – Prozesse zu erforschen. In: Feministische Studien. Jg. 19, Heft 2. 39-56

Loos, Peter/Schäffer, Burkhard (2001): Das Gruppendiskussionsverfahren – Theoretische Grundlagen und empirische Anwendung. Opladen: Leske+Budrich

Luhmann, Niklas (1984): Soziale Systeme. Frankfurt/M.: Suhrkamp
Medhurst, Andy/Munt, Sally R. (eds.) (1997): Lesbian and Gay Studies. A Critical Introduction. London and Washington: Cassell
Ott, Cornelia (2000): Zum Verhältnis von Geschlecht und Sexualität unter machttheoretischen Gesichtspunkten. In: Schmerl, Christiane/Soine, Stefanie/Stein-Hilbers, Marlene/Wrede, Birgitta (Hrsg.): Sexuelle Szenen. Inszenierungen von Geschlecht und Sexualität in modernen Gesellschaften. Opladen: Leske+Budrich. 183-193
Schirmer, Dominique (2004): Die Sache mit dem G-Punkt. In: Freitag. Die Ost-West-Wochenzeitung. 25/2004
Schirmer, Dominique (vorauss. 2005): Familie Feuerstein privat? Die Sache mit den Trieben. Über das Alltagsverständnis von Trieben und Sexualität. In: FreiburgerFrauenStudien. Ausgabe 14, Band 3. Freiburg
Schultz, Dagmar (1991): Das Geschlecht läuft immer mit... Die Arbeitswelt von Professorinnen und Professoren. Pfaffenweiler: Centaurus
Schütze, Fritz (1982): Narrative Repräsentation kollektiver Schicksalsbetroffenheit. In: Lämmert, Eberhard (Hrsg.): Erzählforschung. Stuttgart: Metzler. 568-590
Strauss, Anselm/Corbin, Juliet (1996): Grundlagen Qualitativer Sozialforschung. Weinheim: PVU
Weber, Max (1988[7]/1922[1]): Gesammelte Aufsätze zur Wissenschaftslehre. Tübingen: Mohr

Gabriele Winker

Internetforschung aus Genderperspektiven

1 Dilemma der Genderforschung im technischen Feld

Seit Beginn der Verbreitung des Internet weisen zahlreiche Untersuchungen auf die Unterrepräsentanz von Frauen in diesem neuen Medium hin. In der Bundesrepublik Deutschland haben nach wie vor unter der Hälfte aller Frauen (45%) einen Zugang zum Internet, während dies gleichzeitig für deutlich mehr als die Hälfte aller Männer (63%) der Fall ist (Eimeren/Gerhard/Frees 2003: 340). Nicht zuletzt der permanente Hinweis auf diesen unbefriedigenden Zustand von engagierten Frauenforscherinnen und -politikerinnen (vgl. BMFSFJ 2002) sowie das einheitliche Ausweisen dieser Kluft in den deutschen Internetstudien haben auf politischer Seite zahlreiche Aktivitäten hervorgerufen. So arbeitet zum Beispiel die Initiative „Frauen ans Netz" bundesweit sehr erfolgreich mit Unterstützung des Bundesministeriums für Bildung und Forschung, der Bundesagentur für Arbeit, des Unternehmens T-Com, der Zeitschrift Brigitte und des Vereins „Frauen geben Technik neue Impulse". Seit 1998 haben über 150.000 Frauen mit Unterstützung dieser Initiative einen Einstieg ins World Wide Web gefunden.[1]

So sinnvoll diese Kampagne und andere regionale Frauen-Internet-Kurse sind, so tragen sie gleichzeitig dazu bei, ein Bild von Frauen als zu fördernde Defizitwesen zu reproduzieren. Denn zur Begründung dieser Aktivitäten werden immer wieder bekannte geschlechtsspezifische Deutungsmuster eingesetzt. Es wird die problematische Beziehung von Frauen zum Computer benannt, da die Computerkultur männlich sei. Es wird darauf hingewiesen, dass Frauen sich kaum für (informations-)technische Berufs- und Studienziele entscheiden, da weibliche Vorbilder fehlten. Es wird auf die fehlende Technikkompetenz von Frauen verwiesen, die den Zugang zum Internet erschweren würde. Mit diesen Argumentationen werden Frauen wieder einmal essenzialistisch mit Technikferne assoziiert. Geschlechtsspezifische Zuschreibungen werden unbesehen auf neue Felder übertragen, und es wird davon ausgegangen, dass sich Frauen ungebrochen entsprechend der Geschlechterstereotype verhalten.

---

1 Vgl. http://www.frauen-ans-netz.de

Dabei liegen gleich zwei folgenschwere Verallgemeinerungen vor. Erstens bedeutet die Wahl eines nicht-technischen Studien- und Berufsziels durch junge Frauen noch lange kein grundsätzliches Desinteresse an technischen Artefakten. Und zweitens ist die Gleichsetzung von Internetkompetenz mit Technik- bzw. Informatikkompetenz irreführend. Zwar erforderte in den 90er Jahren die Einrichtung eines Internet-Zugangs tatsächlich informationstechnisches Spezialwissen, vom Netzanschluss bis zur Einrichtung der Hardware. Dies ist allerdings heute nicht mehr der Fall; das Internet kann inzwischen ohne Informatikkenntnisse umfassend genutzt und für eigene Ziele eingesetzt werden.

Mit der dargestellten Form der Reifizierung von Geschlechterstereotypen wird einmal mehr das Dilemma deutlich, in dem sich Genderforscherinnen und Genderforscher bewegen, wenn sie sich mit technikbezogenen Fragen beschäftigen. Analysieren sie die Differenzen – in diesem Fall im Internet-Zugang und in der Internet-Nutzung – zwischen Frauen und Männern im Rahmen der gesellschaftlich wirksamen Technikstereotypen, kann dies durchaus positive politische Aktivitäten hervorrufen. Gleichzeitig reproduzieren sie allerdings durch ihre Analyse die Ungleichheiten der Geschlechter in diesem Feld und tragen zu ihrem Fortbestand bei. Ignorieren sie hingegen die Differenzen und stellen sich auf den Standpunkt, angesichts der Auflösung traditioneller gesellschaftlicher Strukturen und vielfältigster Handlungsmöglichkeiten spiele Geschlecht als soziale Kategorie nur noch eine geringe Rolle, so verkennen sie ganz offensichtlich die empirischen Gegebenheiten, so auch im Bereich des Internet.

Dass dieses Dilemma über differenzierte empirische Untersuchungen durchaus zu lösen ist, soll im folgenden gezeigt werden. In einem ersten Abschnitt werden anhand quantitativer Internet-Studien aus den USA die Gründe für die geschlechterdifferenten Zugangsdaten zum Internet benannt, und es wird vor diesem Hintergrund für eine „Entdramatisierung der Differenz" (Engler/Faulstich-Wieland 1995) plädiert. In einem zweiten Schritt wird die dichotome Sicht auf die digitale Spaltung überwunden und ein Untersuchungsrahmen für eine differenzierte Erforschung unterschiedlicher Nutzungsgewohnheiten und Nutzungswünsche dargestellt. Dabei wird deutlich, dass ein solches Herangehen die Geschlechterkategorie nicht überflüssig macht, sondern die Genderforschung geradezu herausfordert, kontextbezogene Untersuchungen vorzulegen, in denen das individuelle Handeln vor dem Hintergrund von Geschlechtersymbolen und -strukturen interpretiert werden kann. In einem dritten Schritt wird verdeutlicht, wie zur weiteren Erkenntnisgewinnung im Sinne von differenzierten Untersuchungsdesigns die neuen Möglichkeiten der Online-Forschung genutzt werden können und sollten.

2 Entdramatisierung des geschlechtsspezifischen Internet-Zugangs

Die Geschlechterkluft beim Internetzugang hat sich bis heute nicht geschlossen. In der BRD sind 2003 je nach Untersuchung 45,2% bzw. 42,1% aller Frauen ab 14 Jahre im Internet aktiv und dazu im Vergleich 62,6% bzw. 58,8% aller Männer (Eimeren/Gerhard/Frees 2003, TNS Emnid/Initiative D21 2003). Die Differenz zwischen den Frauen- und Männerquoten liegt jeweils bei ca. 17%. Auch in den anderen europäischen Ländern haben Männer häufiger einen Zugang zum neuen Medium als Frauen, auch wenn diese Differenz unterschiedlich stark ausgeprägt ist. Dies gilt derzeit auch noch für die USA, wo die Onlinequote bei Frauen mit 61% nach wie vor leicht hinter der Quote der Männer mit 65% liegt (Pew Internet 2003). Auffallend ist, dass in keiner deutschen Untersuchung mögliche Gründe für diese hartnäckige Zugangskluft untersucht werden. Die Begründung scheint nicht zu interessieren bzw. die Zugangsdifferenz scheint mit der Argumentation zur Technikferne von Frauen ausreichend erklärt.

Ein empirisch-pragmatisches Herangehen wird dagegen aus US-amerikanischen Untersuchungen deutlich. So untersucht Norris (2001) europäische Internet-Zugangsdaten mit der Frage, welche sozio-ökonomischen bzw. individuellen Faktoren für den Internet-Zugang von Bedeutung sein können. Danach hat das Geschlecht deutlich weniger Erklärungswert für die Wahrscheinlichkeit eines Internetzugangs als Alter, Bildung und Einkommen. Dies gilt auch für die BRD, auch wenn dort die geschlechtsspezifischen Diskrepanzen im Unterschied zu Belgien, Dänemark, Frankreich, Portugal, Großbritannien und Finnland noch signifikant sind.

Bimber (2000) geht mit seiner Untersuchung, allerdings nur für die US-amerikanische Situation im Jahre 1999, noch einen Schritt weiter. Mit Hilfe von Regressionsanalysen lassen sich nach seinen Untersuchungen die unterschiedlichen Online-Zahlen von Männern und Frauen mit sozio-ökonomischen Faktoren wie Bildung und Einkommen und bei den individuellen Faktoren mit Alter erklären. Geschlecht spielt dabei eine untergeordnete und nicht signifikante Rolle. Zu einem ähnlichen Ergebnis kommen auch Ono/Zavodny (2003) für die US-amerikanische Situation im Jahre 2001, stellen aber für die Jahre bis 1998 auch unter einer kontrollierten Geschlechtervariable noch geschlechtsspezifische Unterschiede im Zugang fest.

Sicherlich lassen sich diese Erkenntnisse nicht unüberprüft auf die bundesdeutsche Situation übertragen. Es ist zu vermuten, dass es gerade in Deutschland in bestimmten Altersgruppen auch noch geschlechtsspezifische Differenzen gibt, die sich nicht allein mit Unterschieden in Bildung und Einkommen erklären lassen. Allerdings sind es auch in Deutschland primär die Auswirkungen der geschlechtsspezifischen Arbeitsteilung mit ihren ungleichen Bildungs- und Einkommensverteilungen, über die sich die markante Zugangskluft erklären lässt. Es wäre eine wichtige Aufgabe der staatlich finanzierten Institute, endlich Statistiken zur Verfügung zu stellen, die nicht bei einer einmaligen Differenzierung in Männer und Frauen stehen bleiben, sondern entsprechend guter wissenschaftlicher Praxis sowohl das Geschlecht als auch sozio-ökonomische und demografische Faktoren kontrolliert einbeziehen. Ein erster Schritt in diese Richtung liegt mit der Gender-Mainstreaming-Sonderauswertung des (N)Onliner Atlas vor, die 2003 zum zweiten Mal erschienen ist.[2] Dort werden auf Initiative des bundesweiten Vereins „Frauen geben Technik neue Impulse" in Zusammenarbeit mit TNS Emnid und der Initiative D21 die Emnid-Ergebnisse zum Internetzugang unter Genderperspektiven intensiver ausgewertet. Nach dieser Studie ist für die 14- bis 19-Jährigen die Geschlechterkluft in Deutschland nicht mehr signifikant. 82,3% aller jungen Männer und 79,7% aller jungen Frauen haben Zugang zum Internet. Inwieweit sich auch in anderen Altersgruppen bei Einbeziehung von Einkommens- und Bildungsunterschieden die Geschlechterkluft relativiert, ist aus den dort errechneten Zahlen allerdings nicht zu ersehen.

Diese dargestellten Ergebnisse bedeuten nun nicht, dass eine gesonderte Unterstützung von Frauen beim Zugang zum Internet keinen Sinn mehr macht. Im Gegenteil, diese Maßnahmen müssten auf Frauen mit geringer formaler Bildung und wenig Einkommen ausgedehnt werden. Allerdings sollte sich der Schwerpunkt der Begründung solcher Maßnahmen in Zukunft verändern. Nicht ihr fehlendes Technikverständnis und nicht die männliche Stereotypisierung des Computers halten Frauen primär vom Internetzugang ab, sondern die nach wie vor vorhandene geschlechterhierarchische Arbeitsteilung. Mit einer solchen Argumentation wird auch gesellschaftspolitisch verdeutlicht, dass der fehlende Internet-Zugang nicht primär durch individuelle Einstellungsveränderungen von Frauen gegenüber Technik erreicht werden kann, sondern nur durch ein geschlechtergerechtes Bildungs- und Arbeitssystem sowie durch Informationsangebote, die für verschiedenartige Lebenssituationen von Nutzen sein können.

Gleichzeitig verweisen sozio-ökonomische Begründungszusammenhänge auf politische Handlungsnotwendigkeiten, die über das politisch erklärte Ziel des Internetzugangs für alle hinausreichen. Wichtig ist es, die Ungleichheiten innerhalb des Netzes zu untersuchen und allen Bürgerinnen und Bürgern entsprechend ihrer vielfältigen und unterschiedlichen Lebenssituationen und Interessen Internet-Angebote zur Verfügung zu stellen. Um allerdings dazu fundierte Vorschläge machen zu können, bedarf es einer umfassenden Analyse des Nutzungs- und Nicht-

---

2 vgl. http://www.frauen-technik-impulse.de/n-onliner

Nutzungsverhaltens sowie der Wünsche und Vorstellungen unterschiedlicher Gruppen von Menschen.

3 Geschlechtsspezifische Ungleichheiten in der Internet-Nutzung

Studien in unterschiedlichen Zusammenhängen kommen übereinstimmend zum Ergebnis, dass Männer das Internet häufiger und länger nutzen als Frauen. Frauen sind eher moderate Nutzerinnen. So verweilen in Deutschland die männlichen Nutzer 161 Minuten täglich im Netz; dagegen stehen durchschnittlich nur 110 Minuten bei den Nutzerinnen, wobei die Differenz am Wochenende besonders groß ist (Eimeren/Gerhard/Frees 2003: 355). Entsprechende Daten liefert das Statistische Bundesamt (2003: 20). Danach sind 73% der Nutzenden, die über zehn Stunden in der Woche im Internet aktiv sind, männlich, während bei den Nutzenden, die nur bis zu zwei Stunden wöchentlich im Netz sind, Frauen mit 55% ein leichtes Übergewicht aufweisen.

Auch in Europa ist eine geschlechtsspezifische Nutzungshäufigkeit dokumentiert. So nutzen in Europa 49% aller männlichen Onliner, aber nur 38% aller weiblichen das Internet (fast) täglich. In etwa ausgeglichen ist die Verteilung in den Gruppen mehrmals pro Woche und einmal pro Woche. Bei den Personen, die das Netz selten, sprich nur einmal pro Monat oder noch seltener nutzen, sind 12% aller Nutzer, aber 21% aller Nutzerinnen zu finden (EOS Gallup Europe 2002: 36). Eine vergleichbare Verteilung stellte Bimber (2000) für die USA im Jahre 1996 fest. Auch 1999 war die (fast) tägliche Nutzung weiterhin bei männlichen Nutzern deutlich weiter verbreitet. Allerdings haben die Frauen inzwischen in den USA bei der moderaten Nutzung die Männer überholt und der seltene Nutzungstyp ist zwischen den Geschlechtern ausgeglichen.

Derzeit gibt es noch wenig überzeugende Erklärungsansätze für diese deutliche geschlechtsspezifische Nutzungshäufigkeit und -dauer, die sich anscheinend auch mit der Verbreitung des Internet und dem beinahe ausgeglichenen Zugang zwischen den Geschlechtern, wie er in den USA oder Skandinavien zu beobachten ist, nicht auflöst.

Die erwähnte Studie von Bimber (2000), die zumindest für die US-amerikanische Situation Aussagen zu den Faktoren treffen kann, die diese Unterschiede beeinflussen, hilft nur bedingt weiter. Danach spielen für eine Erklärung der Nutzungshäufigkeit das Einkommen und das Alter im Unterschied zur Untersuchung des Internetzugangs keine signifikanten Rollen mehr. Neben Bildung – und für Männer die Vollzeitbeschäftigung – ist für die Häufigkeit der Nutzung das Geschlecht durchaus ausschlaggebend. Damit wird die geschlechtsspezifische

Nutzung bestätigt, aber die Frage bleibt offen, warum weibliche Onliner das Internet weniger häufig und deutlich kürzer nutzen als Männer. Antworten auf diese Fragen versuchen qualitative Studien aus Genderperspektiven zu geben, welche diese Frage an die Nutzenden direkt weitergeben. Allerdings lassen sich darüber eher gesellschaftlich herrschende Stereotype bestätigen als differenzierte Antworten für individuelle Handlungsgründe finden. So fragen Heimrath/Goulding (2001) in Großbritannien Studierende sowie Benutzer und Benutzerinnen öffentlicher Bibliotheken nach den vermuteten Gründen für die unterschiedlichen Nutzungshäufigkeiten und erhalten die entsprechenden stereotypisierenden Antworten. Männer seien primär an der Technik per se interessiert und Frauen würden den Computer zur Problemlösung benutzen. Aufgrund von eher negativen Erfahrungen mit Computern in der Erziehung und der Freizeit hätten Frauen kein positives Bild des neuen Mediums. Auch hätten die wenigsten Frauen auf eigene Initiative begonnen das Internet zu nutzen, sondern in ihrer Mehrheit seien sie von einem Mann eingeführt worden. Auch Singh (2001) fördert bei ihrer Befragung von Internetnutzerinnen in Australien ähnliche Bilder ans Tageslicht. Gefragt nach geschlechtsspezifischen Unterschieden bei der Internetnutzung lässt sich auch bei ihrer Untersuchung das Stereotyp reproduzieren, nach dem Frauen das Internet als Werkzeug für eine breite Palette von Aktivitäten nutzen, während Männer es eher als Spielzeug nutzen oder damit beschäftigt sind herauszubekommen, wie einzelne Hard- oder Software im Detail funktionierte.

Damit bleibt die Forschungsaufgabe offen, neben gesellschaftlich herrschenden Bildern und Stereotypen auch die konkreten Handlungsweisen nicht nur zu untersuchen, sondern auch zu verstehen. Wertvoll ist dafür der Hinweis von Bimber (2000), dass Zugang und Nutzungshäufigkeiten nicht von denselben Faktoren bestimmt werden und deswegen getrennt untersucht werden müssen. Dennoch könnte es einen indirekten Zusammenhang insofern geben, als Männer durchschnittlich bereits länger einen Zugang zum Netz haben. Menschen mit längerer Erfahrung im Internet, sog. „early adopters" nutzen das Netz intensiver, wie Howard/Rainie/Jones (2003) ausführen, so dass sich ein Teil der Geschlechterkluft darüber erklären ließe.

Doch reichen diese einzelnen Erklärungsansätze nicht aus, um die Nutzungsweisen einzelner Bevölkerungsgruppen zu verstehen. Deswegen gilt es zukünftig – neben den Untersuchungen zur digitalen Zugangskluft – die Faktoren zu bestimmen, welche die individuellen Nutzungsgewohnheiten beeinflussen. Hargittai (2002) schlägt vor, im Unterschied zu den Zugangsdifferenzen, die unter „Digital Divide" behandelt werden, die Nutzungsdifferenzen unter „Second-Level Digital Divide" zu fassen. Allerdings wird auch mit diesem Begriff eine dichotome Sicht auf die digitale Spaltung beibehalten, weswegen ich für einen auch begrifflich differenzierteren Blick auf die Internetnutzung plädiere und von Nutzungsdimensionen spreche, die es herauszuarbeiten gilt. Dafür gilt es einen Untersuchungsrahmen zu schaffen, der einerseits über die Forschung nicht wieder dichotome Stereotype von Männlichkeit und Weiblichkeit reproduziert, sondern über die Untersuchung einzelner Gruppen den (unterschiedlichen) Stellenwert der Geschlechterkategorie im jeweiligen Kontext bestimmt. Gleichzeitig besteht die Aufgabe, zur Unterscheidung von Nutzungsgewohnheiten nicht nur quantitative Daten wie Nutzungshäufigkeiten und Nutzungsdauer, sondern auch qualitative Daten einzubeziehen wie beispielsweise die Gründe für die Nutzung bzw. Nicht-Nutzung bestimmter Dienste und Angebote oder den Zusammenhang, in dem die Nutzung mit Alltagsanforderungen steht.

Mein dafür vorgeschlagener Untersuchungsrahmen (vgl. Abb. 1) bezieht sich auf ein Modell, das von DiMaggio/Hargittai (2001) vorlegt wurde. Dort werden für die Untersuchung von Nutzungsarten des Internet verschiedene Ebenen unterschieden, auf denen sich soziale und damit auch geschlechtsspezifische Ungleichheiten niederschlagen können. Das sind Ungleichheiten in der technischen Ausstattung, in der Nutzungsautonomie, in den Fähigkeiten, in der sozialen Unterstützung und in der Nutzungsabsicht. Alle diese fünf Faktoren können einen Einfluss auf die Nutzungsgewohnheiten haben.

Das hier entwickelte Modell zu den Nutzungsdimensionen geht von drei Dimensionen aus, die für die Internetnutzung wichtig sind. Allerdings werden

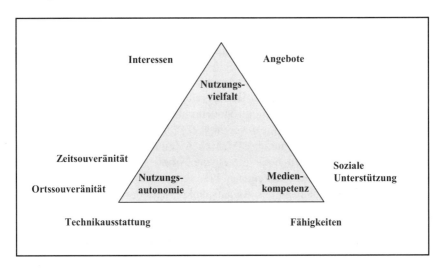

Abb. 1: Dimensionen der Internetnutzung

diese drei Dimensionen, nämlich Nutzungsautonomie, Medienkompetenz und Nutzungsvielfalt wiederum von weitergehenden Faktoren beeinflusst. So hängt das Ausmaß der Nutzungsautonomie nicht nur von den technischen Voraussetzungen ab, sondern auch von den Möglichkeiten der Individuen örtlich und zeitlich flexibel das Internet zu nutzen. Die zweite Dimension ist die Medienkompetenz, die über die individuellen Fähigkeiten der Nutzer und Nutzerinnen bestimmt wird sowie ihre Kompetenz, sich bei Bedarf auch soziale Unterstützung besorgen zu können. Die Nutzungsvielfalt stellt die dritte Dimension da. Sie hängt einerseits von den Interessen der männlichen und weiblichen Onliner ab und andererseits vom vorhandenen Angebot, das für die jeweiligen Nutzerinnen und Nutzer von Interesse sein kann.

3.1 Ungleichheiten in der Nutzungsautonomie

Die Nutzungsautonomie hängt in dem hier vorgeschlagenen Modell von der Technikausstattung, den Zugangsorten sowie der verfügbaren Zeit ab.

Aus den europäischen Zahlen lassen sich keine großen Unterschiede zwischen den Geschlechtern bei der technischen Ausstattung feststellen. Allerdings liegt der Verbreitungsgrad von schnellen DSL-Anschlüssen bei Männern (15%) deutlich vor dem bei Frauen (10%) (EOS Gallup Europe 2002: 10). Darüber hinaus zeigt dieselbe Quelle Unterschiede bei den Zugangsorten. Während europaweit 74% aller Nutzer einen Zugang von zuhause aus zur Verfügung haben, sind dies nur 67% aller Nutzerinnen. Auch stehen ihnen insgesamt etwas weniger Zugangsorte zur Verfügung (EOS Gallup Europe 2002: 32). Dies bedeutet, dass die individuelle Ortssouveränität für die Internetnutzung bei Männern etwas größer ist als bei Frauen.

Neben den technischen Voraussetzungen, die möglichst an unterschiedlichen Orten zur Verfügung stehen sollten, ist die verfügbare Zeit für die Internetnutzung von großer Bedeutung. Dies wird im Modell mit dem Indikator Zeitsouveränität benannt. Zur individuellen Zeitsouveränität für die Internetnutzung fehlen entsprechende Daten. Klar ist nur, dass Menschen Zeit und Ruhe benötigen, um im Internet neue Möglichkeiten für die eigene Arbeits- und Lebenssituation zu erkunden und entsprechend der eigenen Präferenzen das Internet zu nutzen.

In der Berufstätigkeit gibt es Anhaltspunkte, dass dort die horizontale und vertikale Segregation des Arbeitsmarkts zu unterschiedlichen zeitlichen Möglichkeiten führen kann. So wurde für die USA festgestellt, dass wegen der geschlechtshierarchischen Arbeitsteilung Männer eine intensivere Internet-Nutzung in der Erwerbsarbeit aufweisen, weil sie andere Jobs ausführen und Frauen trotz beruflichem Zugang das Internet weniger nutzen (vgl. Nielsen/NetRankings 2002).

Für die deutsche Situation ist in diesem Zusammenhang die neue Arbeitszeitstudie, die im Auftrag des BMFSFJ zum zweiten Mal erstellt wurde, interessant (BMFSFJ/Statistisches Bundesamt 2003). Während Frauen durchschnittlich 43 Stunden pro Woche arbeiten, für den Beruf 12 Stunden und unbezahlt für die Familie 31 Stunden, sind es bei Männern 42 Stunden, davon 22,5 Stunden bezahlt und 19,5 Stunden unbezahlt. Entsprechend mehr Zeit verbleibt durchschnittlich den Männern für frei gewählte Tätigkeiten. Dass diese Arbeitsteilung, die mit den hier quantifizierten Zahlen nur im Ansatz erfasst ist, Auswirkungen auf die Zeitautonomie und damit auf die Internetnutzung haben kann, ist wahrscheinlich, muss aber empirisch näher beleuchtet werden.

3.2 Ungleichheiten in der Medienkompetenz

Die zweite Dimension im Nutzungsdreieck setzt sich aus den Indikatoren individuelle Fähigkeiten und soziale Unterstützung zusammen und wird unter den Begriff der Medienkompetenz gefasst.

Es gibt immer wieder Vermutungen, dass unterschiedliche Fähigkeiten der Geschlechter auch zu unterschiedlichen Nutzungsgewohnheiten führen. Als ein dafür verantwortlicher Faktor wird die bereits in der Einleitung angesprochene weibliche technische Inkompetenz vermutet. Dieses gesellschaftliche Stereotyp gilt es ernst zu nehmen, da es sicherlich einen Einfluss auf das Nutzungsverhalten hat, allerdings sind die Wirkungen solcher stereotypisierten Bilder auf das Handeln von Individuen differenziert zu betrachten. So zeigen Studien von Vogel/Heinz (2000) und Minks (2000) deutlich, dass es zwar eine Gruppe von technikinteressierten und -kompetenten Menschen gibt, die zu einem überproportionalen Anteil männlich sind und zweitens eine Gruppe von an der Technik nicht interessierten und wenig technikkompetenten, die vorwiegend weiblich sind. Dies bedeutet aber gleichzeitig auch, dass es zwischen diesen Polen ein breites Feld von vielfältig an Technik interessierten und durchaus technikkompetenten Menschen beiderlei Geschlechts gibt, die in geschlechterpolarisierenden Untersuchungen vernachlässigt werden, obwohl sie die Mehrheit darstellen.

Ferner und das ist in diesem Zusammenhang die wichtigere Relativierung, muss bei der Internetnutzung klar zwischen Medienkompetenz und Technikkompetenz unterschieden werden. Technikkompetenz ist primär dann erforderlich, wenn das System zusammenbricht, sprich wenn technische Fehler auftauchen. In diesen Situationen sind Computer- bzw. Technikfreaks oft besser in der Lage diese Fehler zu beheben. Fehlende Technikkompetenz kann in diesen Situationen jedoch durch den Rückgriff auf soziale Unterstützungsnetzwerke ausgeglichen werden. Ergebnisse einer eigenen empirischen Untersuchung zur Telearbeit zeigen, dass sich Frauen bei technischen Problemen diese soziale Unterstützung häufiger organisieren als Männer.[3]

Was die Medienkompetenz angeht, sind bisher keine geschlechtsspezifischen Unterschiede festgestellt worden. So kommt eine Untersuchung von Hargittai (2002) in den USA zum Ergebnis, dass bei der Recherchefähigkeit im WWW das Geschlecht keinen signifikanten Einfluss hat. 54 Testpersonen hatten fünf vorgegebene Aufgaben zu lösen. Die Aufgaben bestanden darin, lokale Kulturereignisse, Online-Musik, Informationen zu den Positionen verschiedener Präsidentschaftskandidaten zur Abtreibung, Steuererklärungsformulare und von Kindern hergestellte Kunst zu finden. Das Vorgehen der Untersuchungspersonen wurde über Screen-Shots der aufgerufenen Websites protokolliert. Die Fähigkeiten wurden mit dem erfolgreichen Lösen der Aufgaben und der dafür notwendigen Zeit operationalisiert. Dabei konnten deutliche Unterschiede zwischen Altersgruppen und der Dauer der Interneterfahrung festgestellt werden, allerdings keine Geschlechterunterschiede.

Yates/Littleton (2001) verweisen darauf, dass selbst bei einem hoch geschlechterstereotyp aufgeladenen Bereich wie dem des Computerspielens Fähigkeiten zwischen Jungen und Mädchen gleich verteilt sind, wenn die Spiele in einen geschlechtsunspezifischen Kontext gesetzt werden. In einer Studie der beiden Autorinnen mit Mädchen und Jungen zwischen elf und zwölf Jahren wurde der Kontext einer computerbasierten Aufgabe verändert, ohne irgendwelche Veränderungen an der Software des Computerspiels vorzunehmen. Wurde das Computerspiel als „Spiel" vorgestellt, waren die Jungen deutlich besser im Lösen der im Spiel enthaltenen Aufgaben. Wurde dasselbe Computerspiel als „Aufgabe" deklariert, gab es keine Geschlechterunterschiede mehr, sprich die Fähigkeiten zur Lösung der Aufgaben waren zwischen Jungen und Mädchen gleich verteilt. Ähnlich verblüffend ist das Ergebnis einer zweiten Studie. Es wurden zwei strukturell gleiche Versionen eines „Abenteuer-Spiels", in dem Probleme zu lösen waren, produziert. Ein Spiel hieß „King and Crown", das andere „Honeybear". Beide Spiele erforderten die gleiche Spielstrategie. Die Darstellung der Bären im „Honeybear" war so gender-neutral wie möglich, während „King and Crown" eher männliche Charaktere enthielt. Die Leistungen der Mädchen wurden signifikant beeinflusst durch die Version der Software; sie waren bei der „Honeybear"-Version deutlich besser. Dagegen waren die Ergebnisse der Jungen bei beiden inhaltlichen Spielvarianten ähnlich.

---

3 Diese Auswertung ist nicht veröffentlicht. Zu den sonstigen Ergebnissen zur Telearbeitsstudie vgl. Winker 2001

Mit diesen Beispielen wird deutlich, dass es bei geschlechtsneutralen Anwendungen wie der Recherche im WWW bisher keine Hinweise auf ungleiche Fähigkeiten zwischen den Geschlechtern gibt. In Bereichen, die stark einem Geschlecht zugeordnet werden, lassen sich zunächst wahrgenommene Unterschiede in den Fähigkeiten durchaus relativieren, wenn das gesamte Ausmaß der Nutzung differenziert in den Blick genommen wird. Gerade bei Untersuchungen aus Genderperspektiven ist auf den Kontext zu achten. In diesem Sinne halte ich das Untersuchungsdesign und die Ergebnisse von Yates/Littleton (2001) für die Methodologie der Genderforschung im Internet für zukunftsweisend.

3.3 Ungleichheiten in der Nutzungsvielfalt

Die dritte Dimension im Dreieck zur Internetnutzung ist die Nutzungsvielfalt. Darunter gilt es sowohl die Interessen der Nutzer und Nutzerinnen als auch die für ihre Interessen zur Verfügung stehenden Angebote zu erfassen. Was Frauen und Männer im Internet konkret machen, darüber gibt es nach wie vor wenige Analysen. Akribisch versuchen Marktforschungsunternehmen den Weg von Frauen und Männern als Kunden und Kundinnen zu verfolgen. Doch erstens sind Internetnutzende nicht nur an ökonomisch ausgerichteten Webseiten interessiert, sondern auch an Weiterbildungsangeboten oder an Informationen zur beruflichen Unterstützung, Gesundheits- oder Erziehungsseiten, und zweitens sind diese Marktforschungsanalysen meistens nicht öffentlich zugänglich. So steht die Internetforschung, was die konkreten Interessen der männlichen und weiblichen Onliner angeht, noch am Anfang.

Dies gilt auch für die Evaluation der Internet-Angebote. Anhand einer eigenen Untersuchung zu E-Government-Portalen auf Bundes-, Landes- und kommunaler Ebene lässt sich verdeutlichen, dass Angebote im Internet noch weit davon entfernt sind, geschlechtersensitiv gestaltet zu sein (vgl. Winker 2004). Am Beispiel von elektronischen Stadtportalen wurde das Qualitätskriterium Geschlechtersensitivität (Winker/Preiß 2000) entwickelt, mit dem überprüft wird, ob erstens die Inhalte und Angebote für Menschen mit unterschiedlichen Lebenserfahrungen interessant und zweitens durch Implementierung angemessener Suchfunktionalitäten auch zu finden sind. Mit dieser Überprüfung auf Gendersensitivität sollen nicht wieder dichotom Frauen- und Männerbereiche unterschieden werden, sondern es soll darauf aufmerksam gemacht werden, dass im Internet auch für weiblich konnotierte Arbeits- und Lebensbereiche interessante oder zeitsparende Angebote entwickelt werden müssen. Davon können dann primär Frauen aber auch viele Männer, die zum Beispiel Familienarbeiten übernehmen, profitieren.

Zunächst geht es bei diesem Ansatz der heuristischen Evaluation von WWW-

Angeboten also darum, die Breite und Vielfalt von Informationen zu überprüfen. Dabei zeigt sich zum Beispiel, dass Handlungsfelder, für die Menschen mit Familienverpflichtungen viel Zeit benötigen, von E-Government-Maßnahmen noch kaum unterstützt werden. Um dies zu ändern wäre es erforderlich, neben Wirtschaft und Tourismus verstärkt Themen wie Gesundheit, Soziales, Kinderbetreuung, Ehrenamt, Weiterbildung zu berücksichtigen. In der Regel findet man zu diesen Themen höchstens statische HTML-Informationen, allerdings keinerlei aktuell erzeugte dynamische Informationen oder gar Anwendungen, die Transaktionsmöglichkeiten für konkrete Lebenssituationen bereitstellen und damit zur Zeiteinsparung beitragen.

Dies lässt sich am Beispiel der Darstellung von Kinderkrippen, Kindergärten und Horts verdeutlichen. In den allermeisten Städten und Gemeinden wird nur eine alphabetische Auflistung aller Kinderbetreuungseinrichtungen mit Adressen und Telefonnummern angeboten, so dass ein Mehrwert gegenüber dem Telefonbuch nicht gegeben ist. Im günstigen Fall können die Einrichtungen noch nach Stadtteilen sortiert werden und zusätzlich auch nach Art des Angebots. Nur in Ausnahmefällen wie in der Stadt Frankfurt ist es möglich, nach offenen Plätzen zu suchen. Erst diese Art von weiterführender Informationsdarstellung schafft – auch wenn es die Misere der öffentlichen Kinderbetreuung nicht beheben kann – neben den praktischen Vorteilen für betroffene Eltern öffentliche Transparenz.

Ferner muss untersucht werden, wie die bisher oft als privat behandelten Belange und Probleme wie „Gewalt gegen Frauen und Kinder" über Internetseiten in die Öffentlichkeit gebracht werden. Allzu häufig finden sich nach wie vor unter Notlagen an markanter Stelle nur der allgemeine Notruf der Polizei, der Feuerwehr und der ärztlichen Notdienste. Im Internetauftritt von Hannover lässt sich dagegen gut sehen, wie auf gleicher Ebene zusätzlich das Telefon des Frauenhauses, der Notruf für vergewaltigte Frauen und die Telefonnummer des Vereins zum Schutz misshandelter Frauen und Mädchen aufgeführt werden.

Das zweite Kriterium der Gendersensitivität, nämlich sinnvolle Suchstrategien auch innerhalb des eigenen Portals zu realisieren, lässt sich am Beispiel von Ärzte-Datenbanken verdeutlichen. Noch viel zu häufig ist es nicht möglich, aus einer größeren Datenbasis nur nach Ärztinnen zu suchen. Dieses Problem ist – wie der Bremer Ärztenavigator zeigt – technisch einfach zu lösen; die Differenzierung muss jedoch als Anforderung mitgedacht werden. Wie wichtig genderbewusste Suchmöglichkeiten sind, lässt sich auch an Weiterbildungsdatenbanken veranschaulichen, in der es möglich ist nach Zielgruppen zu suchen. Weiterführend ist beispielsweise im Stadtportal von Bremen der Tatbestand, dass die Zielgruppe „nur Frauen", damit sind Frauenseminare gemeint, auch noch eingeschränkt werden kann. So kann z.B. nach Angeboten für „Berufsrückkehrerinnen" gesucht werden.

Aber auch die Suche nach „nur Männer" und damit nach Männerseminaren ist möglich, so dass nicht wieder Frauen zum Sonderfall werden.

Anhand dieser wenigen Beispiele soll deutlich werden, dass neben den empirisch feststellbaren inhaltlichen Präferenzen bei weiterführenden Studien zum Nutzungsverhalten auch die Breite des Angebots und ihre Nützlichkeit für unterschiedliche Nutzungsgruppen einbezogen werden muss.

4 Gendersensitive Internetforschung mit Hilfe von Online-Forschungsmethoden

Um in vielfältigen Kontexten Ergebnisse zum Handeln unterschiedlichster Gruppen bei der Nutzung der verschiedenen Internetdienste zu erzielen, gilt es allein aus finanziellen und zeitlichen Kapazitätsgründen quantitative wie qualitative Online-Forschungsmethoden einzubeziehen. Da sind zunächst als Datenerhebungsmethoden der Online-Fragebogen und das Online-Interview zu nennen. Gerade für Aussagen zu den Nutzungsgewohnheiten von Usern bieten sich Online-Interviews (vgl. Mann/Stewart 2002) und Online-Fragebögen (vgl. Tuten/Urban/ Bosnjak 2002, Kirschning i.d.B.) an. Auch wenn bei Online-Erhebungen die Frage der Repräsentativität ein ungelöstes Problem darstellt (vgl. Hauptmanns/Lander 2001), so lassen sich darüber dennoch Befragungen realisieren, wie beispielsweise zur Bewertung von WWW-Seiten, bei denen die Repräsentativität eine ungeordnete Rolle spielt. Auch bieten sich diese Methoden für Studien mit explorativem Charakter an.

Darüber hinaus sind für den derzeitigen Stand der Geschlechterforschung weitere Online-Forschungsmethoden besonders wichtig, die Einblicke in die medienbezogenen Handlungspraxen im Internet ermöglichen. Dies sind einerseits Aufzeichnungsmöglichkeiten von kommunikativen Sequenzen, wie z.B. Austausch in Chats, Forenbeiträge oder E-Mails im Rahmen von virtuellen Gruppen (vgl. Schmidt i.d.B.). Andererseits sind auch Logfile-Analysen auf Clientseite von großem Interesse, mit denen individuelle Surf- und Suchstrategien nachgezeichnet und analysiert werden können. Diese Online-Methoden ermöglichen neue Erkenntnisse zu konkreten Nutzungsweisen des Internet.

Den digitalen Aufzeichnungsmethoden zur Datengewinnung ist gemeinsam, dass darüber individuelles Verhalten deutlich wird, das bisher nur mit teilnehmender Beobachtung zu gewinnen war. Im Unterschied zur teilnehmenden Beobachtung ist das Datenmaterial nicht flüchtig und nur dem Eindruck einer oder eines Forschenden vorbehalten, die oder der mit ihrem Erfahrungshintergrund Handlungssequenzen bereits gefiltert wahrnimmt. So weist Stegbauer mit Recht darauf hin, dass mit der Entstehung neuer internetbasierter Sozialräume sich bislang noch nicht vorhandene Möglichkeiten der Sozialforschung ergeben.

> „Interaktionen sind flüchtig, diese lassen sich kaum in realen sozialen Situationen vollständig erfassen. (...) Solcherlei Probleme treffen auf die Untersuchung asynchroner internetbasierter Sozialräume nicht zu. Bei Mailinglisten und Newsgroups werden sämtliche Kommunikationsprozesse archiviert, und lassen sich für eine Untersuchung nutzbar machen." (Stegbauer 2001: 90)

Auch für die inhaltlichen Informationswünsche und Suchstrategien im Netz sind die neuen Aufzeichnungsmöglichkeiten eine wichtige Ergänzung zum bisherigen Interview. Erfahrungen aus einem derzeit laufenden Forschungsprojekt der Autorin zur Nutzung des Internet von frauenpolitischen Netzwerken zeigen, wie schwierig es ist, das konkrete Handeln im Netz abzufragen. Aus Interviews mit frauenpolitisch Aktiven ergeben sich zwar vielfältige Informationen über ihre Einschätzung des Internet, aber die Beschreibungen zu ihrem eigenen Nutzungsverhalten gehen über die Tatsache, dass die meisten mit „Google" suchen, und über den Hinweis auf ein bis zwei häufig benutzte Adressen kaum hinaus. Dies ist auch nicht verwunderlich, da es dazu noch keine differenzierte Sprache gibt und kaum Strukturierungen vorhanden sind. So ist es für Individuen schwierig, sich über das eigene Informations- und Kommunikationsverhalten bewusst zu werden.

Einfacher ist es dagegen, über das Interview Haltungen zum Internet zu erfragen. Die Frauenpolitikerinnen lassen sich deutlich drei Gruppen zuordnen, die sich als „Optimistinnen", „Skeptikerinnen" und „Emotionslose" bzgl. den Möglichkeiten des Internet beschreiben lassen. Damit nur lose gekoppelt scheint allerdings das konkrete Verhalten im Netz zu sein. Im Forschungsprojekt konnte mit einer Untersuchungsgruppe von 20 Studentinnen über das Aufzeichnen ihrer Suchstrategien bei der Beantwortung von zehn frauenpolitischen Fragestellungen festgestellt werden, wie vielfältig die Vorgehensweisen sind. Dies ist deswegen besonders auffällig, da die Interneterfahrung bei dieser Studentinnengruppe recht einheitlich war.[4]

Die digitalen Aufzeichnungsmethoden stellen deswegen eine notwendige Ergänzung zu einem ebenso wichtigen Forschungsschwerpunkt dar, mit dem „kollektive Orientierungsmuster" (Bohnsack 1997) rekonstruiert werden. Dabei geht es darum, explizite Bedeutungszusammenhänge herauszuarbeiten, aus denen sich medienbezogene Handlungspraxen unterschiedlicher Gruppen und damit auch

---

4   Diese und andere Ergebnisse des Forschungsprojektes „E-Empowerment. Die Nutzung des Internet in frauenpolitischen Netzwerke" werden demnächst in einem von Christina Schachtner und Gabriele Winker herausgegebenen Buch veröffentlicht. Bisherige Projektergebnisse sind auf der Projekthomepage unter http://www.frauenbewegung-online.de zu finden.

Formen und Stile der Internet-Aneignung ergeben. Schäffer (2003) hat diese „Mediennutzungskulturen" primär in ihrer generationsspezifischen Ausprägung herausgearbeitet. Buchen/Philipper (2002) haben den Blick auf schularten- und geschlechterspezifische Medienkulturen gelenkt. In beiden Studien gelingt es, Geschlechterstereotype zu rekonstruieren, an denen sich Individuen orientieren. So zeichnet z.b. Schäffer die Chat-Kultur junger Schülerinnen nach und Buchen/ Philipper verweisen auf die „computer-freaks" unter den männlichen Realschülern.

Diese Medienpraxiskulturen sind jedoch nicht gleichzusetzen mit der konkreten Handlungsebene im Internet, auf der – obwohl geprägt durch die symbolischen Setzungen und die strukturellen Rahmenbedingungen der Arbeitsteilung – dennoch recht unterschiedliches Handeln zu beobachten ist. So entspricht zum Beispiel das in einer Gruppe dargestellte erfahrungsgebundene Wissen über die Technologie nicht unbedingt den individuellen Fähigkeiten der Gruppenmitglieder. Erst wenn begleitend zu der Sichtbarmachung geschlechtsstereotypisierender kollektiver Orientierungsmuster bei der Internetnutzung auch das konkrete Handeln im Internet in unterschiedlichen Kontexten beleuchtet wird, können Aussagen darüber gemacht werden, wie das 'doing gender' konkret funktioniert und wo Tendenzen des 'undoing gender' zu beobachten sind. Mit dem Nachzeichnen des konkreten Verhaltens im Internet werden in Zukunft nicht mehr nur die männlichen Computerfreaks im Blickpunkt der Analyse stehen, sondern es werden sich differenziertere Nutzungsverhalten von vielfältigen Nutzungstypen entdecken lassen. Es werden zum Beispiel chattende junge Männer auftauchen, die in bisherigen Studien in der allzu einfachen Kontrastierung von chattenden Mädchen und spielenden Jungen verloren gegangen sind.

So gilt es in Zukunft, entsprechend den Anforderungen der Triangulation verschiedene Perspektiven in ein Untersuchungsdesign einzubeziehen. Es ist sinnvoll, sowohl die kollektiven Orientierungsmuster in einer Gruppe zu rekonstruieren, als auch das Internetverhalten der Gruppenmitglieder aufzuzeichnen und zu interpretieren. Daraus lassen sich dann Aussagen machen, wie vergeschlechtlichte Subjekte das Internet nutzen und dabei geschlechtsspezifische Fremd- und Selbstzuschreibungen reproduzieren oder aber entdramatisieren. Selbstverständlich beschränken Machtverhältnisse, institutionelle Zwänge und kulturelle Zuschreibungen Handlungsfreiräume, gleichzeitig können sich aber durch Medienhandeln auch kulturelle geschlechtsspezifische Orientierungen verändern. Diesen Konstruktions- und Dekonstruktionsprozessen gilt es in einer angemessenen Methodenvielfalt gerecht zu werden.

Darüber hinaus lässt sich mit neuen Formen der Online-Forschung auch an alte Traditionen der Frauenforschung anknüpfen, für die es im Sinne der Aktionsforschung wichtig war Handlungsalternativen aufzuzeigen. Im oben erwähnten

Forschungsprojekt zur Bedeutung des Internet für frauenpolitische Netze wurden die Bewertungsergebnisse einer heuristischen Evaluation bundesdeutscher Webauftritten von Frauennetzwerken online zur Verfügung gestellt (vgl. Winker/ Drüecke/Sude 2004). Dies wurde gleichzeitig prototypisch so konzipiert, dass dort neue Suchstrategien nicht nur beschrieben werden, sondern direkt explorierbar sind. Diese und andere Gestaltungsmöglichkeiten wurden bundesweit auf einer Online-Zukunftswerkstatt mit Expertinnen diskutiert. So kann die Internetforschung einen konkreten Beitrag zur Internetgestaltung leisten.

5 Ausblick

Zusammenfassend lässt sich festhalten, dass es in der zukünftigen Forschung den vielfältigen Prozess der Ko-Konstruktionen von Geschlecht und Internet zu untersuchen gilt. Es konnte gezeigt werden, dass bei der Zugangskluft strukturelle Faktoren im Zusammenhang mit der geschlechtshierarchischen Arbeitsteilung wirksam sind. Bei der geschlechtsspezifischen Nutzung des Internet fehlt es sowohl an umfassenden Daten als auch besonders an Analysen zu den Begründungszusammenhängen. Sicherlich haben auch hier Interessen und Bedürfnisse auf der Grundlage unterschiedlicher Arbeits- und Lebenserfahrungen geschlechtsspezifische Auswirkungen. Gleichzeitig werden gerade bei der Nutzung des Internet kollektive Handlungsmuster sichtbar, die sich auf technikbezogene Geschlechterstereotype beziehen. Allerdings ist noch weitgehend offen, in welchen konkreten Alltagssituationen diese Stereotype über Prozesse des 'doing gender' am Leben gehalten werden und wo sie zumindest teilweise dekonstruiert werden.

Interessant für die Geschlechterforschung ist gerade der derzeitige Übergangsprozess, in dem das früher technisch konnotierte Internet zur Nicht-Technik wird. Dies ist immer dann der Fall, wenn sich viele Frauen ein technisches Artefakt aneignen und in ihren Lebenszusammenhang einbauen (vgl. Wajcman 1994). Das Internet befindet sich derzeit noch in einer Übergangssituation; vor allem im Moment des Nicht-Funktionierens oder bei neueren Entwicklungen wie Videostreaming oder 3D-Animationen tritt die Technik noch hervor.

Das hier aufgerissene Forschungskonzept für eine gendersensitive Internetforschung ist anspruchsvoll und facettenreich. Durch eine konsequente Nutzung der neuen Online-Forschungsmethoden und ein methodologisches Hinterfragen einer dichotomen Geschlechterforschung verspricht es neue Ergebnisse. Diese Ergebnisse bleiben dann auch nicht bei einem Nachzeichnen des Status quo stehen, sondern führen zu konkreten Gestaltungsaufgaben, die sich mit dem neuen Medium Internet grundsätzlich auch realisieren lassen.

Literatur

Bimber, Bruce (2000): Measuring the Gender Gap on the Internet. In: Social Science Quarterly. Vol. 81, No. 3. 868-876

Bohnsack, Ralf (1997): Orientierungsmuster: Ein Grundbegriff qualitativer Sozialforschung. In: Schmidt, Folker (Hrsg.): Methodische Probleme der empirischen Erziehungswissenschaft. Baltmannsweiler: Schneider-Verlag Hohengehren

Buchen, Sylvia/Philipper, Ingeborg (2002): Die Bedeutung neuer Medien im Leben männlicher und weiblicher Jugendlicher unterschiedlicher Schulformen: Wie können biografische und generationsspezifische Bildungspotentiale durch veränderte Lernarrangements in der Schule genutzt werden? In: MedienPädagogik 1/2002, http://www.medienpaed.com/02-1/buchen_philipper1.pdf

Bundesministerium für Familie, Senioren, Frauen, Jugend (BMFSFJ) (Hrsg.) (2002): WOW – Women on the Web. Dokumentation einer Internationalen Konferenz vom 8.-10.3.2001 in Hamburg

Bundesministerium für Familie, Senioren, Frauen und Jugend (BMFSFJ)/Statistisches Bundesamt (Hrsg.) (2003): Wo bleibt die Zeit? Die Zeitverwendung der Bevölkerung in Deutschland 2001/02. http://www.bmfsfj.de/RedaktionBMFSFJ/Abteilung2/Pdf-Anlagen/wo-bleibt-zeit,property=pdf.pdf

DiMaggio, Paul/Hargittai, Eszter (2001): From the „Digital Divide" to „Digital Inequality": Studying Internet Use as Penetration Increases. In: Princeton University Center for Arts and Cultural Policy Studies, Working Paper Series, No. 15. http://www.princeton.edu/~artspol/workpap/WP15%20-%20DiMaggio%2BHargittai.pdf

Eimeren, Birgit von/Gerhard, Heinz/Frees, Beate (2003): ARD/ZDF-Online-Studie 2003. Internetverbreitung in Deutschland: Unerwartet hoher Zuwachs. In: Media Perspektiven. 8/2003. 338-358

Engler, Steffani/Faulstich-Wieland, Hannelore (1995): Ent-Dramatisierung der Differenzen. Studentinnen und Studenten in den Technikwissenschaften. Bielefeld: Kleine

EOS Gallup Europe (ed.) (2002): Flash Eurobarometer 135. Internet an the Public at Large. November 2002. http://europa.eu.int/comm/public_opinion/flash/fl135_en.pdf

Hargittai, Eszter (2002): Second-Level Digital Divide: Differences in People's Online Skills. In: First Monday. Vol. 7, No. 4. http://firstmonday.org/issues/issue7_4/hargittai

Hauptmanns, Peter/Lander, Bettina (2001): Zur Problematik von Internet-Stichproben. In: Theobald, Axel/Dreyer, Marcus/Starsetzki, Thomas (Hrsg.): Online-Marktforschung. Theoretische Grundlagen und praktische Erfahrungen. Wiesbaden: Gabler. 27-40

Heimrath, Rosie/Goulding, Anne (2001): Internet perception and use: a gender perspective. In: Program, electronic library and information systems. Vol. 35, No. 2. 119-134

Howard, Philip E.N./Rainie, Lee/Jones, Steve (2003): Days and Nights on the Internet. In: Wellman, Barry/Haythornthwaite, Caroline: The Internet in Everyday Life. Malden: Blackwell. 45-73

Mann, Chris; Stewart, Fiona (2002[2]): Internet Communication and Qualitative Research. A Handbook for Researching Online. London: Sage

Minks, Karl-Heinz (2000): Studienmotivation und Studienbarrieren. HIS Kurzinformation. Hannover A8. 1-12

Nielsen/NetRatings (ed.) (2002): Digital Divide for Women Persists at Work, http://www.nielsen-netratings.com/pr/pr_020313.pdf

Norris, Pippa (2001): Digital Divide. Civic Engagement, Information Poverty, and the Internet Worldwide. Cambridge University Press

Ono, Hiroshi/Zavodny, Madeline (2003): Gender and the Internet. In: Social Science Quarterly. Vol. 84, No. 1. 11-120

Pew Internet and American Life Project (2003): America's Online Pursuits. The changing picture of who's online and what they do.
http://www.pewinternet.org/reports/pdfs/PIP_Online_Pursuits_Final.PDF
Schäffer, Burkhard (2003): Generationen – Medien – Bildung. Medienpraxiskulturen im Generationsvergleich. Opladen: Leske+Budrich
Singh, Supriya (2001): Gender and the use of the internet at home. In: New Media & Society. Vol. 3, No. 4. 395-416
Statistisches Bundesamt (Hrsg.) (2003): Informationstechnologie in Haushalten. Ergebnisse einer Pilotstudie für das Jahr 2002. Wiesbaden.
http://www.destatis.de/presse/deutsch/pk/2003/iuk_privat.pdf
Stegbauer, Christian (2001): Grenzen virtueller Gemeinschaft. Strukturen internetbasierter Kommunikationsforen. Wiesbaden: VS Verlag für Sozialwissenschaften
TNS Emnid, Initiative D21 (Hrsg.) (2003): (N)Onliner Atlas. Eine Topographie des digitalen Grabens durch Deutschland. http://www.nonliner-atlas.de
Tuten, Tracy L./Urban, David J./Bosnjak, Michael (2002): Internet Surveys and Data Quality: A Review. In: Batinic, Bernad/Reips, Ulf-Dietrich/Bosniak, Michael (eds.): Online Social Sciences. Seattle: Hogrefe & Huber Publishers
Vogel, Ulrike/Hinz, Christina (2000): Zur Steigerung der Attraktivität des Ingenieurstudiums. Erfahrungen und Perspektiven aus einem Projekt. Bielefeld: Kleine
Wajcman, Judy (1994): Technik und Geschlecht. Die feministische Technikdebatte. Frankfurt/M. und New York: Campus
Winker, Gabriele (Hrsg.) (2001): Telearbeit und Lebensqualität. Zur Vereinbarkeit von Beruf und Familie, Frankfurt/M. und New York: Campus
Winker, Gabriele (2004): Fokus Bürgerin. Zur genderbewussten Gestaltung öffentlicher Räume in kommunalen E-Government-Portalen. In: Siedschlag, Alexander/Bilgeri, Alexander (Hrsg.): Kursbuch Internet und Politik. Band 1+2. Opladen: Leske+Budrich (i.D.)
Winker, Gabriele/Drüeke, Ricarda/Sude, Kerstin (2004): Neue Öffentlichkeiten durch frauenpolitische Netze im Internet? In: Kahlert, Heike/Kajatin, Claudia (Hrsg.): Arbeit und Vernetzung im Informationszeitalter. Frankfurt/M. und New York: Campus (i.D.)
Winker, Gabriele/Preiß, Gabriele (2000): Unterstützung des Frauen-Alltags per Mausklick? Zum Potenzial elektronischer Stadtinformationssysteme. In: Zeitschrift für Frauenforschung und Geschlechterstudien. Heft 1+2. 49-80. http://www.tu-harburg.de/agentec/winker/publikationen/stadtinfo.pdf
Yates, Simeon J./Littleton, Karen (2001): Understanding Computer Game Cultures. A situated approach. In: Green, Eileen/Adam, Alison: Virtual Gender. Technology, Consumption and Identity. London: Routledge. 103-123

II Anwendungsfeld: Jugend – Schule – Neue Medien

Annette Treibel, Elke Billes-Gerhart

Jugend und Neue Medien – eine Sekundäranalyse

1 Vorbemerkung

Die Sekundäranalyse zum Thema 'Jugend und Neue Medien' ist Bestandteil des Forschungsprojektes zur „Medienkompetenz von Migrantenjugendlichen unter der Perspektive ethnischer und geschlechtlicher Differenz", das im Rahmen des KGBI an der Pädagogischen Hochschule Karlsruhe angesiedelt ist. Sie dient in diesem Projekt der Vorbereitung der Primärforschung. Ihre umfangreichen Ergebnisse (vgl. Billes-Gerhart/Treibel 2003) werden hier ausgewertet und reflektiert. In unmittelbarem Zusammenhang mit dem Projekt und den Ergebnissen der Sekundäranalyse steht eine in Kooperation mit der Universität (TH) Karlsruhe im Frühjahr/Sommer 2003 an ausgewählten baden-württembergischen Hauptschulen durchgeführte Pilotstudie zu „Sprachverhalten und Mediennutzung von Migrantenjugendlichen" (Bernart/Billes-Gerhart 2004).

Die Sekundäranalyse hatte zum Ziel, den aktuellen Forschungsstand in den Bereichen Neue Medien und Migrantenjugendliche systematisch und zielgerichtet zu erarbeiten. Da bisher das Zusammenspiel von Neuen Medien, ethnischer Zugehörigkeit und Gender empirisch noch nicht untersucht wurde, konzentrieren wir uns auf die bisher durchgeführten empirischen Studien zu den Einzelkomponenten. Angesichts der verzweigten Anordnung der Primärforschung gibt es dabei keine Alternative zu einer breiten Anlage: Jugend und Neue Medien (s.u.).

Im folgenden werden die zentralen Befunde der Sekundäranalyse dargestellt und inhaltlich und methodologisch reflektiert. Wie zu zeigen sein wird, ergeben sich daraus erste Hinweise zur zukünftigen Klärung offener Fragen bzw. widersprüchlicher Befunde. Abschließend werden die Implikationen für die tangierten Bereiche von Geschlechter-, Jugend-, Medien- und Migrationsforschung diskutiert.

2 Zur Sekundäranalyse: Funktion, Thesen, Begriffe, Material

Eine Sekundäranalyse ist nach dem enger gefassten Verständnis der empirischen Sozialforschung ein *eigenständiges* Verfahren mit einer festgelegten Systematik (vgl. Klingemann/Mochmann 1975, Beutelmayer/Kapritzka 1993). Die einzelnen

Schritte beinhalten die Formulierung der *Problemstellung,* das *Auswählen,* das *Ordnen,* das *Verdichten,* das *Analysieren,* das *Interpretieren* und das *Archivieren* (vgl. Beutelmayer/Kapritzka 1993). Hier soll nur auf das ausgewertete Material und auf die Ergebnisse eingegangen werden. Die Sekundäranalyse stützt sich vor allem auf folgende Titel; eine vollständige Liste der Titel findet sich im Literaturverzeichnis:

Die für die Bundesrepublik Deutschland (West und Ost) repräsentativen Studien:

- Die ARD-/ZDF-online-Studie (Oehmichen/Schröter 2000; 2002, van Eimeren/ Gerhard/Frees 2003)
- Die Studien der Deutschen Shell AG (1997; 2000; 2002)
- Die JIM-Studien von 1998, 2000 und 2002 (Medienpädagogischer Forschungsverbund Südwest 1999; 2001; 2003)

Diese Studien wurden ausgewählt, da sie in allgemeiner und breit angelegter Weise die Veränderung der Lebenswelt heutiger Jugendlicher durch die (neuen) Medien analysieren. Die Shell-Studie 2000 nimmt einen Sonderstatus ein, da sie – bis dato zum ersten Mal auf repräsentativer Basis – das Verhältnis von einheimischen und Migrantenjugendlichen untersucht (vgl. Münchmeier 2000). Hier spielen zwar wiederum die Neuen Medien keine zentrale Rolle; die überfällige Thematisierung des Themas Migranten weist dieser Analyse gleichwohl eine Schlüsselrolle zu.

Die zentralen nicht-repräsentativen Studien:

- Empirische Studien zur Mediennutzung von deutschen Jugendlichen (Bernart 2000, Cornelißen 2002, Deutsche Shell 2000)
- Empirische Studien zu Jugendlichen mit Migrationshintergrund (Strobl-Kühnel 2000, Dietrich 1997, Dietz 1997, Nohl 2001, Preuss-Lausitz 2000)
- Die Längsschnittuntersuchung von 22 Münchner 13- bis 20-jährigen Jugendlichen, die im Zeitraum 1992 bis 1998 die Medienerfahrungen und den Umgang mit Neuen Medien untersucht (Barthelmes 2001, Barthelmes/Sander 2001)
- Die Studien zum Umgang von Jugendlichen mit Multimedia (Franzmann 2000, 2001)
- Die Untersuchung über die sog. Neue Mediengeneration (Weiler 1999)
- Die Arbeiten zur Mediennutzung der türkischen Bevölkerung (Granato 2001, Hafez 2002, Weiß/Trebbe 2001)

Jugend und Neue Medien 145

Aus den ersten Arbeitsschritten der Sekundäranalyse ergaben sich folgende Schlussfolgerungen: Es erwies sich bereits im Zuge der Literaturrecherche als zweckdienlich, den Fokus von der „Medienkompetenz" in Richtung auf „Medienausstattung und Mediennutzung" zu generalisieren. Des Weiteren wurde mangels spezifischer Untersuchungen zum *Gesamtzusammenhang von Gender, Jugend, Migrationshintergrund* und Neuen Medien der Weg gewählt, die Thematik über die Kombination der *Einzelkomponenten* 'einzukreisen'.

Für die spezifische Problemstellung „Ist für die Migrantenjugendlichen – und für die weiblichen um so mehr – eine spezifische digitale Kluft festzustellen?" waren *keine einschlägigen* Forschungsergebnisse zu identifizieren. Deshalb wurde der Untersuchungsbereich auf die Thematik „Jugend und Neue Medien, unter spezieller Berücksichtigung des Gender- und des Migrationsaspektes" ausgeweitet.

3 Tendenzen der Medienausstattung und Mediennutzung bei Jugendlichen

Medienausstattung allgemein

„Das Bild des Empfängers wird abgelöst durch das Bild des Users, der aktiv die technischen und kommunikativen Möglichkeiten der Medien in seinem Alltag verwendet. Er geht nicht mehr mit einem einzelnen Medium, sondern mit einem Medienensemble um. Die Zuwendung zu den Medien durch den User ist abhängig von ihrer Funktion und ihren Möglichkeiten für das kommunikative Handeln. (...) Die Suche nach und die Notwendigkeit der Kommunikation (...) charakterisiert das Leitmotiv (...) Die Jugendlichen verfügen heute in ihrem Alltag selbstständig über Medien (Geräte) und Medieninhalte. (...) Jugendkultur und Medien sind untrennbar miteinander verbunden." (Sander 2001: 42f.)

Das in obigem Zitat aus der Studie von Ekkehard Sander (2001) skizzierte Bild des Medienensembles, das zur selbstverständlichen Ausstattung von heutigen Jugendlichen gehört, wird durch die repräsentativen Studien bestätigt: Zu dem Standardinventar der jugendlichen Medienbesitzer gehören laut JIM-Studie (2002) Fernseher, Videorecorder, Mobiltelefon und Computer. Die Entwicklung zeigt einen Anstieg der Medienausstattung von 12- bis 19-Jährigen auf hohem Niveau. Im Bereich der Neuen Medien kann von einer Vollversorgung gesprochen werden: Laut JIM 2002 besitzen 98% der Jugendlichen ein Mobiltelefon und 94% einen Computer.

Geschlechtsspezifische Unterschiede zeigen sich bezüglich der Unterhaltungs- und Kommunikationselektronik: Jungen verfügen häufiger über Spielekonsolen, Computer und Internet, während Handys häufiger im Besitz von Mädchen sind. Jugendliche mit geringerer formaler Bildung besitzen eher Fernsehgeräte und Spielekonsolen, Gymnasiasten verfügen häufiger über PC und Internetzugang.

Der Handybesitz hat sich JIM 2002 zufolge in den letzten fünf Jahren verzehnfacht.

Mediennutzung innerhalb und außerhalb der Familie

Zentrale Prägeinstanz für den Umgang mit den Medien ist die Familie (vgl. Cornelißen 2002, Barthelmes 2001, Sander 2001). Die Medieninhalte sind Bestandteil der alltäglichen Gespräche in der Familie und der Peergroup (vgl. Barthelmes 2001). Das Sprechen über Serien und Filme ermöglicht den Jugendlichen eine Abwandlung der durch das Medium kolportierten Geschichte durch die Einbeziehung der eigenen Erfahrungen und Gefühle. Dies ermöglicht den Jugendlichen nach Barthelmes einen Austausch, ohne ihr eigenes Thema oder ihre eigene Meinung offenbaren zu müssen.

Nach Cornelißen finden das Sich-Austauschen und das gemeinsame Reden in der Familie bis zum 15. Lebensjahr statt, danach ist ein Rückgang der innerfamilialen Kommunikation zu erkennen. Nach Sander bedeutet die Selbstbildung über Medien für die Jugendlichen, sich der eigenen Themen bewusst zu werden, diese Themen in den Medien zu suchen sowie eigenständige Medienerfahrungen zu sammeln. Dieser Prozess finde in der Familie statt. Das hat nach Sander zur Folge, dass Selbstbildung über Medien vom kulturellen Kapital der Eltern abhängt. Geschenke und Medienvorschläge der Eltern beeinflussen die Kinder in ähnlicher Weise wie der unmittelbare Umgang der Eltern mit Medien. Diese medienbezogenen Handlungskonzepte der Familien sind Ausgangspunkt des Umgangs mit Medien sowie der Verarbeitung von Inhalten. Trotz zunehmender Bedeutung der Peergroup bleibt das unmittelbare Vorbild der Eltern handlungsleitend. Das familienspezifische kulturelle Erbe wird zwar ab dem 15./16. Lebensjahr in Frage gestellt, bleibt aber dennoch erhalten und manifestiert sich bei Jugendlichen im 19./20. Lebensjahr wieder deutlich (vgl. Cornelißen 2002: 88f.).

Barthelmes und Sander (2001) kommen zu dem Schluss, dass der Umgang mit Medien ein Ausdruck der Selbstbildung und der innere Dialog bei der Auseinandersetzung mit Medien entscheidendes Moment der Selbstbildung durch Medien seien: Erfahrungen, Erkenntnisse und Vertrautheit werden hier ohne die Hilfe der Eltern erfahren. Durch das Prinzip der Wiederholung wird dieser Effekt noch verstärkt. Die Medien bzw. die Zeiten der Mediennutzung werden zu Orten, an denen sich Jugendliche sicher und verstanden fühlen. Barthelmes und Sander sehen den Medienumgang als eine Fluchtburg an, in der es Sicherheit, Vertrautheit und Geborgenheit gibt. Allerdings ist nach Sander dafür eine gemeinsame kulturelle Basis von Eltern- und Jugendgeneration, der 'common culture', wichtig, da sie die Grundlage für die Jugendlichen bietet, aus der sie sich einzelne Anregungen und (Handlungs-) Modelle herausnehmen und diese spezifisch weiterentwickeln können (vgl. Sander 2001: 22ff.).

4 Handy, Computer und Internet bei einheimischen Jugendlichen, bei Migrantenjugendlichen und in der Geschlechterrelation

In diesem Abschnitt werden die Ergebnisse auf ihre Gender- und Migrationsbezüge hin analysiert. Zunächst werden die unterschiedlichen Neuen Medien (Handy, Computer, Internet) allgemein nach den Zugriffsmöglichkeiten und Nutzungen durch die verschiedenen Gruppen dargestellt. Im Anschluss werden die Befunde konzentriert auf die Migrantenjugendlichen hin nochmals verdichtet.

4.1 Handybesitz und Handynutzung

Die Lebenswelt der Jugendlichen wird durch das Handy als Kommunikations- und Interaktionsmedium stark beeinflusst. Gemäß der Shell-Studie 2002 spielt das Handy auch als *Statussymbol* eine wichtige Rolle. Es ist unter Jugendlichen sehr weit verbreitet: Vier von fünf Jugendlichen verfügen über ein eigenes Handy, ab dem 15. Lebensjahr ist das eigene Handy der Normalfall. Hinsichtlich der sozialen Schichtung sind keine Unterschiede zu erkennen (vgl. Shell 2002, JIM 2002). Was die *Geschlechterrelationen* betrifft, liefern die Studien im Vergleich widersprüchliche Ergebnisse: 32% der 15- bis 23-jährigen Männer und 22% der Frauen besitzen ein Handy (Shell 2000); JIM 2000 zufolge haben 51% der 14- bis 19-jährigen Mädchen ein Handy (Jungen 46%). JIM 2002 stellt demnach fest, dass mehr Mädchen und junge Frauen ein Handy besitzen.

Was den Vergleich einheimische Jugendliche und *Migrantenjugendliche* betrifft, macht die Shell-Studie 2000 nähere Angaben: Danach gibt nahezu jeder dritte ausländische Jugendliche an, ein Handy zu besitzen, bei den türkischen Jugendlichen sind es 28%. Besonders beliebt ist das Handy bei italienischen Jugendlichen. Unabhängig von der Nationalität gibt es unter männlichen Jugendlichen die meisten Handynutzer (Mädchen 23%, Jungen 33%), *bei den türkischen Jugendlichen ist die geschlechtsspezifische Differenz am größten* (Mädchen 17%, Jungen 39%) (vgl. Fritzsche 2000: 200). Die deutschen männlichen Jugendlichen haben seltener ein Handy als ihre ausländischen Altersgenossen, die deutschen Mädchen besitzen häufiger ein Handy als ihre ausländischen Altersgenossinnen. So sind also die Jungen und jungen Männer mit Migrationshintergrund und die einheimischen Mädchen und jungen Frauen überproportional gut mit Handys ausgestattet.

Wofür nutzen die (verschiedenen Gruppen der) Jugendlichen das Handy? Hierzu sind – entsprechend der Priorität, die Computer und Internet in der Forschung und entsprechend auch in den Texten der Sekundäranalyse einnehmen – vergleichsweise erst wenige Untersuchungen erschienen. Gleich (2003) nimmt in seinem Artikel über „Jugendliche und Neue Medien" diesbezüglich eine Auswertung vor, auf die wir zurückgreifen.

Der JIM-Studie 2002 zufolge versenden Jugendliche durchschnittlich 4,2 SMS pro Tag und empfangen 5,3 SMS. Eine Studie des Xerox Research Centre Europe (XRCE) (Delbrouck 2003, vgl. Gleich 2003) sieht die SMS als beliebteste Kommunikationsform bei Teenagern. 15% der SMS dienen zur Vereinbarung von Telefonaten über das Festnetz. Die SMS ermöglicht eine unauffällige private Form der Kommunikation, die Dialoge werden kürzer, finden jedoch häufiger statt. Delbrouk stellt fest, dass sich lediglich die Dynamik der Kommunikation, nicht aber die Inhalte verändert haben. Logemann/Feldhaus (2002) (vgl. Gleich 2003) weisen darauf hin, dass sich der Handlungs- und Kommunikationsspielraum der Kinder und Jugendlichen durch SMS erweitert hat und die Pflege sozialer Beziehungen in der peer-group vereinfacht wurde. Die Funktion des Handys muss altersspezifisch differenziert betrachtet werden (vgl. INSOC 2003; vgl. Gleich 2003); es ist integraler Bestandteil der jeweiligen Jugendkultur. So legen 13- bis 15-Jährige den Schwerpunkt auf die Gestaltung von kommunikativen Netzwerken untereinander, primär in Form affektiver Kommunikation.. Bei den 16- bis 18-Jährigen dient das Handy hauptsächlich der interpersonalen Kommunikation. Die Offline-Kommunikation wird selten genutzt. Hinsichtlich der Geschlechterrelation lässt sich feststellen, dass Mädchen ihren Schwerpunkt auf interpersonal und affektiv gefärbte Kommunikation setzten, während Jungen die zusätzlichen Funktionen des Handys (Spielen, Einstellungen etc.) verstärkt nutzen und eher die kollektiven Aktivitäten mit dem Handy organisieren. Zu den Motiven der Handynutzung aus Sicht der Jugendlichen gehören: ständige Erreichbarkeit, Emanzipation von den Eltern durch Handybesitz, Sicherheitsaspekte, Mikro-Koordination des Alltags (kurzfristige Absprache von Alltagshandlungen) und der Statuscharakter (insbesondere bei männlichen Jugendliche) (vgl. Ling 2002, vgl. Gleich 2003).

Der Download von Klingeltönen und Logos wird durchschnittlich 1,7 Mal pro Monat durchgeführt (Döring 2002, vgl. Gleich 2003). Dabei gibt es keine altersspezifischen, jedoch geschlechtsspezifische Unterschiede: doppelt so viele männliche wie weibliche Nutzer zählen zu den Vielnutzern. Diese Ergebnisse lassen sich als positiver Zusammenhang zwischen Individualität auf der einen Seite und Uniformität auf der anderen Seite interpretieren. Es wird ein breites Auswahlspektrum an Klingeltönen durch die Jugendlichen genutzt: Cartoons: 53%, Muster: 38%, Liebe: 35%, Sprüche: 28% (vgl. Döring 2002). Zu den Funktionen der Nutzung von Logos und Klingeltönen zählen nach Döring gezielte und/oder ungezielte Selbstdarstellung, Stärkung des sozialen Zusammenhalts und Abgrenzung gegenüber anderen Gruppen durch Verwendung von gruppenspezifischen Zeichen. Logos und Klingeltöne spiegeln die Interessen und Vorlieben des Einzelnen und erleichtern die entsprechende Anschlusskommunikation in der Peergroup.

4.2 Computer und Internet

Laut JIM 2002 holen die Mädchen bei der Computernutzung kontinuierlich auf und nehmen somit an dem allgemein dramatischen Zuwachs der Vernetzung teil. Mädchen gehen – wie die Jungen – vor allem ins Netz, bei den Spielen sind beide Geschlechter bei Adventure-Spielen in gleicher Weise vertreten. Da Mädchen jedoch nach wie vor zu Hause in geringerem Maße selbst einen PC besitzen, ist hier die außerhäusliche Aneignung, etwa in der Schule, wichtiger. Laut van Eimeren/Gerhard/Frees (2003) wird das Internet erstens für E-mails, zweitens für die Suche nach Angeboten und drittens zum Surfen genutzt.

Die 14- bis 19-Jährigen nutzen die Möglichkeiten der Internets am stärksten (vgl. van Eimeren/Gerhard/Frees 2003). Die ARD-/ZDF-Online-Studie stellt fest, dass diese Gruppe (also die Jugend im engeren Sinne) aktiver und kommunikativer mit dem Internet umgeht und stark am Nutzwert orientiert ist. Verglichen mit den übrigen Altersgruppen chatten die 14- bis 19-Jährigen so häufig und suchen Gesprächsforen so häufig auf wie keine andere Gruppe, und sie spielen häufiger Computerspiele im Netz. Die durchschnittliche Verweildauer der 14- bis 19-Jährigen im Netz beträgt im Jahr 2003 137 Minuten (Werktag 105 Minuten, Wochenende 217 Minuten). Primär wird das Internet zu Hause genutzt (vgl. JIM 2002, van Eimeren/Gerhard/Frees 2003). Dahinter folgen mit einigem Abstand zunächst der Nutzungsort Schule, dann die Freunde. Öffentlich zugängliche Computer mit Internet-Zugang spielen keine Rolle (vgl. jeweils JIM 2002).

Zu den *Tätigkeiten im Internet* findet sich in der JIM-Studie 2002 folgende Rangordnung: E-Mail, Informationssuche, Musikhören, Chat und Musik-Download. Jungen und junge Männer nutzen das Internet tendenziell intensiver und bevorzugen das Internet als Informationsquelle zu den Themen Musik und Computerspiele. Mädchen und junge Frauen nutzen vor allem die E-Mail-Kommunikation (Mädchen 51%, Jungen 46%) und chatten gleich oft wie Jungen (Mädchen 25%, Jungen 26%).

4.3 Migrantenjugendliche

Laut Shell 2000 ist allgemein zu konstatieren, dass es weder typisch weibliche noch typisch männliche Lebensmuster bei deutschen Jugendlichen gibt. Eine größere geschlechtsspezifische Differenzierung ist bei türkischen und italienischen Jugendlichen nötig, doch selbst hier konvergieren die Unterschiede nicht mit weiblichen oder männlichen Lebensentwürfen. Nach wie vor gibt es traditionell orientierte und moderne Muster von Männlichkeit und Weiblichkeit.

Bei jungen Italienern und Türken unterscheiden sich die Alltagswelten von Jungen und Mädchen stärker. Bei türkischen Mädchen ist der Konflikt zwischen Jugendleben und kulturell geprägter Mädchen- bzw. Frauenrolle am stärksten ausgeprägt, während bei den anderen Gruppen der Jugendstatus den Ausländerstatus überlagert (Shell 2000: 345ff.). Die jungen Italienerinnen sind im Vergleich zum Durchschnitt und insbesondere zu den türkischen Jugendlichen in Deutschland als die am meisten akkulturierte Gruppe zu bezeichnen. Insgesamt lässt sich eine Angleichung der Sozialisationsbedingungen von ausländischen und deutschen Jungen und Mädchen feststellen. Jedoch sind große Unterschiede zwischen türkischen und italienischen Jugendlichen vorhanden.

Shell 2000 zufolge besitzen 42% der *Migrantenjugendlichen* keinen eigenen Computer, jeder Vierte muss sich seinen Computer mit anderen teilen und nur 30% haben einen Computer allein zur Verfügung. Der Computerbesitz ausländischer Jugendlicher ist deutlich geringer als der der einheimischen Jugendlichen: insgesamt 62% verfügen über keinen eigenen Computer (Italiener: 60%, Türken: 69%) (vgl. Shell 2000: 203).

Mangels spezifischer Studien zur Nutzung Neuer Medien durch Jugendliche mit Migrationshintergrund (als Aussiedler bzw. 'Ausländer') seien im folgenden die Befunde zum *Freizeitverhalten* der (jugendlichen) Bevölkerung mit Migrationshintergrund referiert, in denen das traditionelle Medium *Fernsehen* eine herausgehobene Bedeutung hat.

Bei den *jugendlichen Aussiedlern* ist nach der Migration, so die einschlägige Untersuchung von Barbara Dietz und Heike Roll (1998), eine Veränderung der Freizeitmuster festzustellen: die Kontakte zu Freunden und Bekannten und die sportlichen Aktivitäten nehmen ab und der Musik- und Fernsehkonsum nehmen zu. Die Musik wird als wichtiges Identifikationsmoment gesehen, da sie den Aussiedlerjugendlichen die Orientierungen westlicher Jugendkulturen nahe bringt. Mit Fernsehen verbringen ein Drittel der 15- bis 17-Jährigen und über ein Drittel der über 22-Jährigen ihre Freizeit. Dies ist im Vergleich zu den einheimischen Jugendlichen (17% der 15- bis 17-Jährigen und 12% der über 22-Jährigen) ein hoher Wert (vgl. Dietz/Roll 1998). Bei der Gestaltung der Freizeit lassen sich geschlechtsspezifische Unterschiede erkennen: männliche Aussiedlerjugendliche verbringen ihre Freizeit häufiger mit Freunden und Bekannten als die weiblichen. Bei den Einheimischen ist dies genau umgekehrt, die Zahl der weiblichen Jugendlichen, die gerne ausgehen, ist etwas höher. Bei den übrigen Aktivitäten entsprechen die geschlechtstypischen Verhaltensweisen junger Aussiedlerinnen denen der einheimischen Mädchen (vgl. Dietz/Roll 1998).

Zu den wichtigsten Mediennutzungsgewohnheiten der *türkischen Bevölkerung* in Deutschland gehören: 95% Fernsehen, 86% Bücher, 79% Videos, 72% Zeitschriften, 71% Zeitungen und 58% Radio (Weiß/Trebbe 2001: 34ff.). Die Computernutzung wurde nicht abgefragt. Es stellt sich aber heraus, dass anders als in der deutschen Bevölkerungsgruppe das Fernsehen bei der türkischen Bevölkerungsgruppe weit vor dem Radiohören rangiert. Bei türkischen Jugendlichen wurde in der Shell-Studie 2000 hinsichtlich Computernutzung und sog. Out-Door-Aktivitäten eine besonders hohe Geschlechterdifferenz festgestellt.

Weiterführende Aufschlüsse zur Mediennutzung von türkischen Migranten generell und deren 'Integrationsimplikationen' gibt die Studie des Hamburger Politik- und Kommunikationswissenschaftlers Kai Hafez (2002). Ihm zufolge konzentrieren sich die Jugendlichen in der Regel stärker auf deutsche Medien. Sie verlassen das „Medienexil" ihrer Eltern und passen sich an das allgemeine Nutzungsverhalten des jeweiligen Milieus an. Die Nutzung türkischer Zeitungen und Nachrichten durch türkische Jugendliche geht zurück; wenn sie deutsche Medien nutzen, sind sie auf Unterhaltungsangebote fixiert (vgl. Hafez 2002: 13). Hafez kommt zu dem Ergebnis, dass einerseits die Nutzung türkischer Medien die soziale und kulturelle Integration nicht ausschließt, andererseits kann Integration nicht ohne Nutzung deutscher Medien erfolgen. Zwischen Integrationstypen und Mediennutzern gibt es demnach Korrelationen: bessere Integration steht mit verstärkter deutscher Mediennutzung und schlechte Integration mit verstärkter türkischer Mediennutzung in Zusammenhang. Allerdings stellt Hafez einen starken Trend zu Übergangstypologien fest. Dies deutet er als Verhaftung in zwei Kultur-Sphären: gut integriert in Deutschland, aber dennoch interessiert an türkischen Medien. Gesellschaftliche Integration kann demnach auch unter Wahrung einer (zusätzlichen, gleichzeitigen, ergänzenden, bikulturellen) türkischsprachigen Mediennutzung erfolgen und muss nicht zwangsläufig desintegrierend wirken (Hafez 2002: 15).

5 Sekundäranalyse und Pilotstudie

5.1 Interpretation der Befunde der Sekundäranalyse

In Zusammenfassung der Ergebnisse der Sekundäranalyse ist die Nutzung Neuer Medien in Abhängigkeit von folgenden Faktoren zu sehen:

- von der Phase des *Jugendalters*
- vom *Geschlecht*
- von der *Schulform*

Der Einfluss des *Migrationshintergrundes* ist nach den Ergebnissen der Sekundäranalyse vorsichtig zu bewerten. Tendenziell bestätigt sich die Erwartung, dass die Zugangsmöglichkeiten zu Neuen Medien sich am ungünstigsten für Mädchen mit Migrationshintergrund darstellen. Was das Handy betrifft, sind Jungen und junge Männer mit Migrationshintergrund gegenüber den einheimischen Jungen und jungen Männern besser ausgestattet. Bei den türkischen Jugendlichen schlägt die Geschlechterdifferenz stärker zu Buche als bei den einheimischen Jugendlichen.

Angesichts der Abhängigkeit von Mediennutzung und Lebensalter in quantitativer und qualitativer Hinsicht wirkt sich die heterogene 'Jugend'-Definition in den behandelten Studien interpretatorisch problematisch aus. So muss bei der Einbeziehung der Studien von Cornelißen und van Eimeren/Gerhard/Frees in Rechnung gestellt werden, dass diese auf den Altersgruppen 14 bis 23 (Cornelißen) oder 14 bis 29 (van Eimeren/Gerhard/Frees) beruhen.

Bei den Migrantenjugendlichen gibt es Anzeichen dafür, dass der Schule beim (ersten) Zugang zu den Neuen Medien eine stärkere Bedeutung zukommt. Folgt man den allgemeinen Ausführungen von Barthelmes/Sander (2001), wonach die Familie das *kulturelle Medienkapital* (Billes-Gerhart/Treibel 2003) bereitstellt und bestimmte Fährten legt, so kann man davon ausgehen, dass Migrantenfamilien in geringerem Umfang solche Fährten legen. Die insgesamt vorhandene Heterogenität der Ergebnisse bei den Jugendlichen potenziert sich mit Blick auf die Migrantenjugendlichen.

5.2 Weiterführung in der Pilotstudie

An dieser Stelle sei nicht im Detail auf den Aufbau und Ergebnisse der Pilotstudie eingegangen, sondern auf die hierzu vorliegende Veröffentlichung über „Sprachverhalten und Mediennutzung von Migrantenjugendlichen" (Bernart/Billes-Gerhart

Jugend und Neue Medien 153

2004) verwiesen. Im folgenden werden die mit Blick auf die Sekundäranalyse wichtigsten Befunde herausgefiltert.

Die Pilotstudie, eine Befragung von Schülerinnen und Schülern von sechsten Hauptschulklassen an fünf Hauptschulen in Baden-Württemberg, wurde im Sommersemester 2003 in Zusammenarbeit mit der Universität Karlsruhe entwickelt und durchgeführt. 104 Schülerinnen und Schüler wurden schriftlich gefragt, 103 Fragebögen konnten ausgewertet werden. 52,4% der Befragten sind männlichen Geschlechts (n=54), 47,5% sind weiblich (n=49). 49,5%, der Jugendlichen sind Deutsche (n=51), 50,4% sind Nicht-Deutsche (n=52). Von den angegebenen Nationalitäten sind n=18 türkisch, n=5 italienisch, n=7 russisch, n=19 weitere kommen aus 15 Nationen. Das Durchschnittsalter aller Befragten beträgt 12,5 Jahre.

Die Ausstattung mit Medien ist in den meisten Haushalten gut: 86,4% der Schülerinnen und Schüler können auf einen Computer zurückgreifen (n=89), 80,5% auf ein Handy (n=83), und 63,1% auf einen Internetzugang (n=65). Bei den Spielmedien hat jeder Zweite (55,3%) einen Gameboy (n=57), 44,6% eine Playstation (n=46) und jeder Vierte (24,2%) eine Playstation (n=25) zur Verfügung. 58,2% der Befragten nutzen das Handy (n=60) und 28,1% den Computer (n=29) täglich. Mehrmals in der Woche/täglich surfen 32% der Schülerinnen und Schüler (n=33) im Internet, 34,9% gaben an, nur einmal pro Woche/selten das Internet zu nutzen (n=36).

Am wichtigsten in der Freizeit sind den Schülern die beiden Geräte, die sie am häufigsten benutzen: das Handy für 46,6% und der Computer für 33%. Nimmt man alle Häufigkeitsnennungen zusammen (häufig bis selten, ohne die Antwortvorgabe „nie"), ergibt sich folgende Rangfolge:

1. Computerspiele (69,9%), Chatten (61,1%), Surfen (60,1%)
2. Material für die Schule suchen (49,5%), E-mail (49,5%), Musik/Videos/Bilder herunterladen (49,5%)
3. gezielte Suche (42,7%), sonstige Dateien herunterladen (40,7%)
4. Logos/Klingeltöne bestellen (33%)

31% (n=32) der Schülerinnen und Schüler gaben an, auch anderssprachige Seiten im Internet aufzurufen, n=61 tun dies nicht. Im Allgemeinen waren die anderssprachigen Seiten mit der Muttersprache der Schüler identisch.

Für alle in der Pilotstudie befragten Jugendlichen gilt: zu Hause finden sie eine hohe Ausstattung mit Medien vor. Das Handy als solches und vor allem dessen Marke (bevorzugt Nokia, dann Siemens) haben einen hohen Stellenwert. Die Jugendlichen nutzen das Handy auch als Uhr, Wecker, zur Terminerinnerung und als Adressenspeicher. Wenig beliebt ist das Internetcafé; die meisten Jugendlichen surfen zur Hälfte zu Hause, zur Hälfte bei Freunden, etwas weniger in der Schule. Gesurft wird zur Hälfte alleine, zur Hälfte mit Freunden, weniger mit Eltern und Verwandten. Über das Internet wird hauptsächlich mit den eigenen Freunden, kaum mit den Lehrkräften gesprochen. Alle beschäftigen sich im Internet erstens mit Computerspielen, zweitens mit Downloads und drittens mit Surfen. Gezielte Suche im Netz, und insbesondere für schulische Materialien, wird kaum betrieben.

Die Pilotstudie trägt einige neue Befunde zur Problemstellung: „Sind Jugendliche mit Migrationshintergrund – und die Mädchen dabei umso mehr – bezüglich der Neuen Medien 'abgehängt'?" bei. Insgesamt zeigt sich, dass das *täglich* am häufigsten genutzte Medium das Handy ist, gefolgt vom Computer und vom Internet. 75,4% der Migrantenjugendlichen haben zu Hause einen Computer zur Verfügung, 87,7% ein Handy, 57,8% einen Internetzugang. 56,1% nutzen das Handy jeden Tag, 26,3% den Computer und das Internet zu nur je 10,5%. 26,3% geben an, das Internet selten/nie zu benutzen. 80,7% haben ein eigenes Handy, 70,1% ist der Hersteller des Gerätes sehr wichtig. 52,6% nutzen das Internet zu Hause, 52,6% bei Freunden, 43,8% in der Schule. Häufig spielen 36,8% der Migrantenjugendlichen Computerspiele im Internet, 24,5% surfen häufig. Mit ihren Eltern sprechen 35% die Muttersprache, 7% nur Deutsch und 57,8% beide Sprachen. Mit den Geschwistern sprechen 28% nur Deutsch, 14% nur die Muttersprache und 57,8% beide Sprachen. Mit muttersprachlichen Freunden unterhalten sich 63,1% der Migrantenjugendlichen in beiden Sprachen, 17,5% nur auf Deutsch und 19,2% nur in der Muttersprache. 92,9% haben einen gemischten Freundeskreis, nur 7% gaben an, einen Freundeskreis nur aus anderssprachigen Personen zu haben.

Von der Gesamtheit aller Befragten haben 63,1% Zugang zum Internet, die Migrantenjugendlichen insgesamt weniger, nämlich zu 57,8%. Die weiblichen Migrantenjugendlichen haben zu 50% Zugang zum Internet, die männlichen zu 67,7%. Männliche Migrantenjugendliche haben eher Zugang zu Internet, Computer und zum Handy und besitzen mehr Spielmedien als Mädchen. Sie nutzen Internet, Computer und Handy häufiger als die weiblichen Migrantenjugendlichen. In dieser Gruppe wird das Internet eher außer Haus, und zwar primär bei und mit Freunden genutzt. Demgegenüber nutzen die Mädchen mit Migrationshintergrund das Internet eher zu Hause und alleine.

Jungen mit Migrationshintergrund chatten häufiger als weibliche, sie surfen mehr, nutzen häufiger Downloadmöglichkeiten und spielen mehr Computerspiele. Mädchen mit Migrationshintergrund mailen häufiger als Jungen, surfen und chatten weniger als Jungen (vgl. Übersicht). Unter ihnen ist der Anteil derjenigen, die angeben, nie gezielt im Internet nach Informationen/Materialien zu suchen, am größten.

Jugend und Neue Medien 155

Übersicht: Nutzungspräferenzen des Internet nach Gruppen (Bernart/Billes-Gerhart 2004)

Es nutzen das Internet häufig für:

Gesamtheit der Befragten	Migrantenjugendliche	weibliche Migrantenjugendliche	männliche Migrantenjugendliche
Computerspiele (42,7%)	Computerspiele (36,8%)	Computerspiele (31,8%)	Computerspiele (38,7%)
Herunterladen Musik/ Videos/ Bilder (31,0%)	Surfen (24,5%)	Mailen (22,7%)	Herunterladen Musik/ Videos/ Bilder (35,4%)
Chatten (27,1%)	Chatten (15,4%)	Surfen (22,7%)	Surfen (32,3%)
Surfen (23,3%)	Mailen (15,4%)	Herunterladen Musik/ Videos/ Bilder (18,1%)	Chatten (22,5%)
Mailen (22,3%)	Herunterladen Musik/ Videos/ Bilder (14,0%)	Chatten (18,1%)	Herunterladen sonstiger Dateien (12,9%)

Die Pilotstudie bestätigt die Annahme einer spezifischen digitalen Kluft für die weiblichen Jugendlichen mit Migrationshintergrund. Bezogen auf die Hauptschülerinnen und Hauptschüler, um die es hier ging, fällt die Differenz zwischen den einheimischen Jugendlichen und den Migrantenjugendlichen insgesamt jedoch nicht so deutlich aus wie erwartet.

6 Schlussbemerkung: Geschlecht – Jugend – Neue Medien – Migration – und Schule

Da Migrantenjugendliche in der Gruppe der Hauptschülerinnen und Hauptschüler überproportional vertreten sind, teilen sie bezüglich der Neuen Medien deren charakteristische Merkmale wie vergleichsweise geringere Ausstattung, eher unterhaltungs- als informationsorientierte Nutzung und weniger intensive Zugriffe. Für eine soziologische Analyse bedeutet dies, dass die Eigenschaft 'Hauptschüler' (also die Kategorie Schulform) stärker 'durchschlägt' als die Eigenschaft 'Migrationshintergrund'. Es ist davon auszugehen, dass Realschüler und Gymnasiasten, ob mit oder ohne Migrationshintergrund, im Vergleich mit Hauptschülern während der letzten Jahre zwar nicht mehr dramatische, aber immer noch bessere Zugangsmöglichkeiten zu Computer und Internet haben.

Fasst man unter Neuen Medien jedoch nicht nur Computer und Internet, sondern auch das Handy, so kristallisiert sich ein anderes Profil heraus. Wie die Pilotstudie belegt (unter Bestätigung der Ergebnisse der Sekundäranalyse), rangiert der Besitz eines Handys (möglichst von Nokia oder Siemens) in der Aufmerksamkeit und Wertigkeit von Migrantenjugendlichen weit oben – noch vor Computer und Internet. Da das Handy als präsentes und der Person direkt zuzuordnendes Statussymbol fungiert, können seine Träger und Trägerinnen hiermit ihre Position bzw. ihren Anspruch markieren. So ist dieses Neue Medium in idealer Weise geeignet, Zugehörigkeit zur Peergroup und/oder zur Aufnahmegesellschaft und die Aufstiegsorientierung zu demonstrieren – unmittelbar und manifest. Demgegenüber sind Computer und Internet weniger zur direkten Demonstration geeignet.

Geht man – wie im Forschungsprojekt der Fall – davon aus, dass Jugendliche mit Migrationshintergrund im Unterschied zur einheimischen Jugend nicht nur eine vergeschlechtlichte, sondern auch eine ethnische Zugehörigkeit besitzen und sich in Nähe bzw. Distanz zu einer ethnischen Community bewegen, wird die Frage nach den Inhalten der Mediennutzung und die Medienkompetenz zusätzlich virulent. Die Frage jedoch, inwieweit nationale bzw. transnationale Angebote der Informationsgesellschaft genutzt bzw. selbst erstellt werden, ist auf der Grundlage der Sekundäranalyse nicht zu beantworten. Die bisher vorliegenden Studien geben Auskunft über die Frequentierung in- bzw. ausländischer Fernsehsender und damit auch die Bedeutung muttersprachlicher Programme. Danach ist als zentrales Ergebnis festzuhalten, dass Personen, die regelmäßig etwa türkischsprachige Programme nutzen, keineswegs in geringerem Maße als integriert gelten können. Die Nutzung türkischer Medien (ob als traditionelles oder als Neues Medium) ist nicht zwangsläufig desintegrierend.

Das bei Hauptschülerinnen und Hauptschülern mit Migrationshintergrund feststellbare geringere kulturelle Kapital mit Blick auf Neue Medien insgesamt, wirft die Frage auf, ob der Kompensationsauftrag an die Schulen bei den Migrantenjugendlichen nicht neu zu formulieren ist.

Literatur

Texte der Sekundäranalyse

ARD-Forschungsdienst (2003): Jugendliche und neue Medien. In: Media Perspektiven 2003. 4. 194-200
Barthelmes, Jürgen (2001): Funktionen von Medien im Prozess des Heranwachsens. In: Media Perspektiven 2001. Heft 2. 84-89
Barthelmes, Jürgen/ Sander, Ekkehard (2001): Geborgenheit im Alltag – Geborgenheit in den Medien: Die Suche der Jugendlichen nach ihren Themen. In: Deutsches Jugendinstitut (Hrsg): DJI – Das Forschungsjahrbuch 2001. München: DJI. 59-73
Barthelmes, Jürgen/Ekkehard Sander (2002): Medienerfahrungen von Jugendlichen. Erst die Freunde, dann die Medien. München: DJI
Bernart, Yvonne (2001): Jugend. In: Schäfers, Bernhard/Zapf, Wolfgang (2001): Handwörterbuch zur Gesellschaft Deutschlands. Opladen: Leske+Budrich. 361-371
Cornelißen, Waltraud et al. (2001): Die Lebenssituation und die Perspektiven junger Frauen und Männer in Deutschland – Ein sekundäranalytische Auswertung vorhandener Umfragedaten. In: Deutsches Jugendinstitut (Hrsg): DJI – Das Forschungsjahrbuch 2001. München: DJI. 133-140
Cornelißen, Waltraud/Gille, Martina/Knothe, Holger/Queisser, Hannelore/Meier, Petra/Stürzer, Monika (2002): Junge Frauen – junge Männer. Daten zur Lebensführung und Chancengleichheit. Eine sekundäranalytische Auswertung. Opladen: Leske+Budrich
Deutsche Shell (Hrsg.) (1997): Jugend '97. Opladen: Leske+Budrich
Deutsche Shell (Hrsg.) (2000): Jugend 2000. Opladen: Leske+Budrich
Deutsche Shell (Hrsg.) (2002): Jugend 2002. Frankfurt/M.: Fischer
Dietrich, Ingrid (1997): Voll Integriert? Zuwanderer-Eltern berichten über Erfahrungen ihrer Kinder mit Schulen in Deutschland. Baltmannsweiler: Schneider Verlag Hohengehren
Dietz, Barbara/Roll, Heike (1998): Jugendliche Aussiedler – Portrait einer Zuwanderergeneration. Frankfurt/New York: Campus
Eimeren, Birgit van/ Gerhard, Heinz/Frees, Beate (2003): Internetverbreitung in Deutschland: Unerwartet hoher Zuwachs. Eine ARD/ZDF-Online-Studie. In: Media Perspektiven 2003. Heft 8. 338-358
Franzmann, Bodo (2000): Jugend, Information und Multimedia. Wie Jugendliche in die Informationsgesellschaft einsteigen. In: Mahle, Walter A. (Hrsg.): Orientierungen in der Informationsgesellschaft. Konstanz: UVK. 49-62
Fritzsche, Yvonne (2000): Modernes Leben: Gewandelt, vernetzt und verkabelt. In: Deutsche Shell (Hrsg.): Jugend 2000. Opladen: Leske+Budrich. 180-219
Gerhards, Maria/Klingler, Walter (2001): Jugend und Medien: Fernsehen bleibt dominierend. In: Media Perspektiven 2001. Heft 2. 65-74
Gleich, Uli (2003): Jugendliche und neue Medien. In: Media Perspektiven 2003. Heft 4. 194-200
Granato, Mona (2001): Freizeitgestaltung und Mediennutzung bei Kindern türkischer Herkunft. Eine Untersuchung des Presse- und Informationsamtes der Bundesregierung (BPA) zur „Mediennutzung und Integration der türkischen Bevölkerung in Deutschland" und zur „Mediennutzung und Integration türkischer Kinder 2000 in Deutschland". Bonn
Hafez, Kai (2002): Türkische Mediennutzung in Deutschland: Hemmnis oder Chance der gesellschaftlichen Integration? Eine qualitative Studie im Auftrag des Presse- und Informationsamtes der Bundesregierung. Hamburg/Berlin.

Heidtmann, Horst (1998): Multimedia und Mädchen. In: Praxis Schule 5-10, Heft 5. 25-27
Medienpädagogischer Forschungsverbund Südwest (mpfs) (Hrsg.) (1999): JIM-Studie 1998. Jugend, Information, (Multi-)Media. Baden-Baden
Medienpädagogischer Forschungsverbund Südwest (mpfs) (Hrsg.) (2001): JIM-Studie 2000. Jugend, Information, (Multi-)Media. Baden-Baden
Medienpädagogischer Forschungsverbund Südwest (mpfs) (Hrsg.) (2003): JIM-Studie 2002. Jugend, Information, (Multi-)Media. Baden-Baden
Münchmeier, Richard (2000): „Miteinander – Nebeneinander – Gegeneinander? Zum Verhältnis zwischen deutschen und ausländischen Jugendlichen. In: Deutsche Shell (Hrsg.): Jugend 2000. Opladen: Leske+Budrich. 214-260
Nohl, Arnd-Michael (2001): Migration und Differenzerfahrung. Junge Einheimische und Migranten im rekonstruktiven Milieuvergleich. Opladen: Leske+Budrich
Oehmichen, Ekkehardt/Schröter, Christian (2000): Fernsehen, Hörfunk, Internet: Konkurrenz oder Komplement? Schlußfolgerungen aus der ARD-/ZDF-Online-Studie 2000. In: Media Perspektiven 2000. Heft 8. 359-368
Oehmichen, Ekkehardt/Schröter, Christian (2002): Zur Habitualisierung der Onlinenutzung. Phasen der Aneignung und erste Ausprägung von Nutzertypen. In: Media Perspektiven 2002. Heft 8. 376-388
Preuss-Lausitz, Ulf (2000): Zwischen Modernisierung und Tradition. Bildungsprozesse heutiger Migrantenkinder. In: Die Deutsche Schule 2000. Heft 1. 23-40
Sander, Ekkehard (2001): Common culture und neues Generationenverhältnis. Die Medienerfahrungen jüngerer Jugendlicher und ihrer Eltern im empirischen Vergleich. Opladen: Leske+Budrich
Sander, Ekkehard (2002): Das neue Generationenverhältnis. Wie Medienkompetenz in der Familie entsteht. In: medien praktisch 2002. Heft 2. 33-37
Steiner, Hans (2001): Evaluation der Anwendung von EDV-gestützten Lernprogrammen und Lernsystemen an verschiedenen Schulen des Oberschulamtbereichs Karlsruhe. Karlsruhe
Strobl, Rainer/Kühnel, Wolfgang (2000): Dazugehörig und ausgegrenzt – Analysen zu Integrationschancen junger Aussiedler. (Reihe Konflikt- und Gewaltforschung). Weinheim und München: Juventa
Weiler, Stefan (1999): Die neue Mediengeneration. Medienbiographien als medienpädagogische Prognoseinstrumente. Eine empirische Studie über die Entwicklung von Medienpräferenzen. München: Reinhard Fischer
Weiß, Hans Jürgen/Trebbe, Joachim (2001): Mediennutzung und Integration der türkischen Bevölkerung in Deutschland. Ergebnisse einer Umfrage des Presse- und Informationsamtes der Bundesregierung. Potsdam
Zinnecker, Jürgen/Behnken, Imbke/Maschke, Sabine/Stecher, Ludwig (2002): null bock & voll busy. Die erste Jugendgeneration des neuen Jahrhunderts. Ein Selbstbild. Opladen: Leske+Budrich

Weitere Literatur

Bernart, Yvonne/Billes-Gerhart, Elke (2004): Sprachverhalten und Mediennutzung von Migrantenjugendlichen im soziologischen Blick. Göttingen: Cuvillier
Beutelmayer, Werner/Kaplitzka, Gabriele (1993[3]): Sekundäranalyse. In: Roth, Erwin unter Mitarbeit von Klaus Heidenreich: Sozialwissenschaftliche Methoden. Lehr- und Handbuch für Forschung und Praxis. München und Wien: R. Oldenbourg. 293-308
Billes-Gerhart/Treibel, Annette (2003): Sekundäranalyse zu Mediennutzungsverhalten und Migrantenjugendlichen. Karlsruhe: Unveröffentlichtes Manuskript

Bortz, Jürgen/Döring, Nicola (1995²): Forschungsmethoden und Evaluation. Berlin: Springer
Delbrouck, Dirk (2003): Studie: Teenager kommunizieren am liebsten per SMS. Quelle: http://news.zdnet.de (5.4.2003)
Döring, Nicola (2002): Klingeltöne und Logos auf dem Handy: Wie neue Medien der Uni-Kommunikation genutzt werden. In: Medien & Kommunikationswissenschaft 50. Heft 3. 376-401
Herwartz-Emden, Leonie (2003): Einwandererkinder im deutschen Bildungswesen. In: Cortina, Kai S./Baumert, Jürgen/Leschinsky, Achim/Mayer, Karl Ulrich/Trommer, Luitgard (Hrsg.): Das Bildungswesen in der Bundesrepublik Deutschland. Strukturen und Entwicklungen im Überblick. Reinbek bei Hamburg: Rowohlt. 661-708
INSOC (The Information Society Research Centre of Tampere University) (2003): Mobile communication culture of children and teenagers in Finland. A research project based on qualitative fieldwork 1997-2001. Tampere. Quelle: http://keskus.hut.fi (26.3.2003)
Klingemann, Hans D./Mochmann, Ekkehard (1975): Sekundäranalyse. In: Koolwijk, Jürgen van/Wieken-Mayser, Maria (Hrsg.): Techniken der empirischen Sozialforschung. Band 2. Untersuchungsformen. München/Wien: R. Oldenbourg.178-194
Ling, Rich (2000): 'We will be reached': The use of mobile telephony among Norwegian youth. In: Information technology and people 13, 2/2000, 102-120. http://www.telenor.no (26.3.2002)
Logemann, Niels/Feldhaus, Michael (2002): Zwischen SMS und download – Erste Ergebnisse zur Untersuchung der neuen Medien Mobiltelefon und Internet in der Familie. Oldenburg. http://www.uni-frankfurt.de (24.3.2003)
Treibel, Annette (2004): Internet und Gendernet. Zum Wandel der Geschlechterverhältnisse in der Informationsgesellschaft. Vortrag auf der Tagung „Geschlecht, Arbeit und Organisation in knowledge-based Industries: Neue Chancen, alte Risiken?" an der Philipps-Universität Marburg. (Tagungsband i.V.)

Damaris Güting

Die Thematisierung von Geschlechtszugehörigkeit in schulischen Interaktionen – eine Analyse von ethnografischen Beobachtungen[1]

1 Einleitung

Betrachtet man Geschlecht konsequent als soziale Konstruktion, die in gesellschaftlichem *Handeln* hergestellt wird, liegt der Fokus einer empirischen Analyse auf den Aktivitäten der Personen im Feld (vgl. Emerson/Fretz/Shaw 1995, vgl. auch Gildemeister 2000). Um Geschlechterkonstruktionen im schulischen Alltag zu untersuchen, bietet sich als methodischer Zugang die auf längerfristigen Feldaufenthalten basierende Ethnografie an. Auf der Grundlage von ethnografischen Beobachtungsprotokollen werden im folgenden schulische Interaktionen in der Sekundarstufe I zwischen Schülern, Schülerinnen und Lehrpersonen analysiert. Deutlich wird dabei, dass mittels der Thematisierung von Geschlechtszugehörigkeit die Geschlechtsgeltung der Individuen in Frage gestellt werden kann.

In meiner Untersuchung von sozialen Interaktionen in der Schulklasse kann gezeigt werden, dass die beobachteten Interagierenden in der Schule die Geschlechtszugehörigkeit ihrer Mitschüler und Mitschülerinnen durchaus nicht immer als etwas bereits vorhandenes und unumstößliches behandeln. In einigen Grenzsituationen im Unterricht wurde die Geltung der Geschlechtszugehörigkeit einzelner Jugendlicher oder Lehrkräfte – sei es spaßhaft, provozierend oder bitter ernst gemeint – von anderen in Frage gestellt. Auch wenn solche Situationen im Alltag eher die Ausnahme darstellen, sind sie von hoher theoretischer Relevanz, da somit für die Beteiligten die heikle Möglichkeit besteht, dass die eigene Geschlechtszugehörigkeit bzw. deren Geltung in Frage gestellt werden könnte. Wenn also einem Mitschüler in beleidigender Weise zugerufen wird: „Wann ist deine Operation?!" und damit seine männliche Geschlechtszugehörigkeit mittels des Topos der Transsexualität in ihrer Geltung erschüttert wird, stellt dies eine deutlich abwertende Positionszuschreibung innerhalb der Peergroup dar.

---

[1] Teile des vorliegenden Textes sind der Dissertation der Autorin (Güting 2004) entnommen und überarbeitet worden.

Da die Geschlechtszugehörigkeit so von anderen zu einem Verhandlungsgegenstand gemacht werden kann, bleibt sie auch in der praktischen Erfahrung der Individuen nichts gegebenes und unverrückbar vorhandenes mehr, sondern wird zu einer Kategorie, die von der Akzeptanz durch das Umfeld abhängig ist und somit von der *situativen Geltung* von Geschlechtszugehörigkeit. Diese Fragilität der Geschlechtszugehörigkeit – die nicht der Kategorie selbst, sondern dem betroffenen *Individuum* zugeschrieben wird – bietet deshalb einen Erklärungsansatz dafür, worin die Motivation der Gesellschaftsmitglieder besteht, sich durch ihre Inszenierungsformen aktiv an der Konstruktion von Geschlecht zu beteiligen. Es lässt sich zeigen, dass die potentielle Möglichkeit der Infragestellung von Geschlechtszugehörigkeit von Schülern und Schülerinnen im Zusammenhang damit steht, wie *eindeutig* sich die einzelne Person im Unterricht als Zugehörige eines Geschlechts im Alltag *inszeniert*.

Im ersten Abschnitt wird zunächst die Frage genauer beleuchtet, was sich über „Eindeutigkeit" der Geschlechtszugehörigkeit und „Geschlechtsgeltung" innerhalb unserer Kultur der Zweigeschlechtlichkeit anhand von theoretischen Konzepten sagen lässt. Im zweiten Abschnitt werden ausgewählte empirische Beispiele analysiert, in welchen die Geschlechtszugehörigkeit von anwesenden Schülern bzw. Schülerinnen oder Lehrpersonen in irgendeiner Weise thematisch wurde und eine Irritation oder Infragestellung der Geschlechtszugehörigkeit stattfand. Im Abschlussteil wird dargelegt, welche Bedeutung die Infragestellung der Geschlechtszugehörigkeit von Individuen, und damit das Berühren ihrer „Geschlechtsgeltung", für legitime Interaktionen im Unterricht haben und methodische Konsequenzen aus den Erkenntnissen formuliert.

2 Die Eindeutigkeit von Geschlechtszugehörigkeit in Interaktionen und die „Geschlechtsgeltung"

Die Binarität der Zweigeschlechtlichkeit schließt mit ein, dass für eine Person nur die Zugehörigkeit zu einem einzigen und genau einem Geschlecht vorgesehen ist. Diese hat eine lebenslange Gültigkeit; lediglich bei der Transsexualität wird hier kulturell eine Ausnahme gemacht. Keine Person kann also eine Zugehörigkeit zu beiden Geschlechtern proklamieren oder aber eine wechselnde Zugehörigkeit mal zum einen, mal zum anderen Geschlecht.

Es stellt sich nun die Frage, wie die 'Eindeutigkeit' von Geschlechtszugehörigkeit, dass jeder Mensch einem der beiden streng von einander abgegrenzten Geschlechtern angehört, im 'Wissen' der Individuen den Status einer selbstverständlichen und unbezweifelten Tatsache erlangt. Welche Prozesse sind daran im einzelnen beteiligt? Es lässt sich zunächst sagen, dass von Interaktionsteilnehmern und -teilnehmerinnen sowohl in ihrer Inszenierung als auch in ihrer Wahrnehmung eine *Eindeutigkeit* von Geschlechtszugehörigkeit erwartet wird (vgl. Hirschauer 1993a, vgl. auch West/Zimmerman 1987):

- Wir erwarten, dass die Geschlechtszugehörigkeit eines Individuums leicht und ohne Schwierigkeiten erkennbar ist und dementsprechend eindeutig inszeniert wird.
- Wir erwarten, dass andere in der Lage sind, unsere Geschlechtszugehörigkeit und die unserer Mitmenschen ohne Probleme eindeutig erkennen und zuordnen zu können.

Es stellt sich jedoch die Frage, ob – abgesehen von Transsexualität – Eindeutigkeit der Geschlechtszugehörigkeit wirklich mit der bei der Geburt stattfindenden Zuordnung abgeschlossen ist. Was bedeuten die Erwartungen an Eindeutigkeit von Geschlechtszugehörigkeit für Personen im Alltag? Wie werden Grenzen im Umgang mit der Eindeutigkeit von Geschlechtszugehörigkeit signalisiert und wie wird zu ihrer Aufrechterhaltung beigetragen? Die Frage nach der Bedeutung von Eindeutigkeit der Geschlechtszugehörigkeit einer Person berührt eine entscheidende, übergreifende empirische Fragestellung. Es geht letztlich darum, wo bei der Konstruktion von Geschlecht die Schnittstelle zwischen gesellschaftlichen Selbstverständlichkeiten einerseits und dem Individuum andererseits lokalisiert ist. Oder anders formuliert, geht es um den „zentralen Mechanismus, der Individuen in ihrer geschlechtlichen Fixierung zum 'doing gender' mobilisiert" (Hirschauer 1994: 684). Hirschauer betrachtet die Geltung von Geschlechtszugehörigkeit als bedroht und führt auf einer abstrakten Ebene die „komplementäre Installation von Idealgeschlechtern (durch die Kulturindustrie) und pathologischen Geschlechtern (durch die Medizin), die ein Kontinuum der Perfektibilität aufspannen, auf dem das Geschlecht 'gesteigert' oder verloren werden kann" als empirischen Bezug an (Hirschauer 1994: 684). Hirschauer vermutet, dass die Platzierung auf dieser 'abschüssigen' Vertikalen von einander relativierenden Geschlechtstypen der zentrale Mechanismus der Mobilisierung zum doing gender sei.

Was jedoch diese „abschüssige Vertikale" empirisch für die Teilnehmenden bedeutet, wie sie ausgehandelt wird und was Individuen wirklich alltäglich zum 'doing gender' mobilisiert und motiviert, wird nicht ausgeführt und verbleibt vage. Die Beobachtung von Jugendlichen in Alltagsinteraktionen ermöglicht hier einen vertieften Einblick in alltägliche und interaktionelle Aushandlungen, die einen Teil der Frage nach der Schnittstelle zwischen der Beteiligung des Individuums und gesellschaftlichen Selbstverständlichkeiten der Zweigeschlechtlichkeit erhellen können.

Ein zentraler Aspekt bei der Schnittstelle zwischen Individuum und der Kultur der Zweigeschlechtlichkeit liegt in der Verknüpfung von der *Geltung* individueller Geschlechtszugehörigkeit und der *sozialen Existenz* einer Person. Hirschauer formuliert, dass Geschlechtszugehörigkeit mit Gesellschaftszugehörigkeit verknüpft ist (Hirschauer 1993a: 49ff.). Geschlechtszugehörigkeit erhält eine moralische Dimension, die zu einem 'ordentlichen' Gesellschaftsmitglied macht; der Verlust der Geschlechtsgeltung impliziert den Verlust der Achtung, die eine Frau und einen Mann von einem Dritten (Zweideutigen, Anormalen, Exotischen) unterscheidet. „Der soziale Ort 'zwischen' den Geschlechter ist 'am Rand', wenn nicht 'außerhalb' der Gesellschaft vertrauenswürdig-gutgläubiger Teilnehmer"(Hirschauer 1993a: 50).[2] Das bedeutet auf das Individuum bezogen, dass die Geltung von individueller Geschlechtzugehörigkeit mit der Geltung als akzeptierbares Gesellschaftsmitglied überhaupt verbunden ist. Diese *Geltung* der Geschlechtszugehörigkeit im sozialen Umfeld hat deshalb für das Individuum eine hohe Bedeutung.

Über die individuelle Relevanz von Geschlechtszugehörigkeit aufgrund der damit verbundenen sozialen Geltung und Akzeptanz hinaus spielen noch weitere affektive Aufladungen von Geschlechtszugehörigkeit eine Rolle. „Forschungen über Emotionen in der Geschlechterkonstruktion" sieht Hirschauer als eines der Desiderate in diesem empirischen Feld an (Hirschauer 1993b: 60). Einer dieser affektiven Bereiche ist die „gewöhnliche Geschlechtseuphorie"[3] (Hirschauer 1993b: 60). In der Regel hat die Zuschreibung zu einer festgelegten, der 'eigenen', Geschlechtszugehörigkeit nämlich eine spezifische Bedeutung für das Individuum, sie ist emotional verbunden mit dem „Stolz auf die eigene Geschlechtszugehörigkeit"[4] (Hirschauer 1993b: 60).[5]

---

[2] Hirschauer hat hierzu an anderer Stelle einmal formuliert: „Die Impulse, als ungeschlechtliche Person handeln zu wollen, stehen unter der Drohung eine geschlechtliche Unperson zu werden" (Hirschauer 1994: 679).
[3] Hirschauer hat für die „Geschlechtseuphorie" keine empirischen Belege angeführt. Als Ausnahmen von Geschlechtseuphorie ließen sich Transsexuelle betrachten, die zumindest für das ihnen zugeschriebene Geschlecht keine Euphorie empfinden. In einer geschlechtshierarchischen Kultur dürfte außerdem die Euphorie gegenüber der eigenen Geschlechtszugehörigkeit bei den „Unterprivilegierten" in Konflikt stehen mit der Erfahrung von Nachteilen aufgrund dieser Geschlechtszugehörigkeit.
[4] Damit soll nicht gesagt sein, dass es keine individuellen Unterschiede im emotionalen Bezug zur eigenen Geschlechtszugehörigkeit gäbe.
[5] Empirisch ist diese gesellschaftliche Erwartung an Geschlechtseuphorie in einer Studie von einem Kind sehr schön auf den Punkt gebracht worden: „Wenn ich ein Junge wäre, wäre ich gern ein Junge, und so bin ich gern ein Mädchen." (vgl. Kampshoff 1992). In dem Zitat kommt sehr gut die gesellschaftliche Erwartung an eine positiv aufgeladene Identifikation mit der eigenen Geschlechtszugehörigkeit zum Ausdruck, gerade auch weil das Kind mit der Formulierung zum Anfang „Wenn ich ein Junge wäre" versteckt auch den eigenen gegenteiligen Wunsch zum Ausdruck bringt, der anderen Geschlechtszugehörigkeit angehören zu können.

In einschlägigen Kindheits- und Schulforschungen ist bisher nicht sehr explizit zur Frage der Eindeutigkeit der Geschlechtszugehörigkeit und ihrer „Geltung" geforscht worden. In einigen Arbeiten wird das Thema aber berührt, so führen etwa Breidenstein und Kelle aus: „Das Identitätsmerkmal der Geschlechtszugehörigkeit steht nicht zur Disposition. Kein Kind würde bestreiten, ein Mädchen bzw. ein Junge zu sein." (Breidenstein/Kelle 1998: 59). Breidenstein und Kelle gehen vor dem Hintergrund ihrer Kenntnis des Feldes – ohne dargelegten Bezug auf konkrete Beobachtungen – davon aus, dass kein Kind aus freien Stücken seine eigene Geschlechtszugehörigkeit bestreiten würde. Diese These ist plausibel und aus meiner Sicht auch auf die von mir beobachteten jugendlichen Schüler und Schülerinnen übertragbar. Das Nicht-Vorhandensein von Distanzierungen zur eigenen Geschlechtszugehörigkeit verweist auch auf die o.g. „Geschlechtseuphorie" einer Person, die gegenüber ihrer Geschlechtszugehörigkeit gewöhnlich gehegt wird. Der von Breidenstein und Kelle gezogene Umkehrschluss, dass Geschlechtszugehörigkeit unter keinen Umständen zur Disposition steht, ist jedoch vereinfachend. Es ist nämlich auch möglich, dass die Geschlechtszugehörigkeit von Individuen von anderen Personen bewusst oder spielerisch und auch gegen deren Willen zur Disposition gestellt wird. In den von mir beobachteten Aushandlungen von Schülern und Schülerinnen gab es Situationen, in welchen die persönliche Geschlechtszugehörigkeit von Individuen thematisch wurde und mehr oder weniger explizit in Frage gestellt wurde.

Thorne (1993), die sich hauptsächlich den Beziehungsstrukturen unter Kindern gewidmet hat, spricht ebenfalls nicht explizit von Thematisierung oder Infragestellung von Geschlechtszugehörigkeit. Einige von ihr berichtete Verhaltensweisen deuten jedoch darauf hin, dass individuelle Geschlechtszugehörigkeit implizit verhandelt wurde. Sie beschreibt, dass Kinder bzw. Teenager mit Begriffen oder Schimpfwörtern gekennzeichnet wurden, die Konnotationen der 'anderen' Geschlechtszugehörigkeit haben. So wurden etwa Mädchen, die mit Jungen auf 'jungentypische' Weise spielten, deshalb mit dem männlich konnotierten Begriff „Tom*boy*" (Wildfang, Thorne 1993: 112ff.) bezeichnet (der Begriff ist jedoch trotz seiner 'männlichen' Konnotation für Mädchen vorbehalten und bleibt deshalb der Eindeutigkeit der Geschlechtszugehörigkeit verpflichtet). Jungen wurden häufig mit dem Wort „sissy" (Weichling, ursprünglich abgeleitet von „sister", Thorne 1993: 115ff.) beschimpft und beleidigt und gelegentlich mit herabsetzender Bedeutung als „girl" bezeichnet. Das Berühren der Grenzen des für die eigene Geschlechtszugehörigkeit 'normalen' wurde bei den Jungen unmissverständlich negativ belegt.

Thorne beschreibt in einer anderen Szene eine Situation, in der ein Schüler die Binarität der Geschlechtszugehörigkeit als ein Spiel überspitzt darstellt, sie in ihrer Konstruiertheit aufdeckt und somit implizit fragwürdig macht. Don bewegt sich während der Pause auf den Feldern eines grün-weiß gekachelten Bodens (ähnlich einem Schachbrett) und hüpft mit großem verbalen und gestischem Tamtam vor seinem Publikum von einem grünen Feld zu dem anderen. Er zeigt auf die weißen Felder und ruft: 'Das ist Mädchen-Territorium! Bleibe auf dem grünen Feld oder Du verwandelst Dich in ein Mädchen! Pfui Teufel!'[6] (Thorne 1993: 88).

3 Empirische Beobachtungen: Thematisierung von Geschlechtszugehörigkeit und Infragestellung der Geschlechtsgeltung in Unterrichtsinteraktionen[7]

In diesem Abschnitt werden Situationen analysiert, in welchen eine Irritation der Geschlechtszugehörigkeit von einzelnen anwesenden Personen, seien es Schüler oder die Lehrpersonen, auftritt. An den Reaktionen auf diese Irritation zeigt sich, dass die Geltung der Geschlechtszugehörigkeit sehr wichtig ist. Zum einen hat die Infragestellung der individuellen Geschlechtsgeltung für die betroffene Person einen beleidigenden oder herabsetzenden Charakter. Zum anderen zeigt das Bemühen verschiedener Beteiligter um eine Glättung, dass eine Irritation der Geschlechtszugehörigkeit für die vertrauten Selbstverständlichkeiten von Geschlecht so störend ist, dass offensichtlich eine Klärung im Sinne einer Eindeutigkeit im allgemeinen ein erstrebter Zustand ist.

Das erste Beispiel entstammt einer Sexualkundestunde zu Verhütungspraktiken. Es wird im Augenblick aus einem Arbeitsblatt vorgelesen, auf welchem es u.a. um die „Dreimonatsspritze" geht.

Knut liest gerade vor: „Hormon, dass in den Gesäßmuskel der Frau eingeimpft wird". Der Lehrer fragt: Wo ist denn das? Niemand reagiert auf die Frage. L klopft sich mit der Hand auf seinen Hintern und sagt: Na, hier!
Knut ruft: Sind Sie eine Frau?!
Er fügt kurz darauf hinzu: 'Tschuldigung! (Bb81027d)[8]

---

6 Übersetzung D.G.
7 Die Beispiele stammen aus dem DFG-Projekt „Soziale Konstruktion von Geschlecht in schulischen Interaktionen in der Sekundarstufe I" unter Leitung von Prof. Dr. Faulstich-Wieland (vgl. Faulstich-Wieland/Weber/Willems 2004 und Güting 2004).
8 Das Kürzel enthält Informationen über das Protokoll: Klasse, Fach, Beobachtungsdatum und die Mitarbeiterin des Projektes, die das Protokoll erstellt hat. Die Namen aller Personen aus der Schule wurden anonymisiert.

Der Lehrer bemüht sich um die Vermittlung des Unterrichtsstoffes mit einer 'anschaulichen' Erläuterung der Handhabung der Dreimonatsspritze, möglicherweise verbunden mit der Motivation, eine humorvolle Note beizufügen (im Tandemprotokoll wird berichtet, dass einige Jugendliche lachen, als er sich auf den Po klopft). Seine Inszenierung wird hier aber offensichtlich nicht als stimmig mit der von ihm geforderten Inszenierung als Mann empfunden und interpretiert. Dies hängt vermutlich mit der Demonstration der Dreimonatsspritze für die Frau an seinem Körper und der nicht vorgenommenen Distanzierung vom 'Frausein' zusammen. Knut geht deshalb so weit, dass er die Geschlechtszugehörigkeit des Lehrers provokativ in Frage stellt. Die Beobachtung, dass hier eine Geschlechterinszenierung problematisch ist, wird von Knut in der Aushandlung mit dem Lehrer genutzt (die Aushandlung ist ja eher konflikthaft, da der Lehrer etwas sarkastisch unterstellt, die Schüler und Schülerinnen wüssten nicht, wo der „Gesäßmuskel" sitze). Die Problematisierung der Inszenierung des Lehrers durch Infragestellung seiner Geschlechtszugehörigkeit seitens von Knut hat eine so starke Plausibilität und Akzeptanz, dass weder der Lehrer noch die anderen Jugendlichen ihm widersprechen. Möglicherweise bewirkt er gleichzeitig eine so starke Betroffenheit, dass erst einmal Sprachlosigkeit auf allen Seiten herrscht. Die Infragestellung der Geschlechtszugehörigkeit des Lehrers durch Knut wiegt umso schwerer, da es sich hierbei noch um Personen mit unterschiedlichem Hierarchie-Status handelt. Besonders aufschlussreich für die Bedeutung der Infragestellung von Geschlechtszugehörigkeit ist jedoch die abschließende Reaktion von Knut selbst: Er entschuldigt sich auf eigene Initiative hin für seinen Einwurf. Das Absprechen der Geltung von Geschlechtszugehörigkeit wird als eine verletzende Tätigkeit gefasst, die den Betroffenen herabsetzt und deshalb auch entschuldigungswürdig ist.

Im folgenden Beispiel tritt zunächst eine Irritation des Geschlechterschemas auf, die später mit dem expliziten Hinweis auf die Geschlechtszugehörigkeit bearbeitet wird. Die Situation spielt sich in einer geschlechtergetrennten Sportstunde ab. Im beobachteten Unterricht des folgenden Beispieles sind ausschließlich Jungen anwesend. Drei oder vier Schüler sitzen am Rand, sie haben keine Sportschuhe dabei und nehmen deshalb nicht am Sportunterricht teil. Im Protokollauszug heißt es:

Drei oder vier (...) machen nicht mit. Der Lehrer hält nun eine ermahnende Ansprache, weil sie keine Sportschuhe dabei hätten, und sie so nicht mitmachen könnten. Er sagt Sportschuhe, dass seien Turnschuhe, die sie mitgebracht haben und nicht Turnschuhe, die sie anhätten. Turnschuhe, die sie anhätten, seien Straßenschuhe, die verschmutzt seien. Und es sei nicht gut, wenn der Boden davon beschmutzt sei, wenn sie dann Gymnastik machen würden.
Steffen (?) wirft ein: Wir sind doch hier Jungen und keine Mädchen!
L: OK, dann sagen wir Konditionstraining, dann ist es für euch angemessen. (As80825d)

Im Konflikt mit den Jungen, die nicht am Sportunterricht teilnehmen, argumentiert der Lehrer, dass der Schmutz der Straßenschuhe bei der Gymnastik stören würde. Um die Irritation, die durch die Verbindung Jungen und Gymnastik entsteht, auszuhebeln, verweist Steffen ganz explizit auf die Geschlechtszugehörigkeit aller anwesenden Schüler. Bezieht man in die Interpretation die Information mit ein, dass die Infragestellung der Geschlechtsgeltung als herabsetzend gilt, kann man sagen, dass Steffen diese Eigenschaft der Geschlechtsgeltung in umgekehrter Hinsicht argumentativ einsetzt und sinngemäß dem Lehrer vermittelt: Sie wollen uns doch wohl nicht unsere Geschlechtszugehörigkeit aberkennen! Der Schüler bringt also mit der Geschlechtszugehörigkeit aller anwesenden Schüler, die in hohem Maße affektiv besetzt ist, ein starkes 'Argument' ein. Ich vermute, dass gerade dieser explizite Bezug auf die Geschlechtszugehörigkeit ein größeres Gewicht hat, als es etwa eine Argumentation, was typisch für Jungen ist, gewesen wäre. Für Geschlechtstypik kann man immer mit Ausnahmen argumentieren, aber die Eindeutigkeit der Geschlechtszugehörigkeit von anwesenden Personen lässt in unserer Kultur derzeit keine Alternativen offen.

Die Argumentation von Steffen hat in der Interaktion 'Erfolg': Der Lehrer akzeptiert den Hinweis und ändert seine Argumentation. Nicht Gymnastik, sondern Konditionstraining ist der Geschlechtszugehörigkeit der Anwesenden angemessen.[9] Nur mit diesem Einlenken kann der Lehrer seine eigentliche Intention, auf das Fehlen der Turnschuhe hinzuweisen, aufrechterhalten.

Die hohe Bedeutung von Geschlechtszugehörigkeit und der Umstand, dass die eigene Geschlechtszugehörigkeit affektiv so besetzt ist, dass niemand sie in Frage gestellt wissen möchte, kann von Beteiligten in verschiedenen Situationen interaktiv eingesetzt werden. Im nächsten Beispiel geht es um einen umgekehrten Einsatz von Geschlechtszugehörigkeit, nämlich indem eine Irritation spaßig-provokativ zur Untermauerung von einzuhaltenden Regeln verursacht wird. Es geht dabei um eine geschlechterbezogene Regel, die nach unseren Beobachtungen häufig im Unterricht einiger – wenn auch nicht aller – Lehrkräfte praktiziert wird (vgl. zu diesem Regelwerk auch Faulstich-Wieland/Gast-von der Haar/Güting 2000). So wird die Regel von einer Lehrerin einer neu hinzugekommenen Schülerin erläutert:

---

[9] Bei der Forderung nach einem spezifischen Unterricht für die Jungen kann sich Steffen auch auf das schulische Arrangement stützen: Die Geschlechtertrennung macht nur dann Sinn, wenn der geschlechtergetrennte Unterricht auch unterschiedlich gestaltet wird. Auf diese gegenseitige argumentative Verstärkung von Geschlechtertrennung und Geschlechtstypik verweist schon Goffman (1994).

Als Vilma die Frage beantwortet hat, erklärt Frau Keller Vilma, die neu ist, die Regeln: „Du darfst jetzt jemanden aufrufen! Einen Jungen. Immer Junge, Mädchen abwechselnd." (Am00914d)

Diese Regel wird normalerweise nicht mehr expliziert sondern - mehr oder weniger regelmäßig – von den Schülerinnen und Schülern umgesetzt. Nun ergibt sich aber folgende Situation:

Die Aufgabe hat Unterfragen und so fordert Frau Keller ihn auf, jemanden aufzurufen. Mustafa ruft Martin auf – daraufhin Frau Keller: „Martin ist aber kein Mädchen." Mehr zu sich selbst sagt sie: „Martina." Mustafa ruft Sylvia auf, diese Magdy und dieser Elisa. (Am01004v)

Bei dem selbstgesteuerten Aufrufen wurde die Geschlechtszugehörigkeit von Mustafa nicht im Sinne der von der Lehrerin erwarteten Regel eingehalten. Die Lehrerin greift sofort ein, sie verweist jedoch nicht auf die Regel selbst und ihre Nicht-Einhaltung, sondern argumentiert sofort mit der Geschlechtszugehörigkeit der anwesenden Person Martin, indem sie explizit darauf hinweist, dass dieser keine weibliche Geschlechtszugehörigkeit hat. Damit hat sie ein starkes Argument auf ihrer Seite und kann sich auf die Eindeutigkeit der Geschlechtszugehörigkeit berufen. Sie steigert das Ganze noch, indem sie spielerisch den Jungennamen von ihm in einen Mädchennamen verwandelt. Hierin liegt eine Provokation, eine implizite Infragestellung seiner Geschlechtsgeltung. Niemand äußert sich explizit zu dieser Provokation der Lehrerin, aber sie zeitigt Wirkung: Mustafa berücksichtigt nun ohne weitere Einwände bei seiner Wahl die Geschlechtszugehörigkeit, und auch im folgenden wird von allen die 'abwechselnde Gerechtigkeit' in Bezug auf Geschlechtszugehörigkeit eingehalten. Auch wenn solche Regelungen intentional auf eine Gleichbehandlung zielen, zeigt sich an diesem Beispiel, wie zweischneidig sie sind, da sie immer gleichzeitig auch die Geschlechtszugehörigkeit hervorheben und zu einem bedeutsamen 'Merkmal' der anwesenden Personen machen.

Festzuhalten bleibt an diesem Beispiel, dass die Bedeutung der Geschlechtsgeltung den Beteiligten – wenn auch nicht unbedingt immer bewusst – so präsent ist, dass sie diese handlungspraktisch in ihre Interaktionen – zum Teil auch taktisch – einbeziehen. Da die hohe Bedeutung von Geschlechtsgeltung als Wert, der auch mit der Geltung der Person insgesamt zusammenhängt, von allen Interagierenden als Selbstverständlichkeit geteilt wird, ist es auch möglich, diese wiederum provokativ einzusetzen.

In dem letzten Beispiel wird einem Schüler, der nicht in das in den Klassen praktizierte Geschlechterschema passt, Transsexualität zugeschrieben. Die Infragestellung der Geschlechtszugehörigkeit wird hier von den Jugendlichen anhand der Transsexualität, also einer spezifischen von der Gesellschaft eingerichteten

Kategorie, vorgenommen.[10] Eine Irritation wird hier so bearbeitet, dass nicht etwa die übliche Geschlechterunterscheidung in Frage gestellt wird, sondern statt dessen die Geschlechtsgeltung eines einzelnen Schülers. Das kulturelle 'Problem' wird damit individualisiert und die Betroffenen werden aus der Geltung, die gewöhnlichen Inhabern eines 'eindeutigen' Geschlechts beigemessen wird, ausgegrenzt. Damit werden die praktizierten Geschlechterkonzepte normalisiert und geglättet auf Kosten der Geschlechterzuordnung des Individuums.[11] Die Zuschreibung von Transsexualität ist dabei insgesamt negativ besetzt. Die Interaktion fand in einer Pausensituation statt; vermutlich wäre sie in Anwesenheit einer Lehrperson anders verlaufen. Der Schüler, um den es geht, fällt in der Klasse einer neuen Person sehr schnell auf, da er – im Gegensatz zu den anderen Jungen der Klasse, keine superkurze Mecki-Frisur hat, sondern längeres, blondes, leicht gewelltes Haar trägt, das ihm etwas über die Ohren reicht und gelegentlich ins Gesicht fällt. Der Eindruck, den diese äußere Inszenierung von ihm hervorruft, wird von der Ethnografin unter Berücksichtigung des kulturellen Geschlechterschemas folgendermaßen expliziert: „*Ich finde ihn sehr weiblich.*" *(Am80701n).* Der Schüler Joachim – von Klassenkameraden und -kameradinnen (und zum Teil auch von Lehrpersonen) mit dem Spitznamen „Möcki"[12] tituliert – wurde nicht selten von anderen gehänselt und geärgert. Auch in der folgenden Situation wird er in einer spezifischen Weise zur Zielscheibe seiner Mitschüler:

Siegfried zieht Möcki auf und ruft herüber zu ihm: „Hey, Möcki, was ist denn mit Deiner Stimme? Die ist so hell!" Siegfried macht eine hohe und quitschige Stimme nach. Er sagt etwas von: „So weibliche Formen, ein weiblicher Körper." Siegfried ruft dann zu ihm: „Möcki, wann ist Deine Operation?" Möcki zeigt keine Reaktion.
Mathias (?) ruft nun: „Er lässt sich operieren, dass er ein Mann wird!" Die anderen lachen. (Ad91015d)

Die Geschlechtszugehörigkeit von Joachim wird zunehmend diskursiv in Frage gestellt: Siegfried bezieht sich zunächst auf die Stimme von Joachim und lästert darüber. Über die als 'weiblich' titulierte äußere Erscheinung, die sich vermutlich unter anderem auf seine Haare beziehen, steigert er seine Beleidigung schließlich

---

10   In schulischen Interaktionen wurde auch Homosexualität als Abgrenzungskategorie angewandt und mit beleidigender Wirkung eingesetzt. Solche Beispiele können durchaus als wichtige Grenzmarkierer fungieren im Zusammenhang mit Verhalten, was für ein Geschlecht nicht als adäquat betrachtet wird. Zu Aushandlungen über Homo- und Heterosexualität vgl. Kapitel zu sexualisierenden Anspielungen in Güting (2004).
11   Neben dem hier vorgestellten Beispiel wurde auch in einem weiteren Beispiel eine ähnliche Zuschreibung von Transsexualität beobachtet.
12   Auch der Spitzname ist anonymisiert weitergegeben, sein eigentlicher Spitzname klingt kindlich und könnte durch das i am Ende genauso gut für eine weibliche wie männliche Person vergeben werden.

zu der Feststellung, dass Joachim eine Operation machen würde, nämlich eine Geschlechtsumwandlung. Joachim wird also zugeschrieben, dass er Transsexueller sei und seine Operation demnächst vor sich habe. Somit wäre Joachim – bei konsequenter Anwendung des gesellschaftlichen Verständnisses von Transsexualität – im falschen Körper: Eine weibliche Person, die einen männlichen Körper hat. Im Gegensatz zur Handhabung von Transsexualität, wo sich Individuen auf eigene Initiative einer anderen Geschlechtskategorie angehören möchten bzw. sich dort zugehörig fühlen, wird Joachim hier von außen – gegen seine eigene Verortung oder Sichtweise – das Vorhandensein einer weiblichen Geschlechtszugehörigkeit zugeschrieben, welche deshalb die Notwendigkeit einer Operation nach sich ziehe. Diese Aussage steigert Mathias noch, indem er die Umwandlungsrichtung umkehrt und sagt, er müsse operiert werden, um ein Mann zu werden. Die Steigerung der Infragestellung von Joachims Geschlechtszugehörigkeit liegt darin, dass er nicht nur im Wandlungsprozess zum anderen Geschlecht sei, sondern die Geltung seiner Männlichkeit nicht mehr zugesichert ist. Die *männliche* Geschlechtszugehörigkeit von Joachim müsste also erst durch eine Operation wieder hergestellt werden.

Welche Bedeutung hat diese Zuschreibung von Transsexualität für die Position des betroffenen Schülers? Die verbale In-Frage-Stellung seiner Geschlechtszugehörigkeit hat die Funktion einer massiven Beleidigung und Ausgrenzung von Joachim. Er wird von Siegfried beleidigt durch die Zuschreibung, dass etwas mit ihm nicht in Ordnung sei verbunden mit der Forderung nach einer in seine körperliche Integrität eingreifenden Operation. Die Infragestellung seiner männlichen Geschlechtszugehörigkeit führt schließlich dazu, dass die anderen über ihn lachen (es sind ausschließlich Jungen an der Interaktion beteiligt). Letztlich wird er als Mitschüler vor allem massiver Lächerlichkeit preisgegeben. Hier zeigt sich die Bedeutung der Zuschreibung von Transsexualität: Die Infragestellung von Geschlechtszugehörigkeit ist mit einer hochgradigen Diffamierung verbunden. Für diese Diffamierung wiederum wird als Abgrenzungshorizont Transsexualität als offensichtlich negativ besetzte Kategorie eingesetzt. Die Unterstellung von Transsexualität durch andere berührt wiederum die Geschlechtsgeltung. Die Geschlechtszugehörigkeit gilt nicht mehr als gesichert und damit wird auch die Geltung und Achtung des Schülers als Person insgesamt in Mitleidenschaft gezogen.

Abschließend bleibt noch eine Anmerkung zur expliziten Thematisierung von Geschlechtszugehörigkeit einzelner Personen anzufügen. In den ausgeführten Beispielen wurde in der Klasse die *männliche* Geschlechtszugehörigkeit von Individuen ausgehandelt und in Frage gestellt. Dies ist nicht ganz zufällig, denn es findet sich im gesamten empirischen Material die Tendenz, dass häufiger männliche als weibliche Interagierende mit der Geschlechtsgeltung auf die Grenzen einer Geschlechternormalität hingewiesen werden (weitere Beispiele vgl. Güting

2004). Auch erhalten solche Situationen für die Beteiligten eine andere Rolle: Es scheint beleidigender und gravierender zu sein, nicht mehr als Junge/Mann zu gelten. Dass Tendenzen, sich im Verhalten von der Geschlechternormalität zu entfernen, bei Jungen gravierendere und beleidigendere Reaktionen nach sich ziehen, deutet sich auch in den anderen empirischen Bereichen meiner Untersuchung an (Inszenierungen der SchülerInnenantwort im Unterrichtsgespräch und Körperinszenierungen, vgl. Güting 2004: 155ff. und 127ff.). Ähnliche Tendenzen einer Ungleichheit zeigen sich beim Geschlechterwechsel auch in anderen Feldern, etwa bei den Faschingsrollenspielen, die von Breidenstein und Kelle (1998: 213ff.) beobachtet wurden.

4 Fazit

Im folgenden werden die gewonnenen Erkenntnisse in zugespitzten Thesen zusammengefasst und dabei auch methodische Konsequenzen daraus dargestellt.

4.1 Individuelle Geschlechtszugehörigkeit kann in Frage gestellt werden

Die Geschlechtszugehörigkeit gilt in *Interaktionen* unter Schülern, Schülerinnen und Lehrkräften nicht als etwas gegebenes, sondern sie kann von außen irritiert und in Frage gestellt werden. Wir haben an mehreren unterschiedlichen Beispielen gesehen, dass die individuelle Geschlechtszugehörigkeit in spielerischer, provokativer oder ernsthaft gerahmter Form in Frage gestellt wurde. Auch wenn diese Beispiele im Kontext der gesamten Interaktionen nicht sehr häufig vorkommen, so zeigen sie dennoch, dass die Geschlechtszugehörigkeit *nicht* bedingungslos zugesichert ist. Diese Beobachtung widerspricht der bisherigen These von Breidenstein und Kelle (1998), dass die Geschlechtszugehörigkeit als Identitätsmerkmal nicht zur Disposition stehe. Die potentielle Irritation von Geschlechtszugehörigkeit kann, auch wenn sie selten ist und einen Grenzfall darstellt, durchaus für die Beteiligten von hoher Bedeutung sein. In einigen Beispielen zeigt sich, dass Infragestellungen der Geschlechtszugehörigkeit vor dem Hintergrund spezifischer Inszenierungsformen vorgenommen wurden, etwa von dem Schüler, der mit seinen langen Haaren nicht die übliche männliche Inszenierung praktiziert oder der Lehrer, der in seinen Inszenierungen von Verhütungspraktiken keine Distanzierung vom Frau-Sein vornimmt. Wenn die Individuen antizipieren, dass bestimmte Inszenierungsformen oder Handlungen die abwertende Infragestellung der Geschlechtszugehörigkeit ermöglichen, kann das Wissen darum dazu beitragen, dass sie diese Handlungen von vornherein eher zu vermeiden suchen.

4.2 Die Infragestellung von „Geschlechtsgeltung" als potenzielle Diffamierung

In unserer zweigeschlechtlichen Kultur ist die Geschlechtszugehörigkeit eng mit der Gesellschaftszugehörigkeit verbunden. In den Interaktionen von Schülern, Schülerinnen und Lehrkräften zeigt sich die Wertigkeit der Geschlechtsgeltung daran, welche Bedeutung eine *Infragestellung* der Geltung von individueller Geschlechtszugehörigkeit hat. Wird die Geltung der Geschlechtszugehörigkeit in Frage gestellt, ist dies in den Interaktionen im Klassenzimmer meist mit einer *Diffamierung* der Person verbunden. Der Schüler, der etwa den Lehrer mit der Frage: „Sind Sie eine Frau?" konfrontiert, zeigt in seinem Verhalten, dass er seiner Frage eine beleidigende Bedeutung beimisst, denn er entschuldigt sich umgehend und ohne Aufforderung für seinen Einwurf. Dies kann auch umgekehrt strategisch genutzt werden, indem sie die individuelle Geschlechtszugehörigkeit als wirksames Argument in kontroversen Diskussionen einsetzen („Wir sind doch hier Jungen und keine Mädchen!"). Noch ausdrücklicher zeigt sich jedoch die Bedeutung der Infragestellung von Geschlechtszugehörigkeit als Diffamierung, wenn diese mit einer Zuschreibung von Transsexualität verbunden ist und das Individuum damit aus der Zugehörigkeit anerkannter Geschlechter und damit letztlich anerkannter Personen ausgeschlossen wird: Die Aufforderung, sich einer transsexuellen Operation zu unterziehen, zielte darauf ab, den betroffenen Schüler herabzusetzen und zu diffamieren. Ich gehe davon aus, dass diese Form der (Be-)Nutzung von Transsexualität als Abgrenzungshorizont, wie sie in der Interaktion beobachtet wurde, eine Praxis jüngeren Datums ist.[13] Die gesellschaftliche Funktion der Transsexualität, die Hirschauer darin sieht, in unsicheren Zeiten bzgl. Geschlecht wieder Klarheit und Abgrenzung zu schaffen (Hirschauer 1993a), ist nicht nur ein abstrakter Topos. Mittlerweile machen sich auch Jugendliche die Transsexualität als Möglichkeit der Abgrenzung und Selbst-Vergewisserung innerhalb bestehender Geschlechterkategorien zu nutze.

Insgesamt kann festhalten werden, dass die Geschlechtsgeltung eines Individuums für diese Person eine hohe Bedeutung hat, so dass eine Infragestellung vielfach mit einer Diffamierung des einzelnen Individuums verbunden ist. Die Geschlechtsgeltung lässt sich als Kern der Verbindung des Individuums zum gesellschaftlichen Konstrukt der Zweigeschlechtlichkeit begreifen.

---

13 Ich selbst kann mich aus meiner Schulzeit in den 70er/80er Jahren nicht daran erinnern, dass Transsexualität in diesem Umfeld ein vertrauter Begriff war oder gar untereinander in Aushandlungen benutzt wurde.

4.3 Geschlechtstypik und Geschlechtsgeltung

Vergleicht man die hier dargelegten Beispiele der Aushandlung von Geschlechtszugehörigkeit mit Aushandlungen zu *typischen* Eigenschaften der Geschlechter, so scheint die eigene Geschlechtszugehörigkeit *wichtiger* und *emotional stärker aufgeladen* zu sein.

Geschlechts*zugehörigkeit* war ein sehr schwerwiegendes Argument, welches in Kontroversen erfolgreicher war als es Argumente zu *typischen* Eigenschaften der Geschlechter sein könnten. Der Hintergrund dieser Beobachtung ist meines Erachtens, dass die Geschlechtstypik mittlerweile zu einem allgemein vertrauten Gegenstand von Gesprächen geworden ist, über den reflektiert und diskutiert werden kann. Hier ist eher ein Bewusstsein von Pluralität und Wahlmöglichkeiten vorhanden (vgl. z.b. Interviewaussagen von Jugendlichen in Breidenstein/Kelle 1998). Die Geschlechts*zugehörigkeit* jedoch lässt nur zwei gesellschaftliche Modelle zu und wird deutlich strikter gehandhabt. Durch die Geschlechtsgeltung der Personen wird sie gleichzeitig eng mit dem Individuum verknüpft. Vermutlich ist die Geschlechtstypik durch den sozialwissenschaftlichen Diskurs der vergangenen Jahrzehnte verbalen Aushandlungen auch außerhalb der Wissenschaften zugänglich und diskutierbar geworden. Sie wird zwar vielleicht noch in vielen Punkten praktiziert, ist aber gleichzeitig auch kritisierbar. Jedes Kind, jede Jugendliche und jeder Jugendlicher hat ein Alltagswissen davon, dass es geschlechtertypische Tätigkeiten gibt, aber das man gleichzeitig fast immer auch 'Ausnahmen' benennen kann, die sich gerade durch 'untypische' Tätigkeiten oder Eigenschaften auszeichnen.

4.4 Methodische Konsequenzen

Die erläuterten Ergebnisse legen auch Konsequenzen für methodische Vorgehensweisen nahe, nämlich die spezifische Fokussierung von *Grenzsituationen*, in welchen in irgendeiner Form die Geschlechtszugehörigkeit einer Person oder Personengruppe thematisiert wird. Sie sind in ihrer situativen Bedeutung für die Konstruktion und Aufrechterhaltung von Geschlecht zu analysieren. Da in ihnen eine sonst im Alltag selbstverständliche Grenze der Geschlechterinszenierung berührt wird, versprechen diese einen vertieften Einblick in die kulturellen Selbstverständlichkeiten der Mitglieder des beobachteten Feldes. Um solche Situationen aufzuspüren zu können, sollte das Datenmaterial in möglichst *umfangreichem Feldaufenthalten* gesammelt werden.[14]

---

14 Für die Untersuchung, aus der das hier analysierte Datenmaterial stammt, wurden beispielsweise etwa 440 Protokolle, überwiegend von Unterrichtsstunden, mit insgesamt etwa 1600 Seiten erstellt.

Durch diese Vorgehensweise der Fokussierung der beschriebenen Interaktionsprozesse wird gleichzeitig der großen Gefahr entgegengetreten, selbst durch die Forschung Geschlechtszugehörigkeit als relevante Kategorie zu reifizieren. Denn das Handeln der Teilnehmenden ist der zentrale Maßstab dafür, inwieweit Geschlechtszugehörigkeit für sie von Relevanz ist. Mit der expliziten Aushandlung von Geschlechtszugehörigkeit durch die Thematisierung von Geschlechtszugehörigkeit und ihrer Geltung messen die Teilnehmerinnen und Teilnehmer des Feldes der Kategorie Geschlecht durch ihre Handlung eine spezifische Bedeutung bei.

4.5 Geschlechtsgeltung als zentraler Aspekt der Konstruktion von Geschlechtszugehörigkeit

Die Aushandlungen um die Geltung von Geschlechtszugehörigkeit verweisen auf eine hohe Bedeutung der Geschlechtsgeltung der eigenen Person. Mit der potentiellen Möglichkeit, die Geltung von Geschlechtszugehörigkeit bei einzelnen Individuen in Frage zu stellen, werden „Probleme" mit der Zweigeschlechtlichkeit auf dem Rücken Einzelner individualisiert. Aufgrund der Verbindung von Geschlechtszugehörigkeit und Gesellschaftszugehörigkeit ist die Zweigeschlechtlichkeit situativ – insbesondere für in ihrer Geschlechtsgeltung potentiell bedrohte Personen – keine der Diskussion und pluralistischen Aushandlung zugängliche Kategorie. Die Thematisierung dieser Vorgänge und Zusammenhänge jedoch birgt die Chance, solche Abläufe in Interaktionen nicht mehr nur als Selbstverständlichkeit zu behandeln, sondern sie Reflexionen und Diskussionen zugänglich zu machen. Das Wissen um die Situationen, in welchen in schulischen Interaktionen von Jugendlichen und Lehrkräften Grenzen des Möglichen gezogen werden, kann dazu beitragen, solche Grenzen auszuweiten. In diesem Sinne ist die kulturelle Bedeutung der Geschlechtsgeltung und ihre Handhabung ein Aspekt der Konstruktion von Geschlechtszugehörigkeit, dem zukünftig mehr Aufmerksamkeit gewidmet werden sollte.

Literatur:

Breidenstein, Georg/Kelle, Helga (1998): Geschlechteralltag in der Schulklasse. Ethnographische Studien zur Gleichaltrigenkultur. Weinheim: Juventa

Emerson, Robert/Fretz, Rachel/Shaw, Linda (1995): Writing ethnographic fieldnotes. Chicago and London: The University of Chicago Press

Faulstich-Wieland, Hannelore/Gast-von der Haar, Nicola/Güting, Damaris (2000): Soziale Konstruktion von Geschlecht in schulischen Interaktionen in der Sekundarstufe I - Werkstattbericht aus einem Forschungsprojekt. In: Lemmermöhle, Doris/Fischer, Dietlind/Klika, Dorle/Schlüter, Anne (Hrsg.): Lesarten des Geschlechts. Zur De-Konstruktionsdebatte in der erziehungswissenschaftlichen Geschlechterforschung. Opladen: Leske+Budrich. 173-188

Faulstich-Wieland, Hannelore/Weber, Martina/Willems, Katharina (2004): Doing Gender im heutigen Schulalltag. Weinheim: Juventa

Gildemeister, Regine (2000): Geschlechterforschung (gender studies). In: Flick, Uwe/von Kardorff, Ernst/Steinke, Ines (Hrsg.): Qualitative Forschung. Ein Handbuch. Reinbek bei Hamburg: Rowohlt. 213-223

Goffman, Erving (1994): Interaktion und Geschlecht. Frankfurt/M.: Campus (Original 1982)

Güting, Damaris (2004): Soziale Konstruktion von Geschlecht im Unterricht. Ethnographische Analysen alltäglicher Inszenierungspraktiken. Bad Heilbrunn: Klinkhardt

Hirschauer, Stefan (1993a): Die soziale Konstruktion der Transsexualität. Über die Medizin und den Geschlechtswechsel. Frankfurt/M.: Suhrkamp

Hirschauer, Stefan (1993b): Dekonstruktion und Rekonstruktion. In: Feministische Studien. Jg. 11, Heft 2. 55-67

Hirschauer, Stefan (1994): Die soziale Fortpflanzung der Zweigeschlechtlichkeit. In: Kölner Zeitschrift für Soziologie und Sozialpsychologie. Jg. 46, Heft 4. 668-692

Kampshoff, Marita (1992): „Wenn ich ein Junge wär, wär ich gern ein Junge und so bin ich gerne ein Mädchen": empirische Untersuchung zur Geschlechtsidentität in den Selbstaussagen von Schülerinnen und Schülern. Schriftenreihe Beiträge zur Frauenforschung: Dortmunder Examensarbeiten. Heft 7. Hochschuldidaktisches Zentrum der Univ. Dortmund

Thorne, Barrie (1993): Gender Play (Girls and Boys in School). New Brunswick and New Jersey: Rutgers University Press

West, Candace/Zimmerman, Don H. (1987): Doing Gender. In: Gender & Society. 1/1987. 125-151.

Ingo Straub

Männlichkeitskonstruktionen im Kontext vergeschlechtlichter Mediennutzungspraxen – eine empirisch-hermeneutische Fallrekonstruktion

In der gegenwärtigen Zeit ist es fast unmöglich, sich Medieneinflüssen zu entziehen. Medien sind allgegenwärtig und im Falle der so genannten Neuen Medien wie PC und Internet zum nicht mehr wegzudenkenden Bestandteil der Berufsausübung und Freizeitgestaltung geworden. Hierbei werden Medien allerdings von verschiedenen Personengruppen unterschiedlich genutzt und haben entsprechend verschiedene Bedeutungen für die jeweiligen Anwender. Burkhard Schäffer hat jüngst mediale Handlungspraxen generations-, geschlechts- und bildungsmilieuspezifisch rekonstruiert und hierbei seinen Schwerpunkt auf die Kategorie Generation gelegt (vgl. Schäffer 2003).

In meinem Beitrag möchte ich der Frage nachgehen, ob ausgehend von Erzählungen junger Männer über deren Mediennutzungspraxen Männlichkeitsentwürfe rekonstruiert werden können, die das Handeln der Nutzer in den verschiedensten Lebenssituationen in meist nicht reflektierter Weise strukturieren. Die Mediennutzung erscheint als ein hoch vergeschlechtlichtes Feld und ist insofern bestens dafür geeignet, als Folie zu dienen, vor deren Hintergrund Elemente männlicher Habitusformen herausgearbeitet werden können. Zwar gibt es kaum einen Bereich, der nicht durch die Kategorie Geschlecht beeinflusst wird. Jedoch stellt gerade die Mediennutzung m.E. ein Forschungsfeld dar, dessen Praxis zum einen der überwiegenden Mehrheit der Jugendlichen vertraut ist und zum anderen nicht nur von der Forschung, sondern auch von Jugendlichen selbst als geschlechtlich stark segregiert wahrgenommen wird.[1] Insofern ist auch zu erwarten, dass sich an Erzählungen über die Mediennutzungspraxis Positionierungen zum zwischen- und binnengeschlechtlichen Verhältnis rekonstruieren lassen. Über die Rekonstruktion kollektiver Orientierungen in Bezug auf die Mediennutzung *mehrerer* männlicher

---

1 Vgl. Deutsche Shell 2003: 262, Medienpädagogischer Forschungsverbund Südwest 2003:47.
   In Einzelinterviews und Gruppendiskussionen, die im Rahmen des Forschungsprojektes 'Interneterfahrungen und Habitusformen von weiblichen und männlichen Jugendlichen im Haupt- und Realschulbereich' (Buchen/Straub) durchgeführt wurden, äußerten sowohl Jungen als auch Mädchen die Einschätzung, dass nach Geschlechtern differenziert unterschiedlich mit Neuen Medien umgegangen wird.

Jugendcliquen und daran anknüpfend von *verschiedenen* Männlichkeitsentwürfen kann ein Beitrag dazu geleistet werden, Dichotomisierungen in Bezug auf die Geschlechter zu vermeiden und über das Herausarbeiten von Differenzierungen[2] *zwischen* geschlechtshomogenen Gruppen Essenzialisierungen und Naturalisierungen des Geschlechterverhältnisses zu dekonstruieren.

1 Zur Anlage der Studie: Forschungsdesign und theoretische Bezüge

In einer qualitativen Studie[3] führe ich acht Gruppendiskussionen mit männlichen Jugendlichen im Alter von 15 bis 20 Jahren durch, wobei alle Teilnehmer in bestimmte geschlechtshomogene Gruppen eingebunden sind (homosexuelle und christliche Jugendgruppen, sowie Fußballvereine und Gruppen aus Medientreffs).[4] Die Auswahl resultiert daher, dass die Freizeit der Jugendlichen nicht unwesentlich durch die Einbindung in jugendkulturelle Milieus geprägt ist und diese starke sozialisatorische Einflüsse gerade auch in Bezug auf die Herausbildung von Männlichkeiten haben (vgl. Bilden 1991: 287f.). Die Akzentuierung männlicher Jugendkulturen hängt zum einen damit zusammen, dass aus der fast unüberschaubaren Zahl von Jugendkulturen eine Auswahl getroffen werden muss, und zum anderen damit, dass im Rahmen der Weiterentwicklung der Frauenforschung zur Geschlechterforschung (Gender Studies) zwar Frauen *und* Männer ins wissenschaftliche Blickfeld rückten, allerdings Männerforschung innerhalb der Gender Studies immer noch unterrepräsentiert ist (vgl. Brandes 2002: 14). Gerade von feministischer Seite wird oft kritisch hervorgehoben, dass Forschung bislang immer schon Männerforschung gewesen sei, da zu jeder Zeit Forschung von Männern über Männer und für Männer gemacht wurde.[5] Die Ausklammerung der Geschlechterdifferenz in den einschlägigen Disziplinen bedeutete jedoch nicht nur die Nichtbeachtung der Frauen als Forschungsgegenstand, sondern auch, dass 'der Mann' laut Brandes als Geschlechtswesen hinter dem Bild eines Neutrums verschwand (vgl. Brandes 2002: 13). Jedoch bin ich mit Vertretern der kritischen

---

2 Vgl. den Beitrag von Gildemeister i.d.B.
3 Die Studie führe ich im Rahmen des o.a. Forschungsprojektes durch. Während dieses Projekt beansprucht, Interneterfahrungen und -praktiken Jugendlicher schulform- und geschlechtsspezifisch auszudifferenzieren, zielt mein Forschungsvorhaben auf die Rekonstruktion medialer Praxen im Kontext männlicher Jugendkulturen.
4 Themen der Gruppendiskussionen waren zum einen die Mediennutzung der Jugendlichen und zum anderen das Eingebundensein in die jeweilige Jungengruppe.
5 Hingewiesen sei beispielsweise auf die gängige Praxis in der Geschichtswissenschaft bis ca. 1970, Geschichte durchgängig als die Geschichte großer männlicher Persönlichkeiten zu betrachten.

Männerforschung der Meinung, dass Männerforschung versuchen sollte, „Männer nicht als geschlechtslose (Normal-) Menschen, sondern als geschlechtliche Wesen mit spezifischen Erfahrungen und Identitäten zu erforschen [und] Männer und Männlichkeiten (...) dabei als historisch, kulturell und sozial variierende und konstruierte Phänomene [zu betrachten]" (BauSteineMänner 1996: 5). In der Männerforschung ist es inzwischen unumstritten und durch vielfältige Untersuchungen hinreichend belegt, dass man nicht von 'der Männlichkeit' sprechen kann, sondern dass man „vielmehr von 'Männlichkeiten' im Plural sprechen [muss]" (Connell 2000b: 21). In unterschiedlichen Kulturen, geschichtlichen Epochen, aber auch innerhalb (multikultureller) Gesellschaften werde der Begriff 'Männlichkeit' mit verschiedenen Bedeutungen belegt. Connell geht aber noch weiter, indem er betont: „Ebenso wichtig ist, daß es auch innerhalb einer bestimmten Umgebung verschiedene Männlichkeiten gibt. In der Schule oder Nachbarschaft oder an einem Arbeitsplatz wird es verschiedene Inszenierungen des Mannseins geben, unterschiedliche Wege zu erlernen, ein Mann zu sein, unterschiedliche Selbstbilder und Weisen, mit dem männlichen Körper umzugehen" (Connell 2000b: 21). Diese verschiedenen Männlichkeiten stünden allerdings nicht gleichberechtigt nebeneinander, sondern seien zueinander in einem hierarchischen Verhältnis angeordnet. Einer hegemonialen Form von Männlichkeit – der in einer Gesellschaft „anerkanntesten und begehrtesten" (Connell 2000b: 21) – werden andere Ausprägungen von Männlichkeit untergeordnet, u.a. Männlichkeitsentwürfe homosexueller Männer (vgl. auch Connell 2000a).

In der Auseinandersetzung mit und der Analyse von Erzählungen über die Praxis medialen Handelns – wie sie beispielsweise von mir in Gruppendiskussionen zu diesem Thema eruiert werden – dokumentieren sich zentrale Orientierungen der Gruppe in Bezug auf (vergeschlechtlichte) Mediennutzungspraxen. Die Frage nach dem 'Wie' des Handelns mit Medien und damit nach dem Sinn der Handlungspraxis ist – so formuliert es Ralf Bohnsack – „die Frage nach dem *modus operandi*, nach dem der Praxis zugrunde liegenden *Habitus*" (Bohnsack/Nentwig-Gesemann/Nohl 2001: 13; Herv. im Original). Die Herausarbeitung von Habitusausformungen von männlichen Jugendlichen im Umgang mit Medien und die hiervon ausgehend rekonstruierbaren Verbindungslinien zu den Strukturen, die deren Leben als Männer prägen, ist Ziel meines Forschungsprojektes und besonders gut mit Hilfe der dokumentarischen Methode von Ralf Bohnsack u.a. zu leisten. Im konkreten Fall gehe ich davon aus, dass die 'konjunktiven Erfahrungsräume' (vgl. Mannheim 1980) männlicher jugendkultureller Gruppierungen und die damit verbundenen spezifischen biografischen Erfahrungen Auswirkungen auf das Handeln mit Medien haben, und dass sich durch die Analyse von Deutungen der Mediennutzungspraxen Varianten und Facetten von 'Männlichkeiten' rekonstruieren lassen, wenn man mit Holger Brandes 'Männlichkeit' „als Produkt sozialer (geschlechtlicher und vergeschlechtlichter) Praxis" (Brandes 2002: 8) versteht, zu der m.E. auch die Mediennutzung zu zählen ist.

Einer der theoretischen Bezugspunkte der dokumentarischen Methode ist das Habituskonzept von Pierre Bourdieu, das als Grundgedanken formuliert, „dass es eine Entsprechung zwischen sozialer Strukturierung und dem individuellen Handeln in diesen Strukturen gibt, die nicht durch bewusste Normenorientierung oder Regelanwendung (...) zustande kommt" (Brandes 2002: 63). „Der Habitus ermöglicht", so Brandes weiter, „in unendlich variierenden Praxisfeldern auf die gleiche Art und Weise intuitiv zu handeln, weil er lediglich die fundamentalen Grundprinzipien dieses Handelns, die Art und Weise des Herangehens an Probleme etwa, festlegt" (Brandes 2002: 67). Bourdieu geht davon aus, dass sich die Strukturen einer spezifischen Soziallage (wie z.B. der Klasse, des Geschlechts, der Generationenzugehörigkeit, der Ethnizität etc.) im Habitus von Personen niederschlagen.

Bei der Rekonstruktion männlicher Habitusformen lehne ich mich an die Konzeption von Meuser (1998) an, der betont, indem er Bourdieus Ausführungen zum Klassenhabitus auf die Kategorie Geschlecht anwendet, „daß ein Geschlecht nur dadurch (sozial) existiert, daß die Angehörigen einer Geschlechtskategorie gemäß einem Prinzip handeln, das für diese, nicht aber für die andere Geschlechtskategorie Gültigkeit hat. Mit anderen Worten: Die soziale Existenz eines Geschlechts ist an einen spezifischen Habitus gebunden, der bestimmte Praxen generiert und andere verhindert" (Meuser 1998: 112). Meuser postuliert, dass es pro Geschlecht einen Habitus – verstanden als Handlung generierendes und Praxis strukturierendes Prinzip – gibt, der sich aber in unterschiedlichen Ausprägungen von Weiblichkeit und Männlichkeit ausformt, „wobei soziales Milieu, Generationszugehörigkeit, Entwicklungsphase und familiäre Situation sich als lebensweltliche Erfahrungshintergründe erweisen, deren Relevanzstrukturen Einfluß auf die Muster haben, in denen sich der geschlechtliche Habitus manifestiert" (Meuser 1998: 115). Inwieweit jugendkulturelle Gruppierungen hier ebenfalls eine Rolle spielen, ist ein Erkenntnisziel meiner Studie.

Die Gruppendiskussion, die in diesem Beitrag analysiert wird, wurde mit vier jungen Männern im Alter zwischen 16 und 18 einer homosexuellen Jugendgruppe durchgeführt.[6] Zunächst werde ich kurz einen Blick auf von den Jugendlichen

---

[6] Die Gruppe gab sich im Anschluss an die Gruppendiskussion den Codenamen 'Die fabelhaften Vier' in Anlehnung an die RTL 2-Doku-Soap „Schwul macht cool – Die fabelhaften Vier", in der vier homosexuelle Männer als Styling-Experten auftreten. Die Teilnehmer sind: A: 16 Jahre, in Ausbildung; B: 17 Jahre, Abiturient; C: 18 Jahre, Abiturient; D: 18 Jahre, in Ausbildung.

angesprochene PC- und Internet-Nutzungspraxen werfen und analysieren, wie diese in der Gruppe gerahmt werden. Im zweiten Teil werde ich einzelne Textpassagen näher beleuchten, die vom Chatten handeln, da sich diese Textstellen durch eine hohe metaphorische und interaktive Dichte auszeichnen und als 'dramaturgische Höhepunkte' des Diskurses bezeichnet werden können.[7] In einem letzten Schritt wird dargestellt, welchen Bezug die strukturellen Merkmale der Mediennutzung zu den konkreten biografischen Erfahrungen der jungen Männer haben.

2 Die Bewertung medialer Kommunikationspraxen

Nachdem sich die Jugendlichen – angeregt durch meine Eingangsfrage – mit dem Thema Mediensucht auseinander gesetzt haben und dabei die Wahrscheinlichkeit, selbst süchtig nach Medien zu werden, als eher gering einschätzten, bemerkte D, dass mit der Nutzung von Medien ziemlich viel Zeit vergeudet wird. Auf meine Nachfrage hin entwickelte sich folgender Diskurs:[8]

Y: Und was findest du Zeitvergeudung?
D: Im Internet rumsurfen, chatten und so
C: Das stimmt.
D: Also des mach ich nicht
Me: ∟ @(.)@
D: ∟ Ich hab des hab's auch mal en gan ne kurze Zeit gemacht so drei, vier Wochen, das war ganz lustig, aber es es kam nichts dabei raus, also des ist wie Fernsehgucken (2)
C: Es ist ganz nett, ist
D: ∟ ja
C: ∟ aber unproduktiven
D: ∟ genau
C: ∟ ( )
D: ∟ es ist total frustrierend, wenn man weggeht, weil man hat wirklich nichts erlebt, also so geht's mir immer, wenn ich lange Fernseh guck, da fehlt dieses ehm (.) was man am Tag gemacht hat dieses Gefühl, des ist komplett, da ist (.) nichts (.) also
Y: ∟ Mhm
D: ∟ des sind nur Bilder, die vor einem rum (.) schwirren, also ich find des °also vertan°

---

7 Bohnsack spricht hier von Fokussierungsmetaphern: „ein derartiger Fokus des Diskurses (dramaturgischer Höhepunkt) verweist auf einen *Fokus* gemeinsamen Erlebens und somit auf gemeinsame oder *kollektive Orientierungsmuster*, welche nicht nur in diesen Fokussierungs-Passagen, aber dort in besonders prägnanter Weise zur Artikulation gebracht werden" (Bohnsack 2003a: 67; Herv. im Original).
8 Die Transkription orientiert sich an den Transkriptionsrichtlinien nach Bohnsack (2003b: 235).

B: ⌞ Ich surfe äußerst gerne, aber chatten tu ich
        eigentlich nie
D: ⌞ also surfen ( )
B: ⌞ das find ich wirklich blöd, weil
D: ⌞ ja
B: ⌞ des bringt einem
        wirklich da überhaupt nichts. Surfen aber nur allzu gerne, da hie und da und dort (.), aber
        nicht chatten
D: ⌞willste mal so ein paar Info suchen, so find ich ist Internet wirklich gut, weil des
        so viel Information kriegt man nicht auf einem, auf einmal, aber
B: ⌞ aber des ist schon auch
        wieder
D: ⌞ für Fun? Hmh, °eigentlich nicht° (2).

Auf meine Nachfrage, die eine Konkretisierung von D's Aussage zum Ziel hatte, entfaltete sich in der Gruppe ein Gespräch über die Bewertung der Internetpraxen Surfen und Chatten. An der Passage zeigt sich, dass insbesondere D, aber auch C ein äußerst distanziertes Verhältnis zu diesen Tätigkeiten haben. Zunächst bewerten D und C diese in ständig sich ergänzender und bestätigender Weise als sinnlos, da sie keinen Nutzen bieten: Man handelt zwar, indem man chattet oder surft, erzielt aber weder ein Ergebnis noch ein 'Produkt' („kam nichts dabei raus"; „unproduktiv"). Selbst Zeitvertreib oder Zerstreuung scheint ausgeschlossen zu sein. Laut den Jugendlichen sind Frustration und damit das Gefühl die Folge, dass kein Sinn gestiftet wurde („es ist total frustrierend"; „vertan"). Interessant ist, dass die bewerteten Internetpraxen mit dem Fernsehen verglichen werden und beim einen wie beim anderen die Reizüberflutung beklagt wird, die sich darin äußert, dass die Informationen nicht mehr sortiert und aufgenommen werden können („des sind nur Bilder, die vor einem rum schwirren"). Diese geschilderte Flüchtigkeit im Medienkonsum entbehrt vor allem der Befriedigung, etwas gemacht und erreicht zu haben, und sei es nur, sich zerstreut zu haben: „da fehlt dieses ehm was man am Tag gemacht hat dieses Gefühl, des ist komplett, da ist nichts". Dem Handeln in medialen Welten wird also idealisierend das konkrete Erleben in der Realität entgegen gestellt. Es kommt an dieser Stelle zur Konstruktion zweier scharf voneinander getrennter Welten, in denen sich die Jugendlichen mehr oder weniger bewegen. Eindeutig erscheint hierbei die Bewertung der einzelnen Räume: Die Realität bietet die Möglichkeit, Sinn zu erfahren, wohingegen die Virtualität lediglich das Gefühl der Leere und Flüchtigkeit vermittelt.

Im zweiten Teil der Passage schaltet sich B in das Gespräch ein, indem er die erwähnten Internetpraxen differenziert betrachtet. B ist in seiner Ablehnung zwar nicht so rigoros wie D und C, da er Herumsurfen durchaus als eine abwechslungsreiche Tätigkeit ansieht („Ich surfe äußerst gerne"). Allerdings hat er bezüglich des Chattens wie D und C deutliche Vorbehalte („das find ich wirklich blöd").

Vermutlich angespornt von B gibt D seine Ablehnungshaltung teilweise auf, indem er dem Surfen doch einen gewissen Nutzen zugesteht, wenn es zur Informationssuche eingesetzt wird. Dass das Surfen auch Spaß und Unterhaltung bereiten kann, ist für D aber so gut wie ausgeschlossen („für Fun? Hmh, eigentlich nicht"). Das Internet wird von der Gruppe als Medium erlebt, das in der funktionalen Komponente seine Stärke hat, aber nicht primär darin, Spaß zu bereiten, als Freizeitmedium zu dienen und z.B. Zerstreuung zu bieten. B bekennt sich zwar zum ziellosen Surfen, allerdings verteidigt er seine Position nicht vehement gegenüber D, so dass die Gruppenmeinung mit der Konklusion durch D („für Fun? Hmh, eigentlich nicht") ausgehandelt erscheint. Die Gründe für das Akzeptieren und stillschweigende Übernehmen der Meinung von D und C durch B sind nur zu vermuten: Unter Umständen will B nicht als derjenige gelten, der einer als sinnlos gerahmten Tätigkeit nachgeht. Vielleicht erscheint ihm aber auch ein Austragen der Diskussion als nicht lohnenswert, da insbesondere D eine unumstößliche Meinung zu haben scheint.

Während das Thema Surfen im weiteren Verlauf der Diskussion keine Rolle mehr spielt, wird das Chatten in der Gruppe ausführlich mit hoher metaphorischer und interaktiver Dichte behandelt. Dieser formale Indikator lässt darauf schließen, dass die Kommunikationsfunktion des Internet für die Gruppe eine große Bedeutung hat und deshalb eine genauere Analyse sinnvoll erscheint. Es erscheint insofern interessant, die Bedeutung des Internet als Kommunikationsmedium zu untersuchen, da in quantitativen Untersuchungen zum Chatverhalten zwar keine signifikanten Unterschiede zwischen den Geschlechtern festgestellt werden[9], wohl aber in qualitativen Studien über die Bedeutung der neuen Medien für Jugendliche. Dass der Medienbereich als ein hoch vergeschlechtlichtes Feld von Jugendlichen wahrgenommen wird, zeigt beispielsweise die Shell-Studie 2002, in der 20 Jugendliche in qualitativen Interviews befragt wurden. Die Einschätzungen der Jugendlichen bezüglich einer geschlechtsspezifischen Internetnutzung werden von den Autoren folgendermaßen zusammengefasst: „Junge Männer beschäftigen sich mehr mit der Funktionsweise, programmieren selbst, installieren Programme, rüsten ihren Computer auf, entwerfen Websites. Frauen nutzen den Computer vor allem für kommunikative Zwecke, interessieren sich für die Nutzungsmöglichkeiten, 'sind froh, dass es funktioniert, und nutzen das, was funktioniert'" (Deutsche Shell 2003: 262). Auch in Einzelinterviews, die im Rahmen des oben erwähnten Forschungsprojektes (Buchen/Straub) mit weiblichen und männlichen Haupt- und

---

9   Laut der JIM-Studie 2002 werden PC und Internet von Jungen und Mädchen gleichermaßen zum Versenden von E-Mails und zum Chatten benutzt. Andere Nutzungsmöglichkeiten des Internets wie Spielen oder Downloads werden von Jungen hingegen deutlich häufiger in Anspruch genommen als von Mädchen (vgl. Medienpädagogischer Forschungsverbund Südwest 2003: 47).

Realschülern der neunten Klassenstufe geführt wurden, werden immer wieder dieselben Stereotype angeführt. Auf die Frage nach den Internetpraxen von Mädchen antwortet beispielsweise ein Junge: „Chatten. Nur Chatten. Nichts weiter. Ihre E-Mails prüfen und chatten". Interviewer: „Und die Jungs?". Junge: „Die neuen Cheats[10] für Spiele raussuchen und gewalttätige Seiten aufrufen".[11] Die stereotype, sozial konstruierte Dichotomisierung, die in Bezug auf die Kategorie Geschlecht in fast allen Lebensbereichen eine Rolle spielt, zeigt sich auch im Medienbereich: Den Mädchen werden eher die kommunikativen Praxen zugeschrieben (z.b. Chatten, E-Mail-Versenden), den Jungen eher die technik- und actionorientierten Handlungen wie z.b. Spielen, Programmieren und Downloads.

Die Gegenüberstellung von männlichen und weiblichen Nutzungspraxen und die damit verbundene Gefahr, die vermeintlichen Geschlechtsunterschiede zu naturalisieren, kann m.E. nur vermieden werden, indem man von der Betrachtung von Differenzen zwischen den Geschlechtern abrückt und verstärkt Differenzierungen innerhalb der Geschlechter in den Blick nimmt. Insofern muss auch bei der Analyse von Deutungen medialer Kommunikationspraxen das Eingebundensein in geschlechtstypische Lebenszusammenhänge stärkere Berücksichtigung finden, indem z.b. wie in meiner Studie die Zugehörigkeit zu männlichen jugendkulturellen Szenen fokussiert wird, um ein breiteres Differenzierungsspektrum aufzuzeigen.

3 Chatten als 'Einstiegsdroge'

Im Folgenden sollen die Textpassagen analysiert werden, die über die Behandlung des Themas Chatten auf die Kommunikationsfunktion des Internet verweisen. Im vorangegangenen Abschnitt wurde bereits herausgearbeitet, dass die Gruppe u.a. Chatten als Zeitvergeudung ansieht. Im weiteren Verlauf der Gruppendiskussion hinterfragt der Interviewer, ob Chatten immer als Zeitvergeudung erlebt wird oder ob nicht die Möglichkeit der Anonymität Formen der Kommunikation bereithalte, die im face-to-face-Kontakt nicht gegeben sind.[12] D reagiert hierauf, indem er betont, dass es absurd sei, jemanden kennen lernen und gleichzeitig anonym bleiben zu wollen. 'Richtiges' Kennenlernen sei nur im face-to-face-Kontakt z.B. auf Partys möglich, was von C teilweise bestätigt wird, wie die folgende Passage zeigt:

---

[10] Cheats sind Programme/Hilfsmittel/Tastenkombinationen, mit denen man sich unerlaubte Vorteile gegenüber dem Mitspieler oder dem Computer sichert.
[11] Analoge Aussagen werden auch von Mädchen gemacht.
[12] Die Kommunikation mit Unbekannten ist laut Schmidt (2000) die Hauptmotivation beim Chatten: „Man loggt sich ein, *gerade um* mit fremden Personen zu kommunizieren, ohne dass die Intimsphäre der anderen verletzt wird" (Schmidt 2000: 115; Herv. im Original).

C: ja genau, eh::m was wollt ich sagen? Ja genau, ehm, das mit dem Leute-Kennenlernen, ich mein, des is, also ich kenn wirklich ein paar Leute, mit denen ich wirklich immer noch sehr gut befreundet bin, die ich wirklich ausschließlich aus dem Internet her kenne, aber (.) des is, wenn man, so wie der D es ja gesagt hat, wenn man irgendwie eh:m wirklich Leute kennen lernen will, da ist es viel effektiver oder viel praktischer, wenn man einfach irgendwie auf ne Party geht oder halt, also im richtigen Leben irgendwie was unternimmt, weil die Tausende von Bekanntschaften, die man im Internet machen kann, die sind immer so flüchtig und oberflächlich und verlieren sich sofort wieder, und wenn man die Leute ein Mal irgendwie gesehen hat, dann ist es was v- , ja dann kennt man se richtig, also ich find des viel effektiver, wenn man jetzt irgendwie drauf aus ist, irgendwie mehr Leute zu kennen °oder so°.

D: Ehm es ist viel persönlicher, find auch, wenn man chattet, man man tippt diese Buchstaben ein und schickt die einfach ab und so, wenn man je- mit jemand gegenüber sitzt und mit dem redet, dann sieht man auch, wie der spricht, wie seine Tonlage ist, ob er nervös ist oder diese ganzen (.) ehm (.) Mimiken auch, die ein Mensch macht, die sieht man ja alles gar nicht, weil dieser, bei diesem Chatten also von daher, ich finde des ist auch sehr interessant, wenn man weiß, wie jemand auf (.) Sachen reagiert, die man sagt und die vielleicht einem unangenehm s-, des merkt man dann auch sofort, wenn ma- allein ob er 's Gesicht verzieht oder nicht oder (.) ob er gleich abschwenkt von dem Thema und so also (3).

C betont, dass ein Kennenlernen nicht nur in der Realität beispielsweise auf Partys möglich ist, sondern auch – hier greift C auf eigene Erfahrungen zurück – im Internet, und verweist darauf, dass Chatbekanntschaften aus dem virtuellen Raum in die Realität transportiert werden können. Insofern relativiert C die von D vertretene Ausschließlichkeitshaltung, die auf die Realität fokussiert. C sieht Verbindungslinien zwischen Virtualität und dem „richtigen Leben". Allerdings schwenkt C doch wieder auf die Linie von D ein, wenn er „Tausende von Bekanntschaften, die man im Internet machen kann", der Möglichkeit gegenüber stellt, jemanden „ein Mal" zu sehen und dann „richtig" zu kennen. C konstruiert eine unübersichtliche Menge von mehreren Tausend Menschen, in der die einzelnen Persönlichkeiten verschwinden und Kontakte deswegen nur „flüchtig und oberflächlich" sein können („verlieren sich sofort wieder"). Die Gefahr der Unverbindlichkeit besteht laut C nicht – und D bestätigt dies im Anschluss –, wenn man das Gegenüber „ein Mal irgendwie gesehen hat": denn „dann kennt man se richtig". Jemanden 'richtig' kennen zu lernen wird gleichgesetzt mit jemanden gesehen zu haben. Interessant ist, dass C an dieser Stelle eine einfache Kosten-Nutzen-Rechnung aufstellt: Es scheint schwieriger zu sein, aus der weitgehend anonymen und großen Masse an Personen aus dem Chat interessante Menschen 'extrahieren' zu können, als auf einer Party, „also im richtigen Leben". Ersteres ist mit ungleich mehr Aufwand verbunden und deshalb entsprechend weniger effektiv.

D ergänzt im Folgenden die Ausführungen von C um den Aspekt der Unpersönlichkeit des Chattens. Persönlichkeit ist für D eine Frage der Ausstrahlung, die nur im unmittelbaren face-to-face-Kontakt erfahrbar wird: Die Art des Sprechens, die Tonlage, die Mimiken spielen für D eine wichtige Rolle: Er will sehen, „wie jemand auf Sachen reagiert, die man sagt" oder „ob er gleich abschwenkt von dem Thema". Im direkten Kontakt sind z.b. unmittelbarere Reaktionen möglich und eventuell entstandene Missverständnisse können ausgeräumt werden. Im Chat hingegen, in dem Mimiken und die Art des Sprechens nicht erfahrbar sind, ist die Gefahr größer, sich misszuverstehen. Darüber hinaus ist es für D wichtig, beim Gegenüber sehen zu können, „ob er nervös ist". Nervosität gilt im Allgemeinen als Schwäche, wird von D allerdings zur Kennzeichnung von Persönlichkeit umgedeutet. Nervosität erscheint als Ausdruck von Authentizität, von Unverstelltheit und Echtheit im zwischenmenschlichen Umgang. Das alles gehört für D zur Persönlichkeit und zur Ausstrahlung von Menschen, und selbst scheinbare Schwächen werden sympathisch. Zwar ist jede intensive Kennenlernsituation durch Nervosität, Aufgeregtheit vor dem Neuen und Interesse an der neuen Situation geprägt, doch lässt der Begriff Nervosität eher an Begegnungen denken, die den Aufbau einer Liebesbeziehung, nicht 'nur' einer Freundschaft zum Ziel haben. Dem ganzheitlichen Erfassen eines Menschen, das nur im unmittelbaren face-to-face-Kontakt möglich scheint, wird von D das Mechanistische des Chattens gegenüber gestellt, bei dem Buchstaben eingetippt und durch die Betätigung der Enter-Taste weggeschickt werden.

Durch die beiden Protagonisten C und D wird weiterhin ein distanziertes Verhältnis zu den Kontaktmöglichkeiten durch Chats markiert, wobei die virtuelle der realen Welt weitgehend unverbunden gegenübergestellt wird. Allerdings ist diese ablehnende Haltung nicht so solide, wie es nach der bisherigen Analyse scheint, da C – wie oben bereits ausgeführt wurde – durchaus die Möglichkeit sieht und kennt, Bekanntschaften aus dem Netz ins reale Leben zu transferieren. Auch A trägt zu einer differenzierteren Betrachtung dieser medialen Praxis bei, wenn er im weiteren Verlauf des Gesprächs auf seine eigenen Erfahrungen verweist. Für A war (und ist?) das Chatten eine zentrale Voraussetzung dafür, seine Homosexualität zu leben, da er über das Internet Zugang zur homosexuellen Infrastruktur außerhalb seines Heimatdorfes fand und über Chatrooms andere Männer kennen lernen konnte. A widerspricht damit D, indem er betont, dass das Internet durchaus eine Möglichkeit darstellt, Leute zunächst anonym kennen zu lernen, diese dann in der Realität zu treffen und damit unmittelbaren Nutzen aus dem Medium zu ziehen. Für A waren das Internet und der Chat eng verbunden mit dem Eintritt in die homosexuelle Subkultur.

Die Diskussion zum Thema Chatten erhält durch die Einwände von A einen neuen Impuls, der auf Nachfrage des Interviewers von den anderen Teilnehmern aufgegriffen wird und dazu führt, dass die Gruppe eine *gemeinsame* Haltung zum Thema findet. Auf die Frage des Interviewers, ob der Chat nicht eine gute Möglichkeit sei, Leute kennen zu lernen, wenn man abseits der homosexuellen Subkultur lebt, wie dies bei A der Fall war, entwickelte sich folgendes Gespräch:

C: Als Einstiegsdroge ja
Me: @(2)@
D: ⌊ Aber von der sollte man eigentlich sehr schnell weg kommen
C: ⌊ genau das isses
B: ⌊ hmh

Mit dieser Textpassage wird das Ende der von einer antithetischen Diskursorganisation geprägten Diskussion der Gruppe zum Thema Chatten eingeleitet, indem weiterhin die distanzierte Haltung von D und C, aber auch von B (u.a. durch sein zustimmendes „Hmh") zur Chatkommunikation deutlich gemacht wird. Auffällig ist, dass das Chatten nun nicht mehr grundsätzlich abgelehnt wird (was sicher mit der Intervention von A zusammenhängt), sondern nur dann, wenn Kommunikation und Kennenlernen ausschließlich über dieses Medium stattfinden. C spricht in Bezug auf das Chatten von einer „Einstiegsdroge", die den Zugang zur homosexuellen Subkultur zwar ermöglichen kann, aber wohl nicht ausreicht, um alle Facetten des homosexuellen Lebens erfahren zu können. Dass die Metapher 'Einstiegsdroge' von den anderen Teilnehmern akzeptiert wird, macht das Lachen der anderen bzw. die Zustimmungsäußerung von B deutlich. Das Bild der 'Einstiegsdroge', von deren 'Konsum' „man eigentlich sehr schnell weg kommen" sollte, verweist darauf, dass sich im negativen Fall Abhängigkeit von dieser Droge oder u.U. der Übergang zu 'härteren Drogen' vollzieht.[13] Dies sollte nach Meinung der Gruppe vermieden werden und die Chatkommunikation nur ein Einstieg in den Ausstieg aus dieser Art zu kommunizieren sein. Die bewusstseinserweiternden Aspekte der 'Einstiegsdroge' können durchaus genutzt werden, um sich Neues zu erschließen und um Zugang zu neuen 'Räumen' und neuen virtuellen Kontakten zu bekommen. Jedoch sollte „sehr schnell" ein Entwöhnungsprozess und die Überführung virtueller in reale Kontakte einsetzen. Interessant ist, dass die Gruppe nicht davon spricht, man *müsse* von der 'Einstiegsdroge' wegkommen. Vielmehr wird der face-to-face-Beziehung der Vorrang gegeben: Das Ziel der virtuellen Kommunikation ist der Einstieg in die 'richtige' Kommunikation, in der das Gegenüber – wie oben ausgeführt – ganzheitlich mit allen Stärken und Schwächen erfasst werden kann. Allerdings weist nicht zuletzt die abschwächende Formulierung „*sollte man eigentlich* sehr schnell weg kommen" darauf hin, dass Wahlmöglichkeiten offen gehalten werden für diejenigen, die sich z.B. örtlich nicht auf eine homosexuelle Subkultur stützen können.

Die Analyse der drei Passagen zum Thema Chatten verdeutlicht, dass die Gruppe grundsätzlich eine Differenz zwischen der virtuellen Welt des Chattens und dem realen Leben mit den jeweiligen Kommunikationsmöglichkeiten wahrnimmt und diese Differenz zunächst unüberbrückbar zu sein scheint: Entweder

---

13 Vgl. z.B. Young (1999).

man lernt Leute in der virtuellen Welt kennen, was die Gefahr birgt, nur oberflächliche kurzfristige Kontakte zu knüpfen, oder man sucht seine Kontakte im richtigen Leben z.b. auf Partys. Erst durch die Einwände von A, dass es unter gewissen Umständen durchaus praktikabel ist, Leute im Chat kennen zu lernen und dann im richtigen Leben zu treffen[14], macht sich die Gruppe die Auffassung zu eigen, dass der 'Graben' zwischen 'virtual' und 'real life' durchaus zu überbrücken ist. Hierbei wird allerdings von der Gruppe – das macht die Metapher der 'Einstiegsdroge' deutlich – eine Entwicklung weg von der Virtualität hin zur Realität gefordert. Man lässt sich von der 'Einstiegsdroge' zwar in Versuchung führen, doch kommt es *nicht* zum Aufbau zweier Parallelwelten, in denen man sich mehr oder weniger gleichwertig bewegt und zwischen denen ständig oszilliert wird. Das 'virtual life' besitzt lediglich funktionalen Charakter, um sich neue Räume zu erschließen. Das 'richtige Leben' spielt sich aber in der Realität ab. Die virtuelle Welt kann aus gewissen Notwendigkeiten oder aus Nützlichkeitsaspekten heraus als Durchgangsstation genutzt werden. Ziel ist aber immer der Kontakt in der realen Welt, da nur dort die eigentlichen und nachhaltigsten Erfahrungen mit unverstellter Kommunikation und authentischen Kontakten gemacht werden können. Die Diskursstruktur ist jedoch durch eine prinzipielle Offenheit gegenüber anderen medialen Praxen gekennzeichnet, die sich in der Akzeptanz äußert, Virtualität und Realität anders in Beziehung zu setzen.

Die im Diskurs entwickelte Haltung der Gruppe 'Die fabelhaften Vier' zur medialen Handlungspraxis Chatten kann vor diesem Hintergrund folgendermaßen abstrahiert werden: Es geht um die funktionale 'Ausbeutung' der virtuellen Kommunikationsmöglichkeiten, u.a. um Kontakte zu ermöglichen, und letztendlich deren 'Überwindung' zu Gunsten der Realität. Die Gruppe setzt sich kreativ mit Alternativen (virtuell – real) auseinander und bedient sich dabei der Elemente, die ihr für die Gestaltung ihres Lebens nützlich erscheint.

Inwieweit dieses für die Gruppe 'Die fabelhaften Vier' herausgearbeitete Orientierungsmuster generalisierungsfähig ist, d.h. Aussagen gemacht werden können, die über die bisher ausgewiesene Fallspezifik hinausgehen, muss sich in fallinternen und fallexternen Analysen weiteren empirischen Materials erweisen. Meine These, auf die ich im Folgenden eingehen werde, lautet: Bei der oben herausgearbeiteten Haltung der Gruppe 'Die fabelhaften Vier' handelt es sich um eine Habitusform, die das Leben dieser homosexuellen Jugendlichen strukturiert.[15]

---

[14] Diese Erfahrung hat übrigens C auch gemacht, als er betont, dass er mit vielen Leuten befreundet ist, die er ausschließlich aus dem Chat kennt, u.a. auch A.
[15] Mit dem Habitusbegriff nehme ich Bezug auf Pierre Bourdieu, der Habitusformen definiert „als Erzeugungs- und Strukturierungsprinzip von Praxisformen und Repräsentationen" (Bourdieu 1976: 165).

Dieser Habitus resultiert m.e. aus der konkreten Lebenssituation, in der sich die homosexuellen Jugendlichen befinden: Die jungen Männer suchen ihren Platz in einer heteronormierten Gesellschaft, in der sie als 'die Anderen' wahrgenommen werden.

4 Kreatives Konstruieren von Selbstpositionierungsmöglichkeiten

In der folgenden Analyse[16] kann nur angedeutet werden, dass unterschiedliche Themen in dieser Gruppendiskussion immer wieder innerhalb desselben, oben herausgearbeiteten Orientierungsrahmens, also in homologer Weise, bearbeitet werden und damit dieser Orientierungsrahmen „als modus operandi oder generative Struktur der Produktion und Reproduktion unterschiedlicher interaktiver Szenerien (wenn auch in unterschiedlicher Intensität) zugrunde liegt" (Bohnsack 2001: 238).

Das Gefühl, dass die Gesellschaft Kategorisierungen vornimmt und dass dies vor allem in Bezug auf die sexuelle Orientierung in besonderer Weise zur Anwendung kommt, zeigt sich in folgender Passage:

C: Ich denk Toleranz und so weiter und auch Aufklärung also, dass es so was überhaupt gibt, das hat schon zugenommen durch diese Medienpräsenz von Homosexualität, aber die Klischees wurden verstärkt, weil die Leute halt einfach nur diese Klischees sehen. Des kann man jetzt natürlich positiv und negativ sehen. Positiv in dem Sinne halt, dass es einfach ein Thema geworden ist. Man weiß, dass es des gibt. Des hat man ja vor dreißig Jahren <u>gab's</u> des ja gar nicht offiziell.
Me: ⌊ @(.)@
C: ⌊ ehm aber andererseits hat natürlich diese Toleranz, die da erzeugt wurde, ist von sehr oberflächlicher Natur. (.) Also ich denk ehm des ist, viele können sich nicht vorstellen, dass es dass es auch <u>normale</u> Schwule gibt, denen man des <u>nicht</u> auf 500 Metern ansieht
Me: ⌊ @(.)@
C: ⌊ die ehm auch zum Beispiel <u>nicht</u> gern ständig in irgendwelche Szenekneipen gehen oder nicht gern Sekt trinken, sondern auch vielleicht einfach sich für Fußball interessieren und <u>Bier</u> trinken, des gibt' s ja auch
D: ⌊ Des ist uninteressant, deswegen bringen sie's nicht in die <u>Medien</u>, des bringt <u>keine Kohle</u>.
C: ⌊ eben
B: ⌊ eben ja

Dieser Textauszug entstammt einer längeren Passage, in der die Rolle diskutiert wird, die Medien, speziell das Fernsehen, bei der Herausbildung und Verbreitung von Klischees über männliche Homosexuelle spielen. Die meisten Ausführungen

---

[16] Für vielfältige Anregungen zur Interpretation danke ich Robert Baar, Silke Burda und Maja S. Maier.

werden zwar von C gemacht, jedoch kann man davon ausgehen, dass er weitgehend die Gruppenmeinung vertritt, da ihm von den anderen beispielsweise nicht widersprochen wird. Das zweimalige kurze Auflachen der restlichen Diskussionsteilnehmer zeigt sogar an, dass alle wissen, wovon C spricht und dass diese Ausführungen damit akzeptiert sind. Insofern kann festgestellt werden, dass die jungen Männer *einhellig* der Meinung sind, dass die Medien das Thema Homosexualität zwar 'salonfähig' gemacht und damit aus einer Tabuzone herausgeholt hätten („vor dreißig Jahren gab's des ja gar nicht offiziell"), dafür aber in einer äußerst stereotypen Art und Weise: Aufmerksamkeit erregen exzentrische Figuren wie homosexuelle Männer, die sich bewusst und ostentativ feminin gebärden, oder „die aufgedonnerten Drag Queens[17], die Sado-Maso-Gruppe", wie C an einer anderen Stelle betont. C führt indirekt als weitere Elemente einer klischeehaften Überzeichnung an, dass Homosexuelle auf den ersten Blick als solche erkannt werden („auf 500 Meter ansieht"), in Kneipen der homosexuellen Subkultur verkehren und Sekt trinken. Die mediale Verbreitung dieses partiell von vorherrschenden gesellschaftlichen Normen Abweichenden garantiere Zuschauerinteresse und damit verbunden entsprechende Einnahmen für die Medienanstalten.

Die Art und Weise, in der diese Themen behandelt werden, kann als Suchbewegung bezeichnet werden, die von der Gruppe und speziell von C als deren Meinungsführer an dieser Stelle vollzogen wird. Es handelt sich hierbei um eine Suche nach Orientierung, was sich insbesondere daran zeigt, dass Gegensatzpaare verwendet werden, die als deutlich abgrenzbare Alternativen konstruiert werden und als Orientierungsmöglichkeiten dienen sollen. Zunächst wird der Enttabuisierung von Homosexualität durch die verstärkte Medienpräsenz von Homosexuellen auf dem Bildschirm die damit verbundene Verbreitung von Klischees gegenüber gestellt: Ersteres leiste zwar Aufklärungsarbeit in weiten Kreisen der Bevölkerung, führe aber nicht zu vollständiger Akzeptanz homosexueller Lebensweisen, sondern lediglich dazu, dass diese toleriert werden und zwar in einer als oberflächlich wahrgenommenen Weise („diese Toleranz, die da erzeugt wurde, ist von sehr oberflächlicher Natur"). Es zeigt sich daran, dass die Gruppe betont, wie wenig in den Medien ein Bild von Gleichen unter Gleichen gezeichnet werde und statt dessen unter dem Deckmantel der Toleranz die Differenz zwischen Homo- und Heterosexuellen konstruiert wird. Durch die Medien wird die Minderheit der Homosexuellen als 'die Anderen', als diejenigen, die nicht der gesellschaftlichen Norm entsprechen, entworfen und als eine solche deutlich abgegrenzte und abgrenzbare Gruppierung von der Mehrheit der Gesellschaft wahrgenommen („viele

---

17 Eine Drag Queen ist ein männlicher Transvestit, der sich der Kleider, des Make-up und der Attitüde des anderen Geschlechts in parodierend übertriebener Form bedient.

können sich nicht vorstellen, dass es dass es auch normale Schwule gibt"). Neben der empfundenen eindeutigen Zweiteilung der Gesellschaft in eine heterosexuelle Mehrheit und eine homosexuelle Minderheit erscheint für die Gruppe eine weitere Unterscheidung weitaus bedeutsamer: der Unterschied zwischen den so genannten 'normalen Schwulen' und denjenigen Homosexuellen, die den von den Medien vermittelten Klischees entsprechen. In metaphorisch dichter Weise werden die durch Fußball und Bier geprägte 'Normalität' und die 'Ungewöhnlichkeit' von Sekt und Szenekneipenbesuchen als extreme Pole gezeichnet. Die Primärkonstruktion ist allerdings die 'Normalität', was sich beispielsweise daran zeigt, dass durch die Verwendung von Negationen („nicht") eine Distanz zu den Versatzstücken hergestellt wird, die den 'klischeehaften Schwulen' angeblich auszeichnen („denen man des nicht auf 500 Metern ansieht"; „nicht gern ständig in irgendwelche Szenekneipen gehen oder nicht gern Sekt trinken"). Die Welt der homosexuellen Szenekultur mit ihren Attraktivitätszwängen, mit dem Hang zu Außeninszenierungen und zur Konsumorientierung und dem Druck, sich dort immer und immer wieder zu zeigen, um 'im Gespräch zu bleiben' („ständig in irgendwelche Szenekneipen gehen"), wird eindeutig in Frage gestellt, indem die Einfachheit und Schlichtheit, die Alltäglichkeit und Normalität einer von Fußball und Bier geprägten Freizeitgestaltung betont wird („vielleicht einfach sich für Fußball interessieren und Bier trinken"). Hier spielen die oben erwähnten Zwänge keine Rolle, hier muss man sich nicht verkleiden und verstellen, hier kann man einfach 'normal' sein.

Betrachtet man die vorliegende Textpassage, so fällt auf, dass nur an zwei Stellen das Personalpronomen 'ich' verwendet wird („ich denk") und ansonsten stark verallgemeinernde und abstrakte Ausführungen gemacht werden. Dies kann damit zusammenhängen, dass C, der als Gymnasiast in der Schule immer wieder lernt, Abstraktionen vorzunehmen, hier das Thema unbewusst in ähnlicher Weise behandelt. Es ist aber auch möglich, dass es C, indem er einen abstrakten Diskurs führt, um Grundsätzliches geht oder mit anderen Worten: dass er Möglichkeiten zur Positionierung entwickeln will, ohne sich selbst positionieren zu müssen bzw. zu können. C entwickelt in kreativer Weise mit der Konstruktion der Pole 'Bier/Fußball' und 'Sekt/Szenekneipe' ein Spektrum, innerhalb dessen es unzählige Möglichkeiten gibt, sich selbst zu verorten. Gerade die *Selbst*positionierung scheint von zentraler Bedeutung zu sein, da die mediale Konstruktion 'des' Homosexuellen und die damit verbundenen klischeehaften Zuschreibungen und Essenzialisierungen von der Gruppe abgelehnt werden. Dies zeigt sich m.E. insbesondere an der Metapher der '500 Meter': Den 'normalen Schwulen' sieht man es auch auf 500 Meter Entfernung nicht an, dass sie schwul sind, weil sie ganz 'normal' sind. Umgekehrt bedeutet dies: Wenn man jemandem auf 500 Meter Entfernung ansieht, dass er homosexuell ist, muss er den medial vermittelten Klischees in besonderer Weise entsprechen, muss extrem extrovertiert und verweiblicht auftreten, also von der Normalitätskonstruktion der Gruppe besonders abweichen, um als Homosexueller erkannt zu werden. Diese Art des Auftretens wird aber von der Gruppe abgelehnt, weil sie als zu klischeehaft erscheint.[18] Die Gruppe konstruiert also eine Dichotomie zwischen dem von Medien erzeugten Homosexuellenklischee, das stark mit weiblich konnotierten Verhaltensweisen (siehe Drag-Queen) in Verbindung gebracht wird, und ihrer Normalitätskonstruktion, unter die sie sich selbst *und* den 'normalen' Mann an sich, nämlich das Klischee vom fußballinteressierten und biertrinkenden Mann, subsumiert. Von der Gruppe der 'klischeehaften Schwulen' distanziert sich die Gruppe, im breiten Spektrum der 'normalen Männer' fühlen sich die Jugendlichen hingegen aufgehoben. Hierin kann jeder sich selbst positionieren. Allerdings wird eine klare Grenze zu denjenigen gezogen, die dem medial vermittelten (‚verweiblichten') Klischee entsprechen.[19]

Es findet also eine Übertragung der binären Konstruktion männlich – weiblich auf die Gruppe der homosexuellen Männer statt, um die 'Normalität' der 'normalen Schwulen' zu betonen, die sich stark an eine Konstruktion heterosexueller Männlichkeit anlehnt. Die Gruppe nimmt also bei der Konstruktion einer für sie akzeptablen Männlichkeit eine Heteronormierung eines Teiles der Homosexuellen vor, in der besten Absicht, einem weit verbreiteten Klischeebild von Homosexuellen etwas entgegenzusetzen, indem ein in weiten Kreisen als 'normal' geltendes Bild 'des' heterosexuellen Mannes z.T. übernommen wird. Es kommt in diesem kreativen Prozess allerdings nicht nur zur Reproduktion von Stereotypen, sondern auch zur Reifizierung der binären Konstruktion der Geschlechterordnung.

Es konnte zum Schluss nur angedeutet werden, dass das oben für das Chatten herausgearbeitete Orientierungsmuster auch in anderen Situationen der Alltagspraxis, die in unmittelbarem Zusammenhang mit der Homosexualität der jungen Männer stehen, Relevanz gewinnt und damit generalisierungsfähig erscheint. Es zeichnen sich hierbei Umrisse eines bestimmten Habitus ab, der die Jugendlichen in „variierenden Praxisfeldern [nämlich in der Mediennutzung und der Thematisierung ihrer sexuellen Orientierung; I.S.] auf die gleiche Art und Weise intuitiv (...) handeln [lässt]" (Brandes 2002: 67). In weiteren fallinternen und fallexternen kontrastierenden Analysen mit anderen männlichen Jugendgruppen wird sich

---

18 D, der nach eigenem Bekunden am ehesten dem Klischee entspricht, wehrt sich zwar mit seiner Äußerung „Des ist uninteressant" bezogen auf die fußballinteressierten und biertrinkenden Homosexuellen gegen die pauschale Abwertung der 'klischeehaften Schwulen', insistiert aber im Folgenden nicht weiter auf seiner Meinung.
19 Eine analoge Abgrenzung zum stereotypen heterosexuellen Mann findet interessanterweise nicht statt.

zeigen, inwiefern dieses Orientierungsmuster Aussagen über homosexuelle männliche Jugendliche jenseits der Gruppe 'Die fabelhaften Vier' zulässt und damit Männlichkeitsentwürfe homosexueller Jugendlicher beispielsweise in Abgrenzung zu denjenigen heterosexueller Jugendlicher rekonstruiert werden können. Die Auswertung weiteren empirischen Materials, die neben der Kategorie sexuelle Orientierung auch die Verortung in ländlichen bzw. städtischen Lebenszusammenhängen sowie die Einbindung in jugendkulturelle Gruppierungen berücksichtigt, soll darüber hinaus eine Bandbreite von (in manchen Facetten sich unterscheidenden, in anderen sich überschneidenden) Männlichkeitskonstruktionen freilegen und damit Differenzierungen innerhalb der Gruppe männlicher Jugendlicher deutlich machen. Durch die forschungspraktische Strategie, die Geschlechterdifferenz nicht in das Sample der Studie hineinzutragen, sondern Differenzierungen *innerhalb* eines Geschlechts aufzuzeigen, wird die Chance eröffnet, der Reproduktion des Systems der Zweigeschlechtlichkeit entgegenzuwirken und damit die Binarität der Geschlechterordnung zu überwinden.

Literatur

BauSteineMänner (Hrsg.) (1996): Kritische Männerforschung. Neue Ansätze in der Geschlechtertheorie. Berlin und Hamburg: Argument-Verlag

Bilden, Helga (1991): Geschlechtsspezifische Sozialisation. In: Hurrelmann, Klaus/Ulich, Dieter: Neues Handbuch der Sozialisationsforschung. Weinheim und Basel: Beltz. 279-301

Bohnsack, Ralf (2001): Typenbildung, Generalisierung und komparative Analyse: Grundprinzipien der dokumentarischen Methode. In: Bohnsack, Ralf/Nentwig-Gesemann, Iris/Nohl, Arnd-Michael (Hrsg.): Die dokumentarische Methode und ihre Forschungspraxis. Grundlagen qualitativer Sozialforschung. Opladen: Leske+Budrich. 225-252

Bohnsack, Ralf Nentwig-Gesemann, Iris/Nohl, Arnd-Michael (2001) (Hrsg.): Die dokumentarische Methode und ihre Forschungspraxis. Grundlagen qualitativer Sozialforschung. Opladen: Leske+Budrich. 9-24

Bohnsack, Ralf (2003a): Fokussierungsmetapher. In: Bohnsack, Ralf/Marotzki, Winfried/Meuser, Michael (Hrsg.): Hauptbegriffe Qualitativer Sozialforschung. Ein Wörterbuch. Opladen: Leske+Budrich. 67

Bohnsack, Ralf (2003b): Rekonstruktive Sozialforschung. Einführung in qualitative Methoden. Opladen: Leske+Budrich

Bourdieu, Pierre (1976): Entwurf einer Theorie der Praxis auf der ethnologischen Grundlage der kabylischen Gesellschaft. Frankfurt/M.: Suhrkamp

Brandes, Holger (2002): Der männliche Habitus. Band 2: Männerforschung und Männerpolitik. Opladen: Leske+Budrich

Connell, Robert W. (2000a): Der gemachte Mann. Konstruktion und Krise von Männlichkeiten. Opladen: Leske+Budrich

Connell, Robert W. (2000b): Die Wissenschaft von der Männlichkeit. In: King, Vera/Bosse, Hans (Hrsg.): Männlichkeitsentwürfe. Wandlungen und Widersprüche im Geschlechterverhältnis. Frankfurt/M. und New York: Campus Verlag. 17-28

Deutsche Shell (Hrsg.) (2003): Jugend 2002. Zwischen pragmatischem Idealismus und robustem Materialismus. Frankfurt/M.: Fischer

Mannheim, Karl (1980): Strukturen des Denkens. Frankfurt/M.: Suhrkamp

Medienpädagogischer Forschungsverbund Südwest (Hrsg.) (2003): JIM 2002. Jugend, Information, (Multi-) Media. Basisuntersuchung zum Medienumgang 12- bis 19-Jähriger in Deutschland. Baden-Baden: mpfs

Meuser, Michael (1998): Geschlecht und Männlichkeit. Soziologische Theorie und kulturelle Deutungsmuster. Opladen: Leske+Budrich

Schäffer, Burkhard (2003): Generationen – Medien – Bildung. Medienpraxiskulturen im Vergleich. Opladen: Leske+Budrich

Schmidt, Gurly (2000): Chat – Kommunikation im Internet. In: Thimm, Caja (Hrsg.): Soziales im Netz. Sprache, Beziehungen und Kommunikationskulturen im Internet. Opladen/Wiesbaden: Westdeutscher Verlag. 109-130

Young, Kimberly S. (1999): Caught in the Net – Suchtgefahr Internet. München: Kösel

Ralf Biermann, Sven Kommer

Triangulation zur Annäherung an die Medienbiografie und die Mediennutzung von Jugendlichen

> *„Am Ende galt ein großspuriger Junge als kompetent,*
> *der seinen Rechner nicht richtig einstellen konnte"*
> (Faulstich-Wieland in: Der Spiegel 21/2004: 93)

Die Lebenswelten heutiger Jugendlicher sind in zunehmendem Maße Multi-Medienwelten (vgl. Baacke/Sander/Vollbrecht 1991). So waren (und sind) es meist die Heranwachsenden, die sich medialen Innovationen als von der Industrie geschätzte „early adaptors" zuerst zuwenden. Privatfernsehen, Computer, Internet, DVD, Handy etc. bilden nur einen Teil der Neuerungen der letzten 20 Jahre, die Lebens-Zyklen der einzelnen Medien werden dabei immer kürzer. So steht ein Nachfolger des gerade etablierten DVD-Standards „BlueRay" bereits kurz vor der europäischen Markteinführung, erste Geräte sind bereits in Japan erhältlich. Anders als viele Erwachsene kennen die Jugendlichen in der Regel kaum Berührungsängste mit den neuen Techniken und integrieren diese innerhalb kürzester Zeit in ihre alltäglichen Handlungsroutinen, wenn ihnen dies einen subjektiven Gewinn verschafft (erinnert sei hier nur an die Durchsetzung von SMS – eine Technik, die für die Älteren lange kaum relevant erschien). Wie rasant die Entwicklung vonstatten geht, zeigt sich überdeutlich an den Daten zum Computerbesitz und zur Nutzung des WWW. Waren 1998 nur 18% aller Jugendlichen 'am Netz', so haben im Jahr 2003 85% der 12- bis 19-Jährigen im Haushalt Zugang zum WWW. Immerhin 34% der in der JIM-Studie befragten Jugendlichen verfügen über einen eigenen Zugang zum Netz (mpfs 2003).

Allerdings gilt auch hier die in der Jugendforschung immer wieder vorgebrachte Anmerkung, dass es 'die' Jugend keineswegs gebe, sondern eine Vielzahl von Partialszenen und jugendkulturellen Formierungen. Mit Blick auf die Medien bedeutet dies auch, dass hier – u.a. bedingt durch das Herkunftsmilieu und familiale Habitualisierungen (die stark an das jeweilige kulturelle Kapital gebunden sind), aber auch durch immer wieder berichtete genderspezifische Habitualisierungsformen – sehr unterschiedliche Nutzungsformen vorliegen. Damit sind auch Chancen und Problemlagen, die sich aus dem Umgang mit der 'Sozialisationsinstanz Medien' ergeben, keineswegs gleichmäßig verteilt.

Die zu den gängigen Medien vorliegenden quantitativen Daten (v.a. Nutzungszeiten und Nutzungsumfang) greifen dann auch zu kurz, wenn jugendliche Lebenswelten gendersensibel analysiert werden sollen. So sind insbesondere Rückschlüsse auf die Herangehensweisen und Habitusformen kaum möglich, biografische Aspekte wie beispielsweise Veränderungen der Nutzungsgewohnheiten im Verlauf des bisherigen Lebens können anhand dieses (letztendlich vor allem der Marketingabteilung der Sender dienenden) Materials nicht untersucht werden. Weiterhin ist es anhand dieser Daten nicht möglich, Aussagen über die 'Medienkompetenz' (nach Baacke 1997) der Nutzerinnen und Nutzer zu machen.

Aber auch die etablierten Formen der qualitativen Erhebungen geraten hier an ihre Grenzen. Selbstbeschreibungen und Selbstdeutungen der Jugendlichen zeichnen u.a. aufgrund von gruppen- und szeneinternen Symbolisierungsformen und 'Wirklichkeitskonstruktionen' häufig ein anderes Bild, als wenn die Jugendlichen bei relevanten Handlungsvollzügen teilnehmend beobachtet werden. Die verbalisierten Darstellungen weichen in manchen Fällen derart von den beobachtbaren Handlungen ab, dass eine sinnvolle Auswertung der Daten in Frage gestellt werden muss. Zwar lassen sich durch intensive Auswertungen (vgl. Bohnsack 2003) durchaus 'Tiefschichten' der Selbstaussagen erfassen, aber gerade die auf Handlungen bezogenen Dimensionen von Medienkompetenz sind auf diese Weise nur schwer herauszuarbeiten.

Im Folgenden soll ein Forschungsdesign skizziert werden, das in seiner Vorgehensweise diese Überlegungen aufgreift: Mit Hilfe einer die Handlungsebene einbeziehenden Triangulation soll ein vertiefter und breiterer, mehrperspektivischer Einblick in die Medienkompetenz von Jugendlichen ermöglicht werden. Dass die technische Entwicklung die vereinfachte Nutzung der Computer- und Videotechnik als Ergänzung zu anderen Erhebungsmethoden befördert, gibt der Suche nach neuen Verfahren wie der videogestützten Beobachtung zusätzliche Schubkraft.

1 Das Projekt „Medienbiografien mit Kompetenzgewinn" – Zum Forschungsdesign

Ziel des Forschungsprojekts „Medienbiografien mit Kompetenzgewinn" ist es, gendersensibel einen vertieften Einblick in die Medienbiografien und die damit einhergehenden medialen Habitualisierungen sowie der auf Neue Medien bezogenen Medienkompetenz von Jugendlichen (9. Klasse) und PH-Studierenden der ersten Semester zu erhalten. Grundlegend ist dabei die Annahme, dass Medien längst zu einer wirkmächtigen Sozialisationsinstanz geworden sind und damit auch einen kaum zu unterschätzenden Anteil an den Prozessen des „doing gender"

(Kotthoff 2003) haben. Da es sich hier aber – ähnlich wie im Fall der von Kommer (1996) beschriebenen Strukturen der Werbung – um rekursive Prozesse handelt, bleiben die Habitualisierungen (Bourdieu 1997; 1992) nicht ohne Folgen für das Selbstbild der Jugendlichen. So soll dann auch ermittelt werden, wie sich die Selbstzuschreibungen zur Medienkompetenz der Befragten zu ihren aktiven Umgangsweisen mit den Medien (Internet, Computer) verhalten.

Mit Blick auf den aktuellen Stand der Diskussion ist zu vermuten, dass sich zwischen Jungen und Mädchen gerade in diesem Bereich deutliche Unterschiede im Sinne traditioneller und persistenter Rollenzuschreibungen (vgl. Wetterer 2004) finden. Im Bereich der Neuen Medien deuten alle Daten darauf hin, dass es hier bisher noch nicht einmal zu einer „rhetorischen Modernisierung" nach Wetterer (2004) gekommen ist. So liegt (auch mit Blick auf eigene Vorstudien) die Vermutung nahe, dass Mädchen ihre Kompetenz eher unterschätzen, während Jungen sie tendenziell überschätzen. So gelingt es den Jungen durch die Form ihrer Selbstinszenierung (Nutzung von Fachtermini, häufiges Reden über die Technik etc.) wesentlich häufiger, Außenstehenden den Eindruck einer weitreichenden Computerkompetenz zu vermitteln – auch wenn es mit dieser dann in konkreten Handlungssituationen nicht so weit her ist (Der Spiegel 21/2004). Erste Auswertungen des uns vorliegenden Materials zeigen bereits, dass zumindest einige Jungen am Computer starke Aktivitäten entwickeln, ohne aber bei ihrem wilden und oft zufälligen Herumklicken der eigentlichen Aufgabe gerecht zu werden. Ob bei diesen ungezielten Aktivitäten am Ende doch so etwas wie Kompetenz entsteht, wird im Projekt noch zu diskutieren sein.

Erfahrungen aus vorangegangenen Projekten (Fromme/Kommer 1996), aber auch die Rezeption aktueller Texte (Schäffer 2003, Niesyto 2003) machten im Vorfeld deutlich, dass gerade im Kontext multimedialer Lebenswelten von Heranwachsenden die ausschließliche Nutzung von verbalen Selbst-Explikationen in qualitativen Interviews nicht immer ausreicht, um die medialen Handlungspraxen der Befragten im Sinne der Forschenden adäquat zu erfassen. Die so evozierten (und zunächst auch gewollten) subjektiven Perspektiven der Befragten sind für die Forschenden – die in den allermeisten Fällen nicht Mitglieder der einschlägigen Szenen sind – nur unter Einbeziehung von vielfältigem Kontextwissen (u.a. technischem Wissen) wie auch dem Wissen um interne Sprachspiele und Symbolisierungsweisen sinnvoll zu analysieren. Ein Beispiel mag dies verdeutlichen: Im Rahmen einer Untersuchung zur Nutzung von Computerspielen berichtete eine Gruppe von Jugendlichen, sie würden auch „programmieren". Erst mit der Zeit und durch Abfragen der hier gemeinten Handlungsvollzüge stellte sich heraus, dass damit lediglich das Installieren von Spielen auf dem Rechner gemeint war. Ein weiteres Beispiel stellt dann auch die in jüngster Zeit aktuelle Debatte um das

'Programmieren' von Viren und Würmern durch Jugendliche (Skript-Kiddies) dar. Zeigt sich doch meist rasch, dass es sich hier nur in wenigen Fällen um das autonome, kreative und eigenständige Generieren neuer Codes handelt: In der überwiegenden Zahl der Fälle im Internet kommen vielmehr frei verfügbare 'Virenbaukästen' zum Einsatz, mit deren Hilfe sich auch ohne weitergehende Programmierkenntnisse entsprechende Schädlinge zusammenstellen lassen.[1] Das Herauspräparieren solcher Feinheiten jugendlicher Mediennutzung setzt ein vertieftes Fachwissen der Interviewer und Interviewerinnen voraus, die für solche Fälle sensibilisiert sein müssen.

Auf einen weiteren Aspekt, der insbesondere bei der Bearbeitung von Kompetenz-Fragen relevant ist, macht Mrochen (2001) aufmerksam: Bei seinen – für die Supervision in der sozialen Arbeit – ausgearbeiteten Kompetenzstufen findet sich als erste Stufe von Kompetenzentwicklung die „unbewusste Inkompetenz" (2001: 18). Eine Dimension, die sich aus unserer Sicht durchaus auf das Feld der Mediennutzung übertragen lässt: Die Userinnen und User sind sich ihrer Kompetenzmängel gar nicht bewusst und von daher auch nicht in der Lage, diese von selber zu benennen. Ebenso ist eine 'unbewusste Kompetenz' zu denken: In den alltäglichen Handlungsroutinen fehlt das Bewusstsein für die bereits erworbenen Kompetenzen. Auch hier stellt sich die Frage, inwieweit es immer gelingt, bei der Analyse von Verbaldaten eine ausreichende Tiefenschärfe zu erreichen.

Geht es bei den bisher genannten Punkten vor allem darum, die Befunde qualitativer Interviews durch eine zweite Beobachterperspektive zu ergänzen und eventuell auch zu kontrastieren, macht in der jüngeren Vergangenheit vor allem Niesyto (2003; 2001) darauf aufmerksam, dass die bisherige Fokussierung der Jugendforschung auf Verbaldaten Gefahr läuft, an der Lebenswelt der Beforschten vorbeizuzielen. Sieht er doch insbesondere in den weniger gut situierten Milieus und manchen Jugendkulturen eine starke Dominanz des visuell-ästhetischen Diskurses, der nicht mehr in Sprache übertragen werden kann. Die Verbalisierungsfähigkeiten dieser Jugendlichen treten – so die These – immer stärker hinter andere Ausdrucksformen zurück. So fällt es nicht nur schwer, habitualisierte Handlungsvollzüge in eine sprachlich-reflexive Dimension zu übertragen (eine Erfahrung, die bereits im Kontext der Entwicklung von Expertensystemen gemacht wurde), sondern es erscheint geradezu unmöglich, multidimensional-ästhetisch gelagerte Ausdrucksformen in Sprache zu übersetzen.

Um einen vertieften Einblick in die Selbsteinschätzungen und Selbstinszenierungen der Befragten zu erhalten, haben wir daher eine Form der *Triangulation*

---

[1] Aus unserer Sicht ist dann die von Schäffer (2003) eingehend analysierte Aussage Jugendlicher, sie könnten über das WWW Software auf fremden Rechnern löschen, mehr als fragwürdig.

entwickelt, die durch die Einbeziehung von Video und Multimedia die bisher dominante Orientierung auf sprachlich vermittelte Selbstauskünfte aufbricht und zugleich Formen der Beobachtung mit einbezieht.

Exkurs: Triangulation als Methode

Der von Denzin in die Forschungsmethodik eingeführte Begriff der Triangulation entstammt der Landvermessung. Dort wird mit Hilfe von mindestens zwei entfernten Messpunkten die Lage eines dritten Punktes exakt bestimmt. Übertragen auf die wissenschaftliche Forschung heißt dies, mithilfe unterschiedlicher Methoden die Gültigkeit und Aussagekraft von Ergebnissen zu verbessern. Vom kombinierten Einsatz verschiedener Methoden erwartet man, die Schwächen der einen durch die Stärken der anderen zu kompensieren oder den auftretenden Problemlagen zumindest entgegenzuwirken (vgl. Treumann 1998: 154). Denzin hat über den Methodenaspekt der Triangulation hinaus verschiedene Subtypen beschrieben. So lassen sich folgende Arten der Triangulation ausmachen:

- *Methoden-Triangulation:* Unterschieden wird hier zwischen „within-method" und „between-method". Innerhalb einer Methode erfolgt eine Triangulation, indem Variationen in der Operationalisierung vorgenommen werden. Weitreichender ist die Verwendung einer Kombination verschiedener Methoden als mehrdimensionalem Methodenmix. Dabei können sich quantitative und qualitative Erhebungsverfahren ergänzen, eine Festlegung auf einen alleinigen Modus ist nicht mehr notwendig. Je nach Standpunkt sind dabei verschiedene Zielrichtungen möglich: Zum einen soll sich aus der Kombination verschiedener Methoden eine höhere Reliabilität und Validität herleiten lassen. Zum anderen kann aber auch davon ausgegangen werden, dass mit der Synthese zweier Methoden die eine nicht zum Korrektiv der anderen wird. Vielmehr wird damit ein vielschichtigerer und vertiefender Einblick in den Forschungsgegenstand möglich (vgl. Flick 2000: 310f.).
- *Daten-Triangulation:* Die Erhebungen an verschiedenen Zeitpunkten, verschiedenen Orten und unterschiedlichen Probanden charakterisieren die Daten-Triangulation. Die so gewonnenen und sich gegenseitig ergänzenden Informationen werden für die weitere Analyse zusammengeführt.
- *Investor- oder Untersucher(innen)-Triangulation:* Mit dem Einsatz mehrerer – mindestens zwei – Personen an der Analyse und der Interpretation der Daten sollen individuelle und subjektive Einflüsse durch die Wissenschaftler vermieden werden. Die Aussagekraft der Ergebnisse soll hiermit gefestigt werden.
- *Theorie-Triangulation:* Verschiedene theoretische Erklärungsmodelle sollen zur Dateninterpretation herangezogen werden. So können unterschiedliche Deutungen anhand divergierender wissenschaftlicher Sichtweisen zu ergänzenden oder neuen Ergebnissen führen.[2]

---

2 Zur Problematik der Verwendung unterschiedlich theoretischer Hintergründe in der Theorietriangulation vgl. Flick 2000: 315.

- *Interdisziplinäre Triangulation:* Treumann beschreibt in Rekurs auf Janesick eine weitere Ebene der Triangulation über die Eingliederung unterschiedlicher wissenschaftlicher Disziplinen in den Forschungsprozess. Mit ihren jeweiligen Theoriegrundlagen und divergierenden methodischen Vorgehensweisen soll das Zusammenwirken zu einem breiteren und tieferen Verständnis des Forschungsgegenstandes führen (vgl. Treumann 1998: 157).

Die in der sozialwissenschaftlichen Forschung am häufigsten angewandte Form der Triangulation ist die Verwendung unterschiedlicher Methoden zur Annäherung an ein Phänomen. Aus unserer Sicht liegen die Vorzüge einer Methoden-Triangulation in der Möglichkeit, ein breiteres und tieferes Verständnis des zu untersuchenden Gegenstandsbereiches zu erhalten und nicht in erster Linie – wie Denzin es postuliert hat – in einer höheren Validität der Ergebnisse. Dies gilt in besonderem Maße in einem Feld wie der Jugendforschung, in dem zunehmend auch andere Symbolisierungsformen als 'Sprache' (auch im Sinne eines 'ästhetischen Diskurses') an Relevanz gewinnen. Darüber hinaus erscheint es uns erkenntnisträchtig, verschiedene Beobachterperspektiven (Selbstbeobachtung vs. Fremdbeobachtung etc.) mit den daraus resultierenden spezifischen Wirklichkeitskonstruktionen aufzunehmen und in einer Art ergänzenden Gegenüberstellung zu kontrastieren.

2 Zur Vorgehensweise

Das Projekt „Medienbiografien mit Kompetenzgewinn" zielt auf die Erhebung drei verschiedener Datensorten: Es liegen am Ende der Feldphase für einen Teil[3] der Befragten drei in der Analyse wieder zusammenzuführende Korpora vor:

Zunächst wurden in leitfadengestützten medienbiografischen Interviews Selbstbeschreibungen der Jugendlichen erhoben (Einstiegsmedien und frühe Medienerfahrungen, Lieblingsmedien und Wandel der Nutzungspräferenzen und -gewohnheiten, aktuelle Umgangsformen mit den neuen und alten Medien, Selbsteinschätzung der Medienkompetenz). In daran anschließenden Computerkursen mit dem Multimediaprogramm Mediator 7 wurden die computerzentrierten Handlungsweisen wie auch die Interaktionen von je zwei Jugendlichen mittels Video dokumentiert. Diese Mitschnitte erlauben eine zweite Beobachterperspektive, die es (beinahe im Sinne einer Beobachtung 2. Ordnung) ermöglicht, die relevanten Teile der Selbstbeschreibungen der Jugendlichen um eine Außenperspektive zu erweitern. Die Kursteilnehmerinnen und -teilnehmer erstellen im Rahmen des Kurses

---

3 Bei der videogestützten Beobachtung der Computerkurse wurden pro Kurs je zwei Jugendliche ausgewählt und deren Interaktionen (nicht nur) mit dem Computer aufgezeichnet.

eine Präsentation, die die eigene Medienbiografie multimedial präsentiert. Die so entstandenen Produkte werden anschließend einer Analyse unterzogen, sie sollen insbesondere die Interviews um eine ästhetische Dimension erweitern.

Exkurs: (Audio-)Visuelle Daten im Forschungsprozess

Seit dem Aufkommen von fotografisch[4] erzeugten bewegten und unbewegten Bildern werden diese für wissenschaftliche Zwecke genutzt. Grob skizziert lassen sich dabei drei Dimensionen der Nutzung unterscheiden:

- *Bilder als Beobachtungshilfe und Dokumentation.* Sowohl Fotografie wie auch die verschiedenen Formen des bewegten Bildes erlauben es, Situationen aller Art zu dokumentieren und so eine Grundlage für spätere Auswertungen zu schaffen. Die Kamera wird dabei quasi zum dritten Auge des Forschers, dessen Aufzeichnungen nun beliebig oft betrachtet werden können (wobei technische Effekte wie Zeitlupe etc. zu bis dato kaum vorstellbaren Einblicken verhelfen können). Bei der – inzwischen vielfältig diskutierten – Problematik der 'Objektivität' von Fotografie, Film und Video ergibt sich damit die Möglichkeit, frei von den Zwängen des in die aktuelle Beobachtungssituation verstrickten Forschenden das Geschehen zu rekonstruieren. Gerade das bewegte Bild, das die Dimension der Zeit mit einbezieht, führt zunächst einmal zu einer geringeren Reduktion und Abstraktion vom ursprünglichen Geschehen, als z.B. Protokolle der Forscher, die alles in den hoch abstrakten Code der Sprache übersetzen müssen.
  Für das Feld der medienpädagogischen Forschung sind hier die Studien von Keilhacker (1999) als frühe Vorbilder zu nennen. Im pädagogischen Kontext gehört auch die gesamte Tradition der 'Unterrichtsmitschau' wie auch Teile der aktuellen mediendidaktischen Forschung (vgl. v. Aufschnaiter/Welzel 2001) in diese Kategorie.
  Für die Analyse solcher mediengestützter Beobachtungen können dann sowohl qualitative als auch quantitative Verfahren herangezogen werden. Die Bandbreite reicht hier von hermeneutischen und ethnomethodologischen Beobachtungsformen auf der einen Seite bis zu quantitativen, (an die Inhaltsanalyse angelehnten) Verfahren, die die Häufigkeiten z.B. von bestimmten Handlungen oder Aussagen erfassen.
- Mehr oder weniger *alltäglich entstandene Bilder* als Gegenstand der Analyse: Fotoalben, (Super)-8mm Filme und natürlich Videos, die im Alltagsleben der Beforschten entstanden sind, können Forschenden im Nachhinein helfen, die untersuchten Lebenswelten, subjektiven Perspektiven etc. vielschichtiger zu rekonstruieren. Die (audio-)visuellen Materialien können dabei auch als eine Erweiterung des traditionell häufiger untersuchten Tagebuchs oder der Autobiografie verstanden werden. Bohnsack (2003) hat hier in jüngerer Zeit Modelle für den Einsatz von Fotografien in der Biografieforschung vorgelegt.

---

4 Die Videotechnik wird hier der Einfachheit halber als Fortsetzung des Films behandelt. Anders als beim Blick auf künstlerisch orientierte Produkte (Kino) ist dies in dem hier relevanten Kontext durchaus zu vertreten.

Innerhalb des vorgeschlagenen groben Rasters gehören in dieses Feld aber auch Materialien, die z.B. im Rahmen von Projekten aktiver Medienarbeit entstanden sind und anschließend zum Gegenstand der Analyse werden[5]. Niesyto unterscheidet hier vier Formen einer Jugendforschung mit Video (2001: 90f.):
a) Jugendliche nutzen das Medium Video ohne medienpädagogische Unterstützung. Die entstandenen Produkte mit oder ohne Kenntnis der Entstehungskontexte werden interpretiert und analysiert.
b) Jugendliche erhalten bei der Eigenproduktion medienpädagogische Unterstützung. Die Interaktionen der Beteiligten ist dabei in besonderer Weise zu berücksichtigen.
c) Zusammen mit Jugendlichen und professionellen Filmemacherinnen bzw. -macher werden Videofilme erstellt, bei deren Produktion die Heranwachsenden Wünsche äußern und zum Teil auch aktiv beteiligt sind.
d) Videofilme über Jugendliche werden ohne deren Eigenarbeit oder Einflussnahme erstellt. Diese Form gehört im hier vorgestellten Schema zum ersten Punkt.

- *Kommerzielle Produkte* (Filme, Fernsehsendungen etc.) werden in einer semiotisch oder kritisch etc. angelegten Untersuchung zum Gegenstand der Analyse. Die Rezipienten und Rezipientinnen spielen bei dieser Form zunächst einmal keine Rolle.[6]

Da eine teilnehmende Beobachtung aufgrund der Komplexität der Kurssituation nicht in Frage kam (Probanden bzw. Probandinnen und Bildschirm stehen sich gegenüber, so dass hier bereits mehrere Personen die Daten niederschreiben müssten; die Interaktion mit der grafischen Oberfläche des Computers kann so rasch erfolgen, dass eine Fixierung – und so eine klassische Beobachtung – während des Kurses nicht möglich ist), setzten wir auf die Form der videogestützten Beobachtung. Diese ermöglicht dann auch im Nachhinein eine mehrstufige Auswertung (s.u.).

Um sowohl die Interaktionen und Verhaltensweisen der (pro Kurs zwei) Probandinnen und Probanden wie auch die Aktionen auf deren Bildschirm festzuhalten, wurde je eine Kamera (DV-Camcorder) auf die Probandinnen und Probanden gerichtet. Sie zeigt vor allem Gestik und Mimik und als besonders interessante Perspektive auch deren Interaktionen mit dem näheren Umfeld (Peers, Kursleiter etc.). Die Bildschirmausgabe des genutzten Computers wird über den S-VHS-Ausgang der Grafikkarte auf einem DVD-Rekorder aufgezeichnet, der

---

5 Trotz der immer wieder konstatierten zunehmenden visuellen Orientierung von Heranwachsenden werden Chancen und Möglichkeiten, die sich aus der produktiven und produzierenden Einbeziehung von (audio-)visuellen Materialien ergeben, bisher nur selten genutzt. Die sprachliche Reflexion von Sachverhalten steht hier fast immer im Mittelpunkt (vgl. Niesyto 2003; 2001). Lutz, Behnken und Zinnecker haben z.B. narrative Landkarten genutzt, „um die Beziehungen von Menschen zu ihrer unmittelbaren sozialräumlichen Umwelt in biografischer Perspektive zu untersuchen" (1997: 414). Im Projekt „Video Culture" (Niesyto 2003) haben Jugendliche kurze Videofilme produziert, die anschließend analysiert wurden.
6 Diese Dimension spielt für unser Projekt keine Rolle, im vorliegenden Text werden wir uns vor allem auf die videogestützte Beobachtung beziehen. Über die Analyse der im Rahmen der Computerkurse entstandenen Präsentationen werden wir an anderer Stelle berichten.

auch dann noch aufzeichnet, wenn der Rechner abstürzt. Eine weitere Kamera hat – soweit möglich und sinnvoll – eine Totale des Klassenzimmers erfasst und dokumentiert. Um Einblicke in die Hintergründe der sichtbaren Handlungen zu gewinnen, wurden die Probandinnen und Probanden während der Kurse immer wieder dazu aufgefordert, ihre Gedanken und Motivationen im Sinne des 'lauten Denkens' möglichst permanent zu verbalisieren.

Nach Abschluss der Feldphase müssen die Videos geschnitten und für die Analyse aufbereitet werden. Dies bedeutet zunächst einmal die Überspielung in ein PC-gestütztes digitales Schnittsystem. Hier werden die Mitschnitte zunächst einmal in 30-minütige Sequenzen zerlegt, um das mehrere Stunden umfassende Material (ca. neun bis zehn Stunden pro Kurs) besser handhabbar zu machen. Da das von uns für die weitere Analyse genutzte Programm 'Catmovie' Probleme beim Abspielen von zwei parallelen Videos hat, werden in einem weiteren Schritt die zwei Videostreams (Bildschirmmitschnitt und Proband bzw. Probandin) auf dem Schnittsystem synchronisiert und zu einem 'gemischt', d.h. in ein Bild integriert. Weil es für die Untersuchungsdimension Medienkompetenz nötig ist, das Geschehen auf dem Computer-Bildschirm zu verfolgen, dominiert dieser im Zusammenschnitt. Ca. 75% der späteren Sichtfläche steht für die PC-Perspektive bereit und ca. 25% dem Probandenausschnitt. Die Ausschnitte überlappen sich dabei an den Ecken etwas, so dass sich ein Bild-im-Bild-Effekt ergibt.
Die fertig bearbeiteten Dateien wurden gespeichert und anschließend in das Computerformat DIVX (www.divx.com) umgewandelt. Dieses bietet eine hohe Daten-Kompression mit vergleichbar wenig Qualitätsverlust. Die fertig bearbeiteten Videos können auf DVD ausgespielt und für die Analyse genutzt werden.

3 Die Analyse der Videos

In Anlehnung an die Traditionen lebenswelt-orientierter Forschung haben wir bewusst kein Test-Setting gewählt, um die Medienkompetenz der Befragten zu erheben. Im handelnden Umgang mit dem Computer – so unsere These – werden die vielfältigen Dimensionen des Kompetenz-Theorems (vgl. Baacke 1997) anhand alltagsähnlicher Handlungen deutlicher sichtbar, als dies mit einem wie auch immer gearteten Test möglich ist. Die so gewonnen Beobachtungsdaten ergänzen die in den Interviews erhobenen Selbst-Konstruktionen der Befragten um eine externe, auf die Performanz fokussierte Beobachterperspektive.

Die vorliegende Materialmenge (ca. 140 Stunden Kursmitschnitte bisher) verbietet es, von vorne herein mit einem auf Transkription und hermeneutischer

Methodik (vgl. Haller 1999) beruhenden Verfahren zu arbeiten. Für einen ersten Schritt wird daher eine Vorgehensweise eingesetzt, die sich an das von Aufschnaiter und Welzel vorgestellte CBAV-Verfahren (v. Aufschnaiter/Welzel 2001) anlehnt. Diese ermöglicht eine quantitative, kategoriengeleitete Auswertung in annähernder 'Echtzeit' der Videos. Weiterhin können so Schlüsselstellen für eine als zweiten Schritt folgende qualitative Analyse markiert werden.

Bisher liegen für eine derartige Vorgehensweise vor allem Erfahrungen aus dem Kontext mediendidaktischer Forschung vor, bei der es in erster Linie um Lerneffekte etc. geht. Diese können nur bedingt auf das vorliegende Projekt übertragen werden. So mussten jenseits der technischen Vorgehensweise neue Kategoriensysteme entwickelt werden, die es nicht nur erlauben, Dimensionen von Medienkompetenz zu erfassen, sondern die auch in der Lage sind, das eher offene, den Teilnehmerinnen und Teilnehmern bei der Arbeit viele Freiheiten lassende Vorgehen in den Kursen sinnvoll abzubilden.

In Anlehnung an das vor allem von Baacke (1997; vgl. auch Kommer 2002) entwickelte Konzept der Medienkompetenz wurde ausgehend von ersten Sichtungen des Materials ein neues Kategorienschema entwickelt. Dabei wurde rasch deutlich, dass die komplexeren Teildimensionen von Medienkompetenz, die auf Hintergrundwissen zum Mediensystem und individuelle Reflexionsfähigkeit abzielen, im Rahmen des vorliegenden Materials nur sehr selten beobachtet werden können. Dies führt dazu, dass technische (und am Rande ästhetische) Teilkompetenzen stark in den Mittelpunkt dieses Untersuchungsteils gerückt sind.

Die im 20-Sekunden Rhythmus abgefragten Items beziehen sich auf die folgenden Dimensionen:

- *Hilfe*: In verschiedenen Studien (z.B. Treumann et al. 2002) wird im Zusammenhang mit der Frage nach der Medienkompetenz untersucht, auf welchem Weg sich die Befragten Hilfe holen, wenn sie an einer Stelle nicht weiterkommen. Die Bandbreite reicht hier von einer sehr gezielten Vorgehensweise (Skript/Hilfefunktion der Software) über die Nutzung der Kompetenz von Peers etc. bis hin zum probierenden und ungezielten Agieren innerhalb der Software.
- *Nutzung der Windows-Menüs*: Aus unserer Sicht werden verschiedene Kompetenzstufen bei der Nutzung von grafischen Oberflächen sichtbar, wenn Userinnen und User sich immer wieder durch die Menüleisten hangeln – oder aber mit Shortcuts den direkten Weg (der an die Zeit vor den grafischen Oberflächen erinnert) wählen. Besonders interessant sind eventuelle Fokussierungen auf bestimmte Funktions-Symbole, welche zum Teil nicht mit den

- entsprechenden – in der Funktion gleichgestellten – textuellen Menupunkten assoziiert werden.
- *Umgangsweisen mit Mediator*: Hier werden sowohl technische Kompetenzen kategorisiert wie auch ästhetisch-gestalterische. So wird z.B. abgefragt, ob eigenständig Objekte kreiert, oder lediglich die in den verschiedenen Katalogen vorgegebenen zur Gestaltung verwendet werden. Daneben lässt auch die 'Dichte' der hier abgefragten Handlungen auf die Herangehensweise und Nutzungsmuster schließen.
- *Hinweise auf qualitativ zu analysierende Szenen*: Hier werden 'Marker' für die zweite Phase der Analyse gesetzt.

Ein erster Pre-Test mit weiteren Items (z.B. Handhabung der Maus), die ebenfalls Aspekte der Kompetenz beleuchten, zeigte, dass es wenig sinnvoll ist, diese ebenfalls in 20-Sekundenschritten zu erheben. So wurde ein Fragebogen entwickelt, der nach jeweils 30 Minuten Video ausgefüllt wird. Dieser bezieht sich auf weitere Dimensionen innerhalb der jeweiligen Sequenz:

- *Technische Handhabung:* Der Umgang mit Tastatur und Maus lässt Rückschlüsse auf bisherige Nutzungsgewohnheiten und Erfahrungen zu. So ist z.B. die gute Beherrschung der Tastatur Grundlage für die erfolgreiche Beteiligung an einem Chat.
- *Struktur der Programmnutzung*: Diese Dimension bezieht sich vor allem auf den eigenständigen und kreativen Umgang mit der Software. So wird danach gefragt, inwieweit die Teilnehmenden das Programm über das im Kurs zunächst Gelernte hinaus erkunden und nutzen. Neben Strategien der Software-Erkundung wird dabei auch nach Strategien zum Auffinden von Material gefragt – was wiederum Rückschlüsse auf das Strukturwissen über Windows zulässt.
- *Interaktionen*: Eher qualitativ-deskriptiv werden hier ergänzend zu den quantitativen Daten die Interaktionen mit Computer, Kursleitung, Mitschülern und Mitschülerinnen beschrieben. Besonders gehaltvolle Szenen werden dabei mit einem zusätzlichen kurzen Transkript genauer beschrieben.

Am Ende dieses ersten Analyseschritts liegt für jedes Video mit dem von Catmovie generierten SPSS-File und dem Schlussfragebogen eine Datenmatrix vor, die eine Typisierung der jugendlichen Nutzenden zulässt. Anhand der so erzeugten Daten können empirisch abgesicherte Handlungsmuster und Habitualisierungsformen im Umgang mit dem PC beschrieben werden, die dann anhand der qualitativ angelegten Analyse von Schlüsselszenen noch vertieft und differenziert werden.

Für eine gendersensitive Forschung ergibt sich aus diesem Setting, dass die Kategorie Geschlecht keine Leitkategorie darstellt. Vielmehr ist die Untersuchung darauf angelegt, zunächst einmal Nutzungsmuster und Habitualisierungsformen zu erheben. Ob diese dann Unterschiede auf der Ebene von Schülerinnen vs. Schülern zeigen, bleibt abzuwarten.

4 Zur Triangulation der Daten

Wie bereits angedeutet, stehen die Daten der videogestützten Beobachtung am Ende nicht alleine, sondern werden im Sinne einer Methoden-Triangulation mit den Befunden der medienbiografischen Interviews (deren Ziel ebenfalls – im Sinne der Methode von Bohnsack (2003) – eine Typenbildung ist) zusammengeführt. Somit ergänzen sich hier Daten der symbolischen Ebene mit denen der Performanz. Die in den Interviews aufscheinenden Selbstzuschreibungen können so mit den Befunden der externen Beobachtung in Beziehung gesetzt werden – das dabei entstehende Spannungsfeld ermöglicht einen Blick auf die längst habitualisierten und damit nicht mehr bewussten Konstruktionen von genderspezifischen Kompetenzen. Daneben werden auch die nicht mehr bewusst reflektierten Handlungsroutinen sichtbar, die letztendlich ein Ausdruck unterschiedlicher Grade von Medienkompetenz sind. Der – gelegentlich schon in den Interviews brüchige – Habitus des 'männlichen Experten' kann so aufgrund der sichtbar werdenden Performanz hinterfragt werden. Dabei liegt der Erkenntnisgewinn oft in den Nuancen. Ein Beispiel: Einer der von uns befragten Hauptschüler generiert sich mit schnellen Sprüchen zum hohen Standard der von uns zur Verfügung gestellten Technik zunächst einmal als Experte, und auch wenn es darum geht, den Computer nach 'interessanten' Bildern zu durchsuchen, agiert er zunächst einmal schnell und gezielt. Geht es aber um die produktive Arbeit mit der Software, werden auf einmal Brüche sichtbar: Dem kompetenten Agieren mit der Maus steht eine sehr schwerfällige Nutzung der Tastatur gegenüber. Eine ganz eigene – aber habitualisierte – Vorgehensweise zeigt sich dann beim Löschen von Objekten innerhalb der gestalteten Seite, wenn er statt der dafür üblichen Funktion 'Löschen' die eigentlich für einen anderen Zweck gedachte Funktion 'Ausschneiden' verwendet.

Eine weitere Dimension der Triangulation stellt dann die Addition der Analyse der von den Befragten erstellten Multimedia-Präsentationen dar. Diese erweitern das Material noch einmal um präsentative symbolische Kodierungen, die im Idealfall zugleich auf die biografisch relevanten Inhalte und Formen der Medien verweisen. Damit nimmt das Projekt die Forderungen von Niesyto (2003; 2001) auf, im Bereich der Jugendforschung die nahezu ausschließliche Orientierung auf

Sprache zugunsten der Einbeziehung weiterer medialer – und hier insbesondere visueller – Ausdrucksformen aufzuweichen und sich so den jugendlichen Formen des ästhetischen Diskurses anzunähern. Folgt man Niesyto, so ist nur auf diesem Weg ein den Jugendlichen adäquater Einblick in deren von einer präsentativen Symbolik geprägten Alltagskultur zu gewinnen.

5 Zur Technik im Forschungsprozess: eine fünfstufige Vorgehensweise

Der Einsatz von Video zur Unterstützung von Beobachtungen im Feld hatte bis Anfang der 90er Jahre aufgrund des finanziellen und technischen Aufwandes sowie der komplexen Handhabung der Technik nur wenig Verbreitung gefunden (s.o.). Die seitdem vollzogenen rasanten Entwicklungen der Medientechnik lassen die Situation heute in einem anderen Licht erscheinen. So sind die Preise für Consumer-DV-Kameras rapide gefallen, zugleich liefern diese eine erstaunliche Bildqualität. Bildstabilisatoren, diverse Automatiken und nicht zuletzt die Größe (besser: Kleinheit) dieser Geräte erleichtern die Handhabung beträchtlich (auch wenn gerade die Automatiken nicht ohne Tücken sind).

Noch frappierender sind die Entwicklungen im Bereich der Nachbearbeitung: Selbst semi-professionelle S-VHS-Schnittplätze erforderten noch vor zehn Jahren Investitionen im mindestens fünfstelligem D-Mark-Bereich. Und die damit gegebenen Möglichkeiten waren in vielerlei Hinsicht eher begrenzt. Mit Einführung des digitalen DV-Standards und der Vervielfachung von Rechenleistung und Festplattenkapazität handelsüblicher PC's steht (bei Nutzung entsprechender Software) heute ein kostengünstiges und leistungsfähiges Werkzeug für die umfassende Videobearbeitung zur Verfügung. Daneben wird der PC auch zum universellen Abspielgerät, mit entsprechender Software (in unserem Fall Catmovie) besteht die Möglichkeit, Analysen etc. direkt am Bildschirm durchzuführen. Die Integration der Videotechnik in die wissenschaftliche Forschung wird also auf der technischen Ebene stark erleichtert.

Bevor die Entscheidung für den Einsatz von Videotechnik fällt, sollte aber bedacht werden, dass trotz alledem der Aufwand nicht zu unterschätzen ist – und die Tücke wie immer im Detail steckt. So ergibt sich als erstes Problemfeld die absolute Abhängigkeit von der Funktionsfähigkeit der Technik. Videogestützte Forschung mit all ihren Vorteilen ist abhängig von

- der technischen Funktionsfähigkeit der Geräte
- der Bedienungskompetenz der Beobachter

- der Gestaltungskompetenz (Bild und Ton: Sehe und höre ich, was ich sehen und hören möchte?) der Forschenden
- der passenden Infrastruktur (Raumangebot, Hardware etc.).

Selbst wenn die Technik zunächst einmal einwandfrei funktioniert, lassen sich Probleme und Ausfälle, die aus Bedienungsfehlern resultieren, durch die Schulung des Personals nicht vermeiden. Dabei hat es sich als sinnvoll erwiesen, nicht nur das auf das jeweilige Projekt bezogene Handhabungswissen zu vermitteln. Eine vertiefte Durchdringung der Materie hilft zum einen, Fehler zu vermeiden – und im Notfall kann jemand, der den Aufbau wirklich 'verstanden' hat, eher Lösungen für spontan auftretende Probleme finden. Auch das hilft allerdings nichts, wenn sich erst im Nachhinein zeigt, dass ein Videotape fehlerhaft ist und deshalb nicht mehr durchgehend abgespielt werden kann. Oder ein Mikrofon mitten in der Aufnahme ausgefallen ist. Zum Teil können hier die – hoffentlich vorhandenen – Monitor-Funktionen helfen, im Falle extrem wichtiger Aufnahmen bleibt aber am Ende nur das Backup durch ein zweites, autonomes System (z.B. zweite Kamera).

Aus den Erfahrungen verschiedener Projekte schlagen wir daher eine fünfstufige Vorgehensweise vor:

1. *Konzeption und Recherche:* Von der zu bearbeitenden Forschungsfrage ausgehend wird ein Erhebungssetting entwickelt, das es ermöglicht, optimale Bilder für die spätere Analyse zu gewinnen. Es ist also zu klären, wer bei welcher Handlung oder Aktivität beobachtet werden soll und was dabei die entscheidenden, im Zentrum der Aufnahme stehenden Elemente sind.
Weiterhin sind hier technische Fragen zu klären. Eine intensive Auseinandersetzung mit den technischen Gegebenheiten (z.B. die Frage nach der Bildqualität bei der Aufzeichnung von VGA-Videosignalen) an dieser Stelle kann hinterher mancherlei unangenehme Überraschung ersparen. Versprechungen in der Werbung für Consumer-Geräte sind hier immer mit einer gesunden Skepsis zu betrachten. Professionelle Technik (z.B. VGA-PAL Wandler) wäre oftmals wünschenswert, ist aber wesentlich teurer. Dabei ist auch an einen möglichst reibungslosen Ablauf in der Feldphase zu denken (Auf- und Abbau der Geräte, Komplexität der Verkabelung etc.).
2. *Pre-Test:* Bevor die eigentliche Feldphase beginnt, sollte unbedingt eine Erprobung der technischen Konfiguration unter 'Realbedingungen' (Zeitdruck, unbekannte Räumlichkeiten etc.) durchgeführt werden. Zusätzlich zu der technischen Dimension sind dabei aber auch inhaltlich-gestalterische Aspekte (lässt sich mit dem erstellten Material hinterher wirklich auch das beobachten,

was beobachtet werden soll?) zu überprüfen. Der so erarbeitete Aufbau dient als Grundlage für die anschließende Datenerhebung. Spätere Abweichungen von dem ausgearbeiteten Aufbau sind nicht nur forschungsmethodisch problematisch, sondern erhöhen auch das Risiko technischer Pannen.
3. *Erhebung:* Trotz aller Vorbereitung kann es immer wieder unliebsame Überraschungen geben. So ist es sicher kein Fehler, entsprechende Puffer (Zeitplan/ Stichprobe) einzubauen. Eine sofortige Kontrolle und Archivierung hilft, die Übersicht zu behalten.
4. *Post-production:* Ähnlich wie bei einem Filmprojekt bedarf das Material (meist) einer Nachbearbeitung (Aufteilung in Sequenzen, Zusammenschnitt mehrerer Kameraperspektiven etc.). Hierzu gehört auch das Ausspielen auf Trägermedien (DVD) und die Sicherung des Materials.
5. *Analyse:* Nach diesen Vorbereitungen (deren Aufwändigkeit kaum zu unterschätzen ist) kann dann die (eventuell mehrstufige) Analyse beginnen. Soll nicht das ganze Material transkribiert werden, bietet sich hier die kategoriengeleitete Analyse (CBAV) an, die es erlaubt, die Daten während des Abspielens des Videos nahezu in 'Echtzeit' zu kodieren. Eine Speicherung inklusive einer Zeitangabe erfolgt in einer SPSS-Datenbank. Eine solche Analyse kann auch dazu dienen, relevante Schlüsselszenen ausfindig zu machen, die dann einer vertiefenden (qualitativen) Analyse unterzogen werden.

Neben den bereits genannten Vorteilen einer komplexeren, jederzeit wiederholbaren Beobachtung bietet das aufgearbeitete Material auch die nicht zu unterschätzende Möglichkeiten, zu einem späteren Zeitpunkt weitere Analysen mit anderen Fragestellungen anhand des vorliegenden Materials durchzuführen. Möglichkeiten und Grenzen solcher Zweit-Analysen ergeben sich selbstverständlich aus dem Material.

Literatur

Baacke, Dieter (1997): Medienpädagogik. Tübingen: Niemeyer
Baacke, Dieter/Sander, Uwe/Vollbrecht, Ralf (1991): Medienwelten Jugendlicher. Opladen: Leske+ Budrich
Bohnsack, Ralf (2003): Rekonstruktive Sozialforschung. Einführung in qualitative Methoden. Opladen: Leske+Budrich
Bourdieu, Pierre (1992[5]): Die feinen Unterschiede. Kritik der gesellschaftlichen Urteilskraft. Frankfurt/M.: Suhrkamp
Bourdieu, Pierre (1997): Die männliche Herrschaft. In: Dölling, Irene/Krais, Beate (Hrsg.): Ein alltägliches Spiel. Geschlechterkonstruktion in der sozialen Praxis. Frankfurt/M.: Suhrkamp. 153-217
Deutsches Jugendinstitut (DJI): Wie entdecken Kinder das Internet? Qualitative Studie zum Erwerb von Internetkompetenzen. http://www.dji.de/www-kinderseiten/default2.htm. (28.04.2004)
Flick, Uwe (2000): Triangulation in der qualitativen Forschung. In: Flick, Uwe/von Kardorff, Ernst /Steinke, Ines (Hrsg.): Qualitative Forschung. Ein Handbuch. Reinbek bei Hamburg. 309-318
Fromme, Johannes/Kommer, Sven (1996): Aneignungsformen bei Computer und Videospielen. In: Mansel, Jürgen (Hrsg.): Glückliche Kindheit - Schwierige Zeit? Über die veränderten Bedingungen des Aufwachsens. Opladen: Leske+Budrich. 149-178
Fuhs, Burkhard (1997): Fotografie und qualitative Forschung. In: Friebertshäuser, Barbara/Prengel, Annedore (Hrsg.): Handbuch Qualitative Forschungsmethoden in der Erziehungswissenschaft. Weinheim: Juventa. 265-285
Haller, Kerstin (1999): Über den Zusammenhang von Handlungen und Zielen. Eine empirische Untersuchung zu Lernprozessen im physikalischen Praktikum. Berlin: Logos-Verlag
Keilhacker, Martin (1999): Der Wirklichkeitscharakter des Filmerlebens bei Kindern und Jugendlichen. In: JFF – Institut für Medienpädagogik in Forschung und Praxis (Hrsg.) (1999): Von der 'Filmerziehung' zur 'Medienkompetenz'. medien+erziehung (merz) spiegelt die Entwicklung der Medienpädagogik. München.15-25. (Original 1957)
Kommer, Sven (1996): Kinder im Werbenetz. Eine qualitative Studie zum Werbeangebot und zum Werbeverhalten von Kindern. Opladen: Leske+Budrich
Kommer, Sven (2002): Medienkompetenz im Zeitalter des Internet. In: Gansel, Carsten/ Enslin, A.-P. (Hrsg.): Literatur – Kultur – Medien: Facetten der Informationsgesellschaft. Berlin
Kotthoff, Helga (2003): Was heißt eigentlich *doing gender?* Differenzierungen im Feld von Interaktion und Geschlecht. In: Freiburger Frauen Studien. Ausgabe 12. 125-161
Mollenhauer, Klaus (1997): Methoden erziehungswissenschaftlicher Bildinterpretation. In: Friebertshäuser, Barbara/Prengel, Annedore (Hrsg.): Handbuch Qualitative Forschungsmethoden in der Erziehungswissenschaft. Weinheim: Juventa. 247-264
Medienpädagogischer Forschungsverbund Südwest (Hrsg.) (2003): JIM 2002. Jugend, Information, (Multi-)Media. Basisstudie zum Medienumgang 12- bis 19-Jähriger in Deutschland. Baden-Baden: mpfs
Mrochen, Siegfried (2001): Kompetenzen – was ist das eigentlich? In: Zeitschrift Siegen: Sozial (SI:SO). 1/2001.16-18
Neuß, Norbert (2002): Screenrecording. Evaluation der Rezeption von Neuen Medien. In: medien praktisch. 2/2002. 21-25
Niesyto, Horst (2001): Eigenproduktion mit Medien als Gegenstand der Kindheits- und Jugendforschung. In: Ders. (Hrsg.): Selbstausdruck mit Medien. Eigenproduktionen mit Medien als Gegenstand der Kindheits- und Jugendforschung. München: kopaed. 7-14

Niesyto, Horst (Hrsg.) (2003): VideoCulture. Video und interkulturelle Kommunikation. München: kopaed

Lutz, Manuela/Behnken, Imbke/Zinnecker, Jürgen (1997): Narrative Landkarten. Ein Verfahren zur Rekonstruktion aktueller und biografisch erinnerter Lebensräume. In: Friebertshäuser, Barbara/Prengel, Annedore (Hrsg.): Handbuch Qualitative Forschungsmethoden in der Erziehungswissenschaft. Weinheim: Juventa. 414-435

Schäffer, Burkhard (2003): Generationen – Medien – Bildung. Medienpraxiskulturen im Generationenvergleich. Opladen: Leske+Budrich

Treumann, Klaus Peter (1998): Triangulation als Kombination qualitativer und quantitativer Forschung. In: Abel, Jürgen/Möller, Renate/Treumann, Klaus Peter: Einführung in die Empirische Pädagogik. Stuttgart: Kohlhammer. 154-188

Treumann, Klaus Peter/Baacke, Dieter/Haacke, Kirsten/Hugger, Kai Uwe/Vollbrecht, Ralf (2002): Medienkompetenz im digitalen Zeitalter. Wie die neuen Medien das Leben und Lernen Erwachsener verändern. Opladen: Leske+Budrich

Wetterer, Angelika (2004): Rhetorische Modernisierung und institutionelle Reflexivität. Die Diskrepanz zwischen Alltagswissen und Alltagspraxis in arbeitsteiligen Geschlechterarrangements. In: Freiburger Frauen Studien. Ausgabe 16. (i.E.)

von Aufschnaiter, Stefan/Welzel, Manuela (2001): Nutzung von Videodaten zur Untersuchung von Lehr-Lern-Prozessen. Eine Einführung. In: Dies. (Hrsg.). Nutzung von Videodaten zur Untersuchung von Lehr-Lern-Prozessen. Aktuelle Methoden empirischer pädagogischer Forschung. Münster, München und Berlin: Waxmann. 7-16

Andreas Schnirch, Manuela Welzel

Nutzung Neuer Medien im Bereich des naturwissenschaftlichen Unterrichtes der Realschule. Eine Studie unter Genderperspektive

1 Mädchen und Jungen im naturwissenschaftlichen Unterricht

Die Ergebnisse der internationalen Studie zur mathematisch-naturwissenschaftlichen Bildung TIMSS und der PISA-Studie zeigen, dass es im Bereich der naturwissenschaftlichen Grundbildung in Deutschland erhebliche geschlechtsspezifische Leistungs- und Einstellungsunterschiede bei Schülerinnen und Schülern gibt (vgl. Baumert et al. 2002; 1997, Jungwirth 1998). Am deutlichsten treten diese Unterschiede im Fach Physik zu Tage. Mädchen zeigen hier im Vergleich zu den Jungen signifikant geringere Leistungen. Allerdings fallen diese Unterschiede in der PISA-Studie geringer aus als bei der TIMS-Studie. Dies lässt sich durch die verschiedenen Schwerpunkte der Testaufgaben beider Studien erklären. Während bei TIMSS die Testaufgaben „das Verständnis zentraler in den Jahrgangsstufen 7 und 8 unterrichteter Konzepte" (Baumert et al. 1997) erfassen, zielt die PISA-Studie mehr auf die Fähigkeit, „naturwissenschaftliches Wissen anzuwenden, naturwissenschaftliche Fragen zu erkennen und aus Belegen Schlussfolgerungen zu ziehen" (Baumert et al. 2002: 35). Dass diese Leistungsunterschiede zwischen Mädchen und Jungen reduziert bzw. aufgehoben werden können, zeigen die PISA-Testergebnisse anderer Länder. Nur in einem knappen Fünftel der untersuchten Länder zeigen sich Geschlechterunterschiede in der naturwissenschaftlichen Grundbildung. Außerdem finden sich Länder, in denen Mädchen im Vergleich zu Jungen bessere Ergebnisse erzielen (vgl. Frank 2002, Prenzel 2002).

Fachdidaktische Forschung konnte außerdem belegen, dass neben den Leistungsunterschieden auch die Interessen der Mädchen und Jungen in den naturwissenschaftlichen Unterrichtsfächern insbesondere im Fach Physik stark divergieren. Die naturwissenschaftlichen Fächer und Mathematik sind für die Jungen etwa gleich interessant, während sich die Mädchen vor allem für Biologie interessieren, gefolgt von Mathematik, Chemie und Physik (vgl. Hoffmann/Häußler/ Lehrke 1998: 21f.). Vergleicht man das Interesse an den Fächern Physik, Deutsch, Kunst und Fremdsprachen, so ist Physik für die meisten Mädchen mit Abstand das uninteressanteste Fach, während es für die Jungen das interessanteste Fach darstellt. Dieses geringe Interesse der Mädchen am Physikunterricht steigt außerdem mit zunehmendem Schulalter (vgl. Expertenkommission der KMK 1995), während es bei den Jungen gleich hoch bleibt (vgl. Häußler et al. 1998: 123ff., Rost et al. 1999, Hoffman/Häußler/Lehrke 1998).

Diesen Phänomenen wurde in der physikdidaktischen Forschung weiter nachgegangen. Häußler et al. (1998) fanden z.b. unterschiedliche Interessenprofile bei Mädchen und Jungen (vgl. auch Rost et al. 1999). Während die Jungen beispielsweise an der technischen Umsetzung physikalischer Sachverhalte Interesse zeigen, ist dies bei den Mädchen weniger der Fall. Das Interesse der Mädchen an Physik wird deutlich höher, wenn die zu unterrichtenden Inhalte in Anwendungsbereiche eingebettet sind, die ihren spezifischen Interessenlagen entgegenkommen. Hierzu zählen z.b. „erstaunliche Phänomene", der „Bezug zum menschlichen Körper" oder die „Berücksichtigung der gesellschaftlichen Bedeutung der Naturwissenschaften". Es konnte außerdem festgestellt werden, dass durch eine Ausrichtung des Physikunterrichts an den Interessen der Mädchen auch die Jungen profitieren.

Relevant für die Motivation von Schülern und Schülerinnen sind weiter die im Unterricht verwendeten Methoden. Untersuchungen zeigen, dass Gelegenheit zur Diskussion und kooperativem Arbeiten oder auch die Durchführung von Projekten in positivem Zusammenhang zum Interesse und den Leistungen von Mädchen stehen (vgl. Herzog et al. 1999: 119, Labudde 1999: 4ff.). Damit ist anzunehmen, dass das Interesse und das Können von Mädchen gefördert werden kann, wenn sich Inhalte und Strukturen von Unterricht ändern (vgl. Frank 2000, Peters-Haft/Häußler/Hofmann 1997*).*

Den stärksten Einfluss auf das Fachinteresse fanden die Forscher in dem Faktor des Selbstvertrauens in die eigene Leistungsfähigkeit. Durch die zeitweise Aufhebung der Koedukation konnte dieser Faktor positiv beeinflusst werden, was zu höherer Motivation und Lernleistung der Schülerinnen führte (vgl. Rost et al. 1999: 127, Lechner 2001, Kessels 2002).

Die Leistungs-, Einstellungs- und Interessensunterschiede zwischen Mädchen und Jungen, speziell im Physikunterricht, sind in Deutschland also de facto zu Ungunsten der Mädchen vorhanden. Allerdings zeigen die Ergebnisse fachdidaktischer Forschung, dass diese Differenzen durch vielfältige Ansatzpunkte reduziert und aufgelöst werden können. Im Sinne des Konzepts von Gender Mainstreaming sollten diese Ergebnisse bereits bei der Entwicklung von Unterricht und Unterrichtskonzepten mit einbezogen werden mit dem Ziel die Interessen, Bedürfnisse und Wünsche von Schülerinnen und Schülern systematisch, unter dem Aspekt der geschlechtsspezifischen Auswirkungen zu berücksichtigen (vgl. Schweikert 2002, Stiegler 2000, Bundesministerium für Familie, Senioren, Frauen und Jugend 2000, Rose 2003).

2 Neue Medien

Der Begriff 'Neue Medien' umfasst alle Medien, die im Zusammenhang mit der Computernutzung stehen und kann somit präziser gefasst auch als 'computerunterstützte Medien' bezeichnet werden. Die computerunterstützte Integration verschiedener Medien auf einer gemeinsamen Nutzerschnittstelle wird mit dem Begriff „Multimedia" erfasst (vgl. u.a. Kircher 2000: 248ff., Meister/Sander 1999: 11, Issing 1998: 160). Mit der extrem schnellen Entwicklung der Computertechnik in den letzten Jahren haben die computerunterstützten Medien und das Internet Einzug in die Schule gehalten. Lehrmittelfirmen bieten eine Fülle von Lernsoftware für nahezu jeden Schulfachbereich in beliebigen Klassenstufen an. Glaubt man den Versprechungen der Lehrmittelindustrie, bieten diese Medien im Schuleinsatz neue phantastische Möglichkeiten Lehrinhalte motivierend, spannend und für alle Schülerinnen und Schüler verständlich zu vermitteln. Losgelöst von didaktischen Modellen oder Konzepten wird hier den 'Neuen Medien' ein 'Allheilmittel-Charakter' zugesprochen. Dabei stehen die technischen Möglichkeiten des Computereinsatzes im Unterricht im Mittelpunkt während inhaltliche und methodische Analysen weitgehend vernachlässigt werden. Sachs/Sachs weisen in diesem Zusammenhang beispielsweise auf das Projekt „Schulen ans Netz" hin, bei dem die Orientierung an den Objekten und Sachen und weniger an der sachlichen Notwendigkeit oder der Art der damit erreichbaren Lernprozesse im Vordergrund stehe (vgl. Sachs/Sachs 2000: 6).

Auch in der physikdidaktischen Fachliteratur der letzten Jahre wird dem Computereinsatz in der Schule immer mehr Aufmerksamkeit geschenkt. Für den Einsatz Neuer Medien im Physikunterricht wurden didaktische Konzepte – vorwiegend für den Gymnasialbereich – entwickelt und erprobt (u.a. Häußler/Hoffmann 1998, Frank 2000). Auf dem Markt befinden sich derzeit verschiedene Klassen computergestützter Medien. Im Folgenden werden prinzipiell sieben verschiedene Klassen unterschieden (vgl. Kircher/Girwidz/Häußler 2000: 248ff.). „Einfache Übungsprogramme" bieten dem Anwender Aufgaben an, deren Lösung registriert, bewertet und zurückgemeldet wird. „Simulations- und Baukastenprogramme" ermöglichen interaktiv z.B. elektrische Schaltungen zu erstellen und zu testen oder im Bereich der Mechanik kleine Maschinen zu konstruieren und deren Funktion zu erforschen. „Java-Applets" bieten dem Anwender die Möglichkeit über das Internet interaktive Experimente durchzuführen. Das Internet lässt sich zudem als eigene Medienklasse begreifen, welches eine Fülle an Informationen jeglicher Art bietet. Auch „Multimediaprogramme", die Informationen multicodal und multimodal zur Verfügung stellen und interaktive Zugangswege ermöglichen, nehmen in ihrer Bedeutung immer mehr zu. Programme wie Word,

Excel oder Powerpoint mit deren Hilfe Dokumente, Tabellen oder Präsentationen erstellt werden können, gehören zur Medienklasse der „Cognitive Tools". Speziell im Physik- und Technikunterricht haben „Programme zur Messwerterfassung" eine große Bedeutung.

Man muss davon ausgehen, dass diese Medien mit der Ausstattung der Realschulen mit Computern (im Zuge von „Schule ans Netz") auch in den Fachunterricht einbezogen werden. Da es aber für die Realschule kaum fachdidaktische Konzepte oder methodische Hinweise für den Einsatz der Neuen Medien gibt und nur unsystematisch Lehrerfortbildungen in diesem Bereich angeboten werden, ist derzeit offen, inwieweit diese Medien im Schulalltag genutzt werden, wie sie (didaktisch und methodisch) eingesetzt werden und inwieweit Mädchen daran teilhaben und davon profitieren.

2.1 Lernen mit Neuen Medien

Aus konstruktivistischer Sicht kann Wissen nicht durch Instruktion oder Medien „vermittelt" werden, sondern muss vom Lernenden aktiv neu konstruiert und mit seiner bestehenden Wissensstruktur verknüpft werden. Lehrende sowie Lehr- und Lernmedien haben dabei die Aufgabe wertvolle Anregungen, Hilfestellungen und situative Anlässe zu bieten, damit sinnvolles Lernen möglich wird (vgl. von Aufschnaiter/Welzel 1996; 1997, Möller 1999: 143f., Issing 1998: 169). Lernangebote sollten demnach an das Vorwissen der Schülerinnen und Schüler anknüpfen, komplexe Ausgangsprobleme, die möglichst authentisch und kontext-sensitiv sind, bereitstellen, mehrere Perspektiven eines Sachverhaltes auf unterschiedlichem Komplexitätsniveau darstellen und damit einen flexiblen Umgang hinsichtlich des individuellen Leistungsniveaus der Lernenden zulassen sowie die Artikulation und Reflexion des Wissens und das Lernen im sozialen Kontext ermöglichen (vgl. Strittmatter/Niegemann 2000: 6, Tulodziecki 1997: 64). Issing (1998) sieht in multimedialen Lernumgebungen optimale Chancen zur Umsetzung der oben aufgeführten Forderungen.

2.2 Mädchen, Jungen und Computernutzung

Nach einer Studie von Lang/Schulz-Zander (1994) stimmen Schülerinnen und Schülern der siebten bis zehnten Jahrgangsstufen bezüglich ihrer Einstellungen zum Computer in wesentlichen Aussagen überein. Sie halten Computerkenntnisse auch im Hinblick auf ihre berufliche Zukunft für wertvoll, finden Computer praktisch und arbeiten auch gern mit diesem (vgl. Faulstich-Wieland 1999: 102). Mädchen sind also ebenso wie Jungen daran interessiert, über und mit dem

Computer zu lernen. Allerdings beschäftigen sich die Mädchen im privaten Bereich weniger häufig mit dem Computer. Gründe hierfür liegen erstens an den vielseitigeren Interessen der Mädchen – sie haben nicht so viel Zeit, sich „nur" mit dem Computer zu beschäftigen, zweitens an der geringeren Verfügbarkeit – Mädchen verfügen weniger über häusliche Möglichkeiten der Computernutzung und drittens an unterschiedlichen Sozialisationserfahrungen – viele Eltern sind der Meinung, dass Computerkenntnisse für ihre Töchter weniger wichtig seien als für die Söhne (vgl. Faulstich-Wieland 1999: 102f.). In der Schule „werden diese Erfahrungen offenbar nicht ausgeglichen, sondern eher verstärkt" (Faulstich-Wieland 1999: 103).

In der Forschung wurde bisher wenig Augenmerk auf pädagogisch-didaktische Aspekte der Computernutzung gelegt, die die Prozesse des Gendering verstärken (fördern) oder auch mildern können. Als Resümee stellen Volman und van Eck fest:

„Not much attention is paid to gender differences in learning styles in more recent research. Research has been done, however, on whether girls and boys have a different approach to some of the new applications, and what the consequences are for teaching methods. In the section on student interactions we have already pointed out that girls focus more on the group process when working together on the computer and boys often concentrate exclusively on the computer itself" (Volman/van Eck 2001: 622).

Es gibt auch kaum Forschungen über die Effekte von Software auf Schülerinnen und Schüler. Im Hinblick auf die Lernergebnisse von Schülerinnen und Schülern im Gymnasialunterricht konnte Frank (2000) den Einfluss mono- oder koedukativen Unterrichtsdesigns mit Neuen Medien in Physik aufzeigen: Demnach erweist sich eine zeitweilige monoedukative Unterrichtsstruktur für das Lernen und die Persönlichkeitsentwicklung beider Gruppen – der Mädchen und der Jungen – als sinnvoll.

Bisher fehlen im Bereich der Nutzung Neuer Medien im Physikunterricht der Realschule detaillierte Beschreibungen von Lernwegen und Bedeutungsentwicklungsprozessen. Es ist z.B. weitgehend unklar, mit welchen Vorerfahrungen Mädchen und Jungen in den Unterricht mit computerunterstützten Medien gehen, wie sie diese Vorerfahrungen einsetzen und wie Lehrende unter Beachtung von genderspezifischen Interessen gezielt darauf aufbauen können. Entsprechende Untersuchungen wurden bisher nur im Bereich des Gymnasiums durchgeführt (vgl. Frank 2000), dessen Physikunterricht jedoch andere Bildungsziele verfolgt, als der der Realschule (Ministerium für Kultus, Jugend und Sport 2001).

3 Ziele der Untersuchung und Forschungsdesign

Ziel der Untersuchung ist es, die Chancen und Möglichkeiten des Lernens mit Neuen Medien im naturwissenschaftlichen Unterricht in baden-württembergischen Realschulen zu untersuchen. Dazu werden Lehrerinnen und Lehrer im Hinblick auf die Nutzung Neuer Medien im Schulalltag befragt. Auf der Grundlage der Ergebnisse dieser Befragung und unter Einbezug ausgewählter Lehrerinnen und Lehrer werden gendersensitive Unterrichtskonzepte für den naturwissenschaftlichen Unterricht in der Realschule entwickelt und systematisch erprobt.

Bei der Entwicklung der gendersensitiven Unterrichtskonzepte mit computerunterstützten Medien werden zum einen die Erfahrungen der Lehrenden und zum anderen die Ergebnisse der fachdidaktischen Forschung konsequent mit einbezogen. Hierfür wird auf der Basis konstruktivistischer Lerntheorie eine computerunterstützte gendersensitive Lernumgebung entwickelt und evaluiert. Zur Entwicklung der Lernumgebung wird das Modell der Didaktischen Rekonstruktion (vgl. Kattmann et al. 1997) herangezogen, das einen mehrperspektivischen theoretischen Rahmen für die naturwissenschaftliche Forschung und Entwicklung bietet. Es werden hierbei die Sachstruktur (bezogen auf die Lehrpläne an der Realschule und die zur Verfügung stehenden informationstechnischen Möglichkeiten) und die Lernerperspektiven (bezogen auf Vorkenntnisse der Lerner im Umgang mit Neuen Medien und den Verlauf von Lernprozessen beim Lernen von Physik) mit einbezogen. Die Lehrerinnen bzw. Lehrer, die bereits als „Mediennutzer" identifiziert werden konnten, sollen außerdem in die Entwicklung dieser Unterrichtseinheit einbezogen werden. Für die Evaluation schließlich werden monoedukative und koedukative Schülergruppen mit Video beobachtet. Die Videos werden mit Hilfe kategoriengeleiteter Videoanalyse (vgl. von Aufschnaiter/Welzel 2001) analysiert. Eine Befragung der beteiligten Schülerinnen und Schüler ergänzt die Daten.

Voraussetzung für die Entwicklung neuer Unterrichtskonzepte für die Schule ist die Bestandsaufnahme der bestehenden Kontextbedingungen. Deshalb wurde in einem ersten Schritt untersucht, inwieweit Neue Medien bereits im Alltags-Physikunterricht der Realschule eingesetzt (Kontext- und Ausgangsbedingungen) und ob ggf. Einflüsse auf Interesse, Motivation und Lernverhalten bei den Schülerinnen und Schülern beobachtet werden. Auch beobachtete Unterschiede im „normalen" Physikunterricht zwischen Mädchen und Jungen in Bezug auf Interesse, Motivation und Lernverhalten sind hier von Bedeutung. Ziel war es, den Umgang der Lehrenden mit computerunterstützten Medien in der Realschule (auch im Zusammenhang mit den organisatorischen Möglichkeiten) aufzudecken und die Ausgangsbedingungen für die Entwicklung eines gendersensitiven didaktischen

Konzeptes zur Nutzung Neuer Medien im Bereich der naturwissenschaftlich-physikalischen Bildung zu erfassen. Im Mittelpunkt standen hier die Inhalte, die mit Neuen Medien bearbeitet werden, sowie die didaktisch-methodischen Umsetzungen durch die Lehrerinnen bzw. Lehrer. Zu diesem Zweck wurden Lehrerinnen- und Lehrerbefragungen mit Hilfe eines teilstandardisierten Fragebogens durchgeführt.

3.1 Forschungsleitende Fragen

Für die Untersuchung der Nutzung Neuer Medien im Physikunterricht ausgewählter Realschulen waren u.a. folgende Fragestellungen und Aspekte relevant:

- Institutionelle und technische Rahmenbedingungen an den untersuchten Schulen:
  Wie stellen sich die Computerausstattung, Möglichkeiten des Internetzugangs, Verfügbarkeit von Beamern und der Vernetzungsgrad der Medien an den zu untersuchenden Realschulen dar?
  Wie viele Computerräume stehen den Fachlehrern zur Verfügung, wie verfügbar sind diese auch für den Physikunterricht?
  Wie groß sind die Klassenstärken?
  In welchen Organisationsformen wird Physikunterricht durchgeführt?
  Welche Rahmenbedingungen müssen nach Meinung der Physiklehrerinnen und Lehrer für den Einsatz Neuer Medien gegeben sein?
- Wie werden die Chancen und Möglichkeiten des Einsatzes Neuer Medien im Physikunterricht eingeschätzt?
- Aspekte des konkreten Einsatzes Neuer Medien im Physikunterricht der befragten Lehrerinnen und Lehrer:
  Zu welchen Inhaltsbereichen werden bereits Neue Medien im Physikunterricht der untersuchten Schulen eingesetzt?
- Welche Klassen computerunterstützter Medien werden zu welchen Inhaltsbereichen eingesetzt?
- Wurden Auswirkungen auf das Lernverhalten der Schülerinnen und Schüler beim Einsatz Neuer Medien im Physikunterricht beobachtet?
- Welche Erfahrungen in Bezug auf Interesse, Motivation und Lernverhalten von Mädchen und Jungen haben die Physiklehrerinnen und Physiklehrer im Unterricht gemacht?
- Wie hoch ist das persönliche Interesse der Lehrenden an den Themen „Neue Medien" und „Genderforschung"? Sind sie bereit, an dem Forschungsprojekt teilzunehmen?

3.2 Methoden der Datenerhebung und -analyse

Methodisch wurde die Untersuchung mit Hilfe eines teilstandardisierten Fragebogens durchgeführt. Der Fragebogen besteht aus insgesamt 69 Items und gliedert sich in drei Bereiche: In Teil I wurden die Physiklehrerinnen und -lehrer nach der privaten und schulischen Computerausstattung und Computernutzung befragt. Erfasst wurden hierbei vor allem die technischen Rahmenbedingungen wie das Vorhandensein von Computerräumen und Internetzugängen oder die Anzahl an Rechnern, die den Schülerinnen und Schülern im Physiksaal zur Verfügung stehen. Diese Angaben sind für die weitere Arbeit von großer Bedeutung, erschließen sich hieraus doch die möglichen Grenzen eines sinnvollen Computereinsatzes an den entsprechenden Schulen. Ohne Internetzugang lassen sich beispielsweise keine Internetrecherchen durchführen oder fehlende Beamer begrenzen die Möglichkeiten der Durchführung von Präsentationen. Sind im Physiksaal gar keine Computer vorhanden, ist eine Kopplung von Realexperimenten und Lernsoftware organisatorisch schwer zu verwirklichen. In Teil II des Fragebogens wurde anschließend der konkrete Einsatz computerunterstützter Medien im Physikunterricht erhoben. Von Interesse waren hier die Häufigkeit des Computereinsatzes im Unterricht, die Lehrplaninhalte und Unterrichtsphasen, zu denen Lernsoftware eingesetzt wird, des Weiteren welche Lernsoftware verwendet und welche Methoden bei der Computernutzung eingesetzt werden. Außerdem wurde die Einschätzung der Möglichkeiten des Einsatzes computerunterstützter Medien, die nach Meinung der Lehrenden notwendigen Rahmenbedingungen und die beobachteten Auswirkungen auf das Lernverhalten der Schülerinnen und Schüler beim Einsatz Neuer Medien erhoben. Auch die Erfahrungen in Bezug auf Interesse, Motivation und Lernverhalten von Mädchen und Jungen im Physikunterricht waren hier von Interesse. Diese Erfahrungen aus der pädagogischen Praxis waren uns besonders wichtig, liefern sie doch wichtige Anknüpfungspunkte für die Entwicklung der Lernumgebung. Mit welcher Lernsoftware sind Lehrerinnen und Lehrer aber auch Schülerinnen und Schüler bereits vertraut, welche Inhalte eignen sich besonders gut für den Einsatz Neuer Medien und bestätigen sich die in der fachdidaktischen Forschung beschriebenen Geschlechterunterschiede? In Teil III des Fragebogens wurden persönliche Angaben (Alter, Geschlecht, Unterrichtsfächer) sowie das persönliche Interesse an den Themen „Neue Medien" und „Genderforschung" erfasst.

Für die Umfrage ausgewählt wurden die Physiklehrerinnen und Physiklehrer der Realschulen der vier Schulamtsbezirke Heidelberg, Mannheim, Karlsruhe und Mosbach. Durchgeführt wurde die Untersuchung im September 2003. Es wurden dabei Lehrerinnen und Lehrer aus 43 Realschulen befragt. Die Antworten wurden mit dem Statistikprogramm SPSS (Version 11.5) codiert und ausgewertet. Die meist standardisierten Fragen wurden einer Häufigkeitsanalyse unterzogen. Offene Fragestellungen wurden kategorisiert und die gefundenen Kategorien ebenfalls mit Hilfe von Häufigkeitsanalysen ausgewertet.

4 Ergebnisse

Insgesamt wurden 84 Fragebögen ausgefüllt zurückgeschickt und ausgewertet. Davon waren 17 von Physiklehrerinnen und 65 von Physiklehrern, zwei Personen machten keine Angabe zu Geschlecht und Alter. Die meisten der befragten Lehrerinnen und Lehrer sind zwischen 50 und 59 Jahren alt. Am zweithäufigsten war die Altersgruppe der 30-39-Jährigen vertreten.

4.1 Technische und institutionelle Rahmenbedingungen für eine Computernutzung an der Realschule

In der Regel existieren an den befragten Realschulen Computerräume, die jedoch im Schulalltag wenig für Physikunterricht genutzt werden: Zwei der 43 zurückmeldenden Schulen haben keinen Computerraum. Etwas mehr als die Hälfte (46 von 84) der Lehrerinnen und Lehrer gaben an, den Computerraum nie für ihren Physikunterricht zu nutzen. 21 Lehrerinnen und Lehrer nutzen den Computerraum zwischen 0,1 und 2 Stunden pro Unterrichtswoche für ihren Physikunterricht. 18 Lehrerinnen und Lehrer von 10 der befragten Schulen – das sind 23,2 % – steht genau ein PC im Physiksaal zur Verfügung. Computer stehen den Schülerinnen und Schülern der befragten Schulen also primär im Computerraum zur Verfügung. Durch die geringe Anzahl der zur Verfügung stehenden Computer ist ein schülerorientiertes computerunterstütztes Arbeiten an den untersuchten Schulen im Physiksaal selbst kaum möglich. Es wird deutlich, dass die mangelhafte Computerausstattung und Raumsituation an der Schule als hemmender Faktor für die Möglichkeiten und Chancen des Einsatzes computerunterstützter Medien eine wesentliche Rolle spielt. Dazu kommt, dass die Klassenstärke an Realschulen relativ groß ist, so dass ein effektives Arbeiten in knapp ausgestatteten Computerräumen oft nur schwer möglich ist.

Auf die offene Frage der erwünschten und nach Meinung der Lehrerinnen und Lehrer auch notwendigen Bedingungen für den Einsatz computerunterstützter Medien im Physikunterricht wurde folglich mit Abstand am häufigsten die Verbesserung der Hardwareausstattung genannt, aber auch der Wunsch nach kleineren Klassen, „guten" Programmen und Lehrerfortbildungen wurde deutlich.

4.2 Einschätzung der Chancen und Möglichkeiten des Einsatzes computerunterstützter Medien im Physikunterricht der befragten Lehrerinnen und Lehrer

Mit einer offenen und einer geschlossenen Frage wurden die Einschätzungen der Lehrerinnen und Lehrer zu Chancen und Möglichkeiten des Computereinsatzes im Physikunterricht in allgemeiner Art evaluiert. Die Äußerungen der Lehrerinnen und Lehrer lassen sich zunächst prinzipiell in die beiden Kategorien: „positive Einschätzung" und „negative Einschätzung" einteilen. Negative Einschätzungen wurden dabei doppelt so häufig genannt wie positive. Ausschlaggebend für die *negative Einschätzung* sind vor allem zwei Aspekte: Zum einen die schlechte Computerausstattung und Infrastruktur, auf die bereits im vorigen Abschnitt eingegangen wurde, zum anderen aber auch die Einschätzung, dass Realexperimente im Physikunterricht der Computersimulation vorzuziehen sind. Ferner werden große Schulklassen, schlechte Software, hohe Kosten und Zeitaufwand sowie mangelnde Fortbildungsangebote als hemmende Faktoren angeführt. Die *positiven Einschätzungen* lassen sich in drei Bereiche untergliedern: Neben Äußerungen, die den Neuen Medien allgemein gute Chancen und Möglichkeiten im Physikunterricht einräumen, wurden Teilaspekte hervorgehoben, für die der Computereinsatz als geeignet angesehen wird. Diese Teilaspekte beziehen sich sowohl auf inhaltliche Faktoren („für Elektrizitätslehre gut geeignet, für Simulationen gut geeignet"), als auch auf methodische Gesichtspunkte bzw. Unterrichtsphasen (Stationenarbeit, Auswertung von Experimenten, Vertiefung, selbständiges Arbeiten). Außerdem finden sich Äußerungen, die die positive Einschätzung begründen. Hierbei wurden Aspekte der Motivation, der Schüleraktivität und der Möglichkeit der Animation angesprochen. Das Motivationspotenzial Neuer Medien im Physikunterricht wurde von über 80% der befragten Lehrerinnen und Lehrer sehr hoch eingeschätzt. Wertet man die Einschätzungen der befragten Lehrerinnen und Lehrer, so ist festzustellen, dass der Nutzung computerunterstützter Medien vorwiegend wenig Chancen und Möglichkeiten eingeräumt werden. Insbesondere strukturelle Begründungen werden hier geliefert. Trotzdem setzen viele der befragten Lehrerinnen und Lehrer Computer gelegentlich im Unterricht ein.

4.3 Wie und wo setzen Lehrerinnen und Lehrer Neue Medien konkret ein?

Etwa die Hälfte der befragten Lehrerinnen und Lehrer gaben an, im Physikunterricht mit den Schülerinnen und Schülern bereits am PC gearbeitet zu haben. Auffällig ist hierbei ein Ungleichgewicht zwischen Lehrerinnen und Lehrern, liegt doch der Anteil der Lehrerinnen mit ca. einem Viertel deutlich hinter dem der

Lehrer(über 50%). Generell zeigte sich jedoch, dass der Computer bei der überwiegenden Anzahl der befragten Lehrerinnen und Lehrer eher selten im Unterricht verwendet wird.

Zu allen Lehrplaneinheiten des Bildungsplans 1994 des Faches Physik in der Realschule in Baden Württemberg konnten Lehrerinnen und Lehrer identifiziert werden, die hier Lernsoftware im Unterricht eingesetzt haben. Am häufigsten wird Lernsoftware für Inhalte verwendet, die Elektrizitätslehre oder Elektronik zum Thema haben. Hierbei wird vor allem das Programm „crocodile clips/physics" verwendet. Aus der Genderperspektive sind jedoch gerade Themenbereiche der Elektrizitätslehre für Mädchen eher uninteressant. Auch bringen die Mädchen in diesem Bereich im Vergleich zu den Jungen meist weniger Vorerfahrungen mit in den Unterricht (vgl. Häußler/Hofmann 1998). Im Sinne eines gendersensitiven Einsatzes Neuer Medien ist dieser Themenbereich, wenn nicht ungeeignet, so zumindest als problematisch einzustufen.

Die universellen Möglichkeiten der Nutzung des Internets im Unterricht zeigen sich dadurch, dass dieses Medium als einziges in allen Lehrplaneinheiten von mindestens einer Lehrperson eingesetzt wurde. Das Internet wurde außerdem nach dem Simulationsprogramm „crocodile clips/physics" am zweithäufigsten im Unterricht eingesetzt. Es scheint sich hier die zunehmende Bedeutung dieses Mediums in Gesellschaft und Unterricht widerzuspiegeln. Auch tutorielle und Multimediaprogramme wie die Programme „Energiewelten (EnBW)" und „Physikus (Klett)" wurden von den befragten Lehrerinnen und Lehrern noch relativ häufig angeführt. Im Bereich „Cognitive Tools" wurde vor allem das Präsentationsprogramm „Powerpoint" verwendet. Wenig genutzt werden Programme zur Messwerterfassung. Auch Java-Applets werden nicht verwendet, obwohl diese Programme viele Möglichkeiten der interaktiven Simulation physikalischer Sachverhalte bieten. Deshalb wird vermutet, dass den meisten Lehrerinnen und Lehrern Java-Applets noch unbekannt sind. Gänzlich unbenannt blieb auch die Medienklasse der Videoanalyse-Systeme. Dies könnte in Zusammenhang mit der mageren Technikausstattung an den untersuchten Schulen stehen.

4.4 Beobachtete Auswirkungen auf das Lernverhalten der Schülerinnen und Schüler beim Einsatz computerunterstützter Medien im Physikunterricht

Von den 40 Lehrerinnen und Lehrern, die im Physikunterricht bereits mit dem PC gearbeitet haben, gaben 26 an, dass sich der Einsatz computerunterstützter Medien vorteilhaft auf das Lernverhalten der Schülerinnen und Schüler auswirkt, während sechs Lehrerinnen und Lehrer diesen Zusammenhang explizit verneinten. Die Personen, die hier einen positiven Effekt sahen, gaben am häufigsten den Motivationseffekt als Begründung an. Neben einer Zunahme an Motivation beobachteten einige Lehrerinnen und Lehrer ein höheres Interesse der Schülerinnen und Schüler am Lernstoff, aktivitätsfördernde Effekte und in einem Fall eine Erhöhung der Lernbereitschaft. Die Beispiele aus dem Physikunterricht der befragten Lehrerinnen und Lehrer, die sich positiv auf das Lernverhalten auswirken, beziehen sich auf die Möglichkeiten der Animation physikalischer Sachverhalte, auf die Simulation von Versuchen, bei denen ein „freieres Experimentieren und Probieren" ohne „Handhabungsprobleme" ermöglicht wird und auf die Vermittlung von Methodenkompetenz („Präsentationstechniken mit Powerpoint", „Referatsgestaltung", „Info-Suche").

4.5 Genderspezifische Gesichtspunkte

Von den 84 befragten Lehrerinnen und Lehrern unterrichten 76 Personen ausschließlich koedukativ. Ein Lehrer unterrichtet in reinen Mädchenklassen, vier Lehrer und zwei Lehrerinnen unterrichten Physik sowohl mono- als auch koedukativ. Gerade diese teilweise oder ausschließlich monoedukativ unterrichtenden Lehrerinnen und Lehrer sind für die weitere Untersuchung von besonderem Interesse, da hier die Möglichkeit besteht, mit reinen Mädchen- bzw. Jungenklassen zu arbeiten und eventuelle Unterschiede zu evaluieren.

Die Erfahrungen der Lehrerinnen und Lehrer in Bezug auf Interesse, Motivation und Lernverhalten der Schülerinnen und Schüler im eigenen Physikunterricht wurde über offene Fragen erhoben. Generell sind die Aussagen der Lehrenden in diesen Punkten sehr divergent. So sind die folgenden Ergebnisse auch nur in ihren Tendenzen sinnvoll zu interpretieren. Die Aussagen zur *Motivation* konnten in vier Kategorien eingeteilt werden, die das Motivationsfeld zwischen den beiden Polen: „Mädchen sind motivierter" bis „Jungen sind motivierter" aufspannen. Am häufigsten wurde bezüglich der Motivation zwischen Mädchen und Jungen kein Unterschied gesehen. Am zweithäufigsten werden dann aber die Jungen als motivierter eingestuft. Am dritthäufigsten sehen die Probanden gleiche Motivation zwischen Mädchen und Jungen, wenn auf die „spezielle Bedürfnislage" der Mädchen eingegangen würde und wenige Lehrerinnen und Lehrer stufen die Mädchen als motivierter ein. Auch die Aussagen zum *Interesse* von Mädchen und Jungen im Physikunterricht konnten zwischen den beiden Polen der Kategorien „Interesse bei Jungen höher" und „Interesse bei Mädchen höher" eingeordnet werden. Im Gegensatz zum Motivationsaspekt wird hier am häufigsten davon ausgegangen, dass Jungen ein höheres Interesse zeigen, gefolgt von der Ansicht, dass keine Interessenunterschiede bestehen. Einige Befragte sind zudem der Meinung, dass das Interesse vom Zugangsthema abhängt. Außerdem wurde von einigen Lehrerinnen und Lehrern auch unterschiedliches Anfangsinteresse beobachtet, dass sich aber im Laufe der Zeit ausglich. Zwei der befragten Lehrer gaben an, dass das Interesse der Mädchen höher sei. Es spiegeln sich somit tendenziell die Ergebnisse physikdidaktischer Interessensuntersuchungen wieder, die den Jungen im Durchschnitt ein stärkeres Fachinteresse bescheinigen. In Bezug auf das *Lernverhalten* der Schülerinnen und Schüler beobachten die meisten Lehrerinnen und Lehrer erhebliche Unterschiede. Die Mädchen werden im Vergleich zu den Jungen auffällig häufig als sorgfältiger, genauer und fleißiger beschrieben. Die Jungen seien in ihrer Arbeitshaltung hingegen oberflächlicher. Außerdem wird den Schülerinnen im Schnitt einer höherer Leistungswille und höhere Leistungsstärke bescheinigt. Das Interesse der Mädchen und Jungen an der *Arbeit mit dem Computer* wird von Lehrerinnen und Lehrern unterschiedlich eingeschätzt. Während mehr als die Hälfte der Lehrer in diesem Punkt Unterschiede sehen, sind der überwiegende Teil der Lehrerinnen der Meinung, dass Mädchen und Jungen gleich gern mit dem Computer arbeiten. Dies deutet darauf hin, dass die befragten Lehrerinnen und Lehrer in diesem Punkt unterschiedliche Geschlechterstereotypen verinnerlicht haben könnten.

4.6 Persönliches Interesse der befragten Lehrerinnen und Lehrer an den Themen „Neue Medien" und „Genderforschung"

Ein weiteres Ziel der Befragung war es, Physiklehrerinnen und -lehrer zu identifizieren, die bereit sind, an unserem Forschungsprojekt als Kooperationspartner mitzuarbeiten.[1] In diesem Zusammenhang stellte sich heraus, dass die Themen „Neue Medien" und „Genderforschung" sowohl bei den Lehrerinnen als auch bei den Lehrern überwiegend auf Interesse stoßen. Auch das Interesse, Unterrichtskonzepte mit Neuen Medien im Physikunterricht auszuprobieren, ist bei der überwiegenden Anzahl der Lehrerinnen und Lehrer vorhanden.

---

[1] Es konnten eine Lehrerin und drei Lehrer gewonnen werden, die sich zur Kooperation bereit erklärten sowie neun Lehrer, die an einer Kooperation Interesse haben.

5 Zusammenfassung der Ergebnisse und Konsequenzen für die weitere Arbeit

Die Forschungsinteressen dieser Untersuchung waren auf die Erfahrungen der Physiklehrerinnen und -lehrer an Realschulen fokussiert, um die aktuelle Situation im Bereich der Nutzung Neuer Medien zu erfassen, Anknüpfungspunkte für die Entwicklung und den Einsatz einer computergestützten Lernumgebung zu erhalten und interessierte Lehrerinnen und Lehrer als Kooperationspartner in das Projekt zu integrieren.

Unsere Befragung hat gezeigt, dass die derzeitige Infrastruktur an den untersuchten Schulen kein schülerorientiertes computerunterstütztes Arbeiten im Physiksaal ermöglicht. Lernprozesse in einer solchen Lernumgebung sollen jedoch im zweiten Teil des Forschungsprojekts genauer untersucht werden. Das Problem der mangelnden Computerausstattung an den Schulen werden wir in unserem Projekt dadurch bewältigen, dass zunächst an einem außerschulischen Lernort mit vorhandener notwendiger Infrastruktur die zu entwickelnde Lernumgebung aufgebaut und evaluiert wird.

Die Chancen und Möglichkeiten des Einsatzes computerunterstützter Medien im Physikunterricht werden von den befragten Lehrerinnen und Lehrern wegen der unzureichenden Computerausstattung und der Überzeugung, dass Realexperimente im Physikunterricht den Computersimulationen vorzuziehen sind, doppelt so häufig negativ eingeschätzt als positiv. Allerdings werden den Neuen Medien zugleich ein hohes Motivationspotenzial und die Möglichkeit, die Schüleraktivitäten zu fördern, zugeschrieben. Dass gerade im Physikunterricht Computersimulationen Realexperimente nicht ersetzen sollten, scheint plausibel. Sie können aber eine sinnvolle Ergänzung sein, um abstrakte oder schwer verständliche Zusammenhänge zu verdeutlichen. Bei der Entwicklung einer computerunterstützten Lernumgebung sollten diese Aspekte durch eine Verzahnung von Realexperimenten und Simulationen berücksichtigt werden.

Die Befragten setzen den Computer in ihrem Physikunterricht, wenn überhaupt, meist nur sporadisch ein. Bezogen auf die Unterrichtsinhalte fällt auf, dass im Bereich der Elektrizitätslehre in allen Klassenstufen am häufigsten mit Neuen Medien gearbeitet wird. Die hohe Nutzung der Neuen Medien in diesem Themenbereich ist jedoch im Sinne eines gendersensitiven Einsatzes als problematisch zu bezeichnen, ist dies doch ein Gebiet, in dem die Mädchen auffallend wenig Interesse zeigen und zudem mit deutlich weniger Vorerfahrungen als die Jungen in die Schule kommen.

Deutlich wurden die zunehmende Bedeutung und der universelle Charakter des Internet; es wird in allen Lehrplaneinheiten des Physikunterrichts der Realschule genutzt. Dass das Programm „crocodile clips/physics" so häufig genannt wird, hängt wohl einerseits mit der Verfügbarkeit, andererseits aber sicherlich auch mit der Bedienerfreundlichkeit und den interaktiven Möglichkeiten zusammen. Auch die „cognitive tools" ermöglichen es, aktiv in Programmabläufe einzugreifen bzw. selbst gestalterisch zu arbeiten. Diese Aspekte, die von den bevorzugt genannten Programmen abgedeckt werden, sollten bei der Entwicklung der Lernumgebung Berücksichtigung finden. Möchte man in die zu entwickelnde Lernumgebung Simulationen integrieren, gilt im Umkehrschluss, dass hierbei auch abstrakte Themenbereiche der Physik angesprochen werden sollten wie beispielsweise Themen aus der Optik (z.B. Strahlengang).

Die Förderung der Methodenkompetenz bei Schülerinnen und Schüler sollte ebenfalls durch die zu entwickelnde Lernumgebung gegeben sein. Insbesondere sollten sie die Möglichkeit haben eigene Ergebnisse zu sichern, Präsentationen zu gestalten und relevante Informationen selbständig zu recherchieren.

Bei der Entwicklung der Lernumgebung sollten die Ergebnisse der fachdidaktischen Interessenstudien, die sich hier in der Tendenz bestätigt haben, berücksichtigt werden, d.h. die spezifischen Interessenprofile der Mädchen sollten Beachtung finden. Andererseits wären im Sinne von „Gender Mainstreaming" (vgl. Schweikert 2002, Stiegler 2000) auch die Jungen speziell im Bereich des Lernverhaltens zu fördern.

Um den Kontakt zu den befragten Lehrerinnen und Lehrern nicht zu verlieren, wurden die Ergebnisse der Fragebogenauswertung im Rahmen einer Lehrerfortbildungsveranstaltung den Probandinnen und Probanden mitgeteilt und mit diesen diskutiert. Wir haben begonnen, zusammen mit interessierten Lehrerinnen und Lehrern an der inhaltlichen und didaktischen Entwicklung der Lernumgebung zu arbeiten. Damit ist der konsequente Einbezug der „Praktikerinnen und Praktiker" an der Schule gewährleistet. Einige der interessierten Lehrerinnen und Lehrer werden die Lernumgebung im eigenen Unterricht testen.

Literatur

Baumert, Jürgen/Lehmann, Rainer et al. (1997): TIMSS – Mathematisch-naturwissenschaftlicher Unterricht im internationalen Vergleich. Deskriptive Befunde. Opladen: Leske+Budrich

Baumert, Jürgen/Artelt, Cordula/Klieme, Eckhard/Neubrand, Michael/Prenzel, Manfred/Schiefele, Ulrich/Schneider, Wolfgang/Tillmann, Klaus-Jürgen/Weiß, Manfred (Hrsg.) (2002): PISA 2000 – Die Länder der Bundesrepublik Deutschland im Vergleich. Opladen: Leske+Budrich

Bundesministerium für Familie, Senioren, Frauen und Jugend (BMFSFJ) (Hrsg.) (2000): www.medien-bildung.net/Gender_mainstreaming.

Bund- und Länder-Kommission für Bildungsplanung und Forschungsförderung (BLK) (2000): Verbesserung der Chancen von Frauen in Ausbildung und Beruf. Ausbildungs- und Studienwahlverhalten von Frauen. Bonn

Faulstich-Wieland, Hannelore (1999): Multimedia als Motivations- oder Diskriminierungsfaktor. In: Meister, Dorothee M./Sander, Uwe (Hrsg.): Multimedia: Chancen für die Schule. Neuwied und Berlin. 95-111

Frank, Elisabeth (2000): Naturwissenschaften-Technik-Geschlecht. 10 Thesen für einen attraktiven, auch mädchengerechten Unterricht. In: Frank, Brigitte (Hrsg.): Positionen. Frauen und moderne Technologien. Verband Baden-Württembergischer Wissenschaftlerinnen. Rundbrief 21. Stuttgart. 3-13

Frank, Elisabeth (2002): PISA – Naturwissenschaften – Geschlecht. Ein erster Überblick für den Arbeitskreis Koedukation. http://www.elisabethfrank.de/Allgemeine_Informationen.

Häußler, Peter/Hoffmann, Lore (1998): Chancengleichheit für Mädchen im Physikunterricht – Ergebnisse eines erweiterten BLK-Modellversuchs. In: Zeitschrift für Didaktik der Naturwissenschaften. Jg. 4, Heft 1. 51-67

Häußler, Peter/Bünder,Wolfgang/Duit, Reinders/Gräber,Wolfgang/Mayer, Jürgen (1998): Perspektiven für die Unterrichtspraxis. Kiel: IPN

Herzog, Werner/Neuenschwander, Markus P./Violi, Enrico/Labudde, Peter/Gerber, Charlotte (1999): Mädchen und Jungen im koedukativen Physikunterricht. In: Bildungsforschung und Bildungspraxis. Jg. 21, Heft 1. 99-123

Hoffmann, Lore/Häußler, Peter/Lehrke, Manfred (1998): Die IPN-Interessensstudie Physik. Kiel: IPN

Lang, Manfred/Schulz-Zander, Renate (1994): Informationstechnische Bildung in allgemeinbildenden Schulen – Stand und Perspektiven: In: Rolff, Hans-Günter/Bauer, Karl-Oswald/ Klemm, Klaus/Pfeiffer, H./Schulz-Zander, Renate (Hrsg.): Jahrbuch der Schulentwicklung. Band 8. Weinheim: Juventa. 309-353

Issing, Ludwig J. (1998): Lernen mit Multimedia aus psychologisch-didaktischer Perspektive. In: Dörr, Günter/Jüngst, Karl Ludwig (Hrsg.): Lernen mit Medien: Ergebnisse und Perspektiven zu medial vermittelten Lehr- und Lernprozessen. Weinheim und München: Juventa Verlag. 159-178

Jungwirth, Helga/Bundesministerium für Unterricht und kulturelle Angelegenheiten (Hrsg.) (1998): TIMSS und COMPED. Studien zur mathematisch-naturwissenschaftlichen und computerbezogenen Bildung. Konsequenzen in geschlechtsspezifischer Hinsicht. http://lise.univie.ac.at/artikel/jungwirtliteratur.htm

Kattmann, Ulrich/Duit, Reinders/Gropengießer, Harald/Komorek, Michael (1997): Das Modell der Didaktischen Rekonstruktion. Ein Rahmen für naturwissenschaftsdidaktische Forschung und Entwicklung. In: Zeitschrift für Didaktik der Naturwissenschaften. Jg. 3, Heft 3. 3-18

Kessels, Ursula (2002). Undoing Gender in der Schule. Eine empirische Studie über Koedukation und Geschlechtsidentität im Physikunterricht. Weinheim und München: Juventa

Kircher, Ernst/Girwidz, Raimund/Häußler, Peter (2000): Physikdidaktik. Eine Einführung in Theorie und Praxis. Braunschweig und Wiesbaden: Vieweg

Labudde, Peter (1999): Mädchen und Jungen auf dem Weg zur Physik. In: Unterricht Physik. Nr. 49. 4-10

Lechner, Hansjoachim (2001): Empirische Forschung und Komplexität des Lernprozesses. In: CD zur Frühjahrstagung des Fachverbandes Didaktik der Physik in der Deutschen Physikalischen Gesellschaft. Universität Bremen

Meister, Dorothee M./Sander, Uwe (Hrsg.) (1999): Multimedia: Chancen für die Schule. Neuwied und Berlin: Luchterhand

Möller, Renate (1999): Lernumgebungen und selbstgesteuertes Lernen. In: Meister, Dorothee M. / Sander, Uwe (Hrsg.): Multimedia: Chancen für die Schule. Neuwied und Berlin. 140-154

Peters-Haft, Sabine/Häußler, Peter/Hofmann, Lore (1997): An den Interessen von Mädchen und Jungen orientierter Physikunterricht. Ergebnisse eines BLK-Modellversuchs. Kiel: IPN

Prenzel, Manfred (2002): Was kommt nach PISA? Fehleranalyse und Blick nach vorn. WPK in Berlin. http://www.berlinews.de/archiv-2002/1088.shtml

Rose, Lotte (2003): Gender Mainstreaming in der Kinder- und Jugendarbeit. Weinheim, Basel und Berlin: Beltz

Rost, Jürgen/Sievers, Knud/Häußler, Peter/Hoffmann, Lore/Langeheine, Rolf (1999): Struktur und Veränderung des Interesses an Physik bei Schülern der 6. bis 10. Klassenstufe. In: Zeitschrift für Entwicklungspsychologie und Pädagogische Psychologie. Jg. 31, Heft 1. 18-31

Sachs, Burkhard/Sachs, Conrad (2000): Neues Lernen mit neuen Mitteln. In: Schriftenreihe Erziehung – Unterricht – Bildung. hrsg. von der Deutschen Gesellschaft für Technische Bildung e.V. Band 83. Hamburg: Dr. Kovacs

Schweikert, Birgit (2002): Einführung: Gender Mainstreaming – ein politisches Konzept für Europa. In: Neue Impulse 2002. Nr. 6. Regenstauf. 4 -9

Stiegler, Barbara (2000): Wie Gender in den Mainstream kommt: Konzepte, Argumente und Praxisbeispiele zur EU-Strategie des Gender Mainstreaming. Bonn

Strittmatter, Peter/Niegemann, Helmut (2000): Lehren und Lernen mit Medien. Darmstadt: Wissenschaftliche Buchgesellschaft

Tulodziecki, Gerhard (1997): Medien in Erziehung und Bildung. Bad Heilbrunn: Klinkhardt

Volmann, Monique/van Eck, Edith (2001). Gender Equity and Information Technology in Education: The Second Decade. In: Review of Educational Research. Vol. 71, No. 4. 613-634

Von Aufschnaiter, Stefan/Welzel, Manuela (1996): Beschreibung von Lernprozessen. In: Reinders Duit/Christoph von Rhöneck (Hrsg.): Lernen in den Naturwissenschaften. Kiel: Institut für die Pädagogik der Naturwissenschaften. 301-327

Von Aufschnaiter, Stefan/Welzel, Manuela (1997): Wissensvermittlung durch Wissensentwicklung: Das Bremer Komplexitätsmodell zur quantitativen Beschreibung von Bedeutungsentwicklung und Lernen. In: Zeitschrift für Didaktik der Naturwissenschaften. Jg. 3, Heft 2. 43-58

Von Aufschnaiter, Stefan/Welzel, Manuela (Hrsg.) (2001): Nutzung von Videodaten zur Untersuchung von Lehr-Lern-Prozessen. Aktuelle Methoden empirischer pädagogischer Forschung. Münster, München und Berlin: Waxmann

Hannelore Faulstich-Wieland

Das Geschlechterthema an einem österreichischen Gymnasium mit monoedukativer Tradition. Erste Ergebnisse einer wissenschaftlichen Begleitung

Wie kann man die Bedeutung, die Geschlecht für die Akteure hat, erforschen, ohne sie von vornherein vorauszusetzen und damit möglicherweise zu reifizieren? Das ist die zentrale Frage der aktuellen Genderforschung und soll auch Hauptgegenstand der Beiträge dieses Bandes sein. Ich möchte dazu anhand einer laufenden wissenschaftlichen Begleitung des 7. Jahrgangs eines österreichischen Gymnasiums aufzeigen, wie wir versucht haben, das Problem methodisch zu lösen: nämlich herauszufinden, welche Bedeutung Geschlecht im schulischen Alltag für die Schülerinnen und Schüler hat, ohne direkt danach zu fragen.

Das österreichische Gymnasium hat mit Beginn des Schuljahres 2002/2003 in seinem 7. Jahrgang eine von drei Parallelklassen als Mädchenklasse eingerichtet. Verbunden damit war – so die Aussage der Schulleiterin, die um eine wissenschaftliche Begleitung gebeten hatte – die Hoffnung, geschlechtergetrennte Organisationsformen als Selbstverständlichkeit zu ermöglichen. Gleichzeitig steht diese Schule in der Tradition von Mädchenbildung und versteht sich seit langem zunächst als mädchenparteiliche, seit einiger Zeit als geschlechtergerechte Schule. Die Aufgabe für eine wissenschaftliche Begleitung lautete also herauszufinden, inwieweit ein theoretisch gesprochen 'dramatisierender' Kontext (nämlich eine über das Geschlecht definierte Organisationsform, in diesem Fall die Mädchenklasse) eine Entdramatisierung von Geschlecht möglich macht, d.h. ob die monoedukative Organisationsform dazu beiträgt, Geschlechterstereotypien zu vermeiden, bzw. Strategien zu entwickeln, diese abzubauen (zum Konzept der Entdramatisierung vgl. Faulstich-Wieland/Weber/Willems 2004).

Es handelt sich bei der begleiteten Schule um ein (sprachliches) Bundesgymnasium und (naturwissenschaftliches) Bundesrealgymnasium in einer österreichischen Großstadt. Die Schule hat 26 Klassen, die in der Regel dreizügig sind. In einigen der acht Jahrgänge gibt es jedoch davon abweichend zwei bis fünf Parallelklassen. Die heute koedukative Schule hat eine lange Tradition als Mädchenschule, was sich bis dato in ungleichen Zusammensetzungen niederschlägt: So gibt es deutlich mehr Schülerinnen als Schüler, auch das Kollegium besteht aus weit mehr Lehrerinnen als Lehrern. Die Schule engagiert sich in vielfältiger

Weise und betreibt aktive Schulentwicklung. Dazu gehört auch die Auseinandersetzung mit Genderfragen. Es gibt Mädchenbeauftragte seitens der Lehrerinnen und Jungenbeauftragte seitens der Lehrer, die jeweils als Ansprechpartnerinnen und -partner dienen. Ebenso wird sozialem Lernen ein hoher Stellenwert zugeschrieben; in den ersten beiden Jahren des Gymnasiums wird ein eigenes Fach angeboten, in dem Kooperation, Kommunikation und Konfliktbearbeitungen behandelt werden. In den letzten Jahren sind Mädchen- und Jungentage sowie Gendertrainings durchgeführt worden.

Nach den Klassen 1 und 2 (in der bundesdeutschen Zählung der 5. und 6. Jahrgang) entscheiden sich die Schülerinnen und Schüler für den sprachlichen Gymnasial- oder den mathematisch-naturwissenschaftlichen Realgymnasialbereich. Nach weiteren zwei Schuljahren, d.h. beim Übergang in die Klasse 5 (also in den 9. Jahrgang) kann eine erneute Wahl vorgenommen werden: Die Schülerinnen und Schüler können im Prinzip zwischen den beiden Bereichen erneut wechseln; häufiger jedoch kommt es zu einem Schulwechsel, indem einige Schülerinnen bzw. Schüler auf berufliche Schulen übergehen, die in Österreich ebenfalls zum Abitur führen, oder indem Jugendliche von anderen Schulen dazu kommen.

Im Schuljahr 2002/2003 gab es im 7. Jahrgang 60 Schülerinnen und 24 Schüler. Von diesen hatten 20 Schülerinnen und 19 Schüler den Realgymnasialzweig gewählt, 40 Schülerinnen und fünf Schüler den Gymnasialzweig. Innerhalb des realgymnasialen Bereichs gab es für die Schülerinnen und Schüler darüber hinaus noch die Möglichkeit, zwischen zwei unterschiedlichen Angeboten zu wählen: So erhält eine der Klassen Werkunterricht, während die andere in einer Lernwerkstatt arbeitet, d.h. die Jugendlichen haben die Möglichkeit, aus einer Reihe zur Auswahl gestellter Projekte aus dem naturwissenschaftlichen Bereich zu wählen, welche Projekte sie bearbeiten wollen. Die Schule richtete vier parallele Klassen ein, von denen aber zwei zu einer typengemischten zusammengelegt wurden: *Klasse A* ist die realgymnasiale Klasse mit der Lernwerkstatt, sie setzt sich aus 14 Mädchen und 14 Jungen zusammen. *Klasse B* ist die realgymnasiale Klasse mit dem Werkunterricht, sie setzt sich aus sechs Mädchen und fünf Jungen zusammen. Sie bildet eine Gemeinschaft mit der *Klasse C* aus dem gymnasialen Bereich, die sich aus 13 Mädchen und fünf Jungen zusammensetzt. D.h. die *Klasse BC* hat die meisten Stunden gemeinsam Unterricht, ist nur in den Schwerpunktfächern getrennt – beispielsweise hat der realgymnasiale Teil Mathematik, während der gymnasiale Teil Französisch hat. *Klasse D* schließlich ist eine gymnasiale Klasse mit 27 Mädchen.

1 Methodischer Ansatz der wissenschaftlichen Begleitung

Die wissenschaftliche Begleitung beinhaltete bisher vier Erhebungsphasen, eine abschließende ist im Juni 2004 erfolgt, und derzeit in Bearbeitung. Jeweils im Herbst 2002 und 2003 wurden standardisierte Befragungen durchgeführt. Während der beiden einwöchigen Feldaufenthalte an der Schule (März und Dezember 2003) wurden Unterrichtshospitationen durchgeführt, Video- und Fotoaufnahmen gemacht sowie Interviews mit Schülerinnen und Schülern sowie Lehrkräften geführt. Während der Woche im März fand für die drei Klassen an einem Tag ein Gendertraining statt. Dabei hospitierten wir in vier der zwölf angebotenen Gruppen. Außerdem wurde von den Jugendlichen unmittelbar im Anschluss an das Gendertraining ein standardisierter Fragebogen dazu ausgefüllt. In den tags darauf durchgeführten Interviews mit Schülerinnen und Schülern war das Gendertraining ebenfalls ein Thema der Untersuchung.

In den Überlegungen bei der Auswahl der Instrumente spielte die Frage, wie vermieden werden kann, Geschlecht bereits durch die Art der Erhebungen zu betonen, eine große Rolle. Dies soll im folgenden genauer beschrieben werden.

Zu Beginn der wissenschaftlichen Begleitung wurde im Herbst 2002 eine standardisierte Befragung in Form von Satzergänzungen unter den Schülerinnen und Schülern der drei Klassen A, BC und D durchgeführt. Die Schülerinnen und Schüler erhielten einen Bogen mit der Bitte, die folgenden Sätze so zu ergänzen, „wie sie für Dich im Augenblick gelten":

Wenn ich an das vor mir liegende Schuljahr denke, dann freue ich mich vor allem auf ...
Wenn ich an das vor mir liegende Schuljahr denke, dann macht mir besonders Sorge ...
Am besten gefällt mir zur Zeit ...
Am wenigsten gefällt mir zur Zeit ...
Nach meinem ersten Eindruck finde ich meine neue Klasse ..., weil ...
Wenn ich mir in Bezug auf meine neue Klasse etwas wünschen dürfte, dann wäre das ...

Ergänzend zum eigentlichen Fragebogen erhielten sie folgenden Brief, der das Anliegen der Erhebung verdeutlichen sollte:

Liebe Schülerin, lieber Schüler,

in den letzten Monaten hatte ich mehrfach das Vergnügen, mit Eurer Schulleiterin, Frau (...), auf verschiedenen Tagungen zusammen zu treffen. Dabei entstand die Idee, Euren Jahrgang wissenschaftlich zu begleiten:
In Hamburg beschäftige ich mich seit langem damit, wie Mädchen und Jungen in der Schule miteinander und mit der Schule klar kommen. Ich arbeite gerade am Abschlussbericht zu einem Projekt, in dem wir drei Gymnasialklassen von der 7. bis zur 10. Klasse begleitet haben. Deshalb wäre es sehr reizvoll, wenn es die Chance gäbe, durch die Begleitung Eures Jahrgangs diese Ergebnisse der deutschen Untersuchung zu ergänzen und sie miteinander zu vergleichen.

Dazu bitte ich Dich, den beigefügten Zettel, auf dem sechs angefangene Sätze stehen, so zu ergänzen, dass der Satz auf Dich zutrifft.
Weiterhin möchte ich Dich bitten, zu überlegen, ob Du bereit wärst, eine Art 'Schultagebuch' zu schreiben, d.h. regelmäßig Dinge zu notieren, die Dir besonders aufgefallen sind. Das können ganz unterschiedliche Geschichten sein, einfach solche, die für Dich persönlich wichtig sind. Es wäre gut, wenn aus jeder Klasse einige wenige sich bereit fänden, eine solche Arbeit zu übernehmen. Dies muss auch nicht notwendigerweise während des gesamten Schuljahres sein, sondern könnte für eine gewisse Zeit, die ihr vorher ausmacht, sein. Wir würden die Auswertung der Tagebücher dann selbstverständlich zuerst mit denjenigen besprechen, die sie geschrieben haben.[1]

Mit freundlichen Grüßen

gez. Prof. Dr. Hannelore Faulstich-Wieland

In dem Brief taucht zwar beim Verweis auf die Hamburger Untersuchung der Hinweis auf, „wie Mädchen und Jungen in der Schule miteinander und mit der Schule klar kommen", ansonsten ist aber vermieden worden, Geschlecht in den Vordergrund zu rücken. Hervorzuheben ist, dass die Satzanfänge keinerlei Bezug auf Geschlecht nahmen. Stattdessen wurden die Jugendlichen gebeten, eine Einschätzung zum gerade begonnenen Schuljahr sowie zu der für sie neuen Klasse vorzunehmen.

Nachdem die Klassen ein Jahr zusammengeblieben waren, erhielten die Schülerinnen und Schüler erneut einen schriftlichen Bogen, auf dem sie Sätze ergänzen sollten. Die Einleitung dazu nahm Bezug auf die bisherigen zwei Erhebungsphasen und lautete folgendermaßen:

Liebe Schülerin, lieber Schüler,

im letzten Schuljahr hast Du im Herbst 2002 bereits einmal einen Fragebogen ausgefüllt, im März 2003 waren Dr. Martina Weber und ich in Deiner Klasse und haben ein paar Stunden den Unterricht beobachtet. Außerdem haben wir Euch zu dem Gendertraining befragt und mit einigen von Euch Interviews geführt. Im Dezember werden wir erneut in Eure Schule kommen, um Euch einerseits Ergebnisse der bisherigen Befragungen vorzustellen und wiederum mit denjenigen Interviews zu führen, die dazu bereit sind.
Heute nun möchten wir Dich noch einmal um Informationen bitten, indem Du die untenstehenden Sätze ergänzt. Katharina Willems, wissenschaftliche Mitarbeiterin an der Universität Hamburg, wird diese Fragebögen mit nach Hamburg nehmen, so dass wir sie in die Auswertung bis Dezember noch miteinbeziehen können.

Vielen Dank.

Prof. Dr. Hannelore Faulstich-Wieland

Es folgten dann erneut die Bitte, die folgenden Sätze so zu ergänzen, „wie sie für Dich im Augenblick gelten".

---

[1] Hiervon hat niemand Gebrauch gemacht, auch nicht, nachdem wir persönlich in der Schule waren und diese Möglichkeit noch einmal angesprochen haben.

Wenn ich an das zurückliegende Schuljahr denke, dann war für mich das wichtigste...
Wenn ich an das vor mir liegende Schuljahr denke, dann freue ich mich vor allem auf ...
Wenn ich an das vor mir liegende Schuljahr denke, dann macht mir besonders Sorge ...
Am besten gefällt mir zur Zeit ...
Am wenigsten gefällt mir zur Zeit ...
Wenn ich die Klassengemeinschaft in unserer Klasse beschreiben soll, dann würde ich folgendes dazu sagen ...
In einer Klassengemeinschaft gibt es verschiedene Positionen oder Rollen: Man kann Klassenclown sein, Star, Mauerblümchen usw., oder man kann zu einer oder vielleicht auch zu zwei Cliquen gehören. Wie würdest Du Deine Position oder Rolle in Deiner Klasse beschreiben?
Welche Sprachen werden in deiner Familie gesprochen?
Ist jemand aus deiner Familie im Ausland geboren? Wenn ja: Wer? Wo?
Wenn Du uns noch etwas mitteilen möchtest, was durch die bisherigen Fragen nicht abgedeckt ist, kannst Du das hier tun.

Mit Ausnahme des Hinweises auf das Gendertraining im Anschreiben, an dem wir teilgenommen hatten, wurde auch hier vermieden, in den vorgegebenen Sätzen Geschlecht zu thematisieren. Der Aufbau war im Prinzip zunächst der gleiche wie im Jahr zuvor, nunmehr ergänzt um den Rückblick auf das vergangene Schuljahr. Es folgte dann nicht mehr die allgemeine Frage zur Klasse, die ja nun keine neue mehr war, sondern die Beschreibung der Klassengemeinschaft sowie der eigenen Stellung darin. Ergänzt wurde der Bogen um den Versuch, relevante Informationen zu Ethnie zu erhalten – auch hier wurde eine indirekte Form gewählt, nämlich die nach der möglichen Mehrsprachigkeit.

Die Interviews, die im März und im Dezember in der Regel in Form von Gruppeninterviews (überwiegend zwei Jugendliche zusammen) durchgeführt wurden, stellten Geschlecht ebenfalls nicht in den Vordergrund, beinhalteten aber sowohl durch das Gendertraining (März 2003) wie durch die Rückmeldung, die wir den Klassen gegeben hatten, Fragen zur Mädchenklasse. Wir versuchten dabei aber, unsererseits nicht die Mädchenklasse besonders hervorzuheben, sondern durch Frageformulierungen nach der „eigenen" Klasse bzw. nach den beiden Parallelklassen den Jugendlichen die Möglichkeit zu geben, andere Akzente zu setzen.

Im folgenden soll an einigen Ergebnissen gezeigt werden, dass es u.E. möglich ist, durch ein 'neutralisierendes' Verfahren herauszufinden, welche Bedeutung die Dramatisierung von Geschlecht – wie sie mit der Einrichtung der Mädchenklasse erfolgte – für die Jugendlichen hat. Wir versuchen damit also eine Antwort auf die Ausgangsfrage zu finden, ob eine Mädchenklasse in einem koedukativen Kontext etwas Selbstverständliches sein könnte.

2 Ergebnisse der Satzergänzungen im Herbst 2002

Die Antworten der Schülerinnen wurden in das Programm Maxqda – ein Programm zur computergestützten qualitativen Datenanalyse – eingelesen und codiert. Jeder Antwort wurden ein oder mehrere Codes zugewiesen. Pausen, Ferien o.ä. wurden beispielsweise mit „Außerunterrichtliches/Außerschulisches" codiert; wenn „der Unterricht" oder die „Klassenarbeiten" als das angegeben wurden, was besonders Sorge machen würde, wurde dies mit „Stress" oder „Leistungsangst" codiert. Alle Bezugnahmen auf Geschlecht wurden mit „Gender" markiert.

Anschließend wurden die Codierungen für die Klassen getrennt ausgewertet. Im Folgenden wird zunächst eine kurze Skizze für die einzelnen Klassen, anschließend ein Vergleich der Klassen vorgenommen.

Klasse A

In der Klasse A haben den Satzergänzungsbogen leider nur 12 (von 28) Jugendlichen ausgefüllt.[2] Bei diesen lag die Sorge vor Stress und möglichem Leistungsversagen offenbar obenauf – neun erwähnten diesen Aspekt unter den Dingen, die ihnen nicht gefallen bzw. die ihnen besondere Sorgen beim Gedanken an das vorliegende Schuljahr machen.

Die neue Klasse gefiel der Mehrheit gut – wobei die Abstufungen von „super" über „sehr gut", „toll" bis „gar nicht so schlecht" reichten. Zwei waren weniger begeistert, sie fanden die Klasse „im besten Fall ganz okay, sonst blöd" bzw. „nicht so gut". Ein zentraler Punkt bei der Einschätzung war das Klassenklima: Dies wurde von zehn Jugendlichen erwähnt, davon gab die Hälfte in den Begründungen an, die Klassengemeinschaft sei gut, man würde sich verstehen, alle seien nett. Die andere Hälfte jedoch forderte mehr Akzeptanz und Respekt, wollte so angenommen werden, wie sie sind, oder kritisierte, als Streber ausgegrenzt zu werden.

Die Hälfte derjenigen, die den Bogen ausgefüllt haben, freut sich weniger auf schulische Dinge, sondern vor allem auf die Ferien oder zumindest noch die Pausen. Als besonders positives Schulfach wurde von fünf Jugendlichen das Turnen herausgestellt. Fast alle Schulfächer wurden von einzelnen sowohl als positiv wie als negativ genannt.

---

[2] Die erste Erhebung wurde durch die Lehrkräfte selbst durchgeführt. Wir hatten der Schule per Mail die Vorlage für die Fragebögen sowie eine detaillierte Anweisung zugeschickt, wie die Fragebögen vorbereitet sein sollten, damit eine Längsschnitterhebung möglich und trotzdem die Bögen anonym blieben. Leider wurde diese Kennzeichnung der Bögen nicht vorgenommen, so dass wir dadurch auch nicht wissen, welche Bögen von Jungen, welche von Mädchen ausgefüllt wurden. Zudem war die Beteiligung in den Klassen sehr unterschiedlich. Wir haben infolgedessen die Erhebung im Herbst 2003 persönlich durchgeführt.

Auf Geschlecht nahmen explizit zwei Bezug: Eine Person betonte, dass Mädchen und Jungen sich gut verstünden, kritisierte allerdings „Verarschungen" durch die Jungen; eine weitere befand, es gäbe so „süße Buben" in der Klasse, forderte jedoch von den Jungen, dass sie besser zuhörten!

Klasse BC

In der Klasse BC haben den Satzergänzungsbogen 23 (von 29) Jugendlichen ausgefüllt. Auch in dieser Klasse rangierte unter den Sorgen, die sich die Schülerinnen und Schüler im Blick auf das vor ihnen liegende Schuljahr machen, bzw. bei den Dingen, die ihnen zur Zeit am wenigsten gefallen, der Leistungsdruck und der erwartete Stress an oberster Stelle: 21 der 23, die den Fragebogen ausgefüllt haben, äußerten sich in dieser Weise. Nur vier formulierten stattdessen oder auch, neugierig und erwartungsvoll auf Neues zu sein oder auf Erfolge und Spaß zu hoffen.

Die Einschätzung der neuen Klasse war mehrheitlich „okay" oder „nett" – zwei fanden sie sogar „super", aber es gibt auch sieben, die eher negative Urteile abgaben wie „blöd", „fad" oder „nicht so toll". Das Klassenklima wurde dabei von sieben als gut beschrieben, d.h. sie fanden ihre Mitschüler und -schülerinnen nett, hilfsbereit oder interessant. Eine Person war der Meinung, es sei keine gute Klassengemeinschaft, und sechs äußerten Wünsche nach einer solch guten Gemeinschaft. Freundschaften spielten bei der Einschätzung eine große Rolle: Zehn nannten explizit ihre Freunde oder Freundinnen als Grund für Freude auf das Schuljahr oder für eine positive Einschätzung der Klasse.

Der Klassenraum erfuhr von einigen Kritik: Diese galt den ausgehängten Postern, der Sauberkeit und Ordnung und dem Wunsch nach einem CD-Player sowie besseren Regalen.

Mit den Lehrkräften waren die Jugendlichen im Allgemeinen eher zufrieden als unzufrieden: Sechs betonen ihre Zufriedenheit über Lehrkräfte mit guter Laune und der Bereitschaft, sich mit den Problemen der Kinder zu befassen, drei hätten gerne „nettere" Lehrkräfte, „andere" oder „die alten".

Einige Schulfächer waren deutlich unbeliebt bzw. machten den Jugendlichen Sorgen: Dazu gehörte Deutsch, Französisch, Geographie und Mathematik. Diesen standen allerdings auch Nennungen gegenüber, in denen die gleichen Schulfächer positiv gesehen wurden. Besonders erfreulich fanden die Schülerinnen und Schüler den für das Frühjahr geplanten Skikurs bzw. die Schullandwoche, aber auch Turnen und Physik wurden häufiger explizit genannt.

Acht Jugendliche – und damit ein Drittel – nahmen Bezug auf Geschlecht: Kritisiert wurde, es seien zu wenig Jungen oder nicht die Jungen, die man sich wünschen würde, in der Klasse. Mädchen wurden von drei Personen kritisiert

(„zu viele", „Tussis", „Buben sind Streber, Mädchen sind schlimmer"), aber zwei waren auch der Meinung, es gäbe (viele) nette Mädchen in der Klasse.

Klasse D

In der Mädchenklasse haben 22 (von 27) Schülerinnen den Fragebogen ausgefüllt. Das Geschlechterthema lag bei den Schülerinnen deutlich oben auf – 20 von 22 nahmen darauf Bezug. Ordnet man die Satzergänzungen nach solchen, in denen eine positive, eine ambivalente oder eine ablehnende Haltung deutlich wird, dann äußerten sich acht Schülerinnen positiv, eine ambivalent und elf negativ. In der folgenden Tabelle sind die Satzanfänge, die von den Schülerinnen mit Bezug auf Geschlecht ergänzt wurden, aufgelistet – in jeder Zeile werden dabei die Antworten aus einem Fragebogen wieder gegeben.

Tabelle 1: Zustimmende Haltung zur Mädchenklasse

Am besten gefällt mir zur Zeit	Nach meinem ersten Eindruck finde ich meine neue Klasse ...		Wenn ich mir in Bezug auf meine neue Klasse etwas wünschen dürfte, dann wäre das
		weil	
dass wir eine reine Mädchenklasse sind			
	sehr gut	es viele nette Mitschüler gibt und es keine Buben mehr gibt, die einen auslachen	
			(dass) wir wieder eine Mädchenklasse würden
	toll	wir eine Mädchenklasse sind, daher können wir über alles reden, das Jungs nichts angeht	
	sehr nett	es keine Streitereien gibt und weil keine Buben da sind, die blöd sind und sich über andere lustig machen	
	gut	ich finde, dass Mädchenklassen nicht fad sind. Man kann genau so viel lachen wie mit Buben in der Klasse	
	gut	man auch mehr und offener über so „Frauen" Themen sprechen kann	
dass wir einen CD-Player haben (dass wir keine Buben in der Klasse haben)			

Tabelle 2: Ambivalente Haltung zur Mädchenklasse

Nach meinem ersten Eindruck finde ich meine neue Klasse ...	
	weil
gut, vielleicht sogar besser	es eine Mädchenklasse ist (das ist aber auch dumm) und weil die Mädchen nett sind

Tabelle 3: Ablehnende Haltung zur Mädchenklasse

Am wenigsten gefällt mir zur Zeit	Nach meinem ersten Eindruck finde ich meine neue Klasse ...	weil	Wenn ich mir in Bezug auf meine neue Klasse etwas wünschen dürfte, dann wäre das
dass wir eine reine Mädchenklasse sind			nicht so viel MÄDCHEN
die Tussis in unserer Klasse (keine Buben)			
dass wir nur eine reine Mädchenklasse sind			
dass wir eine reine Mädchenklasse sind	nicht gut	ich keine reine Mädchenklasse sein will	dass wir keine reine Mädchenklasse sind
dass wir eine reine Mädchenklasse sind (ES IST ABER NICHT SO SCHLIMM)	nicht so gut	es ist eigentlich sehr fad ohne Buben, man hat nur Freundinnen. Es ist blöd ohne Buben (manchmal ist es gut, aber sehr selten)	Buben in unsere Klasse. Ich wünsche mindestens, dass 10 Buben in unserer Klasse sein würden
dass keine Buben in unserer Klasse sind			keine Experimente mit uns (Versuchskaninchen mit Mädchenklasse)
	sehr gut	viele nette Mädchen in der Klasse sind. Ich finde es aber schlecht, dass es keine Buben in der Klasse gibt!!!	
			dass wir wieder Buben bekommen!
dass wir eine reine Mädchenklasse sind	nicht so gut	wir nur Mädchen sind und weil wir uns noch nicht sehr gut kennen und weil es manchmal sehr fad ist	mit Buben in der Klasse sein
dass wir nur Lehrer bekommen haben die die Ex 2y schon mal hatte und das wir eine reine Mädchenklasse sind	nicht so toll	wir eine reine Mädchenklasse sind. Ich finde das nicht so gut, weil wir uns so in bestimmten Bereichen/Situationen nicht weiter entwickeln können. Und außerdem bin ich nicht der Meinung, dass wir dadurch viel besser lernen uns durchzusetzen oder unsere Probleme besprechen können, als mit Buben in der Klasse, denn nach der Schule wird auch keine Rücksicht darauf genommen, ob man ein/e Mädchen/Frau ist. Ich glaube, es wäre viel besser mit Buben zusammen zu sein und sich durchzusetzen zu lernen!	dass auch Buben dazukommen und dass die Lehrer nicht die ganze Zeit versuchen uns zu erklären, diese Sache (reine Mädchenklasse) wäre kein Projekt/Versuch, wo es doch in den Medien überall geschrieben wird.
dass keine Buben in der Klasse sind			wieder Buben zu haben

Nach der Bezugnahme auf die Mädchenklasse stand an zweiter Stelle auch hier die Sorge vor Leistungsdruck und Stress: 16 der 22 Schülerinnen äußerten sich in dieser Weise. Die neue Klasse fand die Mehrzahl der Schülerinnen gut, einige fanden sie „super", „sehr nett" oder „wunderschön", sechs allerdings fanden sie „nicht so gut". Das Klassenklima fanden zwölf positiv, Freundschaften trugen bei fünf der Mädchen dazu bei. Die Hälfte derjenigen, die den Bogen ausgefüllt haben, freute sich insbesondere auf die Ferien, erwähnte aber in der Regel auch anderes, wie vor allem den Skikurs bzw. die Schulwoche. Von den Schulfächern wurden nur von drei Schülerinnen überhaupt welche genannt, die ihnen nicht gefallen. Positiv sahen die Mädchen – neben dem Skikurs – vor allem Schwimmen und Französisch. Die Lehrkräfte wurden so gut wie nicht erwähnt.

Einige Schülerinnen begrüßten die Poster im Klassenzimmer, das Radio und den CD-Player, eine beschwerte sich, weil niemand aufräumen möchte und eine bedauerte den kaputten Overhead-Projektor.

Vergleich der Klassen

Es fällt auf, dass der Leistungsdruck und die Sorge darum, den Anforderungen gerecht zu werden, für viele Schülerinnen und Schüler bestimmend in ihren Einschätzungen des vor ihnen liegenden Schuljahres waren. Insofern verwundert auch nicht, dass Ferien und sonstiges Außerunterrichtliches zu dem gehörten, auf das viele sich besonders freuen.

Einzelne Schulfächer oder einzelne Lehrkräfte wurden von einigen besonders hervorgehoben – hier unterscheiden sich die Klassen A und BC wenig. In der Klasse D dagegen spielte die Besonderheit, eine Mädchenklasse zu sein, eine große Rolle, und sie wurde nicht von allen positiv gesehen. Auch in der Klasse BC, die eine deutliche Mädchendominanz hat, war das Geschlechterthema nicht unwichtig. In der Klasse A dagegen spielte es keine große Rolle – allerdings haben hier generell nicht viele den Bogen ausgefüllt.

3 Ergebnisse der Befragung im Herbst 2003

Die Auswertung der Fragebögen erfolgte in der gleichen Weise wie für das Jahr 2003.

Klasse A

In der Klasse A sind in diesem Schuljahr 14 Mädchen und 13 Jungen. 13 Schülerinnen und elf Schüler haben die Satzergänzungen ausgefüllt. In der Beurteilung des abgelaufenen Schuljahres spielten für Schülerinnen wie für Schüler die 'peers' die zentrale positive Rolle, gefolgt von der Bedeutung guter Noten und guten Unterrichts – dies erwähnten jeweils ein Viertel der Mädchen wie der Jungen.

Vor allem den Schülerinnen machten die Leistungsanforderungen allgemein oder in bestimmten Fächern Sorge im Blick auf das vor ihnen liegende Schuljahr. Hinzu kamen Ängste um das soziale Klima in der Klasse oder mit den Freundinnen. Auch bei etwa der Hälfte der Schüler standen Leistungsängste bzw. die Belastungen in einzelnen Fächern an zentraler Stelle beim Gedanken an das kommende Schuljahr.

Die Schülerinnen freuten sich neben der Tatsache, dass sie mit ihren Freunden und Freundinnen zusammen sein können, auf verschiedene Aktivitäten wie Berufsorientierung, Sportwoche und ähnliches, aber auch auf den Unterricht in Fächern, die ihnen jeweils gefallen. Die Schüler erwähnten diese Aspekte auch, gaben jedoch am häufigsten an, sich auf Pausen, Ferien oder das Ende der Schulzeit zu freuen.

Eine Bezugnahme auf Geschlecht fand sich nur bei einer Schülerin, die angab, es sei ihr wichtig gewesen, Kontakt zu Jungen aus oberen Klassen zu haben und neue Jungen kennen zu lernen.

Klasse BC

In der Klasse BC sind nunmehr 31 Jugendliche; 19 (von 21) Schülerinnen und neun (von zehn) Schülern haben an der standardisierten Befragung teilgenommen. Im Rückblick auf das vergangene Schuljahr war den Mädchen vor allem wichtig, mit Freunden und Freundinnen zusammen zu sein. Ein Drittel nannte Projekte oder die Sportwoche als positiv und ein Drittel konnte sich über gute Noten freuen. Auch bei den Jungen waren für ein Drittel gute Noten das Wichtigste der Vergangenheit. Ein Junge freute sich über mehr Jungen in der Klasse, nämlich über die Tatsache, dass es nunmehr zehn anstatt in seiner vorherigen Klasse im 6. Jahrgang nur fünf Jungen waren.

Im Blick auf das begonnene Schuljahr stand nach wie vor der Leistungsstress an vorderer Stelle: Zwei Drittel der Mädchen äußerten ebenso entsprechende Sorgen wie die Hälfte der Jungen. Ein Drittel der Schülerinnen war mit bestimmten Lehrkräften, ein Viertel mit bestimmten Schulfächern nicht zufrieden, von den Schülern äußerte sich die Hälfte kritisch zu einigen Schulfächern. Umgekehrt fanden sich aber auch wiederum sehr positive Erwartungen an zum Teil die gleichen Schulfächer. Ein Drittel der Mädchen freute sich auf die Arbeit mit bestimmten Lehrkräften oder darauf, neue Lehrkräfte zu bekommen. Das soziale Klima gefiel einem Viertel der Mädchen nicht. Nach wie vor standen Ferien und Pausen sowie die 'Peers' weit vorne in der Positivliste des bevorstehenden Schuljahres.

Explizit wurde Geschlecht von vier Mädchen und drei Jungen angesprochen: Zwei Schülerinnen betonten ihr gutes Verhältnis zu Jungen, eine Schülerin sah deutlich getrennte Cliquen, eine Schülerin fand, es gäbe nur „Scheißbuben" in ihrer Klasse. Die getrennten Cliquen wurden auch von zwei der Jungen erwähnt (von denen der eine aber zugleich froh ist, dass es jetzt mehr Jungen als früher seien), ein Junge fand, es gäbe zu viele Mädchen in der Klasse.

Klasse D

Von den 30 Schülerinnen, die nunmehr zur Klasse D gehören, haben 27 an der Befragung teilgenommen. 14 dieser 27 Schülerinnen nehmen in einer oder mehreren ihrer Satzergänzungen explizit zur Mädchenklasse Stellung. Hieraus wird ersichtlich, dass das Thema nach wie vor bei fast der Hälfte der Klasse hohe Relevanz hat. Vier Schülerinnen äußern sich positiv, wobei nur eine Schülerin der Meinung ist, dass die Klassengemeinschaft „super" sei. Eine Schülerin findet die Klassengemeinschaft sogar schlecht, die beiden anderen beurteilen diese im Vergleich zu ihrer vorherigen Klasse als positiver. Drei Schülerinnen haben eine ambivalente Haltung zur Mädchenklasse. Zwei äußern definitiv den Wunsch, bald wieder in einer koedukativen Klasse zu sein, zwei befürchten, im Umgang mit Jungen „hinter her zu hinken". Nur eine der drei findet die Klassengemeinschaft in der Mädchenklasse sehr gut, eine findet sie „eigentlich" gut, eine sieht sie sehr in Cliquen aufgespalten. Sieben Schülerinnen sprechen sich explizit und zum Teil massiv gegen die Mädchenklasse aus. Sie schätzen alle auch die Klassengemeinschaft als nicht gut bis sehr schlecht ein. 13 Schülerinnen nehmen nicht auf Geschlecht Bezug, von ihnen wird die Klassengemeinschaft überwiegend als okay bis sehr gut eingeschätzt. Bei einem Teil der Schülerinnen hat möglicherweise die Zeit zu einer Entdramatisierung von Geschlecht geführt – ihre Einschätzung der Klasse bindet sich nicht an das Kriterium Mädchenklasse.

Tabelle 4: Positive Haltung zur Mädchenklasse

Am besten gefällt mir	Klassengemeinschaft
die Mädchenklasse	Eher schlecht...wir haben zwei Teile in der Klasse, die oft anderer Meinung sind
dass wir eine gute Klassengemeinschaft sind, uns nicht gegenseitig mobben, auslachen oder verspotten. Dass wir eine Mädchenklasse sind.	Super!
	Seit wir eine Mädchenklasse sind, haben wir eine viel bessere Klassengemeinschaft. Es gibt zwar Gruppen und Cliquen, alles in allem halten wir aber zusammen.
	Sehr gut, jeder spricht mit jedem. Es ist besser geworden, seitdem wir eine Mädchenklasse geworden sind und neu gemischt worden sind

Tabelle 5: Ambivalente Haltung zur Mädchenklasse

Macht mir Sorge	Am wenigsten gefällt mir	Klassengemeinschaft	Ergänzende Kommentare
		Wir verstehen uns eigentlich fast alle sehr gut, manchmal gibt es Streit, richtige Außenseiter gibt es nicht wirklich	Die Mädchenklasse ist eigentlich in Ordnung aber nächstes Schuljahr wieder in eine Mischklasse
die Noten und dass wir in der 5. wieder getrennt werden, wenn die anderen so viel mit Burschen zu tun gehabt haben und wir dann irgendwie ein bissel nach hinten sind.		Es gibt zu viele Cliquen! Besser wäre es, wenn so ziemlich jeder jeden mag.	
dass sich die Mädchenklasse immer mehr (freundschaftlich, privat,...) von den anderen Klassen trennt	dass wir nur Mädchen sind	Wir halten sehr gut zusammen und vertrauen einander	Ich finde die Mädchenklasse schön, möchte aber auf JEDEN FALL wieder gemischt werden.

Tabelle 6: Negative Haltung zur Mädchenklasse

Macht mir Sorge	Am wenigsten gefällt mir	Klassengemeinschaft	Ergänzende Kommentare
Also nicht unbedingt „Sorge", aber ich hätte eigentlich gern, dass wir dieses Jahr schon gemischt (+ Buben) wären, also die Mädchenklasse will ich nicht!!!	DASS WIR NUR MÄDCHEN SIND. Und dass wir eigentlich mit Leuten zusammen sind, die das GENAUE Gegenteil von uns sind und die Klassengemeinschaft (vielleicht auch deshalb) nicht gut ist.	wie gesagt...überhaupt nicht gut! Es gibt überhaupt keinen richtigen Zusammenhalt.	Ich will auf jeden Fall, dass wir gemischt werden!!!!!!!!!!!!!! (Aber ich glaube, das ist eh schon durch die vorigen Antworten gezeigt.)
die Mädchenklasse	dass wir lauter Mädchen sind	dass wir eine sehr schlechte Klassengemeinschaft haben	bitte... wir wollen gemischt werden und NICHT in eine reine Madlklasse
dass ich es in der Mädchenklasse nicht mehr aushalte	dass der Schulstress jetzt wieder beginnt und dass ich immer noch in einer Mädchenklasse bin	Sie ist ziemlich schlecht, die zwei Klassen, die in der 2. zu der Mädchenklasse zusammengelegt worden sind, sind nicht besonders gut zu einer Gemeinschaft geworden	Ich würde gern wieder gemischt werden, die Mädchenklasse ist meistens langweilig
	natürlich dass wir keine Buben haben und kein Radio	mittelmäßig	
dass die Klassen vielleicht nicht gemischt werden und ich in einer Mädchenklasse versauere oder wenn gemischt wird, ich von meinen Freundinnen getrennt werde.	Mädchenklasse	sehr schlecht. Ich bin seit der 1. Klasse in meinem Freundeskreis und mag die Hälfte der Klasse (frühere 2y) überhaupt nicht	Wenn die Mädchenklasse in der 5ten nicht gemischt wird, wechsle ich die Schule. Die Lehrer behaupten, dass es zu wenig Buben gibt und wir deshalb keine gemischte Klasse haben. Ich fände es dann aber gerecht, wenn wir gemischt werden und andere zur Mädchenklasse gemacht werden.

nie wieder in eine gemischte Klasse zu kommen	alles - *Mädchenklasse*	nicht besonders gut	
ob ich mich in einer Mädchenklasse wohlfühlen kann	dass es kein Zusammenhalten in der Klasse gibt, dass die Lehrer sehr eigen (gewöhnungsbedürftig) sind und das „Zu spät kommen" usw. sehr „schlimm" ist, dass *wir nur Mädchen sind!!!*	Tschuldigung aber... Scheiße	

Neben der Beschäftigung mit der Mädchenklasse steht im Blick auf das vor ihnen liegende Schuljahr auch bei den Schülerinnen der Klasse D der Leistungsdruck bzw. die Sorge darüber, ob sie die schulischen Leistungen erbringen können, im Vordergrund (15 Schülerinnen erwähnen dies in den Satzergänzungen). Unter den Aspekten, auf die sich die Schülerinnen freuen, werden neben den 'Peers' verschiedene Schulaktivitäten, wie insbesondere die bevorstehende Berufsorientierung genannt. Einzelne Lehrkräfte tauchen ebenso wie einzelne Schulfächer sowohl bei den positiven wie bei den negativen Nennungen auf.

Vergleich der drei Klassen

Wie bereits im Schuljahr zuvor finden wir wiederum Übereinstimmungen bei den Schülerinnen und Schülern im Hinblick auf die Sorgen vor Leistungsversagen ebenso wie in der Orientierung auf ein Zusammensein mit Freunden und Freundinnen. Geschlecht spielt in der Klasse BC eine Rolle, noch mehr aber in der Mädchenklasse. Hier gibt es nach wie vor ein Viertel der Schülerinnen, das vehement gegen die Trennung ist.

4 Relevanz von Geschlecht erhebbar ohne Reifizierung?

Der methodische Anspruch vor allem der beiden standardisierten Erhebungen war, durch neutrale Fragen zu vermeiden, dass man den Schülerinnen und Schülern die Bedeutung von Geschlecht im schulischen Alltag bereits vorgibt. Vielmehr sollte so herausgefunden werden, was für sie wichtig ist – und ob Geschlecht dazu gehört. Betrachtet man die Ergebnisse, so zeigen sie genau diese differentielle Bedeutung von Gender: In der koedukativ zusammengesetzten Klasse, in der zu gleichen Teilen Mädchen wie Jungen sind, spielt Geschlecht in den Antworten nahezu keine Rolle. In der mädchendominant zusammengesetzten Klasse wird das Geschlechterverhältnis von einigen explizit angesprochen. In der Mädchenklasse jedoch ist es zentrales Thema und spaltet die Schülerinnen in wenige Befürworterinnen und eine größere Anzahl von Gegnerinnen. Nach einem Schuljahr hat sich die Dramatisierung von Geschlecht etwas 'gelegt', der Anteil derjenigen, die explizit die Mädchenklasse, d.h. Geschlecht zum Thema machen, ist auf gut die Hälfte zurückgegangen.

Keineswegs aber lässt sich die z.b. von Sigrid Metz-Göckel (1996), Bettina Hannover (1992; 1997) oder Ursula Kessels (2002) konstatierte Entdramatisierung durch den 'Wegfall' des männlichen Geschlechts nachweisen. Monoedukative Kontexte ersparen nicht die Reflexion darüber, welche Bedeutung dem Geschlecht zukommen soll – koedukative Kontexte natürlich auch nicht. Dies begründet die Forderung nach einer „reflexiven Koedukation" (Faulstich-Wieland 1995; Faulstich-Wieland/Horstkemper 1996). Unsere Daten zeigen aber, dass es andere Bedeutsamkeiten in der Schule gibt, wie z.B. Leistungsdruck, die für Mädchen wie Jungen gelten und für sie bedeutsamer sein können als das Geschlecht. Die Selbstverständlichkeit einer Mädchenklasse in einer koedukativen Schule insbesondere wenn sie sich als eine Schule versteht, die geschlechtergerecht sein will, lässt sich – so kann resümiert werden – nicht ohne weiteres herstellen.

Literatur

Faulstich-Wieland, Hannelore (1995): Koedukation – enttäuschte Hoffnungen? Darmstadt: Wissenschaftliche Buchgesellschaft
Faulstich-Wieland, Hannelore/Horstkemper, Marianne (1996): 100 Jahre Koedukationsdebatte – und kein Ende? In: Ethik und Sozialwissenschaften. Jg. 7, Heft 4. 509-520 (Hauptartikel), 578-585 (Replik)
Faulstich-Wieland, Hannelore/Weber, Martina/Willems, Katharina (2004): Doing gender im heutigen Schulalltag. Empirische Studien zur sozialen Konstruktion von Geschlecht in schulischen Interaktionen. Weinheim: Juventa
Hannover, Bettina (1992): Spontanes Selbstkonzept und Pubertät. Zur Interessensentwicklung von Mädchen koedukativer und geschlechtshomogener Schulklassen. In: Bildung und Erziehung. Jg. 45, Heft 1. 31-46
Hannover, Bettina (1997): Die Bedeutung des pubertären Reifestatus für die Herausbildung informeller Interaktionsgruppen in koedukativen Klassen und in Mädchenschulklassen. In: Zeitschrift für Pädagogische Psychologie. Jg. 11, Heft 1. 3-13
Kessels, Ursula (2002): Undoing Gender in der Schule. Eine empirische Studie über Koedukation und Geschlechtsidentität im Physikunterricht. Weinheim: Juventa
Metz-Göckel, Sigrid (1996): Konzentration auf Frauen – Entdramatisierung von Geschlechterdifferenzen. Zur feministischen Koedukationskritik. In: Beiträge zur feministischen Theorie und Praxis. Heft 43/44. 13-29

III Gender methodologisch in Queerforschung,
Bewältigungsforschung und Internetforschung

Maja S. Maier

Zur Reproduktion von Zweigeschlechtlichkeit. Methodische Überlegungen zur Erforschung von homosexuellen Paarbeziehungen

1 Paarbildung und die Reproduktion von Zweigeschlechtlichkeit

Dass die heterosexuelle Paarbildung das System der Zweigeschlechtlichkeit abstützt, gehört inzwischen zu den Erkenntnissen, die sich in der Genderforschung ebenso wie in der Paarforschung durchgesetzt haben. Die Paarbeziehung hat dabei zwei Funktionen: Erstens bietet das Paar als „institutionelle Ordnung" (Lenz 2002) einen – sozial überaus wirksamen – Spiegel zum Geschlechterverhältnis. Gespiegelt wird, dass die zwei Geschlechter ganz offensichtlich zusammen gehören und dies nicht, weil sie einander gleichen, sondern weil sie sich eindeutig voneinander unterscheiden und – im Verhalten, im Denken, in den Körpern – auf geradezu wundersame Weise ergänzen. Gemeint ist hier, was Goffman als „institutionelle Reflexivität" (Goffman 1994) bezeichnet: Heterosexuelle Paare veranschaulichen und bestätigen tagtäglich, wie das Verhältnis der Geschlechter 'tatsächlich' beschaffen ist: different und sexuell aufeinander bezogen. Zweitens vermittelt das Paar zwischen öffentlicher und privater Sphäre (vgl. Burkart 1997: 176f.), zwischen der Widersprüchlichkeit von der „programmatische[n] Gleichheit" der öffentlichen Sphäre und der „faktische[n] (praktische[n]) Differenzierung" (Gildemeister i.d.B.). Die heterosexuelle Paarbeziehung bietet für die Individuen schließlich einen Ort, an dem die Geschlechterdifferenz als quasi natürlich erfahren werden kann – im Unterschied zum öffentlichen Raum, in dem spätestens seit Gender Mainstreaming Geschlechtergleichheit zumindest in der Rhetorik als Idealnorm gilt (vgl. Wetterer 2003). In der Paarbeziehung werden Geschlechterdifferenzen inszeniert, aktualisiert und erotisiert (Hirschauer 1992: 338). Sie werden im buchstäblichen Sinn 'hautnah' erlebt, Körper, Begehren und Geschlecht verschmelzen zu einer Einheit. Das individuelle Erleben von Geschlecht in der heterosexuellen Paarbeziehung scheint dabei dem wissenschaftlichen Diskurs vom Geschlecht als sozialer Konstruktion grundlegend seine Legitimität zu entziehen. Geschlecht ist schließlich für die Paarbeziehung überaus bedeutsam, zugespitzt formuliert existiert die Paarbeziehung ohne die fundamentale Unterscheidung der Geschlechter nicht.

„Ist 'das Paar' immer schon heterosexuell?" fragt Günter Burkart (1997: 51). Mit dieser Frage schließt Burkart an die skizzierten Überlegungen unmittelbar an und weist zugleich darüber hinaus: Schließlich gibt es auch gleichgeschlechtliche bzw. homosexuelle Paare, in denen beide Personen dasselbe Geschlecht haben. Welchen Status haben aber gleichgeschlechtliche Paare im Hinblick auf die zweigeschlechtliche Ordnung? Sind sie im oben beschriebenen Sinn überhaupt 'richtige Paare', obwohl Unterschiede nicht mit dem dichotomen und zugleich komplementären Geschlechtermodell 'erklärt' werden können? Oder sind Unterschiede in gleichgeschlechtlichen Paarbeziehungen analog zu heterosexuellen etwa – unabhängig vom Körpergeschlecht – geschlechtlich konnotiert, so dass selbst hier nach 'weiblich' und 'männlich' unterschieden werden kann? Und schließlich: Wenn man die Ergebnisse der Paarforschung berücksichtigt, wirkt sich Geschlecht ja in erster Linie auf die Macht- und Aufgabenverteilung in Paarbeziehungen aus (vgl. Koppetsch/Burkart 1999, Gather 1996). Kann man dann davon ausgehen, dass gleichgeschlechtliche Paare demzufolge weitgehend machtfrei sind oder, wie Anthony Giddens vermutet, sogar den Prototyp der „reinen Beziehung" darstellen (Giddens 1993: 148ff.)?

Diese Fragen veranschaulichen, dass die binären Strukturen der geschlechtlichen und der sexuellen Ordnung eng miteinander verwoben sind, und dass eine empirische Untersuchung homosexueller Paarbeziehungen infolgedessen vor besonderen Herausforderungen steht. Einen Ansatzpunkt, wie diese Herausforderungen bewältigt werden können, bietet die Debatte zum methodologischen Dilemma der Genderforschung. In dieser Debatte geht es im Wesentlichen darum, zu vermeiden, dass die Bedeutung der Kategorie Geschlecht, die es in der Genderforschung (je nach sozialem Kontext) zu erforschen gilt, bereits in der Annahme einer Differenz in empirische Studien hineingetragen wird (Einleitung i.d.B.). Vermieden werden soll also die Reifizierung von Geschlecht und die damit verbundene Reproduktion des binären Denkens, auf dem – nicht zuletzt – das System der Zweigeschlechtlichkeit gründet. Obwohl diese Reifizierungsproblematik in der forschungstheoretischen Diskussion bereits Anfang der 90er Jahre thematisiert wurde (z.B. Hagemann-White 1993), hat sich dies in der konkreten Forschungspraxis bisher kaum niedergeschlagen.

Das methodologische Dilemma der Genderforschung erhält eine zusätzliche Dimension, wenn nicht nur die Binarität der geschlechtlichen Ordnung, sondern auch jene der sexuellen Ordnung kritisch hinterfragt werden soll. Inwiefern die selbstverständliche Annahme einer heterosexuellen Orientierung bzw. heterosexuellen Begehrens von Frauen und Männern in empirische Studien einfließt und damit zur Reproduktion von Zweigeschlechtlichkeit beiträgt, findet in forschungstheoretischen und -praktischen Arbeiten bislang keine systematische

Berücksichtigung. Diese 'Entsexualisierung' der Genderforschung liegt sicherlich wesentlich darin begründet, dass viele Studien die öffentliche und/oder berufliche Sphäre fokussieren, für die gleichermaßen gilt, dass Sexualität und sexuelles Begehren dort keine Rolle zu spielen hat. Das hat zur Folge, dass selbst in der Genderforschung Geschlecht in der Regel vor dem Hintergrund der Heterosexualität betrachtet wird: Das heißt, (fast) immer wenn von Mädchen und Jungen, Frauen und Männern die Rede ist, werden diese als selbstverständlich heterosexuell, d.h. in ihren Wünschen nach Aufmerksamkeit und Anerkennung, in ihren Handlungsorientierungen, in ihrem Begehren aufeinander bezogen gedacht, befragt und beobachtet.[1] Es entsteht der Eindruck, (hetero-)sexuelle Identität sei schlicht 'naturgegeben' und von der sozialwissenschaftlichen Forschung zu vernachlässigen[2].

Queer Theory und Queer Studies haben an dieser Stelle den Fokus der Debatte deutlich erweitert; durch die Betonung der Ebene des sexuellen Begehrens und der sexuellen Orientierung haben sie einen wesentlichen Aspekt in die Diskussion zur Zweigeschlechtlichkeit eingebracht: Die queere Denkperspektive zielt auf die Analyse und Destabilisierung der gesellschaftlichen Normen der Zweigeschlechtlichkeit *und* der Heterosexualität. Das hat zur Konsequenz, dass nicht nur die Unterscheidung von Frauen und Männern, sondern auch die Unterscheidung von Heterosexualität und Homosexualität nicht einfach als Bezeichnungen für 'in der Natur' vorgefundene Unterschiede, sondern als normative Identitätszuschreibungen betrachtet werden, die unser Denken, unser Handeln und die gesellschaftlichen Strukturen ordnen und regulieren.[3] Queer Studies wenden sich gegen die – auf dieser binären Ordnung gründenden – Vorstellung und Festschreibung eindeutiger (geschlechtlicher und) sexueller Identitäten. Nicht nur der wissenschaftliche Diskurs, auch die politischen Bewegungen wie die Frauenbewegung und die Gay-Pride-Bewegung sind auf diese Weise in die Kritik der Queer Studies geraten. Indem die Emanzipationsbewegungen nämlich die Identität der Frauen bzw. die Identität der Homosexuellen als Basis einer fundamentalen Gemeinsamkeit zum Ausgangspunkt ihrer Politik gemacht haben, laufen sie – trotz aller kritischen Absichten – Gefahr, geschlechtliche und sexuelle Identitäten festzuschreiben (vgl. Jagose 2001). Oder einfacher formuliert: Wer sagt, es gäbe eine weibliche Identität, bezieht sich immer auf die Annahme einer Geschlechter-

---

1   Das von Gildemeister in diesem Band zitierte Beispiel aus Kelle/Breidenstein von Mädchen und Jungen, die um einen Tisch ringen, sich schubsen und einander treten, könnte eine andere Bedeutung erhalten, wenn angenommen würde, dass eines der Mädchen die Aufmerksamkeit eines anderen Mädchens erhalten möchte.
2   Vgl. dazu auch Hark (1993); Ausnahmen z.B. Straub i.d.B., Hackmann (2003).
3   Vgl. Degele/Schirmer i.d.B.

differenz. Und wer sagt „ich bin schwul"[4], setzt immer schon die Norm der Heterosexualität voraus[5]. Was die Queer Studies auszeichnet, ist dabei nicht ihr Gegenstand – z.b. die homosexuelle Paarbeziehung –, sondern wie Sabine Hark betont, ihre reflexive Praxis (vgl. Hark 1993).

Den Anspruch einer reflexiven Praxis einlösend, soll im vorliegenden Beitrag ein 'queerer Versuch' zur Erforschung von Paaren unternommen werden. Ausgangspunkt ist die Überlegung, dass es zunächst notwendig ist, herauszuarbeiten, aus welcher Perspektive der Forschungsgegenstand 'das homosexuelle Paar' bislang analysiert wurde. Deutlich werden sollen die Potenziale und – die vor dem Hintergrund der Reifizierungsproblematik aufscheinenden – Hindernisse: Eine wichtige Perspektive nehmen die US-amerikanischen Gay and Lesbian Studies ein, deren zentrale Ergebnisse im ersten Teil zusammengetragen werden, ein. Im deutschsprachigen Raum gibt es zwar vereinzelte Arbeiten, die sich hier zuordnen lassen, allerdings existiert kein vergleichbarer Forschungsbereich. Verorten lässt sich der Gegenstand 'Paarbeziehung' hierzulande eher im Bereich der Familien- und Paarforschung. Sie soll im zweiten Teil als die andere wichtige Perspektive skizziert werden. Im Anschluss an eine Reflexion der Erkenntnisse und Probleme der beiden Perspektiven, werden forschungstheoretische Überlegungen zur Reifizierung von Geschlecht und Sexualität in die konkrete Forschungspraxis überführt und am Beispiel des Forschungsdesigns einer Paarstudie dargestellt. Analog zum Konzept des „undoing gender" (Hirschauer 1994), bei der die Geschlechterkategorie im Forschungsprozess vorübergehend und situativ neutralisiert wird, werden im Sinne eines „undoing sexual identity" Paare befragt. Welche Schwierigkeiten dabei auftreten, d.h. an welcher Stelle bereits in der empirischen Erhebung – also lange bevor die eigentliche Materialauswertung beginnt – Differenzen zwischen homo- und heterosexuellen Paaren auftauchen, soll hier im Zentrum stehen und reflektiert werden.

2 Das Paar in den Gay and Lesbian Studies

Im Rahmen institutionalisierter Gay and Lesbian Studies konnte sich in den USA die Forschung zu „gay relationships" etablieren: Homosexuelle Paarbeziehungen werden hier als *eigenständiger Forschungsgegenstand* betrachtet, dessen Be-

---

4 Damit ist allerdings nicht gemeint, dass das Coming-out unterlassen werden sollte, da es die heteronormativen Strukturen der Gesellschaft reproduziert, auch wenn dies eine Debatte über Identitäten losgetreten hat.
5 Hirschauer hat das einmal auf den Punkt gebracht und geschrieben: „Es gibt keine Heterosexuellen." (1992: 340)

sonderheit es erst zu erforschen und herauszuarbeiten gilt. Möglich ist es dadurch, verschiedene Einzelaspekte von Paarbeziehungen vor dem Hintergrund ihrer Bedingungen aufzuzeigen. Der Vergleich mit heterosexuellen Paaren ist dabei i.d.R. zunächst zweitrangig. Im Anschluss an De Cecco (1988) sollen hier die wichtigsten Ergebnisse im Überblick[6] dargestellt werden:[7] Insbesondere für die *Kennenlern- oder Anbahnungsphase* gelten für Schwule und Lesben besondere Bedingungen.[8] So sind bereits häufig die Orte der Partnerwahl auf spezifische, von Homosexuellen stark frequentierte Örtlichkeiten wie Diskotheken, Bars, kulturelle Veranstaltungen etc. begrenzt. An stärker sozial und weniger sexuell ausgerichteten Orten lassen sich persönliche Interessensbekundungen nur unter erschwerten Bedingungen äußern: zu welchem Zeitpunkt die eigene sexuelle Orientierung – wenn nicht schon von vorneherein bekannt – signalisiert werden kann und ob das Gegenüber auch schwul respektive lesbisch ist bzw. ob es für eine gleichgeschlechtliche Verbindung offen wäre, wird hier zur entscheidenden Frage. Dass sich homosexuelle Beziehungen in solchen Kontexten 'einfach ergeben', ist eher selten, zumal – abgesehen von subkulturspezifischen Regeln – keine institutionell verankerten Muster der Interessensbekundung zur Verfügung stehen (vgl. De Cecco 1988: 41ff.). Stärker als für verbale Interessensbekundungen gilt dies noch für körperliche Annäherungen. Rituelle Ordnungen sichern schließlich immer auch einen geregelten Umgang der beiden Geschlechter miteinander.[9] Schon beim Flirtverhalten wie dem intensiven Blickkontakt oder der vermeintlich zufälligen Berührung zeigen sich Differenzen: gehören sie zwischen Männern und Frauen zum Alltag, sind sie zwischen zwei Männern tabuisiert, und das noch stärker als zwischen zwei Frauen. Ebenso existieren für heterosexuelle Begegnungen auch eindeutige und normativ verankerte Signale, ein über ein platonisches Verhältnis hinausgehendes Interesse anzuzeigen. Sie helfen dem Einzelnen, Grenzüberschreitungen zu vermeiden. Demgegenüber laufen homosexuelle Interessensbekundungen, vor allem dann, wenn sie sich an Heterosexuelle richten, häufig Gefahr, die individuelle Identität des Gegenübers zu beschädigen oder aber als bloße Aufmerksamkeitsgeste unter Freunden missverstanden zu werden.

Generell ist es außerdem so, dass in erster Linie auf die Aufnahme sexueller Kontakte ausgerichtete Kennenlernorte, die Begegnungen und Konstellationen

---

6 Zu einem Überblick vgl. auch Plummer (1993).
7 De Cecco beschränkt sich in seiner Definition der gay relationships auf die Beziehung zwischen zwei Männern (1988: 1). An dieser Stelle lässt sie sich durchaus auch auf Frauenbeziehungen übertragen.
8 Wenngleich sich in jüngerer Zeit in manchen beruflichen Feldern und in größeren Städten die Bedingungen jenen der heterosexuellen Partnersuche nahezu angeglichen habe. (De Cecco 1988: 41)
9 Zur Geschlechtsgebundenheit von Körperordnungen vgl. Lenz 1998: 195.

im Hinblick auf Gemeinsamkeiten weitaus weniger vorstrukturieren – z.B. was das Alter, den Bildungsgrad oder die Freizeitinteressen angeht. Paare, die sich hier kennen lernen, sind dazu gezwungen, solche Differenzen im gemeinsamen Alltag zu überbrücken. Auch aus dem Fehlen eines auf der Geschlechterdifferenz fundierten Komplementaritätsmodells ergebe sich für das homosexuelle Paar die Notwendigkeit, auf andere Weise zu Übereinstimmungen zu kommen. Die Beziehungspersonen seien stärker auf Aushandlungen und 'commitments' angewiesen.[10] Da Schwule und Lesben nicht die Möglichkeit haben, sich in ihrem Handeln an kulturell verankerten – milieuspezifisch variablen – Geschlechtercodes (vgl. dazu Koppetsch/Burkart 1999) zu orientieren, müssten beispielsweise für Fragen der häuslichen wie außerhäuslichen Arbeitsteilung oder der Finanzen individuelle Lösungen gefunden werden (vgl. dazu auch Blumstein/Schwartz 1983). Generell müssten Gemeinsamkeiten in verschiedenen Bereichen hergestellt werden, zentral hierfür ist zum einen der Freizeitbereich, zum anderen sind auch Geschmacks- und Lebensstilfragen für die Herstellung von Gemeinsamkeiten ausschlaggebend.[11] Hinzuzufügen ist hier außerdem, dass es zwar subkulturell verbreitete Vorstellungen über den idealen Partner, die ideale Partnerin geben mag, allerdings keine kulturell verankerten Kriterien der Partnerwahl existieren. Während das heterosexuelle Idealpaar an Normen gemessen wird, die im System der Zweigeschlechtlichkeit verankert sind (wie der Altersabstand oder das Verhältnis der Körpergrößen[12]), sind homosexuelle Paare darauf verwiesen, insbesondere in der Außenrepräsentation den Eindruck eines solchen 'Zueinander-Passens' herzustellen.

Eine Besonderheit bei der Beziehungsaufnahme bestehe außerdem darin, dass die im Zuge der Paarbildung erfolgenden biografischen Selbstthematisierungen[13] i.d.R. auch Erzählungen über das Coming-out bzw. den aktuellen Prozess des Coming-out enthalten. Eine wechselseitige Konfrontation mit der je individuellen Coming-out Strategie bleibt nicht aus, es entsteht die Notwendigkeit, sich darüber abzustimmen, in welcher Weise sich das Paar nach außen präsentieren will: Ob Freunde, Eltern, Nachbarn und die anonyme Öffentlichkeit offensiv mit der

---

10   Dies gilt zumindest in der Tendenz auch für heterosexuelle Beziehungen aus den sozialen Milieus, in denen der Rückgriff auf traditionelle Geschlechtervorstellungen tabu ist (vgl. dazu Koppetsch/Burkart 1999).
11   Bei heterosexuellen Paaren sind solche Gemeinsamkeiten nicht zwingend. Aufgaben können geschlechtsspezifisch delegiert, unterschiedliche Kompetenzen als geschlechtsspezifische Merkmale der Personen gedeutet werden.
12   Dass sich die Passungskriterien für Paare – ungeachtet des Wandels des Geschlechterverhältnisses – weiterhin an diesen Normen orientieren, zeigt sich beispielhaft in nahezu jedem Liebesfilm.
13   Zur Bedeutung biografischer Selbstthematisierungen am Beziehungsanfang vgl. Lenz (2002).

Homosexualität eines Paares konfrontiert oder absichtlich im Unklaren gelassen werden oder ob die Homosexualität verschwiegen und verborgen wird, kann nicht allein der Handlungsfreiheit des/der Einzelnen überlassen werden. Da in der Haltung zum Coming-out oftmals ganz zentrale Aspekte der Beziehung berührt werden, kann dieser Prozess zu massiven Beziehungskonflikten führen.

Homosexuelle Paarbeziehungen – so De Cecco – haben außerdem generell politische Implikationen: Schließlich repräsentiere eine auf Dauer angelegte Beziehung – innerhalb der Community wie auch nach außen – individuelle Selbstakzeptanz und psychologische Gesundheit. Gay relationships symbolisieren darüber hinaus „the ultimate detoxification of homosexuality" (De Cecco 1988: 3): Indem in der Paarbeziehung Sexualität an Liebe gekoppelt auftrete, werde die verbreitete Reduzierung von Homosexualität auf bloße Sexualität zurückgewiesen. Darauf, dass Schwulen und Lesben, die in einer Paarbeziehung leben, von ihrer heterosexuellen Umwelt mehr Vertrauen als Alleinstehenden entgegengebracht wird, weisen auch Hoffmann, Lautmann und Pagenstecher hin (1993: 198).

Gay and Lesbian Studies beschäftigen sich im weitesten Sinne mit 'schwulen und lesbischen Themen', sie zeichnen sich folglich durch ihren Gegenstand und nicht durch ihre Forschungsperspektive aus. Allein durch diesen Fokus werden homosexuelle Paarbeziehungen in ihrer Besonderheit hervorgehoben. Die Differenzierung zwischen Homosexualität und Heterosexualität macht in diesem Sinne die Grenzen der Forschungsrichtung aus. In der Regel wird forschungstheoretisch und -forschungspraktisch *nicht* darauf abgezielt, die Geschlechterdifferenz in Frage zu stellen. Im Gegenteil: Lässt sich in der Geschlechterforschung feststellen, dass die Heterosexualität beider Geschlechter implizit angenommen und in gewisser Weise naturalisiert wird, findet sich in den Gay and Lesbian Studies eine implizite Annahme von Geschlechterdifferenz und eine Naturalisierung derselben. Die empirischen Untersuchungen zu homosexuellen Paaren belegen Geschlechterunterschiede zwischen schwulen und lesbischen Paarbeziehungen insbesondere was den Beziehungsverlauf angeht (z.B. Tuller 1988, Hoffmann/Lautmann/Pagenstecher 1993, Marecek 1988). Die Ergebnisse gehen dabei nicht über die gängigen Vorstellungen zur Geschlechterdifferenz hinaus: Die Dauer von lesbischen Partnerschaften überrage im Durchschnitt die von schwulen Beziehungen. Außerdem spiele sexuelle Treue in ersteren eine größere Rolle. Weiter seien lesbische Beziehungen stärker auf Emotionalität und Verständnis ausgerichtet, schwule stärker auf eine befriedigende Sexualität. Reproduziert wird hierbei die Dichotomie von Weiblichkeit und Männlichkeit „in der Dimension von Expressivität und Instrumentalität" (vgl. Gildemeister i.d.B.), wie sie aus der Geschlechterforschung bekannt ist. Begründet wird die Geschlechterdifferenz sozialisationstheoretisch; für gleichgeschlechtliche Beziehungen sei eben charakteristisch, dass sich die im

Sozialisationsprozess erworbenen geschlechtsspezifischen psychischen Strukturen und Verhaltensmuster nicht komplementär ergänzen, sondern in gewisser Weise kulminieren.

2.1 Das homosexuelle Paar als Gegenstand von Familien- und Paarforschung

Während das heterosexuelle Paar in der deutschsprachigen Familienforschung lange Zeit einfach in der Familie 'aufging',[14] ist das homosexuelle Paar überhaupt nur selten in den Blick geraten. Da sich in Deutschland auch keine schwullesbischen Studien etabliert haben, waren homosexuelle Lebensformen bis in die 90er Jahre kaum Forschungsgegenstand. Zwar gab es einige – meist männliche – Autoren, die dazu gearbeitet haben (vgl. dazu Lautmann 1993) von der Disziplin wurden sie aber kaum beachtet. Erst in den letzten Jahren werden, infolge der Beck'schen Individualisierungsthese und der sich langsam beginnenden Etablierung einer eigenständigen Paarforschung innerhalb der Familiensoziologie, auch homosexuelle Paarbeziehungen häufiger thematisiert. Die bis heute relative – im Vergleich zu den USA erstaunlich lang währende – Unsichtbarkeit homosexueller Paarbeziehungen in der Paar- und Familienforschung hat drei Gründe, die einander wechselseitig stützen. Der erste und wichtigste Grund liegt in der *Definition des Forschungsgegenstandes* der Familien- und Paarforschung. Erst im Zuge der Pluralisierung privater Lebensformen ist innerhalb der sozialwissenschaftlichen Familienforschung die Definition ihres Forschungsgegenstandes – insbesondere des Familienbegriffs – in die Diskussion geraten (Lenz 2003). Da die vierköpfige auf Blutsverwandtschaft basierende Familie nicht mehr der Normalfall, sondern eine Lebensform unter anderen ist, ist die Paarbeziehung stärker in den Vordergrund getreten. In den letzten Jahren hat sich daher als Teilbereich der soziologischen Familienforschung eine eigenständige Paarforschung etabliert (vgl. dazu Lenz 1998). Auch homosexuelle Paare werden in diesem Zusammenhang inzwischen häufiger thematisiert. So wird die gleichgeschlechtliche Partnerschaft vor dem Hintergrund der Pluralisierung von privaten Lebensformen – neben Alleinerziehenden, kinderlosen Ehepaaren und nicht-ehelichen Lebensgemeinschaften – als „nichtkonventionelle Lebensform" betrachtet (Schneider/Rosenkranz/Limmer 1998). Ihre Nichtkonventionalität ergibt sich daraus – so die Autoren – dass die als solche bezeichneten Lebensformen „hinsichtlich ihrer Entstehung und ihrer gesellschaftlichen Bewertung historisch neuartig sind, sich nicht zum

---

14 Zur Etablierung der Paarforschung vgl. Lenz (2002).

dominierenden Standardmodell entwickelt haben und gesellschaftlich gegenüber anderen, traditionellen Lebensformen nicht bevorteilt werden." (Schneider/Rosenkranz/Limmer 1998: 12).

Hier zeigen sich bereits die prinzipiellen Definitionsprobleme der Familienforschung, der ihr Gegenstand 'verloren' zu gehen droht. Zur zentralen Frage wird, wie sich private Lebensformen überhaupt beschreiben lassen. Während sich die deutschsprachige Diskussion in der Entwicklung von alternativen Begriffen immer noch stark an die „moderne Kleinfamilie" (Peuckert 1999) anlehnt, verfolgen demgegenüber Weeks/Heaphy/Donovan (2001) die These, dass der „Wandel der Intimität" (Giddens 1993) nur erfasst werden kann, wenn sich Forschungsfragen stärker darauf richten, was Familie, was Paarsein, was Freundschaften ausmacht. Dies setzen sie in ihrer Befragung explizit nicht-heterosexueller Personen („non-heterosexuals") um.

Am Beispiel der homosexuellen Partnerschaften zeigt sich jedoch außerdem, dass die Perspektivenöffnung der Familien- und Paarforschung nicht weitgehend genug ist: es entsteht nämlich der Eindruck, dass die homosexuelle Paarbeziehung (ebenso wie die anderen Lebensformen) eine durch die jüngsten Individualisierungsprozesse erst hervorgebrachte Lebensform sei. Dabei bleibt verborgen, dass es schlicht die an normativen Vorstellungen orientierte Definition der Disziplin von Familie und privaten Lebensformen ist, die in Wissenschaft (und Gesellschaft) zu Ausgrenzungsprozessen gegenüber gleichgeschlechtlichen Paaren und anderen Formen von Beziehungen geführt hat. Und dass eine 'neue' Definition wie die der „nicht-konventionellen Lebensform" ein weiteres Mal dazu beiträgt, die wissenschaftliche Perspektive zu enthistorisieren.

Wenn nun homosexuelle Paare in der familien- oder paarsoziologischen Literatur thematisiert werden, stellt sich die Frage, auf welche Weise das geschieht: Generell lässt sich sagen, dass sich die Tendenz zur *These der Angleichung von homosexuellen und heterosexuellen Paaren* durchgesetzt hat.[15] Das zentrale Argument hierfür sei der sich seit der zweiten Hälfte des 20. Jahrhunderts vollziehende Wandel des Geschlechterverhältnisses, der wechselseitig unterstützend auf die Etablierung homosexueller Lebensweisen gewirkt habe (Hoffmann/Lautmann/Pagenstecher 1993: 197ff.). Da sich das kulturelle Grundmuster von Partnerschaften von der auf Komplementarität basierenden Ehe zu einem durch Liebe gekennzeichneten intimen Zusammenleben verschoben habe, erübrige es sich, bei der Betrachtung von Paarbeziehungen auf das Geschlecht der Beteiligten abzustellen. Selbst wenn die sexuelle Orientierung in der individualisierten Gesellschaft

---

15 Bis in die 90er Jahre dominierten Studien, die homosexuelles Leben vor dem Hintergrund von Diskriminierung und fehlender Akzeptanz zu erfassen suchten (z.B. Pingel/Trautvetter 1997).

zwar ein Fremd- und Selbstbild prägender 'master status' sei, da individuelle Sinngebung stärker in der Liebe und weniger in der Berufsarbeit gesucht werde, sei Sexualität – so die Autoren im Anschluss an Beck-Gernsheim – inzwischen in der Binnenperspektive von homosexuellen Beziehungen eben auch zu einem Bindungsaspekt neben anderen geworden.

Zu prüfen, ob sich diese Angleichung empirisch tatsächlich bestätigen lässt, war schließlich die Aufgabe der jüngsten Studie zu homosexuellen Paaren (Buba/ Vaskovics 2001): Sie wurde vom Justizministerium im Zusammenhang mit der Verabschiedung des Lebenspartnerschaftsgesetzes in Auftrag gegeben und sollte eine wissenschaftlich fundierte politische Entscheidung ermöglichen; unnötig zu erwähnen, dass die Ergebnisse bestätigen, dass auch Homosexuelle verbindliche Beziehungen miteinander führen und füreinander Verantwortung übernehmen. Die Angleichung wurde inzwischen auch juristisch vollzogen: Das am ersten August 2001 in Kraft getretene Lebenspartnerschaftsgesetz (LpartG) stellt homosexuelle Paare in Namens-, Erb- und Mietrecht gleich. Auch die Regelungen bei der Krankenversicherung, bei Unterhaltsfragen und im Aufenthaltsrecht für ausländische Partner/innen wurden angepasst. Dennoch bestehen weiterhin gravierende Unterschiede zur heterosexuellen Ehe: im Steuerrecht, der Hinterbliebenenversorgung, im Adoptionsrecht und der Möglichkeit von künstlicher Insemination. Ein weiterhin bedeutsamer Unterschied bliebe auch nach der Beseitigung der Ungleichheiten bestehen: Während nämlich die Eheschließung eine tradierte institutionelle Formgebung einer Paarbeziehung darstellt, weist die traditionslose eingetragene Lebenspartnerschaft eine weitgehende Unbestimmtheit hinsichtlich kultureller Leitbilder und subjektiver Bedeutungszuschreibungen auf.

Als dritter Grund für die relative Unsichtbarkeit homosexueller Paare in der Forschung ist die aktuelle Datenlage zu nennen: Neben den für stigmatisierte Gruppen typischen *Rekrutierungsproblemen*, die insbesondere die Möglichkeit zu Repräsentativerhebungen stark einschränken (Peplau/Splanding 2000: 111), werden schwule und lesbische Lebensgemeinschaften in offiziellen Daten, wenn überhaupt, dann erst seit kurzem erfasst. Beispielsweise ist die Frage, ob man mit einem der Mitglieder des eigenen Haushalts in einer Partnerschaft lebt, in der Mikrozensus-Befragung erst seit 1996 geschlechtsneutral formuliert. (Statistisches Bundesamt 2002: 22f.). Hier konnten im Jahr 2001 aufgrund der freiwilligen Angaben nahezu 50.000 gleichgeschlechtliche Lebenspartnerschaften erfasst werden; insgesamt kann – nach dem dort entwickelten Schätzkonzept – davon ausgegangen werden, dass in Deutschland allein 147.000 Lebenspartnerschaften existieren, also ungefähr dreimal so viele wie angegeben und mehr als in den Jahren zuvor.

Die Registrierung der eingetragenen gleichgeschlechtlichen Lebenspartnerschaft eröffnet hier sicherlich die Möglichkeit für Studien mit größeren und insbesondere heterogenen Stichproben. Allerdings können auf diese Weise auch nur solche Paare erfasst werden, die sich überhaupt registrieren lassen; anzunehmen ist, dass in dieser Gruppe bestimmte soziale Milieus stärker vertreten sind als andere. Bislang sind Forscherinnen und Forscher bei der Rekrutierung in der Regel hauptsächlich darauf verwiesen, Probanden und Probandinnen über Inserate in einschlägigen Zeitschriften, durch Aushänge an von Homosexuellen stark frequentierten Orten oder – was sich in neueren Studien etabliert hat – per Schneeballsystem zu finden. Generell lässt sich zusammenfassen, dass aus den Zugangsschwierigkeiten für quantitative und qualitative Studien häufig ein Verständnis von Homosexualität resultiert, das ohne die Beziehungsdimension auskommt. Nach wie vor finden sich eher Angaben zu „homosexuellem Verhalten" oder zu Einzelpersonen (z.B. auch bei Schneider/Rosenkranz/Limmer 1998: 96).

2.2 Eine vergleichende Studie zu homosexuellen und heterosexuellen Paaren

Beide Forschungsperspektiven, die der Gay and Lesbian Studies und die der Familien- und Paarforschung, weisen Probleme hinsichtlich der Reifizierung der binären Struktur von Geschlecht und Sexualität auf: Es hat sich gezeigt, dass die Ergebnisse der Gay and Lesbian Studies aus der Perspektive einer kritischen Genderforschung und der Queer Studies zu kritisieren sind, vor allem was die Reproduktion von stereotypen Vorstellungen über die Geschlechter angeht. Zugleich läuft eine Strategie der Besonderung, in diesem Fall der homosexuellen Paare, Gefahr, die Differenz zwischen Homo- und Heterosexualität festzuschreiben, ungeachtet der Ausdifferenzierung sexueller Identitäten (vgl. Weeks/Heaphy/Donovan 2001). Anknüpfungspunkte für die Paarforschung ergeben sich allerdings hinsichtlich der in den Gay and Lesbian Studies für Paarbeziehungen herausgearbeiteten relevanten Themen (Orte des Kennenlernens, Herstellung von Gemeinsamkeiten, Bedeutung von Öffentlichkeit und Netzwerk etc.).

Die in der Familien- und Paarforschung dominierende These der Angleichung ermöglicht es zwar erst, homosexuelle Paare zum Gegenstand von Forschung zu machen. Bestehen bleibt jedoch die Tendenz, in Fragen der Definition und bei der Formulierung von Forschungsfragen die Normativität und Naturalisierung von Heterosexualität fortzuschreiben. Die Entdramatisierung möglicher Differenzen führt allzu leicht dazu, homosexuelle Paare im Sinne eines 'mainstreaming sexuality' einfach zu subsumieren und in der Forschung weiterhin zu vernachlässigen.

Keine der beiden Perspektiven aufzugeben und zugleich deren Beschränkungen weitgehend zu überwinden, ist im Rahmen einer vergleichenden Studie von homosexuellen und heterosexuellen Paaren möglich. Konkret angeschlossen werden kann in diesem Vorhaben vor allem an zwei Arbeiten: erstens an die – fast schon klassisch zu nennende – Vergleichsstudie „American Couples" aus dem Jahr 1983 von Blumstein und Schwartz und zweitens an die Paarbefragung „Couples" von Sally Cline (1998). In beiden Studien werden sowohl homosexuelle als auch heterosexuelle Paare befragt. Im deutschsprachigen Raum existiert bislang keine solche Untersuchung.

Wichtig für meine eigene vergleichende Untersuchung zu homosexuellen und heterosexuellen Paaren[16], war zunächst die Formulierung einer Fragestellung, die einerseits darauf verzichtet, eine Differenzannahme zwischen Homosexualität und Heterosexualität in das Forschungsdesign hineinzutragen, und die – eng damit verbunden – andererseits darauf verzichtet, Paarsein als eine bestimmte Art der Beziehungspraxis zu definieren und damit die Heterogenität, die Paarbeziehungen aufweisen können, unsichtbar zu machen. Geeignet schien der Forschungsgegenstand 'Paarsein'. Ausschlaggebend für die Rekrutierung von Probanden und Probandinnen war somit allein, dass sich ein Paar – unabhängig von seiner Beziehungspraxis – selbst als solches sieht. Jenseits der Frage nach Gleich- oder Verschiedenheit homo- und heterosexueller Paarbeziehungen steht die Frage im Zentrum: was macht Paarsein aus und worauf gründet es?

Entstanden ist die Fragestellung im Zusammenhang mit dem qualitativen Forschungsprojekt zur „Institutionalisierung von Zweierbeziehungen". Im Rahmen des Projektes wurden heterosexuelle Paare aus drei verschiedenen 'Generationen' befragt. Zentrales Kriterium bei der Rekrutierung der Paare war dabei nicht die Geburtskohorte, sondern das Kennenlerndatum, verglichen wurden Paare, die sich in den 50er, 70er und 90er Jahren kennen gelernt hatten. Fokussiert wurden die Prozesse der Institutionalisierung, die, ausgehend von der Paarbildung, Zweierbeziehungen auf Dauer stellen.[17] Gerade die Frage nach der Verstetigung von Paarbeziehungen legte es nahe, neben einer Analyse des historischen Wandels im Hinblick auf private Lebensformen und Paarbildung auch andere Vergleichsgruppen hinzuziehen. Dass homosexuelle Paare eine in diesem Zusammenhang geeignete Vergleichsgruppe bilden könnten, folgte aus der oben bereits ausgeführten Hypothese, dass sich die Bedingungen für eine Paarbildung hinsichtlich Gestaltungsfreiheit und Gestaltungszwang angeglichen haben: Zum einen durch die durch das LpartG geschaffene Möglichkeit, auch homosexuelle Paarbeziehungen institutionell zu legitimieren, und dadurch symbolisch zu bestätigen und nach

---

16 Laufende Dissertation an der TU Dresden bei Prof. Karl Lenz.
17 Verortet war das von Prof. Karl Lenz geleitete mikrosoziologische Teilprojekt im DFG-Sonderforschungsbereich „Institutionalität und Geschichtlichkeit" der TU Dresden.

außen anzuzeigen, zum anderen aber auch durch die sinkende Eheschließungsrate, die wiederum den Bedeutungsverlust solcher gesellschaftlich legitimierten Institutionalisierungsformen für heterosexuelle Paare anzeigt.[18]

Um die Hypothese der Angleichung nicht aufgrund des gewählten Fokus der empirischen Untersuchung schlicht bestätigt zu bekommen, wurde eine Vorgehensweise gewählt, die sich an das Konzept des „undoing gender" (Hirschauer 1994) anlehnt. Die vorübergehende und situative Neutralisierung der Differenz zwischen homo- und heterosexuellen Paaren, sozusagen ein „undoing sexual identity", sollte es ermöglichen, Relevantsetzung und Neutralisierung der Differenz oder anders formuliert: Unterschiede und Gemeinsamkeiten zwischen homosexuellen und heterosexuellen Paaren zu erfassen. Die Herausforderung war, diese Überlegung bei der Planung und Durchführung der einzelnen Schritte der empirischen Untersuchung konsequent zu berücksichtigen. So konnten bereits während der Erhebung wichtige Erkenntnisse zur sozialen Wirksamkeit der Differenzierung von Homosexualität und Heterosexualität gewonnen werden, die in den Prozess der Auswertung des Datenmaterials aufgenommen und reflektiert werden müssen. In Erweiterung der Vorschläge, wie Reifizierungen bei der Auswertung von Daten zu vermeiden sind (z.B. Hagemann-White 1993, Degele/Schirmer i.d.B.), wird hier der Schwerpunkt darauf gelegt, die vorgängigen Entscheidungen und die im Laufe der forschungspraktischen Arbeit gewonnenen Erfahrungen, transparent zu machen.

Zunächst galt es, den *Interviewleitfaden*, mit dem die Paare interviewt werden, so zu gestalten, dass er für homosexuelle wie für heterosexuelle Paare in gleicher Weise angewandt werden kann. Erfragt wurde die Kennenlerngeschichte, die sämtliche Stationen von der ersten Begegnung zur Paarbildung, zur Eheschließung/Verpartnerung und Familiengründung umfasst. Weiter wurde gezielt nach Wendepunkten im Beziehungsverlauf, nach der Bedeutung von Sexualität, Netzwerken, Öffentlichkeit gefragt. Der Leitfaden sollte es ermöglichen, Fragen der eigenen sexuellen Identität zu thematisieren.[19] Auch für die *Rekrutierung* war kein gesondertes Vorgehen geplant. Es wurde wie allgemein üblich per Anzeige und per Schneeballsystem rekrutiert. An diesem Punkt haben sich allerdings bereits Unterschiede gezeigt: Die Anzeigen „Paare für Interviews gesucht" wurden von keinem homosexuellen Paar beantwortet. Potenzielle Probanden und Probandinnen haben sich offenbar unter dieser allgemeinen Formulierung nicht angesprochen gefühlt.

---

[18] Demgegenüber erhalten interaktive Prozess für die Stabilität von Paarbeziehungen eine wachsende Bedeutung. Vgl. Herma et al. (2002)
[19] Ein spezieller Fall der Thematisierung findet sich bei einem lesbischen Paar (Räder/Bäumer). Vgl. Maier (2003)

Fundiert ist die offensichtlich verbreitete Annahme, dabei nicht 'mitgemeint' zu sein, sicher schlicht im Erfahrungswissen, dass einem solchen Aufruf häufig normative Vorstellungen zu Grunde liegen. Folglich mussten die homosexuellen Paare gesondert rekrutiert werden. Notwendig wurde dabei eine Reflexion der *Bezeichnungen*, die sinnvoller Weise in einem Aufruf verwendet werden sollten. Da 'homosexuell' häufig nur in Bezug auf Männer verwendet wird und zudem noch oft in pathologisierendem Gebrauch, schied diese Bezeichnung aus. Der Begriff 'gleichgeschlechtlich' wurde verworfen, da er mit der Debatte um die eingetragene Lebenspartnerschaft sehr eng verknüpft ist. Ebenso wie der Begriff 'queer' mit einem bestimmten Lebensstil und der Community assoziiert wird. Beide Begriffe laufen m.E. Gefahr, bestimmte Gruppen anzusprechen und andere auszuschließen. Am geeignetsten erschien es, von schwulen und lesbischen Paaren zu sprechen: schwul und lesbisch haben sich als relativ positiv besetzte Bezeichnungen nicht nur im gesellschaftlichen Diskurs durchgesetzt, sie haben inzwischen den Status einer tendenziell 'neutralen' Bezeichnung erlangt, so dass hier die Hoffnung bestand, ein möglichst breites Spektrum anzusprechen. Es hat sich in den Interviews – wie anderen Orts (z.B. Weeks/Heaphy/Donovan 2001) – gezeigt, dass selbst bei jenen Paaren, die sich für ein Interview bereit erklärt haben, die individuellen Selbstbeschreibungen sehr heterogen sind.

Ein folgenreicher Unterschied zeigt sich in der *Motivation* der Paare, ein Interview zu führen: Der Wunsch, die Perspektive des wissenschaftlichen Diskurses durch die Schilderung der eigenen Beziehungsgeschichte zu erweitern oder auch zu korrigieren, war der von homosexuellen Paaren am häufigsten genannte. Unabhängig von einer Teilnahme an der Studie wurde von ihnen gleichermaßen eine allgemeine Skepsis gegenüber Wissenschaft geäußert, die sich insbesondere auf die Verwertung der Daten und Erkenntnisse richtete. Skepsis wurde aber auch dahingehend formuliert, inwiefern wissenschaftliche Studien überhaupt zur Emanzipation von Schwulen und Lesben beitragen und ob nicht Medien und Öffentlichkeit viel eher gesellschaftliche Akzeptanz und Toleranz bewirken. Desinteresse an einer Teilnahme wurde vor allem von solchen Personen geäußert, die sich beruflich oder ehrenamtlich als Schwule oder Lesben organisiert haben und daher schon häufig für Befragungen etc. angefragt worden waren. Generell fiel auf, dass unabhängig davon, ob sich die homosexuellen Paare interviewen ließen oder nicht, sie sich in erster Linie als Repräsentanten der 'Gruppe der Homosexuellen' angesprochen sahen. Dies macht einen großen Unterschied gegenüber den heterosexuellen Paaren aus, deren Motivation in der Regel darin lag, ihre eigene Paarbeziehung als besondere hervorzustellen und sich dabei – nicht nur gegenüber der Interviewerin – in ihrem Paarsein zu bestätigen. Welche Bedeutung dieser Unterschied hat, gilt es im Auswertungsprozess noch zu reflektieren.

In diese Richtung geht auch der Verlauf der *Interviewsituation*: Kaum eines der interviewten homosexuellen Paare hat die Frage nach der sexuellen Orientierung der Interviewenden bzw. des Forscherteams ausgelassen. Für kaum ein Paar war vorstellbar, dass heterosexuelle Forscher und Forscherinnen Interesse an der Befragung homosexueller Paare haben könnten. Dass sich 'nicht-sichtbare' Differenzen (und seien sie auch nur unterstellt) auf die Interviewinteraktion auswirken und dies gerade aufgrund der postulierten Neutralität der Interviewerposition und der in Interviewerschulungen vermittelten Strategie, möglichst wenig von der eigenen Person in die Befragung hineinzutragen, hat beispielsweise Welzer (1993) aufgezeigt. So kann gerade die Annahme programmatischer Gleichheit von Hetero- und Homosexuellen sogar zu der Betonung von Differenzen geführt haben. Auch dies gilt es bei der Auswertung des Materials besonders zu berücksichtigen.

3 Fazit

Weiterentwickelt werden sollten im vorliegenden Beitrag die Überlegungen, wie es methodologisch und methodisch vermieden werden kann, geschlechtliche und sexuelle Identitäten festzuschreiben. Ausgangspunkt war die Überzeugung, dass es nicht ausreicht, die gängigen Auswertungsverfahren hinsichtlich der Reifizierungsproblematik kritisch zu reflektieren. Annahmen über Geschlecht und Sexualität fließen in der Regel bereits in die Formulierung der Fragestellung und das empirische Design einer Studie mit ein (vgl. auch Winker i.d.B.). Am Beispiel eines konkreten Forschungsvorhabens zu Paaren wurde gezeigt, dass die Ergebnisse empirischer Studien auf ihre grundlegende Denkperspektive zu Sexualität und Geschlecht hin befragt werden müssen. Deutlich gemacht werden konnte, dass die kritische Reflexion solcher Forschungstraditionen notwendig ist, um die – in der Reifizierungsdebatte ja zentral kritisierte – Universalisierung wissenschaftlichen Wissens nicht fortzuschreiben. Was das für jeden einzelnen Schritt in der konkreten Forschungspraxis heißt, wurde in detaillierter Weise für Leitfaden, Rekrutierung, Motivation und Interviewsituation beschrieben und auch, welche Probleme dabei auftauchen. Im Unterschied zur üblichen Darstellung empirischer Ergebnisse wurde in diesem Beitrag der Akzent also auf die Reflexion des Forschungsprozesses gelegt. Befördert werden kann damit ein vertieftes Verständnis des aktuellen methodischen Dilemmas der Genderforschung. Die Reifizierung von Geschlecht und die Reproduktion von Zweigeschlechtlichkeit kann schließlich nicht einfach durch 'neue' Standardisierungen im methodischen Vorgehen vermieden werden. Vielmehr gilt es mehr Gewicht auf die Reflexion der Forschungsgrundlagen und des Forschungsprozesses zu legen, und dies auch zu dokumentieren. Auch wenn dieses Anliegen bereits in jedem Methodenhandbuch formuliert wird, wird es in der konkreten Forschungspraxis in der Regel nicht eingelöst. Wie die Genderforschung es vermag, ihre fruchtbaren forschungstheoretischen Überlegungen in die Forschungspraxis, insbesondere auch was die Darstellung empirischer Ergebnisse angeht, zu überführen, muss abgewartet werden.

Literatur

Blumstein, Philip/ Schwartz, Pepper W. (1983): American Couples. Money. Work, Sex. New York: William Morrow
Buba, Hans-Peter/Vaskovics, Laslo A. (2001) (Hrsg.): Benachteiligung gleichgeschlechtlich orientierter Personen und Paare. Studie im Auftrag des Bundesinnenministeriums der Justiz. Köln: Bundesanzeiger
Burkart, Günter (1997): Lebensphasen. Liebesphasen. Vom Paar zum Single und zurück? Opladen: Leske+Budrich
Cline, Sally (1999): Couples: Scenes from the Inside. New York: Overlook Press
De Cecco, John P. (1988): Gay Relationships. New York/London: Harworth
Gather, Claudia (1996): Konstruktionen von Geschlechterverhältnissen. Machtstrukturen und Arbeitsteilung bei Paaren im Übergang in den Ruhestand. Berlin: Edition Sigma
Giddens, Anthony (1993): Wandel der Intimität. Sexualität, Liebe und Erotik in modernen Gesellschaften. Frankfurt/M.: Fischer
Goffman, Erving (1994): Das Arrangement der Geschlechter. In: Erving Goffman. Interaktion und Geschlecht, hrsg. von Knoblauch, Hubert. Frankfurt/M.: Campus. 105-158
Hackmann, Kristina (2003): Adoleszenz, Geschlecht und sexuelle Orientierungen. Eine empirische Studie mit Schülerinnen. Studien interdisziplinärer Geschlechterforschung. Band 5. Opladen: Leske+Budrich
Hagemann-White, Carol (1993): Die Konstrukteure von Geschlecht auf frischer Tat ertappen? Methodische Konsequenzen einer theoretischen Einsicht. In: Feministische Studien; Jg. 11, Heft 2. 68-78
Hark, Sabine (1993): Queer Interventionen. In: Feministische Studien. Jg. 11, Heft 2. 103-109
Herma, Holger/Ladwig, Sandra/Maier, Maja S./Sammet, Kornelia (2002): Wie werden zwei zum Paar? Zur interaktiven Herstellung von Dauer in Zweierbeziehungen. In: Müller, Stefan/Schaal, Gary/Thiersch, Claudia (Hrsg.): Dauer durch Wandel. Institutionelle Ordnungen zwischen Verstetigung und Transformation. Köln/Weimar/Wien: Böhlau
Hirschauer, Stefan (1992): Konstruktivismus und Essentialismus. Zur Soziologie des Geschlechterunterschieds und der Homosexualität. Zeitschrift für Sexualforschung. Jg. 5, Heft 4. 331-345
Hirschauer, Stefan (1994): Die soziale Fortpflanzung der Zweigeschlechtlichkeit. Kölner Zeitschrift für Soziologie und Sozialpsychologie, 46. 668-692
Hoffman, Rainer/Lautmann, Rüdiger/Pagenstecher, Lising (1993): Unter Frauen – unter Männern: homosexuelle Liebesbeziehungen. In: Auhagen, Elisabeth A./Salisch, Maria (Hrsg.): Zwischenmenschliche Beziehungen. Göttingen: Hogrefe. 195-211
Jagose, Annamarie (2001): Queer Theory. Eine Einführung. Berlin: Querverlag

Koppetsch, Cornelia/Burkart, Günter (1999): Die Illusion der Emanzipation. Zur Wirksamkeit latenter Normen im Milieuvergleich. Konstanz: UVK

Lautmann, Rüdiger (Hrsg.) (1993): Homosexualität. Handbuch der Theorie und Forschungsgeschichte. Frankfurt/M./New York: Campus

Lenz, Karl (1998): Soziologie der Zweierbeziehung. Eine Einführung. Opladen: Westdeutscher Verlag

Lenz, Karl (2002): Eigengeschichten von Paaren: Theoretische Kontextualisierung und empirische Analyse. In: Melville, Gerd/Vorländer, Hans-Peter (Hrsg.): Geltungsgeschichten. Köln/Weimar/Wien: Böhlau

Lenz, Karl (2003): Familie – Abschied von einem Begriff? In: Benseler, Frank/Blanck, Bettina/Keil-Slawik, Reinhard/Loh, Werner (Hrsg.): Erwägen Wissen Ethik (EWE); Jg. 14, Heft 3. 485-498

Maier, Maja S. (2003): Eigengeschichten von homosexuellen Paaren. In: Lenz, Karl (Hrsg.): Frauen und Männer. Zur Geschlechtstypik persönlicher Beziehungen. Weinheim/München: Juventa. 183-206

Marecek, Jeanne, Stephen E. Finn und Mona Cardell (1988): Gender Roles in the Relationships of Lesbian and Gay Men. In: De Cecco, John P.: Gay Relationships. New York/London: Harworth. 169-176

Peplau, Letitia Anne/Spalding, Leah R. (2000): The Close Relationships of Lesbian, Gay Men, and Bisexuals. In: Hendrick, Clyde/Hendrick, Susan S. (Hrsg.) (2000): Close Relationships. A Sourcebook. Sage. 111-123

Peuckert, Rüdiger (1999[3]): Familienformen im sozialen Wandel. Opladen: Leske+Budrich

Pingel, Rolf/Trautvetter, Wolfgang (1987): Homosexuelle Partnerschaften. Eine empirische Untersuchung. Berlin: Rosa Winkel

Plummer, Ken (Hrsg.) (1993): Modern Homosexualities. Fragments of Lesbian and Gay Experience. New York/London: Routledge

Schneider, Norbert F./Rosenkranz, Doris/Limmer, Ruth (1998): Nichtkonventionelle Lebensformen. Entstehung. Entwicklung. Konsequenzen. Opladen: Leske+Budrich

Statistisches Bundesamt (Hrsg.) (2002): Leben und Arbeiten in Deutschland – Ergebnisse des Mikrozensus 2001, verfasst von Breiholz, Holger/Duschek, Klaus-Jürgen/Nöthen, Manuela. Wiesbaden.

Tuller, Neil R. (1988): Couples. The Hidden Segment of the Gay World. In: De Cecco, John P. (Hrsg.): Gay Relationssships. New York/London: The Harworth Press. 45-60

Weeks, Jeffrey/Heaphy, Brian/Donovan, Catherine (2001): Same Sex Intimacies. Families of Choice and Other Life Experiments. London: Routledge

Welzer, Harald (1993): Transitionen: Zur Sozialpsychologie biographischer Wandlungsprozesse. Tübingen: Ed. Diskord

Wetterer, Angelika (2003): Rhetorische Modernisierung. Das Verschwinden der Ungleichheit aus dem zeitgenössischen Differenzwissen. In: Knapp, Gudrun-Axeli (Hrsg.): Achsen der Differenz. Gesellschaftstheorie und feministische Kritik. Band 2. Münster: Westfälisches Dampfboot. 286-319

Bettina Wilke

„Im Endeffekt ist es ein Trieb – es kommt nix anderes bei raus."
Geschlechterkonstruktionen im Spiegel der Pornografie

Der Streit um die Kategorie Geschlecht in den 90er Jahren hat heute einmal mehr Diskussionen um theoretisch adäquate sozialwissenschaftliche Methoden der Genderforschung hervorgebracht. Sie beanspruchen, die Reifizierung von Zweigeschlechtlichkeit zu vermeiden und durch Geschlechterforschung die Geschlechterdifferenz nicht noch zu bestärken. Allerdings ist offensichtlich die konkrete Umsetzung dieser Vorhaben schwierig, denn „blickt man auf die empirische (deutschsprachige) Frauen- und Geschlechterforschung, sieht es eher so aus, als wenn das Gros unbeirrt seinen Weg auf der Suche nach geschlechtsspezifischen Unterschieden beim Denken, Fühlen, im PC-Gebrauch, im Matheunterricht usf. weiter beschreitet" (Lüpke 2000: 117). Angesichts dieses wenig schmeichelhaften Vorwurfs beschreite ich hier einen anderen Weg, auch wenn ich mir darüber im Klaren bin, dass das Reifikationsproblem nicht einfach zu überwinden ist.

Wie es in weiten Teilen der Genderforschung üblich ist, bevorzuge ich qualitative Methoden, insbesondere Gruppendiskussionen. Diese eignen sich besonders, latente Sinnkonstruktionen und Orientierungsmuster zum Ausdruck zu bringen. Die Gruppendiskussionen, die die Basis meiner Analyse bilden, hatten 'Pornografie' zum Thema.

Pornografie ist ein problematisches Konzept. Um es mit Cornells Worten auszudrücken: Pornografie hat zahlreiche Definitionen durchlaufen und sie ist eine These und keine Sache (vgl. Cornell 1995: 31). Bei der Auswertung der Gruppendiskussionen stellte ich deshalb nicht die Frage nach der Bedeutung und Positionierung von Pornografie (oder zumindest nicht in erster Linie), sondern ich extrahierte die in den Diskussionen entworfenen Geschlechterkonstruktionen. Das heißt, Pornografie fungierte als Thema, über das Geschlecht konstruiert wird. Entsprechend geht es mir in diesem Beitrag auch nicht darum, wie Pornografie in Abhängigkeit von Geschlecht konstruiert wird, denn das wäre schon wieder ein Tritt in die Reifizierungsfalle, sondern meine Frage lautet genau umgekehrt: Wie wird Geschlecht über das Thema Pornografie konstruiert? Dabei versuche ich, über *Kontextualisierung, Neutralisierung, Rekonstruktion* und *Dekonstruktion* die Einsichten feministischer Theoriebildung forschungspraktisch umzusetzen. Inhaltlich geht es mir neben der Rekonstruktion der in den Gruppendiskussionen entworfenen Geschlechterkonstruktionen auch um die Kompetenz der Diskutierenden, Widersprüche zu kaschieren und rhetorisch Stabilität herzustellen: Die Gesprächsteilnehmenden setzen nämlich vieles daran, soziale Ordnung um jeden Preis zu erhalten.

In diesem Beitrag werde ich im ersten Schritt meine Forschungsfrage verdeutlichen, dann meine methodische Vorgehensweise erläutern und schließlich Analysemöglichkeiten im Rahmen dekonstruktiver Geschlechterforschung aufzeigen.[1]

1 Pornografie als Thema?

Für Feministinnen war Pornografie immer schon ein leidiges Thema. Die einen argumentieren, Pornografie zeige und offenbare eine ausbeuterische und gewaltsame männliche Sexualherrschaft über Frauen, die sich durch Terror in Form von Vergewaltigung, Körperverletzung und Verstümmelung äußere und zu einer 'Verhurung' aller Frauen führe (vgl. Dworkin 1979, MacKinnon 1993, Schwarzer 1988; 1990, Ashley 2000). Aus diesem Grund fordern sie, die Herstellung, Veröffentlichung und Verbreitung von Pornografie gesetzlich zu verbieten und auf diesem Wege Schadensersatzklagen zu ermöglichen. Andere halten dagegen, dass solche Antipornografiegesetze nicht nur Frauen die Möglichkeit nehmen würden, eigene Bilder über Sexualität zu entwerfen und den als männlich gesetzten entgegenzustellen (vgl. Gehrke 1988; 1990), sondern auch, dass über die Formulierung eines Verbotes von Pornografie die Opferrolle von Frauen reproduziert und zementiert würde: „Wollen wir etwa, daß die Herabsetzung von Frauen auf kulturell kodierte Weiblichkeit, ihre Reduzierung zum Opfer, zum *fuckee*, per Gesetz noch Bestätigung erhält?" (Cornell 1995: 30) In eine ähnliche Richtung zielen die Bedenken, die im Kontext der Queer Theory geäußert werden: Die Definitionsmacht dessen, was Pornografie ist, dürfe nicht in die Hände des Staates gelangen, da sonst die Gefahr bestehe, einem sexuellen Konservatismus Vorschub zu leisten – eine Überlegung, die vor allem für die US-amerikanische Debatte von Bedeutung ist. Unkonventionelle und subversive Darstellungen von Sexualität könnten im Handumdrehen verboten werden, und es bedarf keiner besonderen seherischen Fähigkeit, um zu ahnen, dass ein Verbot wohl zuallererst die Darstellung homosexueller Handlungen treffen würde (vgl. Butler 1997; 1998).

Ohne in diese Debatte eingreifen zu wollen (geschweige eine dieser Positionen

---

[1] Dieser Beitrag beruht auf meiner Magistraarbeit „Gesellschaftliche Konstruktionen von Geschlecht und Sexualität im Spiegel der Pornografie" (Wilke 2003).

als die 'richtigere' hervorzuheben), dient sie mir jedoch zur Veranschaulichung eines prinzipiellen Mechanismus, der zwar banal anmutet, allerdings empirisch bedeutsam ist: Über Pornografie zu sprechen, heißt immer auch über Geschlecht und Sexualität zu sprechen. Und es ist gerade das Sprechen über Geschlecht und Sexualität, das diese Kategorien als solche wiederum hervorbringt, wiederholt und re-installiert. Dies gilt nicht nur für die Protagonistinnen und Protagonisten der Pornografiedebatte: auch 'alltägliches' Sprechen über Pornografie, wie beispielsweise in den Gruppendiskussionen, um die es hier gehen soll, ist immer verwoben mit Diskursen über Geschlecht und Sexualität. In meiner Untersuchung zu *gesellschaftlichen Konstruktionen von Geschlecht und Sexualität im Spiegel der Pornografie* hat Pornografie als Thema fungiert, über das Geschlecht konstruiert wird, d.h. sie war gleichzeitig Thema und Nicht-Thema. Ich selbst habe sie oft 'Köder' genannt, der Menschen in Gruppendiskussionen dazu verführen soll, ihr Alltagswissen über Geschlecht preiszugeben.

2 Frauen- und Geschlechterforschung: Das Reifikationsproblem

Nicht nur in den Repliken auf die Pornografiegegnerinnen spielt der Vorwurf der Reproduktion und Zementierung von Geschlechterrollen eine prominente Rolle. Seit den 90er Jahren geriet auch die Frauen- und Geschlechterforschung zunehmend in die Kritik konstruktivistischer und vor allem dekonstruktiver Theoriebildung. Zu Recht, denn die empirische Forschung kann mit dem Rundumschlag den 'neuen' – allerdings hoch theoretisch-textuellen und oft philosophischen (und eben nicht sozialwissenschaftlichen) – Perspektiven auf die Kategorie Geschlecht, die ja gerade deren Rückführung auf und Bestätigung durch zwei biologische Geschlechter unterlaufen wollen, bis heute nicht mithalten. Die Folgen der Kritik an der Kategorie Geschlecht werden heute deutlich, wenn Forschende vor den Fragen stehen, mit welchen Kategorien sie empirisch arbeiten sollen, welche Fallstricke sich daraus ergeben, dass sie selbst ein wie auch immer geprägtes Alltagswissen über Geschlecht in ihre Untersuchungen hineintragen, und wie sie es bewerkstelligen sollen, dass ihre Forschungsergebnisse einerseits feministische Relevanz haben, andererseits aber Geschlecht nicht reifizieren und letztlich gerade das (re)produzieren, was ohnehin vorher schon alle gewusst hatten (vgl. Degele/ Schirmer i.d.B.).

Die Frauen- bzw. Geschlechterforschung geriet in den Verdacht, an der sozialen Konstruktion der Zweigeschlechtlichkeit tatkräftig mitzuarbeiten, weil sie ein Resultat sozialer Prozesse – 'die Frauen' – zum selbstverständlichen Ausgangspunkt ihrer Analysen gemacht, und qua Geschlecht bestimmte Eigenschaften und

Verhaltensweisen zugeschrieben hat. Damit partizipiert sie an der Naturalisierung der Geschlechterdifferenz, und „selbst die kritisch ansetzenden feministischen Analysen [tragen] zur Reifizierung und bloßen Verdoppelung der 'natürlichen' Zweigeschlechtlichkeit [bei]" (Gildemeister/Wetterer 1992: 214). Aus der konstruktivistischen Perspektive ist also gerade die Annahme, Personen hätten auf jeden Fall ein Geschlecht, bereits eine Vorwegnahme dessen, was eigentlich untersucht werden soll. Die Einsicht, dass „die Bezugnahme auf eine real definierbare Personengruppe 'Frauen'" (Hagemann-White 1993: 71) kaum mehr legitimierbar ist, und dass überhaupt Geschlechtszugehörigkeit nicht länger als fraglos gegebene Ressource der Forschung zur Verfügung steht (vgl. Behnke/Meuser 1999: 42), fördert die Haltung, dass es vielmehr erfolgversprechend ist, den Herstellungsmodus der Geschlechterdifferenz aufzuschlüsseln, also die Prozesse der Herstellung und Reproduktion von Zweigeschlechtlichkeit zu rekonstruieren.

Die Zurückweisung der Annahme, Geschlecht und Geschlechterdifferenz hätten eine naturhafte Basis und könnten deshalb zum Ausgangspunkt einer Analyse gemacht werden, zieht methodologische und methodische Konsequenzen nach sich, die ich anhand der Methode des Gruppendiskussionsverfahrens aufzeigen werde. Dazu stelle ich das Gruppendiskussionsverfahren vor und mache im Anschluss deutlich, welche methodologische Problematik sich hier jeweils angesichts einer an konstruktivistischen Perspektiven orientierten Forschung ergibt. Gleichzeitig schlage ich ein alternatives Forschungsdesign vor, indem ich aufzeige, wie Forschende eine Reifizierung von Geschlecht vermeiden können.

3 Gruppendiskussion: Erhebung und Analyse

Das Gruppendiskussionsverfahren wird zur Erfassung von Erfahrungs- und Wissensbeständen und kollektiv geteilter Sinnhorizonte (vgl. Bohnsack 1991; 2000, Loos/Schäffer 1999) herangezogen und zeichnet sich vor allem durch seine anvisierte Ergebnisoffenheit aus. Die Forschung mit Gruppendiskussionen ist als eine Art Entdeckungsreise konzipiert. Es handelt es sich um ein qualitatives, interpretatives Verfahren, das den teilnehmenden Gruppen die Möglichkeit lässt, ihre eigenen Schwerpunkte zu setzen. Mit anderen Worten: die Erhebungssituation ist nicht standardisiert, der Diskussionsverlauf wird von den Forschenden nicht vorstrukturiert, sondern die Gruppen strukturieren den Diskursverlauf selbst (vgl. Behnke/Meuser 1999: 55). Die grundlegende Annahme ist, dass zentrale gesellschaftliche Orientierungsmuster nicht als isolierte Meinungen von Individuen zu erfassen sind, sondern dass diese Sinnhorizonte als Selbstverständlichkeiten in soziale Kontexte eingebettet sind. Menschen, die gemeinsame lebensweltliche

Hintergründe teilen, besitzen demnach auch einen gemeinsamen Bestand an Wissen und Erfahrung (vgl. Behnke/Meuser 1999: 54). Dies gilt selbstredend auch für ihr 'Wissen' über die Zweigeschlechtlichkeit. Während kollektiv geteilte Erfahrungs- und Wissensbestände aber gewöhnlich eben nicht explizit artikuliert werden, da sie zum Allgemeingut an Selbstverständlichkeiten gehören, sollen sie von der Gruppe in der Diskussionssituation aktualisiert werden (vgl. Bohnsack 2000: 125). Für das Gruppendiskussionsverfahren sind also nicht Individuen von Bedeutung, sondern der Diskurs, den die Gruppe entwickelt. Eingebettet in die Diskussion sollen die tief verankerten Deutungsmuster der Gruppe hervortreten.

Vor diesem Hintergrund bestand mein Datenmaterial aus vier Gruppendiskussionen: eine Gruppe junger Frauen, die gemeinsam einen Aerobic-Kurs besuchen; eine Gruppe junger befreundeter Mütter; eine Gruppe von Türstehern und eine Männergruppe, die sich selbst als Freundeskreis bezeichnet. Alle Teilnehmenden waren zum Zeitpunkt der Diskussionen heterosexuell, ihr Alter lag zwischen 21 und 35 Jahren.

Ich habe aus dem ursprünglichen Sample von zehn Gruppendiskussionen zunächst jene vorgezogen, die mit geschlechtshomogenen Gruppen durchgeführt worden waren[2]. Theoretisch ist das nicht selbstverständlich, denn wenn wir nach den Konstruktionsmodi von Geschlecht fragen und davon ausgehen, dass Zweigeschlechtlichkeit ein kulturell intelligibles, weil kohärentes Zwangssystem ist, sollte es tatsächlich egal sein, *wer* hier konstruiert: Dies ist eine der theoretischen Prämissen, die sich aus dekonstruktiver Perspektive ohnehin ergeben; Geschlechtszugehörigkeit wäre dann kein ausschlaggebendes Kriterium für die Zusammenstellung der Diskussionsgruppen. Allerdings geht es bei der Frage nach der Geschlechtshomogenität der Gruppen nicht um den Inhalt des Diskurses der Gruppendiskussion, sondern um dessen Organisation. So müssen sich Forschende in der Tat fragen, wer welche Möglichkeiten hat, überhaupt zu Wort zu kommen: Gesprächsverhalten ist geschlechtlich codiert, und das trifft eben auch auf Gruppendiskussionen zu. Für die Diskursorganisation einer Gruppendiskussion ist es also durchaus sinnvoll, jeweils Frauen und Männer untereinander diskutieren zu lassen. Die Auswahl geschlechtshomogener Gruppen für Gruppendiskussionen muss m.E. nach wie vor zentrales Anliegen bei der Zusammenstellung von Gruppen sein, unabhängig vom Thema Pornografie. In der Forschungssituation so zu tun, als

---

2 Für die Durchführung von Gruppendiskussionen und deren Transkriptionen danke ich an dieser Stelle: Katja Ruf, Annette Heger, Cornelia Knoch, Michael Eggert, Nathalie Zanger, Heiko Titz, Kerstin Knirsch, Jenny McIntosh, Katharina Müller, Stefanie Thür, Kerstin Botsch, Christof Heim, Verena Walter und Adeline Schieferstein.

gäbe es kein Geschlecht, würde die in der Alltagswirklichkeit von den Beforschten real empfundene Geschlechtszugehörigkeit vernachlässigen[3].

Die Eingangsfrage für die Gruppendiskussionen lautete „Warum konsumieren mehr Männer Pornografie als Frauen?" Hier könnte kritisch angemerkt werden, dass der Diskussionsanstoß der Gespräche schon die Geschlechterdifferenz voraussetzt und entsprechende Forschungsergebnisse vorwegnimmt: Wer nach Differenz fragt, braucht sich schließlich nicht zu wundern, wenn Differenz die Antwort ist. Allerdings war die in dieser Frage enthaltene These, dass Männer tatsächlich mehr Pornografie konsumieren als Frauen und dass es eine im Geschlecht begründete 'Erklärung' für diesen Umstand gibt, allen Gruppen plausibel und wurde nicht in Frage gestellt. Auch erwies sich das Konzept 'Pornografie' in den Diskussionen als weniger problematisch als vermutet, da die Gruppen selbst 'Pornografie' als 'Pornofilme' konzeptualisierten.

Das Ernst-Nehmen der Geschlechterdifferenz, das sich für die Erhebungssituation als ein der Alltagswahrnehmung angemessenes Verfahren erweist, ist für die Auswertung und Interpretation unter (de)konstruktivistischer Perspektive nicht unbedingt empfehlenswert. Denn wenn empirisch nach wie vor „in aller Selbstverständlichkeit die Zuordnung zum Geschlecht als gegeben vorausgesetzt und nach Gemeinsamkeiten in der Gruppe der als Frauen identifizierten Personen gesucht" (Hagemann-White 1993: 71) wird, ist dies der Ort der Mit-Konstruktion und Reproduktion der Geschlechterdifferenz. So neigt die bisherige Geschlechterforschung dazu, die Befunde mit theoretischen Ansätzen zu interpretieren, die kategoriale Gemeinsamkeiten aller Angehörigen eines Geschlechts mehr oder weniger deutlich zugrunde legen (vgl. Hagemann-White 1993: 72). Mit anderen Worten: Ein Forschungsgegenstand bzw. ein Thema wird so bearbeitet, dass empirisch danach gefragt wird, wie dieser Gegenstand von Frauen und Männern unterschiedlich bewertet oder positioniert wird. Forschungsergebnisse vom Typus 'Frauen denken dieses über Pornografie, Männer hingegen jenes' ziehen eine oftmals künstliche Grenze zwischen zwei Sorten von Menschen, die dann über diesen Weg wieder als genau zwei unterschiedliche re-installiert werden und als gegeben erscheinen. Wir haben es also mit einer methodologischen Komplexität

---

3 . Theoretischer Hintergrund ist hierbei, dass sich die Diskutierenden als Frauen und/oder Männer kennen, darstellen und gegenseitig wahrnehmen. In der Alltagswirklichkeit ist die Geschlechterdifferenz stets zugegen und wird von den Akteuren und Akteuerinnen als selbstverständlich und unhinterfragt vorausgesetzt. Frauen verhalten sich, in der Forschungssituation wie im Alltagsleben, *als* Frauen, sie geben sich als solche zu erkennen, ebenso wie Männer sich *als* Männer zu erkennen geben. Geschlechtszugehörigkeit wird von den Beforschten empfunden und für wahr genommen, und in diesem Sinne müssen Forschende die Differenzperspektive ernst nehmen (vgl. Hagemann-White 1993: 75).

zu tun, in der die konstruktivistische Perspektive von uns verlangt, den Blick auf gelebte und empfundene Zweigeschlechtlichkeit gleichzeitig zu haben und zu verlagern. „Wir müssen gleichsam doppelt hinschauen" (Hagemann-White 1993: 74), d.h. wir müssen die Elemente im Blick behalten, die für die Beforschten selbstverständlich und real sind, gleichzeitig müssen wir diese Elemente analytisch auch als geschlechtsunabhängig betrachten und empirisch untersuchen, welche Mechanismen eine Geschlechtszuschreibung transportieren und wie diese zur Konstruktion der Geschlechterdifferenz benutzt werden.

3.1 Kontextualisierung

Kontextualisierung meint in Abgrenzung zu einer reifizierenden Analyse die Verfahrensweise, jene Themenbereiche aufzuspüren, in denen Geschlecht von den Diskutierenden selbst relevant gemacht wird. Denn während der Diskussionen behandeln die Teilnehmenden immer wieder bestimmte Themenkomplexe, die sie selbst nutzen, um Geschlecht zu konstruieren. Ein Paradebeispiel hierfür ist der Kontext *Sexualtrieb*, der in allen vier Diskussionen hoch frequentiert auftrat und den die Diskutierenden in hohem Maße zur Entwicklung von Alltagstheorien über Geschlecht und Geschlechterdifferenz nutzten:

> D3: ja dass Männer halt einfach, ja auf jeden Fall mehr Lust verspüren, oder ja ihre Trieb- Triebe haben, und und vielleicht dann öfter diese Lust verspüren, und sich halt eben durch Videos oder Pornografie irgendwie befriedigen müssen, und Frauen, ja spüren dieses Verlangen halt nicht so oft und, und können darauf verzichten
> B3: das wär ja denn das, was du vorher gesagt hast, dass Frauen sich eben woanders ihre Reizquellen such-
> A3: vielleicht haben sie das Verlangen auch, aber nicht so ausgeprägt
> D3: nicht so ausgeprägt
> A3: wie Männer, ja
> B3: weniger direkt vielleicht einfach
> A3: ja
> B3: also ich glaub, Männer mögen so einfach so diesen direkten Ansatz, und Frauen mögens vielleicht nicht so. (allgemeines kurzes Gelächter) Sind so diese richtigen Klischeevorstellungen, des iss der Hammer, ja? (allgemeines Gelächter)
> A3: aber es kommt nix anderes bei raus

Auch in den anderen drei Diskussionen war die einhellige Meinung der Teilnehmenden, dass der männliche Sexualtrieb von Natur aus größer, stärker, animalischer, direkter und deftiger als jener der Frauen, der nicht so ausgeprägt, subtiler, langsamer und fantasievoller sei. Der Trieb funktioniert als Erklärungsmodus, denn insofern Frauen und Männer einfach verschieden 'ticken', lassen sich auch Phänomene wie Sexualität und Pornografie greifbar machen. Gleichzeitig ist der Diskurs, der sich um den Sexualtrieb rankt, eine Konstruktionsleistung, die als

Reaktion auf eine an sich zunächst unerklärlich erscheinende Tatsache vorgenommen wird und im gleichen Moment die gängigen diskursiven Geschlechternormen reproduziert. Dass dabei die Geschlechtszugehörigkeit der Personen, die diese Konstruktionen vornehmen, nicht bedeutsam ist, kann nicht verwundern: Wenn Zweigeschlechtlichkeit ein Zwangssystem ist, das auf hervorbringende und reproduktive Wiederholung angewiesen ist und dadurch Erwartungssicherheit transportiert, können die Konstruktionen von Geschlecht nicht geschlechtsspezifisch signifikant voneinander abweichen.

3.2 Neutralisierung und Rekonstruktion

Für die Auswertung der herausgearbeiteten Kontexte, in denen Geschlecht von den Diskutierenden konstruiert wird, kann das Wissen um die Geschlechtszugehörigkeit der Beforschten durchaus in den Hintergrund gestellt werden. Das bedeutet, geschlechtstypische Zuordnungen bzw. deren Geschlechtsspezifik „systematisch in Zweifel zu ziehen" (Hagemann-White 1994: 310), was darauf zielt, die Muster der Geschlechtsbedeutungen von der Kategorie der Geschlechtszugehörigkeit zu lösen. Die Forschenden können die Loslösung der in den zuvor herausgefilterten Kontexten getätigten Äußerungen von der Kategorie der Geschlechtszugehörigkeit methodisch umsetzen, indem sie „gedankenexperimentell auf die Setzung der Differenz verzichte[n]" (Althoff/Bereswill/Riegraf 2001: 193) und stattdessen eine „gezielte Neutralisierung oder Verfremdung" (Althoff/Bereswill/Riegraf 2001: 194) anstreben. Auf diese Weise kann empirisch gezeigt werden, dass vergleichbare Äußerungen bei 'beiden' Geschlechtern vorkommen, d.h. im Fall der Gruppendiskussionen, dass vergleichbare Konstruktionen von Geschlecht und Geschlechterdifferenz entwickelt werden, ganz gleich, ob die diskutierenden Personen weiblich oder männlich sind.

Um den gruppenübergreifenden Konsens hinsichtlich der Entwürfe von Geschlecht und dessen gleichzeitige Unabhängigkeit von der Geschlechtszugehörigkeit der Akteure und Akteurinnen in den Vordergrund zu rücken, habe ich die relevanten Gruppendiskussionsausschnitte – wie das vorangehende Beispiel schon gezeigt hat – maskiert bzw. neutralisiert verschriftlicht. Diese Neutralisierung soll nicht zum Zweck haben, die Analyse als einen Rätselspaß zu konzipieren, obwohl das Rätseln oder auch das Stutzen im theoretischen Sinne durchaus erwünscht sein kann. Tatsächlich könnten wir einerseits vermuten, dass die Zuordnung der Redebeiträge zu dem jeweiligen Geschlecht der Sprechenden in den meisten Fällen spielend leicht zu bewältigen sei: Gerade dies mag der Erfahrungs- und Deutungssicherheit bzw. Erwartbarkeit geschuldet sein, die fundamental für die Konstruktion von Geschlecht ist, und die auch Forschende bzw. Lesende deshalb zu beherrschen glauben. Andererseits kulminiert der Wunsch nach dieser Sicherheit, die ja immer auch eine Kompetenz ist, meiner Erfahrung nach früher oder später in einem 'Suchen' nach Hinweisen auf die eindeutige Identifizierung der Geschlechtszugehörigkeit[4], was noch einmal mehr zeigt, wie knifflig die Umsetzung nicht-reifizierender Verfahren ist.

Die Geschlechterkonstruktionen innerhalb der herausgefilterten Kontexte sind auf diese Weise isoliert von der Geschlechtszugehörigkeit der sie äußernden Personen *als Konstruktionen* zugänglich und deskriptiv rekonstruierbar und systematisierbar. Die daraus resultierende Fragestellung ist eine Frage nach dem *wie*: Wie, d.h. auf welche Weise wird Geschlecht in den jeweiligen Kontexten und über das Thema Pornografie konstruiert?

Während die zwei unterschiedlichen *Sexualtriebe*, die oben schon beschrieben wurden, in allen Diskussionen zum Dreh- und Angelpunkt der Erklärung aller möglichen Phänomene konstruiert wurden, waren es weitere vier Kontexte, in denen die Diskutierenden Geschlecht als Bezugspunkt relevant machten. Interessant sind hier insbesondere die Kontexte *Beziehung* und *Sexmöglichkeiten*: Im Kontext (Liebes-)*Beziehung* stellten die Gruppen Pornografie als Fiktion und Fantasie dem realen Beziehungsalltag gegenüber. Dabei erscheint dieser Beziehungsalltag als Ort der Pflichterfüllung, Auseinandersetzungen und Probleme. Das Frauenbild, das im Kontext der Beziehung vorherrscht, ist das der emanzipierten, selbstbewussten Frau, die längst nicht mehr alles mitmacht, und die gerade deshalb letztlich auch den männlichen Sexualtrieb nicht gänzlich erfüllen kann oder will:

C1: es gibt keinen Alltag, keine Realität und das ich glaube ich das, was letztlich entscheidend ist, den Alltag hat der Mann zuhause und wenn er sich einen Porno anguckt, will er nicht von dämlichen Problemen oder irgendwie Realität konfrontiert sein, da will er irgendwas außergewöhnliches sehen, da will er es reduziert sehen auf die Sexualität, und nicht die Frau kocht am Herd, hast wieder nicht eingekauft, die Kinder schreien, das will doch kein Mensch, das kann er im Pornofilm

D2: vielleicht hats auch den Grund, dass Männer einfach mal was anderes leben wollen, wie des, was sie selber zuhause praktizieren

A2: hmm, stimmt

D2: ne, das iss doch sicher auch was, oder? Also ich mein, es gibt sicher viele Frauen, die des nicht mitmachen, was ein Mann gerne so an extremen, in Anführungszeichen extremen Auswüchsen gerne hätte, und dass der Mann sich das dann im Porno holt. Könnte doch auch sein

A2: hmm, ja klar

D2: so diese Andersartigkeit, die ein Mann von seiner Frau nicht bekommt

---

4 So geschehen in einer Arbeitsgruppe des Freiburger Methodenworkshops, auf dem es dezidiert um das Reifikationsproblem ging: Kaum waren neutralisierte Transkriptionsausschnitte verteilt worden, wurde der Versuch unternommen, herauszufinden, wer (d.h. Mann oder Frau) welchen Beitrag geäußert hatte.

Das Unverbindliche der Pornografie, die Verlockung des schnellen sexuellen Aktes ohne nachfolgende Pflichten, ist nach Meinung der Diskutierenden auch mit der weiblichen Hauptrolle im Porno, der 'geilen Ficknudel' verbunden, die sexuell immer bereit ist, 'hinterher' aber keinen Stress macht. Diese Frau hat aber gerade nichts mit der realen Frau des Alltags zu tun: Für die real gelebte Beziehung ist die scharfe Braut aus dem Porno untauglich, wie C1 sagt „Im realen Leben nicht, aber so in der Vorstellung, in der Fantasie, ich glaub der Mann will zuhause will er ne Heilige und im Bett (…) ne Hure (…) und im Pornofilm sinds halt einfach Huren, aber die will ein Mann ja nicht persönlich kennen". Das heißt: Die Konstruktion der Frau versieht diese einerseits mit Eigenschaften wie 'emanzipiert' und 'selbstbewusst', was zu Lasten der Befriedigung des männlichen Triebes geht, weshalb Pornografie als Ausgleich notwendig sei. Andererseits soll bzw. darf die Frau aber gar nicht sein wie jene, die im Pornofilm eine Rolle spielt, denn dann käme sie als Beziehungspartnerin nicht mehr in Frage. Sie wäre dann das gesellschaftliche Pendant zur Porno-Ficknudel (Kontext *Sexmöglichkeiten*): eine „Schlampe", die sich sexuell freimütig das nimmt, was sie gerade will, wann sie gerade will. Und Schlampen sind nun mal keine Traumpartnerinnen.

A4: ich mein, man kanns ja schon daran festmachen, ja, wenn n Mann jeden, jedes Wochenende ne andere Frau bumst und ne Frau macht des aber auch, dann iss der Mann der große Held und die Frau iss ne Schlampe
D4: ja
A4: des eine iss äh gesellschaftlich legitimiert, das andere iss verpönt (…)

Das bedeutet nichts anderes, als dass die Konstruktion der idealen Frau auf gesellschaftlicher Ebene nicht viel mit 'freier' oder ungehemmter, ausgelebter Sexualität zu tun hat. Soziale Sanktionen sorgen dafür, dass Frauen sexuell anständig bleiben, während Männern eine gewisse 'Unanständigkeit' durchaus zugestanden ist. Die an den Gruppendiskussionen Teilnehmenden benennen diesen normativen Ausschlussmechanismus zwar, bewerten ihn aber grundsätzlich nicht; denn vor dem Hintergrund der sanften, emotionalen und indirekten Frau, die ohnehin aufgrund ihres weiblichen Triebes gar nicht so viel Sex praktizieren will, erscheint er den Diskutierenden offenbar nicht sonderlich anprangerungswürdig.

3.3 Dekonstruktion

Die über die Rekonstruktion der Geschlechterkonstruktionen erhaltenen Beobachtungen sperren sich quasi automatisch einer Interpretation mit theoretischen Ansätzen, die nach kategorialen Gemeinsamkeiten der einen oder anderen Gruppe suchen. Einfach ausgedrückt: Wir haben es nicht mit Befunden zu tun, die besagen 'bei Gruppendiskussionen mit Frauen ist es so und bei Diskussionen mit Männern ist es demgegenüber so', sondern wir haben es mit gemeinsam produzierten Konstruktionen von Weiblichkeit und Männlichkeit zu tun, das heißt wir haben freien Blick auf die normativen Mechanismen, die wirksam werden, sobald im Alltagsverständnis von Geschlecht die Differenz konstruiert wird. Es wäre nun nicht sinnvoll, diese Analyseergebnisse auf gesellschaftliche Geschlechterverhältnisse rückzuprojizieren und lediglich beschreiben zu können, wie die Konstruktionen aussehen. Auch wenn es Möglichkeiten gibt, eine solche Interpretation kritisch auszuwerten, wäre sie in erster Linie eine deskriptive Angelegenheit und würde die theoretisch zurückgewiesene Naturalisierung von Geschlecht auf diskursiver Ebene reproduzieren. Stattdessen müssen in der Interpretation der Befunde gerade die Ungereimtheiten, Dilemmata und Ausschlussverfahren der Konstruktionen aufgedeckt werden, so dass die Konstruktionen von Geschlecht und Geschlechterdifferenz auch als solche entlarvt werden und nicht wieder 'durchs Hintertürchen' in die Naturhaftigkeit verschwinden. Dem kann ein dekonstruktiver Blickwinkel abhelfen. Der in den sechziger Jahren von Jaques Derrida entwickelte Begriff der Dekonstruktion (vgl. hierzu Cullers 1988, Wartenpfuhl 1996, Zima 1994) hat in der feministischen Theorieentwicklung vor allem in Judith Butlers „Das Unbehagen der Geschlechter" (Butler 1991) bedeutende Spuren hinterlassen, denn „bei Judith Butler geht es unter anderem darum, herauszufinden, in welche Identifizierungen wir verwickelt sind, die andere Identifizierungen wiederum ausschließen" (Wartenpfuhl 1996: 203).

So sind auch die Geschlechterkonstruktionen der Gruppendiskussionen auf den ersten Blick schlüssig, denn die gemeinsame Konstruktionsleistung fußt auf einer relativ großen Einigkeit darüber, wie Männer sind und wie Frauen sind und dass sie auf jeden Fall unterschiedlich sind. Dennoch ergeben sich im Diskurs selbst konstruktionsimmanente Brüche und Zwickmühlen, in die die Diskutierenden geraten und denen auszuweichen sie gezwungen sind. Einer der größten Konflikte für die Diskutierenden – der selbstverständlich nicht ausgesprochen wird – ist wohl die 'Tatsache', dass sie alle entweder Männer sind oder Männer begehren. Einerseits ist also zur Erklärung des Konsums von (in den Augen der Diskutierenden sehr wohl frauenfeindlichen) Pornografie der unbändige männliche Sexualtrieb unbedingt vonnöten, da ihnen keine andere Erklärung plausibel erscheint, andererseits sind alle Teilnehmenden sehr bedacht darauf, dass sie selbst bzw. ihre Männer eben gerade nicht jene triebverhafteten Böcke sind. Mit anderen Worten: Die Diskutierenden müssen ihre Aussagen stets relativieren, obwohl sie eigentlich Aussagen über 'Naturhaftes' und damit auch Universelles machen. Die Strategien der Relativierung verlaufen über eine Rhetorik des Mitleids und Verständnisses wie A2 sagt „Also wenn du dir deine oder andere Leute im Bekanntenkreis genauer anguckst, wo du denkst, eigentlich isser n netter Kerl, aber als Mann? (…) und dann, die müssen sich ja auch irgendwie irgendwo ihre Befriedigung herholen" oder bei D4 „Vielleicht schaut man, schaun sich Leute auch Pornografie aus (…) weil eben in ihrem wirklichen Sexualleben halt irgendwas fehlt oder oder irgendwas nicht stimmt". Als eine weitere Strategie nutzen die Diskutierenden die Verniedlichung von Pornokonsum „Also ich finde des irgendwie auch nicht so schlimm eigentlich jetzt, wenn der Mann also zuhause äh auch ein anderer sein kann" (B2). „Also ich kenn keine Frau, die jetzt wirklich darunter leidet, dass es Pornofilme gibt, ich kenn keine" (C1). Verbunden sind die Strategien der Relativierung auch mit deutlichen Abgrenzungen: Pornografie konsumieren stets *die Anderen* oder wahlweise *die Extremen* „Also die einzigen, die richtigen Fanatiker, richtige Fanatiker, die ich kennen gelernt hab, warn im Endeffekt Soziopathen" (B1) bzw. B2 „Ich glaub es gibt so ne Bande von Männern, die halt Pornos gucken, und das ist alles."

3.4 Rhetorische Stabilisierung

Eine weitere Möglichkeit, dekonstruktive Perspektiven gewinnbringend in eine Analyse einfließen zu lassen, hat Angelika Wetterer vorgeschlagen: Unter dem Stichwort „rhetorische Modernisierung" (Wetterer 2003) hat sie gezeigt, wie in heterosexuellen Paarbeziehungen der Schein von 'modernen' gleichberechtigten Beziehungen zwar rhetorisch schlüssig hergestellt wird, Beziehungsmuster aber gleichbleibend traditionell gelebt werden. Die Akteure stellen jene Handlungsmuster, die sie als modern empfinden, in den Vordergrund, während sie andere – möglicherweise ungeliebte, aber eingefahrene – 'unmoderne' Muster kaschieren und dabei die zwangsläufig entstehenden Widersprüche rhetorisch glätten. In Anlehnung an diese Denkbewegung schlage ich den Begriff 'rhetorische Stabilisierung' vor, der verdeutlichen soll, wie Menschen ihre Konstruktionen von Weiblichkeit und Männlichkeit stabil und kohärent halten, indem sie 'drohende' Widersprüche einebnen und damit eine glatte, für alle akzeptable Oberfläche herstellen.

So besteht ein weiterer Konflikt, in den die Diskussionsteilnehmenden geraten könnten, in dem Bruch, der ihrer eigenen Geschlechterkonstruktion innewohnt: Sie konstruieren Männer als triebhaft und sexuell aktiv und zudem mit einem Streben nach körperlicher und *gesellschaftlicher* Macht ausgestattet, was laut den Diskutierenden auch in Pornofilmen deutlich wird: Der Mann fällt lüstern über die Frau her, während sie das Häschen ist, das brav hinhält. Demgegenüber schreiben die Gruppen den Frauen einen sanften, emotionalen und passiven Trieb zu, der mit Machtstreben zunächst einmal gar nichts zu tun hat. Nun bezieht sich diese Konstruktion dezidiert auf die scheinbar vorgegebenen Triebe, gleichzeitig aber entwerfen die Diskutierenden auf Seiten der Frauen das Bild der emanzipierten Frau, die eben nicht indirekt und sanft, sondern eigenständig und selbstbewusst durchs Leben geht. Diese beiden Weiblichkeitskonstruktionen stehen sich diametral gegenüber, denn sie laufen Gefahr, dass eine emanzipierte Haltung von Frauen als ein unnatürliches Aufbäumen gegen ihren 'eigentlichen' Trieb erscheint. Diesen Konflikt zu vermeiden ist den Diskutierenden enorm wichtig. Ablesbar ist das an den Verweisen auf 'freie Entscheidung' der Pornodarstellerinnen (D3): „Aber ich mein, die Frauen in den Pornos, die machen ja auch mit, also ich mein, es sind ja immer zwei dabei, das ist ja dann ihre Entscheidung in dem Fall". Die Hervorhebung der eigenen Entscheidungsfähigkeit ist eine willkommene Möglichkeit, die empfundene Hierarchie und Diskriminierung auf der Darstellungsebene der Pornografie zu legitimieren. Strategisch wird auf diese Weise die Rolle der realen, emanzipierten Frau in den Vordergrund gerückt: diese selbstbewusste Frau kann selbst Entscheidungen treffen und dafür einstehen, sie kann Verantwortung nicht abschieben.

Auffallend im Hinblick auf die Konstruktion von Weiblichkeit ist auch die moralische Aufwertung von Frauen und der Hinweis auf die guten Verdienstmöglichkeiten der Frauen im Pornobusiness. Diese Aufwertung weiblicher Eigenschaften und Möglichkeiten dient strategisch dazu, Frauen als irgendwie doch 'besser dran' darzustellen: sie haben es 'einfacher', sind 'ehrlicher' und 'lebensfreudiger' als Männer, und gerade die Pornodarstellerinnen sind so emanzipiert und begünstigt, dass sie auch mehr verdienen als Männer. Ob die Behauptung der besseren Bezahlung von Frauen im Pornogeschäft überhaupt stimmt oder nicht, ist nicht wichtig: Es geht den Diskutierenden vielmehr darum, zu vermeiden, dass Frauen als benachteiligt angesehen werden könnten. Sie unterstreichen, dass Frauen auf jeden Fall gut dran sind, auch wenn ihr Trieb ihnen befiehlt, sanft und passiv zu sein „Oder noch besser Modelle bei Zeitschriften, ich denk bei den großen Zeitschriften, Pornozeitschriften, das ist fast ein Zeichen der Emanzipation, die lässt, die lässt sich nackt fotografieren zwanzig Mal im Jahr und verdient fast fünfzig Mal so viel wie ein Mann" (B1).

4 Fazit

Dass die Geschlechterkonstruktionen der Diskutierenden schon während der Diskussionen selbst an ihre Grenzen stoßen, ist an den Strategien ablesbar, die sie anwenden, um das Hervortreten der konstruktionsimmanenten Konflikte zu vermeiden. Die Konstruktionen von Weiblichkeit und Männlichkeit beharren nicht nur auf einer Geschlechterdifferenz, die mit stringenten Normen durchgesetzt wird, sie sind auch – ebenso wie in der von den Diskutierenden negativ abgegrenzten pornografischen Darstellung – hierarchisch angeordnet: Die Konstruktion Mann beinhaltet ein Streben nach Macht, die Konstruktion Frau hingegen nicht. Das passt nicht zu der gleichzeitig entworfenen Konstruktion der emanzipierten, selbstbewussten Frau. Das bedeutet, dass die Frau nicht über ihre sexuellen Eigenschaften hinaus am Trieb gemessen werden darf. Das heißt auch, dass zur Aufrechterhaltung der eigenen Konstruktionen in den Diskussionen sowohl Männer verteidigt und ihr Verhalten legitimiert werden muss, als auch der Emanzipationsanspruch von Frauen nicht angegriffen werden darf. Gleichzeitig müssen die Diskutierenden auch darauf verweisen, dass der Status quo, gerade weil er ja im Trieb gespeichert ist, auch gut ist. Die Strategien der Relativierung und Abgrenzung sorgen dafür, dass keine der Diskussionen in ein Debakel mündet. Hier zeigt sich die enorme Kompetenz der Diskutierenden im Umgang mit Zweigeschlechtlichkeit und Sexualität. Denn sie schaffen es letztlich, dass ihr Geschlechtergerüst – so brüchig und instabil es ist – nicht in sich zusammenfällt.

Literatur:

Althoff, Marina/Bereswill, Mechthild/Riegraf, Birgit (2001): Feministische Methodologien und Methoden. Traditionen, Konzepte, Erörterungen. Opladen: Leske+Budrich

Ashley, David/Renchkovsky, Barbara (2000): Sexualität als Gewalt. Der pornographische Körper als Waffe gegen Intimität. In: Schmerl, Christiane/Stein-Hilbers, Marlene et al. (Hrsg.): Sexuelle Szenen. Inszenierungen von Geschlecht und Sexualität in modernen Gesellschaften. Opladen: Leske+Budrich. 116-138

Behnke, Cornelia/Meuser, Michael (1999): Geschlechterforschung und qualitative Methoden. Opladen: Leske+Budrich

Bohnsack, Ralf (1991[4]): Rekonstruktive Sozialforschung. Einführung in Methodologie und Praxis qualitativer Forschung. Opladen: Leske+Budrich

Bohnsack, Ralf (2000): Gruppendiskussion. In: Flick, Uwe/von Kardorff, Ernst/Steinke, Ines (Hrsg.): Qualitative Forschung. Ein Handbuch. Hamburg: Rowohlt. 369-384

Butler, Judith (1991): Das Unbehagen der Geschlechter. Frankfurt/M.: Suhrkamp

Butler, Judith (1997): Schmährede. In: Vinken, Barbara (Hrsg.): Die nackte Wahrheit. Zur Pornographie und zur Rolle des Obszönen in der Gegenwart. München: dtv. 92-113

Butler, Judith (1998): Haß spricht. Zur Politik des Performativen. Berlin: Berlin Verlag

Cornell, Drucilla (1995): Die Versuchung der Pornografie. Berlin: Berlin Verlag

Culler, Jonathan (1988[2]): Dekonstruktion. Derrida und die poststrukturalistische Literaturtheorie. Reinbek: Rowohlt

Dane, Eva/Schmidt, Renate (Hrsg.) (1990): Frauen und Männer und Pornographie. Ansichten, Absichten, Einsichten. Frankfurt/M.: Fischer

Dworkin, Andrea (1979): Pornography. Men possessing women. New York: Penguin

Gehrke, Claudia (1988): Frauen und Pornographie. Tübingen: Konkursbuch
Gehrke, Claudia (1990): Anregungen zu einer Politik erotischer Kultur von Frauen. In: Dane, Eva/ Schmidt, Renate (Hrsg.): Frauen und Männer und Pornographie. Ansichten, Absichten, Einsichten. Frankfurt/M.: Fischer. 237-249
Gildemeister, Regine/Wetterer, Angelika (1992): Wie Geschlechter gemacht werden. Die soziale Konstruktion der Zweigeschlechtlichkeit und die Reifizierung in der Frauenforschung. In: Knapp, Gudrun-Axeli/Wetterer, Angelika (Hrsg.): Traditionen Brüche. Entwicklungen feministischer Theorie. Freiburg: Kore. 201-254
Hagemann-White, Carol (1993): Die Konstrukteure des Geschlechts auf frischer Tat ertappen? Methodische Konsequenzen einer theoretischen Einsicht. In: Feministische Studien. Jg. 11, Heft 2. 68-78
Hagemann-White, Carol (1994): Der Umgang mit Zweigeschlechtlichkeit als Forschungsaufgabe. In: Diezinger, Angelika/Kitzer, Hedwig/Anker, Ingrid/Bingel, Irma/Haas, Erika/Odierna, Simone (Hrsg.): Erfahrung mit Methode. Wege sozialwissenschaftlicher Frauenforschung. Freiburg: Kore. 301-318
Knapp, Gudrun-Axeli/Wetterer, Angelika (Hrsg.) (1992): Traditionen Brüche. Entwicklungen feministischer Theorie. Freiburg: Kore
Loos, Peter/Schäffer, Burkhard (1999): Das Gruppendiskussionsverfahren. Grundlagen und empirische Anwendung. Opladen: Leske+Budrich
Lüpke, Stefanie (2000): Auf der Suche nach Methoden oder wie forschen Gender-ForscherInnen? In: Wesely, Sabine (Hrsg.): Gender Studies in den Sozial- und Kulturwissenschaften. Einführung und neuere Erkenntnisse aus Forschung und Praxis. Bielefeld: Kleine. 117-133
MacKinnon, Catherine A. (1993): Only words. Cambridge: Harvard University Press
Schwarzer, Alice (1988): Vorwort. In: Dworkin, Andrea: Pornographie. Männer beherrschen Frauen. Köln: Emma Frauen Verlag. 9-12
Schwarzer, Alice (1990): Der Gesetzesentwurf von „EMMA". In: Dane, Eva/Schmidt, Renate (Hrsg.): Frauen und Männer und Pornographie. Ansichten, Absichten, Einsichten. Frankfurt/M.: Fischer. 181-187
Wartenpfuhl, Birgit (1996): Destruktion – Konstruktion – Dekonstruktion. Perspektiven für die feministische Theorieentwicklung. In: Fischer, Ute Luise (Hrsg.): Kategorie: Geschlecht? Empirische Analysen und feministische Theorien. Opladen: Leske+Budrich. 191-209
Wesely, Sabine (Hrsg.) (2000): Gender Studies in den Sozial- und Kulturwissenschaften. Einführung und neuere Erkenntnisse aus Forschung und Praxis. Bielefeld: Kleine
Wetterer, Angelika (2003): Rhetorische Modernisierung. Das Verschwinden der Ungleichheit aus dem zeitgenössischen Differenzwissen. In: Knapp, Gudrun-Axeli (Hrsg.): Achsen der Differenz. Gesellschaftstheorie und feministische Kritik. Band 2. Münster: Westfälisches Dampfboot. 286-319
Wilke, Bettina (2003): Gesellschaftliche Konstitution von Geschlecht und Sexualität im Spiegel der Pornografie. http://www.freidok.uni-freiburg.de/volltexte/1287
Zima, Peter V. (1994): Die Dekonstruktion. Einführung und Kritik. Tübingen: Francke

Silke Birgitta Gahleitner

Zwischen Differenz und Dekonstruktion – Methodische Überlegungen zur Überschreitung des bipolaren Geschlechterdualismus in der Genderforschung nach einem Verfahren von Hagemann-White

1 Genderforschung im Spannungsfeld von Konstruktion und Rekonstruktion

Geschlechterdifferenz, die gesellschaftliche Konstruktion von Weiblichkeit und Männlichkeit, ihre Komplementarität und Asymmetrie, durchdringt und bestimmt die individuelle Ebene von Wahrnehmung, Denken, Fühlen und Handeln, die sozialen Erfahrungen und Strukturen und die Symbolik unserer Kultur. Die Sozialisationsforschung weist diese intensive Prägung in vielfältigen Aspekten nach. So sind beispielsweise sowohl die Aggressionsfähigkeit als Bereitschaft zur Selbstbehauptung, als auch das (Er-)Leben von Sexualität mit Aspekten der Geschlechtsidentität zentral verknüpft: mit Selbstbildern, Idealen und moralischen Einstellungen, die das Handeln bestimmen (vgl. Hagemann-White 1984). Ist es unter diesen Voraussetzungen überhaupt möglich, in der Forschung diesen bipolaren Geschlechterdualismus zu hinterfragen, d.h. Geschlecht auf seine binäre Struktur hin zu untersuchen?

Forschung zu 'geschlechtstypischen' Ausprägungen eines Phänomens birgt grundsätzlich das Risiko einer Über-Fokussierung. Der Blick auf die Geschlechterdifferenz produziert sozusagen eine methodisch bedingte Reifikation des Systems der Zweigeschlechtlichkeit (vgl. Gildemeister/Wetterer 1995) und läuft damit Gefahr, das zu reproduzieren, was eigentlich möglichst 'unbefangen' untersucht und entlang der Empirie rekonstruiert werden sollte. Ursache dafür ist ein erkenntnistheoretisches Problem: Die Annäherung an 'Geschlecht' geschieht immer innerhalb des 'zweigeschlechtlichen' Systems. Daher erschließt sich nicht, was außerhalb dieser Ordnung überhaupt sein könnte (Maihofer 1995).

Auch wenn dieses Problem nicht gelöst werden kann, so gibt es doch schrittweise Annäherungen an die allgegenwärtige Struktur und Dynamik, wenn 'Geschlecht' empirisch aus den unterschiedlichsten Perspektiven beleuchtet wird. Carol Hagemann-White (1993; 1994) schlägt dafür eine doppelte Strategie vor, nach der die Differenzperspektive zunächst eingenommen und dann – in einem zweiten Durchlauf – außer Kraft gesetzt wird. Ziel ist, festzustellen, inwiefern und an welchen Stellen das Datenmaterial geschlechtsspezifische Strukturen aufweist oder ob es einer ganz anderen Systematik folgt. Das Verfahren wird zunächst vorgestellt und anschließend anhand einer Forschungsarbeit zu geschlechtsspezifischer Verarbeitung sexueller Gewalt und deren Relevanz für die Entwicklung gendersensibler Therapie- und Beratungskonzepte erläutert.

2. 'Doppelt hinschauen': Gendersensibilität in der Datenanalyse nach Hagemann-White

Nach Carol Hagemann-White verlangt die Berücksichtigung der Geschlechtsspezifik in der Auswertung ein „doppeltes Hinschauen" (1993: 74): Zunächst den alten, im Kontext gelebter Zweigeschlechtlichkeit involvierten Blick beizubehalten – da dieser das Instrument ist, mit dem wir das Material für die Erweiterung unseres Blickwinkels im Hinblick auf Verflüssigung der dichotomen Strukturen gewinnen –, in einem zweiten Schritt jedoch einen intersubjektiv validierten 'Blick von außen' zu Hilfe zu nehmen. Dieses Vorgehen dient dazu, die Selbstverständlichkeiten und Annahmen der Forschenden wie auch der Erforschten nochmals in Frage zu stellen.

Carol Hagemann-White schlägt dafür, eingebettet in das Vorgehen der qualitativen Inhaltsanalyse (vgl. Mayring 1993; 2000), folgende Strategie vor: Zunächst wird entlang geschlechtsrelevanten Strukturdimensionen aus dem Datenmaterial in einem induktiv-deduktiven Wechselspiel das inhaltsanalytische Kategoriensystem entwickelt. Im Rahmen einer strukturierenden Inhaltsanalyse wird der Text danach durchkodiert. In einem zweiten Schritt wird die Geschlechtsspezifität der Darstellungen und Handlungsweisen systematisch in Zweifel gezogen. Die Fundstellen werden anschließend geschlechtsindifferent verfremdet, so dass nicht mehr ersichtlich ist, ob die jeweiligen Daten von einer Frau oder von einem Mann stammen. In dieser Form werden sie zwei Zweitbearbeiterinnen bzw. -bearbeitern zur erneuten geschlechtsspezifischen Kodierung vorgelegt. Dadurch werden implizite Zuordnungen zu den Geschlechtskategorien nochmals in Frage gestellt. Im dritten Schritt nun werden Geschlecht und situativer Kontext zusammengedacht: In einer vergleichenden Systematisierung (vgl. Mayring 1993; 2000) werden die Textstellen je nach Kodierung und zugehörigem Kontext unter geschlechtsspezifischen Gesichtspunkten reflektiert.

Carol Hagemann-White bezeichnet dieses Vorgehen als eine systematische Suche nach Aussagen, die in den Bereich der Geschlechterrelevanz fallen (1994).

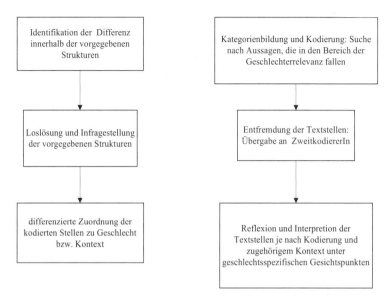

Abbildung 1: Berücksichtigung der Geschlechtsspezifik in der Datenanalyse nach Hagemann-White

3 Anwendungsbeispiel: Geschlechtssensibilität in der Traumatherapie und -beratung

Trotz der anwachsenden Forschungsaktivitäten im Bereich der Psychotraumatologie und Psychotherapie, bleiben geschlechtsspezifische Aspekte dabei weitgehend unberücksichtigt (vgl. Kimerling/Ouimette/Wolfe 2002). In der Bewältigung früher sexueller Traumata spielen geschlechtsspezifische Aspekte jedoch eine bedeutsame Rolle im Verarbeitungsprozess (vgl. Gahleitner 2003). Es stellt sich also die Frage, inwiefern geschlechtsspezifische Aspekte auch in die Behandlung sexuell Traumatisierter einzubeziehen sind.

Zur Exploration dieser Fragestellung wurden 22 problemzentrierte, biografisch orientierte Interviews (Witzel 1982; 2000) mit von sexueller Gewalt Betroffenen geführt und ausgewertet (vgl. Gahleitner 2003). Die Textstellen wurden kodiert, geschlechtsindifferent entfremdet und an jeweils einen Außenstehenden und eine Außenstehende der Auswertungsgruppe gesendet, mit dem Auftrag, sie – nach bisherigem theoretischem und praktischem Kenntnisstand – auf geschlechtstypische therapeutische Sequenzen hin zu markieren. Die 'männlich' und 'weiblich' kodierten Zitate gingen anschließend zurück an die Forscherin bzw. der Forscher, wurden im Text farblich markiert und geschlechtsreflektierend in die vergleichende Systematisierung einbezogen.

Konkretes Vorgehen in der Untersuchung
1. Kategorienbildung zu genderrelevanten psychotherapeutischen Interventionen und Techniken, Kodierung der Daten
2. Entfremdung der Textstellen, geschlechtsspezifische Kodierung durch zwei Zweitbearbeiter/innen
3. Einbezug der Geschlechtsspezifik in die Analyse des gesamten Datenmaterials, Reflexion und Interpretation der Textstellen unter geschlechtsspezifischen Gesichtspunkten

Tabelle 1: Konkretes Vorgehen nach Hagemann-White

Dieses inhaltsanalytische an Hagemann-White angelehnte Vorgehen ermöglichte, die Aufmerksamkeit auf Sequenzen in Therapie- und Beratungsprozessen zu richten, an denen Frauen und Männer geschlechtsspezifische Phänomene und Veränderungsprozesse schilderten und soll im Folgenden an einem Auswertungsbeispiel näher erläutert werden.

4 Auswertungsbeispiel: Therapeutische Unterstützung im Bewältigungsprozess sexueller Gewalt

Entsprechend dem geschlechtsspezifischen Erkenntnisinteresse wurden nach den Ergebnissen gängiger Prävalenzraten zu zwei Dritteln Frauen und zu einem Drittel Männer befragt und nach Parallelen in den Tatumständen, nach der Schwere der sexuellen Gewalthandlungen und nach der Inanspruchnahme von Hilfseinrichtungen zu Gruppen zusammengefasst. Innerhalb der Gruppen wurden jeweils Vergleichspaare zwischen Männern und Frauen gebildet (vgl. Gahleitner 2003). Im Folgenden soll ein Vergleichspaar aus der Gruppe der Professionellen, die nach langer Therapieerfahrung inzwischen selbst im psychosozialen Bereich tätig sind, dargestellt werden.

Herr Profeld[1] ist 47 Jahre alt, war ehemals Bankkaufmann und arbeitet heute als Sozialpädagoge und Suchttherapeut. Frau Prohaska ist 32 Jahre alt. Sie hat

---

[1] Die Namen der Befragten wurden anonymisiert.

Versicherungskauffrau gelernt, ist jedoch heute als Sozialarbeiterin im Bereich ambulanter Hilfen tätig und studiert Psychologie. Beide wurden bereits in den frühen Kindheit vom Vater sexuell missbraucht, Herr Profeld zudem von seiner Stiefschwester. Für Herrn Profeld folgte eine jahrzehntelange Suchtkarriere. Ein Suizidversuch führte zu der Entscheidung, eine Therapie zu beginnen. Mit Hilfe dieser Klinikerfahrung und einer ambulanten Nachsorge gelang es ihm, sich ein stabiles soziales Netz zu schaffen, auf dessen Basis er sein Leben neu organisierte, die Schule nachholte, studierte und heute im Bereich der Suchtberatung und Öffentlichkeitsarbeit sein Erfahrungswissen an Betroffene weitergibt. Frau Prohaska gelang es mit Hilfe eigener Auseinandersetzungen, Aussprache mit Freundinnen und Freunden, langjähriger Therapie und verschiedenen Ausbildungen, das Geschehene zu verarbeiten. Heute ist auch sie als Professionelle in psychosozialen Arbeitsfeldern tätig.

Befragt nach der hilfreichsten therapeutischen Intervention im Bewältigungsprozess, antwortet Herr Profeld mit Inhalten einer atemtherapeutischen Sitzung: der Phantasie einer Vergewaltigungssequenz, in der er abwechselnd die Rolle des Täters und des Opfers einnimmt und die Extrempole der begleitenden Emotionen durchlebt. Den weiteren therapeutischen Verlauf schildert er folgendermaßen:

(...) und was ich nach dieser Sitzung schon verspürt habe, daß ich hier einen irrsinnigen Druck in der Beckengegend hatte (...) und ich habe mir immer diese Frau gewählt (...) die hat dann da gedrückt (...) also das war wirklich (...) das kann man eigentlich nicht in Worte fassen (...) und da hab' ich dann gemerkt also da hängt die Wut dann auch (...) also ich habe geschrien, geschrien, geschrien und das war einfach, es war nur befreiend (...) und das war also wirklich die Erlösung, also da sind Blockaden weggegangen noch und nöcher und ich merke auch heute, wenn ich heute (...) dieser Schmerz ist halt noch da (...) aber (...) es hat einfach an Gewicht verloren (...)

Frau Prohaska antwortet dagegen mit einer deutlich anders strukturierten Therapieintervention. Sie schildert eine Sequenz einer NLP-Sitzung (Neurolinguistisches Programmieren), in der für sie entscheidende Veränderungsprozesse für die Zukunft eingeleitet wurden.

Es gibt eine ganz ganz denkwürdige Sitzung für mich im NLP (...) wo mein Trainer mit mir fast phobia gemacht hat (...) da haben wir das halt so angeordnet, daß er mich gebeten hat, vor mir ein Bild zu nehmen, ein ganz großen, farbiges Bild, äh, mit guten Erinnerungen vorher, bevor der Mißbrauch angefangen hat, dann ein signifikantes Bild für den Mißbrauch in die Mitte zu stellen und dann irgendwie ein großes farbiges Bild sozusagen, was hinterher angeordnet ist. Und ich kann mir erinnern, daß in mir (...) ein signifikanter Satz, den er mir damals gesagt hat, das Leben geht von positiv nach positiv und zwischendrin war es ein bißchen Scheiße ((lacht)) so, und das hat sich bei mir, das hab' ich in der Folge gemerkt, durchgeneralisiert, also ich ordne meine inneren Bilder anders an. Es ist nicht mehr dieser Riesenblock in der Mitte, was alles überschattet, sondern es ist irgendwie – die Peripherie ist ausgefüllt mit positiven Bildern, und das hat es kleiner gemacht für mich, also seitdem hatt' ich das Gefühl, kann ich leben (...) das war für mich ganz ganz wesentlich in der Verarbeitung (...)

Sowohl der Interviewpartner als auch die Interviewpartnerin schildern diese Sequenzen als die 'Wendepunkte' in der Aufarbeitung ihrer Geschichte früher Traumatisierung. Danach habe die Belastung und Symptomatik für sie sichtlich nachgelassen und sei die Erfahrung für sie besser zu bewältigen und in den Alltag integrierbar gewesen. Behandelt man diese Interviewsequenzen nach der gendersensiblen Prozedur nach Hagemann-White ergibt sich folgender Geschlechtervergleich:

Herr Profeld	Frau Prohaska
1. Kategorie: Zugang zu Gefühlen finden – Explikation der Emotionen – Katharsis	1. Kategorie: Kognitive Restrukturierung der traumatischen Situation
2. Genderaspekt: weiblich konnotierte Therapiesequenz	2. Genderaspekt: männlich konnotierte Therapiesequenz
3. Reflexion in der vergleichenden Systematisierung: Für Herrn Profeld ist entgegen dem 'typisch männlichen Copingverhalten' die Entdeckung und der Ausdruck von Gefühlsqualitäten zentral in seinem Verarbeitungsprozess. Nach langer Verleugnung mehr Durchlässigkeit für Gefühle und emotionale Schwingungsfähigkeit zu erlangen, bezeichnet er als einen zentralen Schritt in der begleitenden Psychotherapie.	3. Reflexion in der vergleichenden Systematisierung: Für Frau Prohaska ist entgegen dem 'typisch weiblichen Copingverhalten' die Entdeckung von Stärken und kognitive Strukturierung der vormals überwältigenden Emotionen zentral, um wieder Übersicht in ihr Leben zu bringen. Sie empfindet das tendenziell kognitiv strukturierende Verfahren der 'fast phobia' als entscheidenden Wendepunkt in ihrem Verarbeitungsprozess

Tabelle 2: Konkretes Vorgehen nach Hagemann-White an einem Textbeispiel

Auf der Ebene der Hypothesenbildung über alle geführten Interviews hinweg zeigt sich im Vergleich mit dem theoretischen Bezugsrahmen, dass eine erfolgreiche Aufarbeitung früher Traumata nach dem aktuellen Stand der Traumaforschung sowohl kognitive und als auch emotionale Restrukturierungen erfordert (vgl. Roth/ Newman 1991). Bei der Bewältigung des Geschehens scheint jedoch für die männlichen Interviewpartner der Untersuchung, die häufig bisher den emotionalen Aspekt vernachlässigt hatten, zentral zu sein, die verleugneten Gefühlsqualitäten zu entdecken und zum Ausdruck zu bringen, für die befragten weiblichen Untersuchungsteilnehmerinnen hingegen, nach lang andauernder Emotionsüberflutung die überwältigenden Gefühle kognitiv zu strukturieren und Klarheit und Stärke zu entwickeln. Die Auseinandersetzung mit Gefühlen bzw. Kognitionen taucht für beide Geschlechter jeweils an unterschiedlichen Stellen im Bewältigungs- bzw. Therapieprozess auf (vgl. dazu auch Gahleitner 2003). Dieses Ergebnis läßt sich auch in bestehende Androgynitätskonzepte der Geschlechter- und Gesundheitsforschung einbetten, nach denen eine Kombinationen möglichst funktioneller maskuliner und femininer Eigenschaften als besonders gesundheitsfördernd betrachtet werden (vgl. u.a. Antonovsky 1997, Bem 1975, Bilden 2001).

5. Resümee

Die Kombination der qualitativen Inhaltsanalyse nach Philipp Mayring (1993; 2000) mit der geschlechtssensiblen Methode nach Carol Hagemann-White (1993; 1994) erweist sich als praktikabel und durchführbar. Kritisch anzumerken bleibt aber auch bei diesem Vorgehen, inwieweit der Forderung entsprochen werden kann, im Analyseprozess tatsächlich hinter die allgegenwärtigen Strukturen des gesellschaftlichen Systems der Zweigeschlechtlichkeit zu gelangen. Insbesondere zwei Aspekte sind hier eingehender zu beleuchten: die 'Mitkonstruktion' durch Forschende wie Beforschte und die Infragestellung der prinzipiellen Ergebnisoffenheit der qualitativen Inhaltsanalyse.

Bei Forschenden wie Beforschten handelt es sich stets um Menschen, die sich selbst fundamental als Frauen bzw. Männer erleben. Sie konstituieren und gestalten den Forschungsprozess und sind damit auch hier – wie überall – beim „doing gender" (West/Zimmermann 1987) „auf frischer Tat ertappt" (Hagemann-White 1993). Das Wissen um die Zuordnung eines Interviewpartners oder einer Interviewpartnerin zu einer Geschlechterkategorie im Forschungsprozess ist daher mit geschlechtstypischen Attributionen und Stereotypen verknüpft. Für die Forschung resultiert daraus die Gefahr der Reifikation der Zweigeschlechtlichkeit, die es ja eigentlich unvoreingenommen zu untersuchen gilt: Die Kenntnis, wessen Geschlechts die Beforschten 'sind', führt zu einer Fokussierung im Sinne einer Suche nach zu diesem Geschlecht gehörenden 'typischen' oder 'spezifischen' Mustern.

Carol Hagemann-White versucht dieses Problem durch die geschlechtsindifferente Verfremdung der Texte und die ‚Fremdkodierung' zu lösen. Die Entfremdung und die Konfrontation mit den eigenen „Irrtümern" nach der Aufdeckung bietet hier eine Chance, die Reifikation zu durchbrechen. Meine Erfahrung mit der Methode zeigt, dass die Anregungen der zweiten Kodierung nach der Textverfremdung tatsächlich an vielen Stellen zusätzliche Perspektiven zur Geschlechtsspezifik bieten, die zu mehr 'gendersensibler' Komplexität in der Datenanalyse verhelfen. Der vielfache Austausch und die mehrmalige Durchsicht des Materials ermöglichen darüber hinaus argumentativ mehrperspektivisch begründete Ergebnisse. Dadurch gewinnt das Verfahren an Offenheit für Reflexionen, Introspektionen, Ergänzungen und Revisionen, stets unter besonderer Aufmerksamkeit für geschlechtsspezifisch relevante Sequenzen im Datenmaterial.

Aus feministisch-konstruktivistisch Perspektive kann auch die inhaltsanalytische Festlegung von genderrelvanten Kategorien bereits vor der Analyse kritisch betrachtet werden, da sie ja nicht – wie die Grounded Theory – eine prinzipielle Ergebnisoffenheit nach allen Seiten offeriert. Um hinter das System zu gelangen, beginnt man hier mit einem Blick innerhalb des Systems, der eine vollständige Ablösung davon verhindert. Die Kritik ist nicht vollständig von der Hand zu weisen (vgl. dazu auch Behnke/Meuser 1999). Gibt es jedoch einen Blick 'außerhalb dieser Ordnung'? Über verschiedene Wege der Annäherung wird viel diskutiert. Auch ich halte dieses Problem für unvermeidbar, aber dennoch für schrittweise methodisierbar.

So spielt auch in der qualitativen Inhaltsanalyse induktives Vorgehen eine große Rolle und bietet Räume der Überschreitung und Kontextualisierung. So wurden im vorliegenden Forschungsvorhaben beispielsweise die Textsequenzen zunächst in einem Zwischenschritt anhand biografischer Einzelfalldarstellungen kontextualisiert, bevor sie in die vergleichende Systematisierung einflossen. Auf diesem Wege bot die detaillierte Analyse, in welchen Situationen geschlechtsspezifisch konnotierte Verhaltensmuster vorkommen und wo sie überschritten werden, eine besonders intensive Auseinandersetzung mit cross-gender-Effekten. Solche Geschlechtsrollenüberschreitungen, in denen jeweils gegengeschlechtliche Verhaltensmuster etabliert werden, spielen z.B. für die Gesundheitsforschung eine bedeutsame Rolle (vgl. Bem 1975).

Geschlechtssensible Forschung und Theoriebildung hat das Ziel, die Bedeutung der Geschlechterordnung für das Verstehen sozialer Phänomene aufzuzeigen und geschlechtsdemokratische Überlegungen zu fördern (vgl. Brückner 2001). Dass geschlechtsspezifische Forschung die Geschlechterdifferenz erneut ins Zentrum der Aufmerksamkeit befördert und ungewollt zu einem gewissen Ausmaß bestätigt und mitkonstruiert, bleibt als Problem bestehen (vgl. Gildemeister/Wetterer 1995). Besteht jedoch Transparenz und Offenheit gegenüber der Realisierbarkeit des Auffindens neuer Strukturen und Strukturkategorien innerhalb des gesteckten Rahmens, können daraus genderrelevante Erkenntnisse gewonnen werden und Veränderungspotenziale wachsen. Die Kombination der Inhaltsanalyse nach Mayring und des geschlechtssensiblen Verfahrens nach Hagemann-White stellt m.E. einen realitätsnahen Kompromiss dar, Phänomenen auf die Spur zu kommen, die an Geschlechterkategorisierungen gebundenen sind, ohne sich dabei ausschließlich in vorgebahnten Strukturen zu bewegen.

Literatur

Antonovsky, Aaron (1997): Salutogenese. Zur Entmystifizierung der Gesundheit. Tübingen: DGVT. (Original 1987)
Behnke, Cornelia/Meuser, Michael (1999): Geschlechterforschung und qualitative Methoden. Opladen: Leske+Budrich
Bem, Sandra L. (1975): Androgyny vs. the tight little lives of fluffy women and chesty men. In: Psychology Today. 9. 58-62
Bilden, Helga (2001): Die Grenzen von Geschlecht überschreiten. In: Fritzsche, Bettina/Hartmann, Jutta/Schmidt, Andrea/Tervooren, Anja (Hrsg.): Dekonstruktive Pädagogik. Erziehungswissenschaftliche Debatten unter poststrukturalistischen Perspektive. Opladen: Leske+Budrich. 137-147
Brückner, Margrit 2001: Gender als Strukturkategorie und ihre Bedeutung für Sozialarbeit. In: Gruber, Christine/Fröschl, Elfriede (Hrsg.): Gender-Aspekte in der Sozialen Arbeit. Wien: Czernin. 15-24
Gahleitner, Silke-Birgitta (2003): Sexuelle Gewalterfahrung und ihre Bewältigung bei Frauen und Männern. Eine explorative Untersuchung aus salutogenetischer Perspektive. Dissertation an der Freien Universität Berlin, Fachbereich Erziehungswissenschaft und Psychologie.
Gildemeister, Regine/Wetterer, Angelika (1995[2]): Wie Geschlechter gemacht werden. Die soziale Konstruktion der Zweigeschlechtlichkeit und ihre Reifizierung in der Frauenforschung. In: Knapp, Gudrun-Axeli/Wetterer, Angelika (Hrsg.): Traditionen – Brüche. Freiburg: Kore. 255-285.
Hagemann-White, Carol (1984): Sozialisation weiblich – männlich? Opladen: Leske+Budrich
Hagemann-White, Carol (1993): Die Konstrukteure des Geschlechts auf frischer Tat ertappen? Methodische Konsequenzen einer theoretischen Einsicht. In: Feministische Studien. Jg. 12, Heft 2. 68-78
Hagemann-White, Carol (1994): Der Umgang mit Zweigeschlechtlichkeit als Forschungsaufgabe. In Diezinger, Angelika/Kitzer, Hedwig/Anker, Ingrid/Odierna, Simone/Haas, Erika/Bingel, Irma (Hrsg.): Erfahrung mit Methode. Freiburg: Kore. 301-318
Kimerling, Rachel/Ouimette, Paioge/Wolfe, Jessica (Hrsg.) (2002): Gender and PTSD. New York: Guilford
Maihofer, Andrea (1995): Geschlecht als Existenzweise. Frankfurt/M.: Helmer
Mayring, Philipp (1993[2]): Einführung in die qualitative Sozialforschung. Weinheim: Beltz
Mayring, Philipp (2000[7]): Qualitative Inhaltsanalyse. Grundlagen und Techniken. Weinheim: Beltz
Roth, Susan/Newman, Elana (1991): The process of coping with trauma. In: Journal of Traumatic Stress. Vol. 4. 279-297
West, Candace/Zimmermann, Don (1987): Doing gender. In: Gender & Society. 1/1987. 125-151
Witzel, Andreas (2000): Das problemzentrierte Interview [26 Absätze]. In: Forum Qualitative Sozialforschung/Forum: Qualitative Social Research [On-line Journal]. 1/1. http://qualitative-research.net/fqs (20.10.2000)
Witzel, Andreas (1982): Verfahren der qualitativen Sozialforschung. Überblick und Alternativen. Frankfurt/M. und New York: Campus

Gabriele Sobiech

Körper ohne Geschlecht? (Re- und De-)Konstruktionen der Geschlechterdifferenz durch die ästhetische Arbeit am Körper in Fitnessstudios

Wenn der Körper nicht einfach als Grundlage sozialen Handelns vorausgesetzt wird, sondern als Effekt und Wirkung sozialer Prozesse, ist es dann nicht selbstverständlich, dass die alltägliche permanente Darstellung des eigenen Selbst in sozialen Kontexten nicht zugleich auch die Inszenierung von Geschlechtszugehörigkeit umfasst? So weist auch Hirschauer darauf hin, dass die Geschlechtszugehörigkeit durch eine kulturell garantierte Sichtbarkeit bestimmt ist, die allerdings nicht einfach auf sich selbst verweist, sondern eine „kontinuierliche Darstellungspraxis" (2001: 214) verlangt. Mittlerweile scheint in der Geschlechterforschung dennoch Konsens darüber zu bestehen (vgl. Heintz/Nadai 1998, Hirschauer 2001, Kotthoff 2003), dass in Alltagsroutinen Chancen enthalten sind, das 'doing gender' zu unterbrechen. Nicht nur durch die Hinzunahme weiterer Variablen wie Klasse (vgl. Frerichs 2001), Ethnie (vgl. Müller 2003), sexuelle Orientierung (vgl. Ferreira 2002: 121ff.) etc. ist die Geschlechtszugehörigkeit zu relativieren. Heintz und Nadai (1998: 77f.) weisen darauf hin, dass Ungleichzeitigkeiten und Ambivalenzen im Modernisierungsprozess es notwendig machen, danach zu fragen, in welchen Kontexten Geschlecht ein relevanter Faktor ist und wo sich die Unterschiede und Ungleichheiten zwischen den Geschlechtern verringern.

Im vorliegenden Beitrag soll diesen Überlegungen folgend in einem ersten Schritt das Projekt „Fitness, Gesundheit und Lebensstil" kurz vorgestellt werden. Fragestellungen, Methode und Methodologie werden im Anschluss präzisiert und zugleich daraufhin überprüft, ob sich eine Reifizierung der Geschlechterdifferenz vermeiden bzw. an welchen Stellen sie sich nicht vermeiden lässt. In einem dritten Schritt werden erste Ergebnisse vorgestellt, z.B. inwieweit durch architektonische Arrangements in Fitnessstudios, also spezielle Raumanordnungen und die mit ihnen verbundenen Reglements, sowie durch die Tätigkeiten der Akteure selbst die Geschlechterdifferenz aktualisiert oder neutralisiert wird.

1 Darstellung des Forschungsprojektes „Fitness, Gesundheit, Lebensstil"

1.1 Handlungsaufforderungen in der Moderne

Beschreibungen gesellschaftlicher Modernisierungsprozesse verbinden Vorstellungen der Zunahme von Wahlfreiheiten und Handlungsspielräumen[1] bei gleichzeitiger Loslösung aus traditionalen Bindungen und Vergesellschaftungsformen. Der Mensch erscheint als Gestalter seiner Identität, Planer seines Lebenslaufes und Produzent gesellschaftlicher Verhältnisse. Auch der eigene Lebensverlauf steht unter Begründungspflicht und schafft den Handlungszwang, sich selbst als Person erfinden zu müssen. Wenn aber die Suche nach dem, was das eigene Ich zusammenhält, nicht als unumstößliche Selbstgewissheit und Sicherheit gedacht wird, sondern als Konstrukt, das Orientierung in einem Raum von Unsicherheiten und Möglichkeiten gewähren soll, ist diese Arbeit an sich selbst permanent vom Misslingen bedroht. Die möglicherweise damit verbundene Angst, sich selbst zu verlieren, verlangt einen erhöhten Bedarf an Selbstdarstellung und Selbststilisierung. Hier zeigt sich, dass es der Körper ist, der ins Blickfeld gerät.

1.2 Der Körper als Austragungsort der Macht

Auch der Körper ist nicht das, was er zu sein scheint: eine feste, materielle Substanz, die etwas dem Menschen Wesenhaftes, Eigentliches verkörpert. Sarasin (2001: 11) zeigt auf, dass der Körper nicht über oder außerhalb der Geschichte steht und die Form, wie Körper in den historischen Zeiträumen erscheinen, verschiebt die Grenzlinie, die üblicherweise Natur von Kultur trennt.

Foucault (1977) hat an vielen Stellen darauf verwiesen, dass die Produktion von Körpern immer auch eine Frage der Macht ist, die diese Körper besetzt, einer Macht, die bestimmt, was 'der Körper' sei und wie wir mit ihm umzugehen haben. Diese „Mikrophysik der Macht" will einerseits den Körper und seine Kräfte unterwerfen, andererseits seine Möglichkeiten zugleich ausschöpfen. Im Wandel zur reflexiven Moderne zeigt sich das veränderte Verhältnis von Körper und Selbst am wechselseitigen Einfluss von Märkten und Kulturen (vgl. Neckel 1996: 40ff.). Während Märkte Angebote bereitstellen und Lebenschancen bieten, produzieren Kulturen Zeichen und Symbole. Aussehen, Geschlecht und Alter erhalten in diesem Kontext eine gesteigerte Bedeutung, da sie aufgrund ihrer Sichtbarkeit wie nichts

---

[1] Allerdings muss einschränkend festgehalten werden, dass für die Beurteilung der Bedeutung gestiegener individueller Handlungsspielräume der Einbezug der jeweiligen Lebenschancen (Herkunft, Bildung, Arbeit und Einkommen) unerlässlich ist

anderes zur Zeichenproduktion geeignet sind. Der Markt, der letztlich die Geltungskriterien formuliert, nach denen soziale Anerkennung in der Gesellschaft verteilt wird, ist eng mit Erwartungen moderner Kultur an die innere und äußere Machbarkeit einer Person gebunden. Zur Bedingung sozialer Wertschätzung gehören insbesondere Jugendlichkeit, Schönheit, Fitness und Gesundheit[2].

Auskunft darüber, welche Maßstäbe an den Körper anzulegen sind, geben vor allem Werbung und Medien. Um strategische Ziele erreichen zu können, versucht insbesondere die Werbung ihre Inszenierungen bestmöglichst an aktuelle Vorstellungen, Werte und Interessen ihrer jeweiligen Zielgruppe anzupassen. Die Optimierung des Körpers steht symbolisch für die optimale Bewältigung der Anforderungen des Alltags.

Der Körper, so ein Ergebnis von Willems und Kautt (1999: 341), wird von der Werbung in mancher Beziehung zum zentralen Lebensinhalt, ja zur Lebensaufgabe stilisiert, besonders im Hinblick auf die erwähnten Werte Schönheit, Jugendlichkeit und Gesundheit. Dass diese Werte in geschlechtsdifferenten Kontexten variieren, versteht sich von selbst. Auch Kotthoff (2003: 134) geht davon aus, dass Massenmedien, die geschlechtstypische Bilder von Schönheit, Erfolg, Glück etc. präsentieren, einen omnipräsenten Raum einnehmen. Auf diese Weise betreiben sie genderisierte Körperpolitik und tragen damit zum Erhalt der Geschlechter-Asymmetrie bei.

Dass die Werbung nicht die Wirklichkeit abbildet, versteht sich von selbst, dennoch greift sie aktuelles Wissen, kulturelle Symbolisierungen und Objektivationen auf. Die Appelle und Imperative im Kontext von Schönheit, Jugendlichkeit und Gesundheit sind eng verknüpft mit spezifischen Handlungsaufforderungen, die auch als richtungsweisend für die Gestaltung 'männlicher' und 'weiblicher' Körper gelten können.

1.3 Körper und Selbstkonstitution

Gesellschaftliche Machttaktiken, die sich auf die Verwaltung und Ausnutzung eines Kräfteverhältnisses richten, um Wirkungen des Machtgewinns und -profits zu erzielen, sind nicht zu trennen von den Selbsttechniken. Diese ermöglichen Indivi-

---

[2] Der Begriff bedeutet nicht mehr nur das Gegenteil von Krankheit. Gemeint ist vielmehr ein umfassender Lebensstil, der neben dem physischen, auch psychisches und soziales Wohlbefinden umfasst und als Voraussetzung von Glück und Erfolg gewertet wird. Dass damit ein riesiger Markt verbunden ist, von dem sich Anbieter zukünftig immer größere Gewinne erhoffen, zeigen die immensen Summen, die bereits heute für den Gesundheitssektor ausgegeben werden (etwa ein Zehntel des Bruttosozialproduktes in der BRD, in den USA knapp ein Sechstel, vgl. Frankfurter Rundschau vom 27.2. 2001).

duen durch eigene Mittel bestimmte Operationen mit ihren Körpern, mit ihren Seelen, mit ihrer eigenen Lebensführung zu vollziehen, und zwar so, dass sie sich selber im Sinne der gesellschaftlichen Normen modifizieren und herrichten. Die Produktivität der Macht offenbart sich in den mit diesen Operationen verknüpften Glücksverheißungen, die einen Zustand von umfassender Erlebnisfähigkeit, übernatürlicher Kraft und Vollkommenheit versprechen. Die Einführung des Begriffs der Selbsttechnologie lockert die Beziehung zwischen Fremd- und Selbstkonstitution (vgl. Lemke 1997: 263), denn bei der Vergesellschaftung des Körpers und seiner Bewegungen handelt es sich um die (Re-)Produktion, (Re-)Konstruktion und (Re-)Organisation kultureller Körpertechniken, Bewegungsmuster, äußerer und innerer Haltungen, die die Handlungsfähigkeit der Individuen in einer Gesellschaft erst möglich machen (vgl. Alkemeyer 2003: 350). Über die Kontrolle des Sichtbaren, die Anwendung disziplinierender Maßnahmen stellen die Einzelnen zugleich ihre Einordnung in die Normalität sicher, denn das Beherrschen der Techniken der Körpergestaltung wird zugleich als Bewertungsmaßstab für die Beherrschung von Kultur angesehen. Auch wenn die Idealbilder von Fitness, Gesundheit, Jugendlichkeit und attraktivem Aussehen die Mehrheit sicher nicht erfüllt, sollten sich die Einzelnen zumindest erkennbar schinden, um mehr aus dem eigenen Typ zu machen. Guggenberger (1998: 197) geht, aufgrund der Anforderungen von Flexibilität an den modernen Menschen, soweit zu behaupten, dass die Frage, die den Menschen heute antreibt, nicht mehr lautet „Wer bin ich?", sondern eher „Wer bin ich für wen?". Diese Frage sei, so Guggenberger weiter, „ohne die Identifikationshilfen der diversen modischen Erkenntnisdienste fast aussichtslos" (1998: 201).

Ganze Industrien und Märkte sind mittlerweile entstanden, in denen Strategien und Techniken, Gesten und Chiffren der Selbstdarstellung angeboten und nachgefragt werden[3]. Die formatierten und standardisierten Zeichen für Individualität und Identität innerhalb der vorfabrizierten Kultur- und Deutungsmuster erleichtern dem modernen Menschen zugleich das Wählen und Entscheiden. Eine Branche scheint diesem Ansinnen besonders zu entsprechen, wie die enormen Steigerungsraten zeigen: nämlich die Fitnessbranche. Die Anzahl der Mitglieder kommerzieller Fitness-Center ist von 1990 bis 1999 um 251,8% angewachsen (von 1,70 auf 4,27 Mio.).

Einerseits bedeutet der Rückgriff auf die forcierte Ästhetisierung des Selbst für die Einzelnen Entlastung von der verstärkt zugewiesenen Selbstverantwortung

---

3   Der Mangel an Gewissheit und Orientierung wird sicher auch durch die Tatsache verstärkt, dass die neuen Formen der Erwerbsarbeit, z.B. im Dienstleistungsgewerbe und in der Informationstechnologie, keinen klar definierten Berufshabitus aufweisen.

Körper ohne Geschlecht? 297

im Zuge der Vieldeutigkeiten der Moderne, andererseits verlangt die Umsetzung Disziplin und Leistungswillen. Man muss an sich arbeiten, außen wie innen. In den Verfahrensregeln, Rezepten, spezifischen Techniken, vermittels derer der Möglichkeitsspielraum der Welt gebändigt und typisch bewältigt wird, offenbaren sich die kreativen Potenzen der Macht, die Körperverhalten nicht nur unterdrücken, sondern auf spezifische Weise erst hervorbringen.

Auch Bourdieu (1985) versucht das Verhältnis von äußeren Strukturen und subjektivem Handeln zu fassen. In seiner Theorie der Praxis erhält die Inkorporierung und Verkörperung der sozialen Verhältnisse, geprägt durch die soziale Klasse, Geschlechtszugehörigkeit etc., besonderes Augenmerk. Als „Leib und Ding gewordene Geschichte" (Bourdieu 1985: 69) ist es der Habitus, der zwischen Struktur und Praxis vermittelt. D.h. die sozialen Strukturen strukturieren den Habitus ebenso wie dieser die Praxis strukturiert.

2 Fragestellungen, Methoden und Methodologie

Ziel des Forschungsvorhabens ist es, die gesellschaftlichen und individuellen Funktionen der Arbeit am Körper innerhalb der Fitnesskultur zu untersuchen. Neben der Analyse normativer und institutioneller Strukturen werden die Deutungen, Wahrnehmungen, ganz allgemein, die subjektive Sicht der in Fitnesscentern Aktiven in den Blick genommen. Es sind Frauen und Männer befragt worden (und sollen weiterhin werden), die Bewegungsangebote in Fitnesscentern wahrnehmen. Zur Durchführung der Interviews innerhalb verstehender Feldforschung gehört ebenso die teilnehmende Beobachtung des zu erforschenden Feldes. Die in den Fitnessstudios erhobenen Beobachtungsdaten erhalten zu den aus den Interviews gewonnenen Daten einen ergänzenden Stellenwert („Daten-Triangulation", Flick 2000: 310). Die Idee, Frauen und Männer zu befragen und bei ihren Körperformungsstrategien zu beobachten, impliziert, dass Manifestationen und Wirkungsweisen der Geschlechterdifferenz untersucht werden. Dies führt zwangsläufig zu einem Zirkel, da im Vorhinein die Geschlechter bereits unterschieden sein müssen. „Insofern es keine theorie- bzw. kulturfreie Beobachtung gibt, entgeht auch die Forscherin der 'dichotomen Optik' (Hagemann-White 1988: 229) der Alltagstheorie der Zweigeschlechtlichkeit nicht" (Heinz/Nadai 1999: 84).[4]

---

4 Die Frage ist dann, wie die Befragten die Geschlechtszuschreibungen im Interviewverlauf aufgreifen oder in den Hintergrund treten lassen.

In den Interviews sind nun folgende körperbezogene Aspekte und Fragestellungen zu berücksichtigen:

1. Die Körperhaltung: Inwiefern sind sozial konstruierte Konzepte von 'Weiblichkeit' und 'Männlichkeit' inkorporiert bzw. auf welche Weise werden sie in den Erzählungen zum Ausdruck gebracht? Oder anders formuliert: An welchen Stellen wird Geschlecht als Differenzierungs- und Zugehörigkeitskategorie in Situationen relevant? Wie wird die Haltung (Habitus) des eigenen Körpers reflektiert? Woran soll gearbeitet werden, was erscheint am eigenen Körper als verbesserungswürdig?
2. Bewegungen des Körpers und die Positionierung im sozialen Raum: Gibt es ein weites oder enges Spektrum an Bewegungserfahrungen? Wie ist insgesamt der Bewegungsradius, die Aneignung und Konstitution von Räumen der Befragten zu beschreiben? Wie positionieren sich die Befragten in institutionellen Arrangements? Gibt es ein Grundmuster der Positionierung in Interaktionen, also wiederkehrende Interaktionsstrategien?
3. Klassenspezifische Aspekte: Sind nach Milieu differenzierende Körperpraxen erkennbar? Welche Ressourcen und Kapitalsorten (Bourdieu 1991) stehen den Befragten zur Verfügung bzw. haben sie im Lebenslauf erworben?

Die Interviews, die durchgeführt wurden, sind einzuordnen in Methodologie und Methoden von Biografieforschung. Dieser Forschungszweig ist ein Bereich, in dem zunehmend versucht wird, der doppelten Gegebenheit des Körpers Rechnung zu tragen: In der erzählten Rekonstruktion des individuellen Gewordenseins wird das Forschungsinteresse darauf gerichtet, wie der Körper als Objekt kultureller Formung im Hinblick z. B. auf die Kategorie Geschlecht (auch Klasse, Ethnie etc.) und als Erfahrungsdimension auftaucht. Dabei geht es um die retrospektive Sinnkonstruktion, d.h. die re-konstruktive Verwendung von körperbezogenen Elementen des Erlebens in der biografischen Erzählung. Die Körpergeschichte, die im biografischen Prozess erinnert und verlebendigt wird, kann dann 'gelesen' werden (vgl. Dausien 1999: 177ff.). Da zum einen die Konstitution des Sinns in subjektiven Bewusstseinsleistungen, zum anderen der im gesellschaftlichen Handeln hervorgebrachte Aufbau der Wirklichkeit interessiert, wird die Durchführung von themenzentrierten Interviews als angemessene Methode betrachtet. Hierin enthalten sind sowohl spezifische Faktoren, die den Einzelfall charakterisieren als auch intersubjektiv geteilte Orientierungsmuster. Es geht nicht nur um das Verstehen einer anderen Persönlichkeit im Ganzen, sondern um das Verstehen eines thematisch zentrierten Erfahrungszusammenhangs (vgl. Honer 1995: 53). Da also im Rahmen des Forschungsvorhabens einzelne Teillinien der Lebensgeschichte relevant sind, bietet sich das Leitfadeninterview als adäquate Form der Interviewdurchführung an. Gefragt habe ich nach der Körper- und Bewegungsbiografie, also nach z.b. Bewegungsmöglichkeiten im Vorschulalter, nach Schulsporterfahrungen und Freizeitgestaltung, nach den Selbst- und Körperwahrnehmungen bis zur Pubertät und Veränderungen durch die Pubertät. Ein weiterer Schwerpunkt bildet der Besuch des Fitnesscenters und das Körper- und Selbstkonzept. Bedingung war, dass die Befragten mindestens zwei Jahre Mitglied in einem Fitnesscenter waren oder sind.

Was die Technik der Interviewdurchführung anbelangt, habe ich mich der Forschungsprogrammatik des problemzentrierten Interviews nach Andreas Witzel (1985: 227ff.) angeschlossen. Soweit es im Arrangement eines Interviews möglich ist, sollen die Rollen der am Interview Beteiligten symmetrisch gestaltet und damit die Interviewsituation dem sozialen Alltagsgespräch angeglichen werden. Anvisiert wird ein „Lernen auf beiden Seiten" (Sobiech 1994: 140).

Das Auswertungsverfahren des erhobenen Materials ist als „systematische thematische Analyse" (Fuchs 1984: 230) zu bezeichnen, die sich von einem reinen Bericht der Originaltexte unterscheidet. Die themenzentrierten Interviews werden nach einer ersten und zweiten Sichtung des Datenmaterials in Aussagen zerlegt und diese einem aus der Sichtung entwickelten Kategoriensystem zugeordnet. In einem dritten Schritt erfolgt die Interpretation dieser Aussagen, bei der sowohl die Befragten mit ihren eigenen Deutungsmuster als auch die Forscherin durch thematische und theoretische Beiträge zu Wort kommen.

Dieser Vorgehensweise liegt die Annahme zugrunde, dass jeder Handlungsbereich trotz vielfältiger Variationen durch eine relativ begrenzte Anzahl struktureller Muster und Prozessformen beschreibbar ist. Das Ziel ist die „Entwicklung von Begriffen und Erklärungen, die die strukturelle Varianz von Prozessen, Merkmalen und Gegebenheiten in einem sozialen Handlungsfeld erfassen und erklären können" (Fuchs 1984: 230).

3 Ergebnisse aus dem Vergleich zweier Interviews: (Re- und De-) Konstruktionen der Geschlechterdifferenz im Kontext der ästhetischen Arbeit am Körper in Fitnessstudios

Bevor Aspekte aus den themenzentrierten Interviews mit Blick auf geschlechts-(in)differente Körperformungsstrategien in Fitnessstudios vorgestellt werden, soll zunächst die Frage ins Zentrum rücken, ob institutionelle Arrangements in Fitnessstudios die Praxis der Geschlechterunterscheidung aktualisieren.

3.1 Geschlechtsdifferenzierende Reglements in Fitnessstudios

Klein und Deitersen-Wieber (2003: 187ff.) haben analysiert, dass Geschlecht in Fitnesscentern ein durchgängiges und wirkungsvolles Ordnungs- und Strukturmerkmal ist und erheblichen Einfluss auf die sportiven Praxen der in Fitnesscentern Aktiven nimmt, wie selbstverständlich umgekehrt, die Aktiven durch ihre Nutzungspräferenzen 'Einfluss' auf die räumliche Gestaltung der Center nehmen. Da der Raum mit seiner Konfiguration von kulturellen Objekten wie der Platzierung von Geräten etc. Weichen für die Interaktionen und Tätigkeiten der Akteure stellt (vgl. Löw 2001: 152ff.), sollen hier zu Beginn die erfassten Räumlichkeiten, die in der Regel in geschlechtsheterogenen Fitnessstudios zu finden sind, dargestellt werden: Funktionsräume und -einheiten umfassen den Gerätebereich, den Gymnastikraum, Umkleide- und Duschräume, sanitäre Anlagen, Solarium und Saunabereich, Thekenbereich, evtl. ein Fitnessbereich nur für Frauen und ein Kinderspiel und -betreuungsbereich. In der Regel sind die Räume mit Metall, Glas, Spiegelglas und Holz ausgestattet, die zumeist durchgängige Verwendung von Teppichböden sorgt für eine 'warme' und angenehme Atmosphäre.

Als geschlechtssegregierte Räume sind neben der üblichen Aufteilung der sanitären Anlagen, Umkleide- und Duschräume in den Frauen- und Männerbereich, Teile des Gerätebereichs und der mit Spiegelwänden ausgestattete Gymnastikraum zu nennen. Während der Freihantelbereich im Geräteteil nahezu ausschließlich von Männern zum Muskelaufbau genutzt wird, zielen die im Gymnastikraum angebotenen Kurse mit ihren tänzerisch ausgerichteten Bewegungsformen nach Musik (Aerobic, BOP etc.) auf Fettabbau und werden immer noch in der Mehrzahl von Frauen besucht. Diese Beobachtung wird auch von Klein/Deitersen-Wieber bestätigt, die den Kursbereich als „absolute Frauendomäne" und den Langhantelbereich als ausschließliches von Männern frequentiertes Areal klassifizieren (2003: 210). Hinzu kommen in manchen Fällen der ausgewiesene Frauenfitnessbereich und der Kinderspiel- und -betreuungsbereich, der ebenso nahezu ausschließlich von Frauen betreten wird, die ihre Kinder für die Trainingszeit unterbringen wollen. Auch die Betreuung wird in der Regel von Frauen geleistet.

Der Effekt dieser architektonischen Strukturen liegt auf der Hand: Über die damit verknüpften impliziten Aufforderungen sich zu positionieren und zusätzlich den eigenen Körper mit spezifischen geschlechtsdifferenten Techniken der Körperformung zu bearbeiten, wird Geschlechtszugehörigkeit nicht nur einfach hergestellt, sondern nach klassischen Vorbildern, gebrochen durch aktuelle Körpermoden, als natürliche Differenz konstruiert. Die Vorstellungen von Männlichkeit und Weiblichkeit werden hierüber stabilisiert.

Durch welche Aspekte lässt sich nun das Körperkonzept in Fitnessstudios, also die Vorstellungen von und der Umgang mit dem Körper beschreiben? Hat Foucault (1977) die Technologie der Disziplin und Disziplinierung noch in Institutionen, in denen durch komplexe Methoden der Raum- und Zeitaufteilung die Dressur von Haltungen, Gesten und Bewegungen durch ständiges Wiederholen und Üben erreicht werden sollte (Militär, Hospital, Fabrik, Schule) verortet, kann die Ästhetisierung des Körpers in der Moderne und ihre Körperformungsstrategien als moderne Disziplinierung im Rahmen einer freiwilligen Mitgliedschaft in einer Institution bezeichnet werden. Anstrengung, Kraft und Schmerz sind die Faktoren, die das Körperkonzept in Fitnessstudios bestimmen, um dem gesellschaftlichen Körperideal von Schönheit, Jugendlichkeit, Gesundheit und Fitness im umfassenden Sinn näher zu kommen. Damit die erarbeiteten Körperkonturen auch für alle sichtbar sind, gehört eine spezifische Kleidung zur Präsentation des eigenen Körpers: eng anliegende Achseltrikots und Hosen bei den Männern, den Bauch frei gebende Bustiers und eng anliegende Hosen häufig mit 'Schlag' bei den Frauen. Über die gemeinsamen am Körper hergestellten Attribute, Zeichen und Codes wird der Zusammenhalt der sonst unverbindlichen Zugehörigkeit zu einer Gemeinschaft der Gleichgesinnten signalisiert.

In den Kursen wird ein Körpertraining nach Musik angeboten. Die Bewegungen (Art, Ausführung, Wiederholung) werden en detail in der Mehrzahl von Trainerinnen (vgl. Klein/Deitersen-Wieber 2003: 213) vorgegeben. Es besteht ein Zwang, den vorgegebenen Bewegungsrhythmus zu übernehmen. Ein Ausscheren oder Pausieren wird als ein Zustand von Untrainiertheit interpretiert, der von den Teilnehmenden als peinlich erlebt wird. Auch beim Gerätetraining geben die vorhandenen Geräte das Training zum Teil kleinster Muskelgruppen vor. Die Bewegungsausführung unterliegt einem strengen Reglement, Abweichungen werden als laienhaftes 'selbst schädigendes' Verhalten entlarvt. Das Fazit ist, keine noch so kleine Bewegung wird hier improvisiert, jede Bewegung unterliegt bestimmten Standards, wird in vielen Fällen angeleitet und ist überprüfbar.

3.2 Körperformungsstrategien am Beispiel von Andreas und Birgit[5]

Zu Beginn soll ein Überblick über die Körper- und Bewegungsbiografie der Befragten gegeben werden, damit deutlich wird, nach welchen internalisierten Regeln, Wahrnehmungen und inkorporierten 'Haltungen' die Akteure handeln.

---

5   Die Namen sind selbstverständlich verändert und damit anonymisiert worden.

3.2.1 Kurzbiografie von Andreas

Andreas wächst in einer Kleinstadt als Ältester neben einem sechs Jahre jüngeren Bruder und einer zehn Jahre jüngeren Schwester im Norden Deutschlands auf. Die Wohnung liegt am Waldrand, so dass im Vorschulalter und während der Grundschulzeit mit den Nachbarskindern und dem Bruder „viel draußen gespielt"[6] wird. Bis zur 10. Klasse kommen Vereinssportaktivitäten für ihn nicht Frage. Zum einen betreiben die Eltern auch keinen Vereinssport, zum anderen folgen bei einigen zaghaften Versuchen am Vereinstraining teilzunehmen, z.B. im Fechten, anschließend Kommentare des Vaters, die ihm aufzeigen sollen, „was richtig und was falsch war", so dass Andreas den Spaß verliert. Die Beziehung zum Vater, die „durch viele Ängste bestimmt war und der Familie Zwangshandlungen aufnötigte", hat insgesamt großen Einfluss auf die Ausbildung des Körper- und Selbstkonzeptes von Andreas. Insbesondere die Sorge, beide Brüder könnten eine angeblich seit Geburt vorhandene Schwäche der Wirbelsäule zu einem Wirbelsäulenschaden ausbilden, treibt den Vater zu rigiden Maßnahmen: In bestimmten Phasen werden beide Brüder zum frühen Aufstehen angehalten, um Rücken bildende Übungen zu absolvieren. Die Folge ist eine Wahrnehmung des eigenen Körpers als „defizitär", „schwächlich und wenig koordiniert". Dieses Körperkonzept kommt auch im Sportunterricht (bis zur 9. Klasse), der nur unter Jungen stattfindet, zum Tragen. Hier nutzt Andreas seine angebliche Wirbelsäulenverkrümmung, um sich vom Sportunterricht befreien zu lassen, eine Strategie, mit der er sich auch dem Leistungsdruck des Vaters entziehen will. Mit der 10. Klasse zeichnet sich ein umfassender Wandel im Körper- und Selbstbild ab, Andreas beginnt mit Kampfsport im Sportverein, von dem er, auch bezogen auf das Klassengefüge umfassend profitiert. Gründe sind seine Unterlegenheitsgefühle den anderen Jungen gegenüber, aber auch, um die Anforderungen seines Vaters, der ihm vorher schon einmal vorgeschlagen hatte, Kampfsport zu betreiben, zu erfüllen. Die Phase der Pubertät nimmt er nicht als besondere Phase wahr, nur dass er durch den Entwicklungsschub insgesamt, auch im Sportunterricht, besser wird. Das Gefühl „defizitärer Männlichkeit" ist in der 10. Klasse aber noch äußerst präsent, dem Andreas innerhalb seiner Clique durch seine Kleidung (wattierte Jacke, die Masse gibt und die offen bleiben musste, damit sich ein „V" – also die ideale männliche Körperform – abbildet) und vor allem mit dem vermehrten Konsum von Alkohol, den Kontakt zu „irgendwelchen Frauen", und dem „Streit mit anderen Gruppen" Abhilfe zu schaffen sucht. Nach dem Abitur arbeitet Andreas ein Jahr in der Firma

---

6   Bei den im Folgenden mit Anführungsstrichen versehenen Textstellen handelt es sich um Originalzitate aus den Interviews.

seines Onkels. Danach reist er ein halbes Jahr herum, „um seinen Weg zu finden". Schließlich zieht er mit seiner langjährigen Freundin in die nächst größere Stadt in eine Wohnung. Ein halbes Jahr später scheitert die Beziehung, die Freundin zieht aus. Im gleichen Jahr stirbt der Vater bei einem Autounfall, „in doppelter Hinsicht ein gravierender Einschnitt" für Andreas. Er zieht wieder in die Heimatstadt, legt sein Studium der Literaturwissenschaft und Geschichte drei Semester „auf Eis". In dieser Zeit wickelt er die Firma seines Vaters ab, führt einen Prozess gegen den Unfallgegner und kümmert sich intensiv um seine Mutter. Seine Mutter bezeichnet Andreas als beschützend, wenn es mit dem Vater Ärger gab, aber das Bild, das Andreas von seiner Mutter hat, ist eher geprägt von der Sorge, dass sie der Situation, in der sich die Familie nach dem Tod des Vaters befindet, nicht gewachsen ist. Andreas will so schnell wie möglich die Leere, die sein Vater hinterlassen hat, ausfüllen. Er tritt im gleichen Jahr ins Fitnessstudio ein.

Andreas ist zum Zeitpunkt der Befragung 29 Jahre alt und absolviert einen Promotionsstudiengang im Bereich Geschlechterforschung.

3.2.2 Kurzbiografie von Birgit

Birgit wächst mit ihrer zwei Jahre älteren Schwester und dem zwei Jahre jüngeren Bruder am Rande eines Dorfes in Süddeutschland auf. Sie erinnert sich, dass sie als Kind im Vorschulalter immer in Bewegung und viel draußen gewesen ist. Sportaktivitäten gehören nicht zu ihrem Bewegungsrepertoire, da diese in der Familie keinen großen Stellenwert besitzen. Bereits in der Grundschule hat sie das Gefühl zu dick zu sein, gemessen an ihren Schulfreundinnen und -freunden. Diese Wahrnehmung hängt offenbar mit dem zusammen, was in ihrer Familie immer wieder kolportiert wird: Birgit wird als „Kind als groß, dick, rund, glücklich, witzig gehandelt", ein Kind, das eben mit „neun Pfund" auf die Welt kam. Etwas älter geworden will sie Abhilfe schaffen und bestellt aus einer Zeitschrift „Pillen zum Wunderabnehmen".

Empfindet sie den Sportunterricht in der Grundschule noch als akzeptabel, wird ihr Verhältnis zum Sport in der Schule mit zunehmendem Alter problematischer. Zum einen wird die verlangte Leistung zum Problem, das Nicht-Erbringen der sportlichen Leistung ist sogar teilweise mit Scham und Peinlichkeit verbunden, zum anderen will sie sich nicht in „Sportklamotten" zeigen. Ist der Sportunterricht zunächst geschlechtshomogen, nehmen ab der 9. Klasse Jungen am Sportunterricht teil. Mit dem nunmehr unterrichtenden Sportlehrer kann Birgit An- und Abwesenheiten aushandeln, da Menstruationsbeschwerden als Grund ausreichen, um dem Sportunterricht fern bleiben zu können. Mit der Teilnahme der Jungen nehmen ihre Bedenken, sich mit ihrem Körper zu bewegen und zu zeigen zu. Birgit empfindet es als äußerst peinlich, die Größte und Schwerste in der Klasse zu sein.

Dass auf Ernährung geachtet werden muss, lernt sie zum einen am Vorbild ihrer Schwester. Die Mutter führt ab einem bestimmten Alter (etwa mit der Pubertät) einen Salattag ein, den dann die Mutter mit der Schwester zusammen durchführt. Zudem sorgt die Mutter dafür, dass die Ernährung der Töchter insgesamt fettärmer wird. Zum anderen leben ihr ihre Mitschülerinnen, die im Klassengefüge eine hohe soziale Position innehaben, vor, was Mädchen, die von Jungen begehrt werden, während der großen Pause an Nahrungsaufnahme „erlaubt" ist: nämlich „Möhren zu knabbern". Dass Birgit nun als Größte und Dickste ein Leberwurstbrot isst, ist ihr sehr peinlich. Sie entschließt sich das Brot vor der Pause zu essen, um dann mit ihren Mitschülerinnen in der Pause ebenfalls „Möhren zu knabbern".

Die Pubertät ist für Birgit stark mit ambivalenten Gefühlen belegt. Einerseits freut sie sich darauf, erwachsen zu werden, andererseits erlebt sie z. B. die Menstruation als schmutzig und lästig. Eigentlich findet sie es „toll", nun für Jungen interessant zu sein, aber von der Mutter erhält sie Vorwürfe, dass sie sich mit einem Jungen „abgibt", der in „der Paprikasiedlung" (eine Siedlung, in der Ausländer lebten) wohnt. Mit den Äußerungen der Mutter kann Birgit immer weniger anfangen, so dass sich mit der Pubertät die Konflikte häufen. Der Vater wird eher am Rande erwähnt, erhält auf den ersten Blick wenig Bedeutung. Mit vierzehn Jahren nimmt sie sich vor, sich zu verlieben, weil dies „zu dem Alter dazu gehörte". Ein Jahr später hat sie den Mann fürs Leben gefunden, Franz, mit dem sie heute noch verheiratet ist. Erst durch ihn erlebt sie sich als „begehrenswert und stimmig".

Nach dem Abitur studiert Birgit Sozialpädagogik am nächst größeren Ort. Sie nutzt die Gelegenheit und zieht von zu Hause aus. Während des Studiums kämpft sie weiter mit ihrem Gewicht. Über eine längere Fastenzeit hungert sie sich bei einer Größe von 1,85 m auf 65 kg herunter. Sie empfindet sich allerdings selbst als zu dünn und nimmt anschließend 10 kg wieder zu. Bewegung spielt in dieser Zeit nur eine marginale Rolle: Radfahren als Fortbewegungsmittel und Wanderurlaube mit ihrem Freund.

Nach dem Abschluss des Fachhochschulstudiums will Birgit noch weiter studieren, Sozialpädagogik an der Universität. Nach einer gewissen Zeit des Suchens zieht Birgit in eine Stadt in Norddeutschland. Ihr Freund zieht nach Abschluss seiner Ausbildung zu Birgit.

Birgit ist zum Zeitpunkt der Befragung 36 Jahre alt, arbeitet auf einer halben Stelle als wissenschaftliche Mitarbeiterin an der Universität und an ihrer Dissertation im Bereich Geschlechterforschung.

3.2.3 Ein Vergleich zwischen den Einzelfällen

Im Vergleich kristallisiert sich bei Birgit und Andreas zunächst ein ähnliches Verhältnis zu Körper und Bewegung heraus. Beide geben an, dass ihnen durch die örtliche Umgebung ihres Elternhauses umfassende Bewegungsmöglichkeiten zur Verfügung standen und sie dies auch durch ihr Spielen draußen genutzt haben. Sportvereinsmitgliedschaft kommt für beide zunächst nicht in Betracht. Auch die Erfahrungen im Sportunterricht sind eher als negativ einzustufen, dem beide lieber fern bleiben. Dies ist für Mädchen auch heute noch eine beliebte Strategie, während es für Jungen als eher untypische Maßnahme gelten kann. Beide wachsen mit einer Vorstellung von ihrem Körper auf, der jeweils den gesellschaftlichen Konstruktionen von Weiblichkeit und Männlichkeit *nicht* entspricht. Während Birgit sich als zu dick empfindet, also zu viel 'Masse', gemessen an dem weiblichen Schönheitsideal, auf die Waage bringt, beschreibt Andreas sich als „schwächlich" und „defizitär". Er hat, gemessen an Idealbildern des männlichen Körpers, also zu wenig 'Masse'. Erst mit der Pubertät kündigt sich für ihn ein Umschwung durch seine Teilnahme am Kampfsport im Sportverein an. Für Birgit nehmen hingegen die Probleme mit ihrem Körper in dieser Phase zu. Erst durch die Beziehung zu ihrem Freund wird ein Gegengewicht zu der empfundenen „Peinlichkeit" ihres Körpers geschaffen. Bei beiden bleibt die Vorstellung, nicht dem gesellschaftlichen Normalmaß zu entsprechen, erhalten.

3.2.3.1 Fitnessstudio: Einstieg und Motivation

Diese Vorstellung führt letztlich auch bei beiden dazu, in einem Fitnesscenter Mitglied zu werden. Birgit befindet sich zum Zeitpunkt des Eintritts in ein Fitnessstudio in einer Lebensphase, in der ihr Alltag mit viel Arbeit ausgefüllt ist und sehr wenig Raum für Bewegung zulässt. Vor allem Rückenprobleme und der Umstand, dass sie „ein bisschen dicker geworden ist" führen zur Bereitschaft, das Training in einem Fitnessstudio auszuprobieren. Der Zufall kommt ihr zur Hilfe, als sie auf einem Messebesuch einen Gutschein für ein vierwöchiges Probetraining in einem Frauenfitnessstudio gewinnt. Ihre Erwartungen sind: Verbesserung der Rückenprobleme, die Muskeln sollen trainiert werden und sie will „viel schöner aussehen in kürzester Zeit". Andreas gibt an, bereits im Alter von vierzehn Jahren habe sein Vater ihn gedrängt, ein Fitnessstudio zu besuchen. Als weiterer Grund für seinen Eintritt ins Studio nennt er den Umstand, dass seine Freundin ihn verlassen hat. Letztlich macht er das „Ungenügen" seines Körpers dafür verantwortlich, dass die Beziehung gescheitert ist: „Ich [habe] halt einen stärkeren Körper auch immer schon, auch da schon, mal eher so als Selektionskriterium betrachtet".

Seine Erwartung ist: „Ich wollte insgesamt kräftiger werden, ich wollte insgesamt breiter werden". In den Aussagen von Birgit und Andreas wird deutlich, dass beide mit dem Training ihren Körper gemäß den gesellschaftlichen Konstruktionen von 'Weiblichkeit' und 'Männlichkeit' formen wollen. Aufschluss darüber, was genauer darunter zu verstehen ist, soll die Analyse des Bewegungsstils geben.

3.2.3.2 Bewegungsstil und Bewegungsintensität

Birgit fühlt sich zunächst wohl beim Training im Frauenfitnessstudio, da dort auch viele Frauen trainieren, die übergewichtig sind und sie mit ihrer Größe und Körperfülle nicht besonders auffällt: „Da waren ganz viele Frauen, die waren also richtig übergewichtig, die haben auch ganz furchtbar ausgesehen, wenn die geschwitzt haben". Birgit bevorzugt das Training im Gerätebereich, obwohl sie probehalber an einem Aerobickurs teilnimmt. Die tänzerischen Bewegungen fallen ihr nicht schwer, sie fühlt sich zu den Frauen in diesem Kurs aber nicht dazu gehörig. Mit Aerobic verbindet Birgit einen Frauentyp, der „ganz schmal" ist und bezogen auf die Kleidung ein „bisschen (…) wie aus dem Ei gepellt" aussieht. Birgit trägt ein weites, „möglichst so schlabberig lang[es]" T-Shirt über einer dünnen, elastischen Jogginghose, beides weist sie ja im Kontext der Kurse eher als Anfängerin aus. Die familiäre Atmosphäre des Frauenfitnessstudios empfindet sie auf Dauer als nicht angenehm. Hinzu kommt der ihrer Meinung nach zu teure Mitgliedsbeitrag, so dass sie aus dem Studio aus- und in ein reines Gerätestudio, ein „Muskelstudio", eintritt. Zunächst ist sie begeistert von den „ergonomisch und phantastischen Geräten", die sie fortan für das Training der Beine, der Gesäßmuskeln und des Rückens nutzt, während sie das Training der Bauchmuskeln, das sie nach Möglichkeit vermeidet, als „unangenehm, ganz unangenehm" beschreibt. Ihre Erwartungen an das Training sind: „Ich wollte, dass man Muskeln sieht, Knackarsch, das sollte alles hier besser aussehen und dafür weniger Fett, mehr Muskeln, weniger Fett". Das Programm, das sie etwa ein- bis dreimal pro Woche an den Geräten absolviert, wird gesteigert durch die Zunahme an Wiederholungen. Birgit erlebt das Absolvieren dieses Programms immer mehr als Pflicht: „Also, es gab Geräte, die ich gern mal gemacht habe und dann habe ich immer gesagt, also jetzt noch eins und dann kommt die Übung. Oder jetzt habe ich alle doofen schon hinter mir, jetzt ist es nur noch schön. Aber nicht so wirklich schön, nicht so wirklich schön". Nach ihrer „Pflicht" zum Training, belohnt sie sich am Abend, wie sie selbst sagt, mit „hemmungslosem" Essen. Die Folge ist, sie nimmt im Laufe ihrer zwei Jahre dauernden Mitgliedschaft zehn Kilo zu.

Andreas steigert sein anfängliches Gerätetraining mit wenig Gewichten auf eine Weise, die als Maximalkrafttraining oder im klassischen Sinn als Bodybuilding bezeichnet wird. Andreas gibt selbst an, dass diese Art der Körperarbeit zurzeit nicht mehr „en vogue" ist. Intendiert wird in der Regel ein fitter, durchtrainierter Körper mit nicht zu ausdefinierter Muskulatur. Aus diesem Grund, so Andreas, wird der Freihantelbereich in ein Areal verlegt, das auf den ersten Blick nicht einzusehen ist, also eher den hinteren Bereich der Gerätefläche einnimmt, auch, um beim Erstbesuch den Eindruck zu vermeiden, dass es sich hier um ein reines „Muskelstudio" handelt, in dem mit Anabolika gearbeitet wird. Andreas sagt über seine Trainingsziele: „Ich hatte halt immer dieses schwächliche Körperbild und da war ja schon die dauernde Verheißung, dass ich das ändern kann". Also trainiert er auf „Masse", besonders den oberen Rückenbereich sowie Brust, Schultern und Oberarme. Zum Beintraining hat er meistens keine Lust und auch der Bauch gehört nicht zum regelmäßigen Trainingsprogramm. Andreas geht fast jeden Tag ins Studio und trainiert pro Trainingseinheit drei Stunden. Dazu gehört eine besondere, eiweißreiche Ernährung. In Anbetracht seines Trainingsziels ist es nicht verwunderlich, dass er den Besuch von Aerobic-Kursen nicht im Blick hat. Allerdings wird der Besuch solcher Kurse nicht nur von ihm abgelehnt, sondern zugleich klassifiziert er diese Bewegungspraxis als „unmännlich": „Männer, die die Frauenkurse mitmachen, die heißen (…) Warmduscher". Andreas stellt sein Leben immer mehr auf das Training ein, es strukturiert quasi seinen Tagesablauf, auch die Intensität der Körperformung wird immer mehr gesteigert, so dass Andreas selbst von „Fitnesswahn" spricht. „Ich fass' darunter, dass man die Ernährung ganz darauf einstellt, dass man fünfmal die Woche dahin geht, dass man sich schlecht fühlt, wenn man nicht hingeht, dass man sein Leben danach ausrichtet, dass man überlegt, ob ich am Abend wirklich einen Trinken gehen kann, weil ich dann am nächsten Morgen nicht die Lust habe, zum Training zu gehen".

3.2.3.3 Trainingsstrategie und Erfolg

Birgit sucht sich einen Bereich für ihr Körpertraining aus, der als 'Zwischenbereich' gelten kann, d.h. das Areal wird sowohl von Männern als auch von Frauen genutzt. Geschlecht als Zugehörigkeits- und Differenzierungskategorie und damit als Zugangschance oder -begrenzung ist demnach zunächst *nicht* relevant. Diese Art der Gender-Neutralisierung zieht jedoch eine bestimmte Form der Differenzarbeit nach sich. Birgit beschreibt die verschiedenen Trainingsstrategien an den Geräten „weil die Männer haben ja das Problem, weil jetzt plötzlich auch ganz viele Frauen in das Fitnessstudio gehen, sich doch noch abzusetzen. (…). Und die machen das dann, also in dem sie tüchtig viel auflegen, (…) Also du siehst an den Bewegungen, dass die das nicht mehr so schaffen (…). Und dann ist das immer verbunden mit

lautem 'Uh, Uh, Uh', damit das auch richtig ordentlich spürbar ist, hier ist ein Mann am Werke."
Andreas wählt von vornherein ein Areal, das Männern für das Muskelaufbautraining vorbehalten ist. Ein bestimmtes 'Gender-Management' ist hier nicht notwendig. „Da ging es halt immer darum zu zeigen, 'Ich glaube, ich habe noch eine bisschen bessere Methode, willst du das mal ausprobieren?' Und das war schon sehr ein Gemeinschaftsgefühl."

Ist bei Birgit die ästhetische Arbeit am Körper, die auf die Herstellung des weiblichen Idealkörpers gerichtet ist, gebrochen und widersprüchlich, gelingt Andreas die Produktion des männlichen Idealkörpers mit großem Erfolg. Während Birgit die Strategie der Reduktion verfolgt, da sie glaubt auf andere „massiv" zu wirken, als zu „groß" und „braucht viel Platz", verfolgt Andreas die Strategie der Expansion, trainiert auf „Masse", um „raumeinnehmender" zu werden. Birgit nimmt zehn Kilo zu, Andreas erhöht sein Gewicht um vierundzwanzig Kilo (von 69 auf 93 Kilo bei einer Größe von 1,85 m). Birgits Handeln wird nach gesellschaftlichen Bewertungsmaßstäben als Misserfolg gewertet, Andreas Gewichtzunahme gilt hingegen als erfolgreiche Körperformungsstrategie. Wird demgegenüber das Körpermanagement beider mit Blick auf die Dekonstruktion von Geschlecht analysiert, muss Birgit, auf der Oberfläche betrachtet, als die erfolgreichere gelten, da sie die gesellschaftlichen Zumutungen durch ein kaum zu erreichendes Schönheitsideal zurück weist, allerdings um den Preis, sich in Gesellschaft von Anderen deplaziert zu fühlen. Untersucht man nun schließlich die Strategien im Hinblick auf die Lösung von elterlichen Weisungen, Ge- oder Verboten, die einen „eigenen Weg" zum Ergebnis hätte, scheitern zu diesem Zeitpunkt letztlich beide, was auch beide als Problem benennen und erkennen. Während Andreas die Erwartungen und Forderungen seines Vaters punktgenau erfüllt, richtet sich Birgit gegen die mütterliche Doktrin ('Gegenabhängigkeit') auf Gewicht und Ernährung zu achten und schaut nicht so sehr darauf, „was ihr wirklich gut tut".

3.2.3.4 Körperkonzept

Bei Birgit teilt sich die Wahrnehmung ihres Körpers in ein inneres Körpererleben und eine äußere Körperbetrachtung. Ein Aspekt des inneren Körpererlebens umfasst das 'für mich sein', dem Fühlen und Nachspüren, z. B. „satt zu sein", auch im umfassenden Sinne, oder die Wärme des bewegten Körpers zu spüren, sich getragen und geborgen zu fühlen. Diesen Zustand empfindet Birgit nur dann, wenn sie tatsächlich 'für sich' ist, d.h. wenn keine anderen Menschen, bis auf ihren Partner, anwesend sind. Ein zweiter Teil inneren Empfindens ist ausgefüllt von einer großen Verletzbarkeit, das Eigene scheint nicht gesichert und verankert. „Da ist so ein inneres Körperbild, da fühle ich mich ganz zart und schmächtig und zerbrechlich und schwebend (...) ja, oder so irgendwie ätherisch." Bezogen auf die 'innere Haltung' beschreibt Birgit sich als „zurückhaltend", d. h., äußere Zuschreibungen („groß und braucht viel Platz") stimmen nicht mit ihrer Wahrnehmung überein: „[I]ch nehme den Platz nicht ein (...), ich denke, ich brauche aber auch noch ein bisschen Platz". Das Gefühl, nicht genug Raum für eigene Bedürfnisse, Vorstellungen und Interessen zu haben, ist zugleich gekoppelt an die Angst, übersehen zu werden. Die Diskrepanz zwischen ihrem inneren Fühlen und der Außenwahrnehmung verstärkt sich in Anwesenheit Anderer. Selbst- und Fremdwahrnehmung sind nur verschiedene Perspektiven desselben Blicks (vgl. Sobiech 1994: 251), die im distanzierten Blick auf den eigenen Körper, z.B. im Spiegelbild, offenbar werden. „[D]as andere ist mein Äußeres. (...) Also, das kommt von Anderen, auch wenn ich vorm Spiegel stehe, von dem Vergleich mit Anderen." Im Kontakt mit und in der Wahrnehmung von Anderen hat Birgit den Eindruck, „da stimmt irgendwas nicht, da bin ich zu groß, zu laut, schwitze ich zuviel, also da bin ich sehr präsent mit meiner Körperlichkeit". In Phasen, in denen sie aufgrund einer großen Gewichtszunahme sehr unzufrieden mit sich ist, können die Gefühle defizienter Körperlichkeit so stark sein, dass sie sich ihrem eigenen Anblick verweigert: „Also als ich über neunzig Kilo gewogen habe, habe ich auch manchmal gedacht, das bin ich nicht, wenn ich mich im Spiegel gesehen habe, habe ich gedacht, kenne ich nicht".

Bei Andreas lässt sich eine ähnliche Differenzierung finden, allerdings mit umgekehrten Vorzeichen. Sein inneres Gefühl ist immer noch „dieses defizitäre Gefühl" oder präziser: ein Gefühl „defizitärer Männlichkeit". Das wirkt sich so aus, dass Andreas versehentlich Leute anrempelt oder gegen Türrahmen stößt, da er die Körpermaße, die er sich äußerlich antrainiert hat, innen nicht spürt. Das passiert „vor allen Dingen in Situationen, in denen ich mich vielleicht insgesamt nicht ganz so gut fühle. Gut, das erkläre ich mir halt schon, dass ich noch ein inneres Selbstbild von meinem Körper habe, was nicht mit dem äußeren übereinstimmt. Als ich dreiundzwanzig war, bin ich von neunundsechzig Kilo auf dreiundneunzig". Da er eine innere Stärke für sich nicht wahrzunehmen vermag, braucht er die Bestätigung von außen, z. B. dass er ein attraktiver Mann ist. D.h. es geht ihm hauptsächlich um die Anerkennung von Frauen. „Da muss ich sagen, dass ich motiviert immer viel eher durch die Frauen war, das war für mich in dem Zusammenhang [von Anerkennung G.S.] da auch wichtiger. Da waren die Frauen wichtiger." An anderer Stelle betont Andreas, dass seine erste Freundin sich von ihm getrennt habe, da er zu diesem Zeitpunkt noch nicht die entsprechenden Körpermaße aufweisen konnte.

3.2.3.5 Bewältigungsform: Die ästhetische Arbeit am Körper als Arbeit am Habitus

Eine Bewältigungsform ist die jeweilige Form des Umgangs mit Unsicherheiten. Birgit empfindet ihren „Körper in sozialen Situationen" als eine große Unsicherheit. Sobald sie mit anderen zusammen ist, „stimmt etwas nicht", ihr Körperbild wird diffus und unkonturiert. Durch die 'Arbeit am Körper' im Fitnessstudio erhofft sie sich nicht nur ein stabilisierendes Muskelkorsett aufbauen zu können, fit und knackig zu werden. Vielmehr soll ein Körper hergestellt werden, der dem Selbst 'Halt' gibt. Zugleich ist der tatsächliche Erwerb dieser Haltung ambivalent: Birgit möchte „vom Rücken her gerade sein", aber „dann kommt der Busen so vor", was wieder die Frage auslöst „welchen Platz nehme ich eigentlich ein und wie wirke ich dann, wenn ich so bin, wie ich bin?" In dem Maße, in dem ein „gerader Rücken" als ein Ergebnis der Körperformungsstrategie erscheint, also im übertragenen Sinne auch Bedürfnissen, Interessen und damit auch 'Ecken' und 'Kanten' ihres Selbst, ihrer Persönlichkeit etc. zum Ausdruck kommen, also Raum erhalten, wächst ihre Unsicherheit „welchen Platz nehme ich eigentlich ein und wie wirke ich dann?", vor allem dann, wenn sie damit gesellschaftlichen Konstruktionen von 'Weiblichkeit' nicht mehr entspricht („wenn ich so bin, wie ich bin").

Die Ambivalenz, einerseits dem weiblichen Körperideal entsprechen zu wollen und Halt und Sicherheit zu erhalten, andererseits so sein zu wollen, wie sie ist – wobei dies nicht gefüllt wird, vielleicht auch gerade deswegen Unsicherheit auslöst –, ist ebenso sichtbar im Training an den Geräten. Das Absolvieren des Trainingsprogramms stabilisiert nicht ihr 'für sich sein', im Gegenteil es wird immer mehr zur Pflicht und Anstrengung. Demzufolge 'belohnt' Birgit sich nach dem Training mit „hemmungslosem" Essen. Diese Strategie hat auch etwas damit zu tun, dass sie dem Gefühl kaum Raum gibt. Diese Strategie könnte auch in Verbindung mit ihrer Furcht stehen, von anderen übersehen zu werden. Diese Furcht lässt sich als Angst interpretieren, dass ihr Inneres, ihre Befindlichkeiten, ihre Grenzen – beides bleibt ja auch für sie selbst diffus – nicht wahrgenommen werden. Insofern versucht sie sich Raum zu nehmen, indem sie „sehr präsent mit ihrer Körperlichkeit" auftritt.

Bei Andreas erscheint dagegen die ästhetische Arbeit am Körper im Fitnessstudio ungebrochen als Arbeit am 'männlichen' Habitus. Ihm geht es um Gewichtszunahme, eine insgesamt breitere Konstitution im Rahmen des 'männlichen' Körperideals.

Der Beginn des Körpertrainings nach dem tödlichen Unfall des Vaters ist kein Zufall. Die Verunsicherung bisheriger Familienstrukturen, die Herauslösung aus der langjährigen Liebesbeziehung und Übernahme von Verantwortung für andere

Familienmitglieder erhöht den Orientierungsbedarf und die Aneignung von Fähigkeiten, die sein Bild defizienter Männlichkeit zu kompensieren helfen. Dies scheint durch den Besuch eines Fitnessstudios gegeben. Zum einen erhält sein Leben durch das fast tägliche Training Struktur und Orientierung. Der Tagesablauf, die Ernährung, also insgesamt die Lebensführung unterliegen einem strengen Reglement. Das bis zum „Fitnesswahn" gesteigerte Körpertraining verschafft ihm zusätzlich eine „aufrechte", „präsente" Körperhaltung, also einen „raumeinnehmenden" Habitus, der seine erfolgreiche Positionierung in und außerhalb der Familie einen 'augenfälligen' Ausdruck verleiht. Die Suche nach einem inneren Halt, den Andreas im Körpertraining zu finden glaubt, wird zur Sucht nach dem – durch das Training ausgelöste – Körpergefühl: „Also, was ich halt mag, das ist mir halt das Wichtige in den Trainingsphasen, dass ich dann auch so ein Spannungsgefühl im ganzen Körper habe, das am Trainingstag und vor allen Dingen am Tag danach anhält und wo ich dann am dritten Tag schon das Gefühl habe, jetzt möchtest du es wieder haben." Auch die präzisere Beschreibung des Gefühls, der Eindruck, „dass alles aufgeladen ist", verweist auf die Gleichsetzung von Körpergestaltung und Alltagsbewältigung. Aus diesem Grund ist alles, was mit 'Sich-Gehenlassen', 'Loslassen' zu tun hat, gefährlich und bedrohlich. Zumal dieser Körperzustand gesellschaftlichen Vorstellungen des zu jeder Zeit 'potenten Mannes' widerspricht: „das ist einfach Schlaffheit, dieses Nichthochkommen, das ist Sich-Gehenlassen (…) keine Lust zu haben, sich zu erheben, (…) das ist einfach auch als Körpergefühl unangenehm".

4 Schlussbetrachtung

Wie die Fallanalysen gezeigt haben, ist der Körper ein vielschichtiges Phänomen, das mit Vorstellungen, nichts als 'Natur' zu sei,nicht mehr erfasst werden kann. Der Körper ist Produkt, Produzent und Instrument von Kultur. Die Zeichen und Symbole, die am Körper hergestellt werden, dienen als Wahrnehmungs-, Strukturierungs- und Verortungshilfen in einer Welt der Zeichen- und Bedeutungsvielfalt. Vor allem die Herstellung von Schönheit, Jugendlichkeit, Gesundheit und Fitness sind mit Glücks- und Heilversprechen ausgestattet, die jedoch nur, wenn überhaupt, durch disziplinierte und ausdauernde Arbeit am eigenen Erscheinungsbild einzulösen sind. In der gezielten Bearbeitung des Körpers ist Geschlecht ein äußerst relevanter Faktor, in dem inkorporierte Bilder von 'Weiblichkeit' und 'Männlichkeit' durch äußere Haltung erzeugt, verstärkt und als natürlicher Körperausdruck visualisiert werden. Dies lässt den Schluss zu, dass möglicherweise die inzwischen auch in die Alltagswelt eingegangenen Diskurse über Relevanzrückstufungen oder gar Auflösungstendenzen der Geschlechterdifferenz in den unterschiedlichsten gesellschaftlichen Feldern durch die ästhetische Arbeit am Körper konterkariert werden. Auch Wetterer (2003: 291f.) konstatiert, dass Wissen und Tun der Akteure nicht mehr so recht zusammen passen. Gerade das, was nicht zur Sprache kommt, kann in Gestalt latenter Geschlechternormen weiterhin das soziale Handeln bestimmen, zumal dann, wenn die mit der Modernisierung ausgelösten Unsicherheiten zumindest in einem Sektor, im Feld der ästhetischen Arbeit am Körper, in Stabilität und Orientierung umgewandelt werden können. Allerdings, und dies ist wichtig zu betonen, gilt dies insbesondere für die Positionierung von Männern, die durch eine breite Körperhaltung und Gesten, die auf Raumgewinn angelegt sind, also Bedeutung, Dominanz und v.a. Wettbewerbs- und Konkurrenzfähigkeit signalisieren. Wenig Raum einzunehmen gehört indes zur Präsentation eines 'weiblichen' Körpers, die auf (innere) Zurücknahme und Nachgiebigkeit verweisen soll. Dieses Körpermanagement kollidiert allerdings zugleich mit der in modernen Gesellschaften erhobenen Anforderung an Frauen stark, zielorientiert und durchsetzungsfreudig zu sein. Um diese Eigenschaften glaubwürdig vertreten zu können, ist eine entsprechende äußere Haltung notwendig: eine selbstbewusste, raumeinnehmende Körperpräsentation, die wiederum (noch) nicht mit 'Weiblichkeit' assoziiert wird. Diese gesellschaftlichen Widersprüche erzeugen bei Frauen folglich Ambivalenzen; sie befinden sich in einem Zwischenstadium des 'nicht mehr' und des 'noch nicht'. Veränderte Anforderungen durch alte Zuständigkeiten im privaten und neue Verantwortung im öffentlichen Sektor bewirken Brüche im Körperkonzept von Frauen, die durch die ästhetische Arbeit am eigenen Körper jedoch nur individuell 'gelöst' werden können.

Literatur

Alkemeyer, Thomas (2003): Bewegen als Kulturtechnik. In: Neue Sammlung. Viertel-Jahreszeitschrift für Erziehung und Gesellschaft. Jg. 43, Heft 3. 347-357

Bourdieu, Pierre (1985): Sozialer Raum und „Klassen". Lecon sur la lecon. Zwei Vorlesungen. Frankfurt/M.: Suhrkamp

Bourdieu, Pierre (1991): Physischer, sozialer und angeeigneter Raum. In: Wentz, Martin (Hrsg.): Stadt – Räume. Frankfurt/M. und New York. 25-34

Dausien, Bettina (1999): Geschlechterkonstruktionen und Körpergeschichten. Überlegungen zur Rekonstruktion leiblicher Aspekte des „doing gender" in biographischen Erzählungen. In: Alheit, Peter/Dausien, Bettina/Fischer-Rosenthal, Wolfram/Hanses, Andreas/Keil, Annelie (Hrsg.): Biographie und Leib. Gießen: Psychosozial-Verlag. 177-200

Ferreira, Grada (2002): „Die Farbe unseres Geschlechts". Gedanken über „Rasse", Transgender und Marginalisierung. In: polymorph (Hrsg.): (K)ein Geschlecht oder viele? Transgender in politischer Perspektive. Berlin: Querverlag. 117-128

Flick, Uwe (2000): Triangulation in der qualitativen Forschung. In: Flick, Uwe/von Kardorff, Ernst/ Steinke, Ines (Hrsg.): Qualitative Forschung. Ein Handbuch. Reinbek bei Hamburg: Rowohlt. 309-318

Foucault, Michel (1977): Überwachen und Strafen. Die Geburt des Gefängnisses. Frankfurt/M.: Suhrkamp

Foucault, Michel (1978): Dispositive der Macht. Michel Foucault über Sexualität, Wissen und Wahrheit. Berlin: Merve Verlag

Frerichs, Petra (2000): Klasse und Geschlecht als Kategorien sozialer Ungleichheit. In: Kölner Zeitschrift für Soziologie und Sozialpsychologie. Jg. 52, Heft 1. 36-59

Friedrich, Georg (2001) (Hrsg.): Zeichen und Anzeichen. Analysen und Prognosen des Sports. dvs-Tagung vom 8.-9. Oktober 1998 in Schloß Rauschholzhausen. Hamburg: Czwalina

Fuchs, Werner (1984): Biographische Forschung. Eine Einführung in Praxis und Methoden. Opladen: Westdeutscher Verlag

Guggenberger, Bernd (1998): Sein oder Design. Im Supermarkt der Lebenswelten. Berlin: Rotbuch-Verlag

Heintz, Bettina/Nadai, Eva (1998): Geschlecht und Kontext. De-Institutionalisierungsprozesse und geschlechtliche Differenzierung. In: Zeitschrift für Soziologie. Jg. 27, Heft 2. 75-93

Hirschauer, Stefan (2001): Das Vergessen des Geschlechts. Zur Praxeologie einer Kategorie sozialer Ordnung. In: Heintz, Bettina (Hrsg.): Geschlechtersoziologie. Kölner Zeitschrift für Soziologie und Sozialpsychologie. Sonderheft 41. 208-235

Honer, Anne (1995): Lebensweltliche Ethnographie und das Phänomen Sport. In: Winkler, Joachim/ Weis, Kurt (Hrsg.): Soziologie des Sports. Theorieansätze, Forschungsergebnisse und Forschungsperspektiven. Opladen: Westdeutscher Verlag. 45-57

Klein, Marie-Luise/Deitersen-Wieber, Angela (2003): Prozesse der Geschlechterdifferenzierung im Marketing-Management von Fitness-Studios. In: Hartmann-Tews, Ilse/Gieß-Stüber, Petra/Klein, Marie-Luise/Kleindienst-Cachay, Christa/Petry, Karen (Hrsg.): Soziale Konstruktion von Geschlecht im Sport. Opladen: Leske+Budrich. 187-222

Klein, Michael (Hrsg.) (2000): „Guter Sport" in „schlechter Gesellschaft"? – Heilversprechen, Legitimationskrisen und strukturelle Probleme des Sports nach dem Ende des 20. Jahrhunderts. Beiträge zur Sektionsveranstaltung „Soziologie des Sports" des DGS-Kongresses „Gute Gesellschaft"? – Zur Konstruktion sozialer Ordnungen 2000 in Köln. Erfurt: Pädagogische Hochschule Erfurt

Kotthoff, Helga (2003): Was heißt eigentlich doing gender? Differenzierungen im Feld von Interaktion und Geschlecht. In: Freiburger Frauen Studien. Ausgabe 12, Band 1. 125-161

Lemke, Thomas (1997): Eine Kritik der politischen Vernunft. Foucaults Analyse der modernen Gouvernmentalität. Berlin und Hamburg: Argument

Löw, Martina (2001): Raumsoziologie. Frankfurt/M.: Suhrkamp

Sarasin, Philipp (2001): Reizbare Maschinen. Eine Geschichte des Körpers 1765-1914. Frankfurt/ M.: Suhrkamp

Neckel, Sighard (1996): Identität als Ware. Die Marktwirtschaft im Sozialen. In: Neckel, Sighard (2000): Die Macht der Unterscheidung. Essays zur Kultursoziologie der modernen Gesellschaft. Frankfurt/M.: Campus. 37-47

Müller, Marion (2003): Geschlecht und Ethnie. Historischer Bedeutungswandel, interaktive Konstruktion und Interferenzen. Wiesbaden: Westdeutscher Verlag

Sobiech, Gabriele (1994): Grenzüberschreitungen. Körperstrategien von Frauen in modernen Gesellschaften. Opladen: Westdeutscher Verlag

Villa, Paula-Irene (2000): Sexy Bodies. Eine soziologische Reise durch den Geschlechtskörper. Opladen: Leske+Budrich

Wetterer, Angelika (2003): Rhetorische Modernisierung: Das Verschwinden der Ungleichheit aus dem zeitgenössischen Differenzwissen. In: Knapp, Gudrun-Axeli/Wetterer, Angelika (Hrsg.) (2003): Achsen der Differenz. Gesellschaftstheorie und feministische Kritik II. Münster: Westfälisches Dampfboot. 286-319

Willems, Herbert/Kautt, York (1999): Korporalität und Medialität: Identitätsinszenierungen in der Werbung. In: Willems, Herbert/Hahn, Alois (Hrsg.): Identität und Moderne. Frankfurt/M.: Suhrkamp. 298-361

Witzel, Andreas (1985): Das problemzentrierte Interview. In: Jüttemann, Gerd (Hrsg.): Qualitative Forschung in der Psychologie. Grundlagen, Verfahrensweisen, Anwendungsfelder. Weinheim: Beltz. 227-255

Christiane Schmidt

Analyse von E-Mails zur Rekonstruktion von Diversity in virtuellen Teams

Im folgenden Beitrag stelle ich eine Forschungsmethode zur Untersuchung von Gender-Aspekten in internetgestützter Kooperation zur Diskussion. Internetforschung unter Gender-Perspektive verführt dazu, sowohl den Frauen und Männern als auch der Technik spezielle Eigenschaften oder Eigenheiten zu unterstellen und damit zu Stereotypisierungen beizutragen; Internetforschung ohne Gender-Perspektive ist blind für genderbezogene subjektive Erfahrungen, Selbstbilder und soziale Strukturen in diesem Forschungsfeld. In meinem Beitrag versuche ich, dieses Dilemma weder in der einen noch in der anderen Richtung aufzulösen, sondern stattdessen – Anregungen aus den Diskussionen auf dem Methodenworkshop in Freiburg aufgreifend – auf der methodischen Ebene bewusst mit dem Dilemma umzugehen.[1]

In diesem Sinne möchte ich die Potenziale und Probleme der Dokumentenanalysemethode „Sequenzrekonstruktion netzgestützter Kommunikation", die ich in einem Projekt zu netzgestützter verteilter Kooperation von Studierenden in Zusammenarbeit mit der Sprach- und Informationswissenschaftlerin Christa Hauenschild entwickelt und erprobt habe, reflektieren und erste Hypothesen aufstellen, was diese Methode zur Genderforschung beitragen kann. Hierzu werde ich ein Forschungsvorhaben vorstellen, in dem wir die Methode wieder einsetzen und weiterentwickeln wollen. Untersuchungsgegenstand dieses Forschungsvorhabens werden virtuelle Teams sein. In Anlehnung an den Diversity Management-Ansatz, der einen heuristischen Bezugsrahmen für das geplante Projekt bildet, lautet der Titel des Forschungsvorhabens „Managing Diversity in virtuellen Teams". Ziel ist, Hypothesen zur Diversity-Dimension Gender in virtuellen Teams zu ent-

---

[1] Es handelt sich um eine überarbeitete Fassung meines Vortrages zum Projektvorhaben „Managing Diversity in virtuellen Teams". Angeregt durch Diskussionen auf dem Workshop habe ich in diesem Artikel die Orientierung an den Grundideen des Managing-Diversity-Ansatzes und damit verknüpfte offene Fragen ausführlicher thematisiert als in meinem damaligen Vortrag. Zudem konzentriere ich mich in der Methodenvorstellung auf die Sequenzrekonstruktion als Methode der E-Mail-Analyse. Für wichtige Denkanstöße danke ich vor allem Christa Hauenschild, mit der ich zusammen das hier vorgestellte Projektvorhaben vorbereite, sowie den Kolleginnen aus der Arbeitsgruppe „Gender und Internetforschung" auf dem Workshop, insbesondere Gabriele Winker und Silke Kirschning.

wickeln; dabei soll Gender nicht isoliert von anderen Diversity-Dimensionen betrachtet werden. Die Methode der Sequenzrekonstruktion netzgestützter Kommunikation ist eine der Analysemethoden netzgestützter Kooperation, die wir hierzu einsetzen wollen. Meine zentrale Frage für den vorliegenden Artikel lautet: Was kann diese Methode dazu beitragen, Gender als Diversity-Dimension in virtuellen Teams zu untersuchen?

Zunächst werde ich den Diversity-Management-Ansatz kurz beschreiben und die Relevanz dieses Personalführungsansatzes für virtuelle Teams begründen. Anschließend werde ich das Projektvorhaben „Managing Diversity in virtuellen Teams" vorstellen und thematisieren, wie wir dort Gender als Diversity-Dimension untersuchen wollen. Dabei werde ich auch kurz darauf eingehen, dass der Diversity-Management-Ansatz in der Frauengleichstellungspolitik umstritten ist. Ich werde dann die Methode „konsensuelle Sequenzrekonstruktion netzgestützter Kommunikation" vorstellen und an einem Beispiel erläutern. Abschließend reflektiere ich diese Methode im Hinblick auf ihre Verwendbarkeit für die Analyse der Diversity-Dimension Gender in virtuellen Teams.

1 Managing Diversity

Diversity Management ist ein in Nordamerika entwickelter Personalführungsansatz, in dessen Zentrum die Wertschätzung personeller Vielfalt steht. Die kulturelle Unterschiedlichkeit der Mitglieder einer Organisation soll anerkannt und als positives Potenzial genutzt werden. Unter *Diversity* wird in diesem Zusammenhang die Verschiedenartigkeit von Personen, die zusammenarbeiten oder zusammenarbeiten sollen, verstanden. Als Dimensionen dieser Verschiedenartigkeit werden z.B. Alter, Gender, Ethnie, Muttersprache und sexuelle Orientierung genannt (vgl. hierzu z.B. Stuber 2004, Hays-Thomas 2003, Sepehri 2002, Rühl/Hoffmann 2001, Fleury 1999).

Managing Diversity ist ein Schlagwort für Maßnahmen, die einen bewussten und aktivierenden Umgang mit personellen Unterschieden unterstützen sollen. Hays-Thomas spricht in diesem Kontext von einem „purposeful use of processes and strategies, that make these differences among people into an asset rather than a liability for the organization" (Hays-Thomas 2003: 12). Es handelt sich um eine chancenorientierte Sichtweise, die die kulturelle Vielfalt innerhalb einer Organisation respektiert und daraus resultierende Möglichkeiten der wechselseitigen Ergänzung bei der Zusammenarbeit der Organisationsmitglieder bewusst anerkennt und fördert. Kulturelle Vielfalt wird dabei in einem breiten Sinne verstanden und auf unterschiedliche Dimensionen der personellen Unterschiedlichkeit bezogen, von denen ich einige oben beispielhaft aufgezählt habe.

Die Begründungen dieses Personalführungsansatzes zum Umgang mit personeller Vielfalt in Organisationen basieren auf unterschiedlichen theoretischen bzw. unternehmenspolitischen Positionen (vgl. Müller 2004). Teils stehen ökonomische, gewinnorientierte Begründungen im Vordergrund, nach denen die kulturelle Vielfalt als bisher ungenutzte Ressource, z.b. zur Steigerung von Produktivität und Kreativität betrachtet wird (vgl. z.B. Tyrtania 2003).Teils wird die Respektierung und Wertschätzung von Diversity moralisch-rechtlich im Kontext des Verbotes von Diskriminierungen (z.b. aufgrund von Geschlecht, Alter und Hautfarbe) und der Forderung nach fairer Behandlung begründet. Teilweise vermischen sich diese Sichtweisen. Stuber betont einen wichtigen Unterschied zu Gleichstellungsansätzen:

„Diversity verfolgt das Ziel, Menschen mit all ihren Unterschieden zu berücksichtigen, also nicht so zu tun, als seien sie (auf irgendeiner Ebene) gleich. Aussagen wie 'Bei uns spielt es keine Rolle, ob Sie Mann oder Frau, Deutsche oder Ausländerin, hetero- oder homosexuell sind' stehen dem Diversity-Gedanken insofern entgegen, als dass es faktisch sowohl für den Einzelnen als auch für die Organisation natürlich (auf irgendeiner Ebene) einen Unterschied macht. Dies erkennt Diversity an." (Stuber 2004: 20).

Seit 1990 taucht der Begriff „Diversity" vermehrt in Fachzeitschriften und -büchern auf (vgl. Hays-Thomas 2003: 3). 1998 hatten einer Studie der Society for Human Ressource Management zufolge in den USA bereits 75% der „Fortune 500" Unternehmen Diversity-Programme (vgl. Krell 2001: 18, Hays-Thomas 2003: 4). Für Europa geht Vedder davon aus, dass bisher vor allem international tätige Unternehmen diesen Ansatz aufgegriffen haben (vgl. Vedder 2003). Für den deutschsprachigen Raum bezeichnet er ca. 20 Unternehmen als Diversity Management-Pioniere. Diversity-Strategien werden zunehmend auch von nicht-gewinnorientierten Organisationen angewendet (vgl. Krell 2001: 18). Vertreterinnen und Vertreter dieses Ansatzes betonen dessen wachsende Bedeutung vor allem im Kontext zunehmender Internationalisierung.

„The fact of globalization highlights the increasing need to understand how culture, language and history affect present day interactions. In addition, the need for effective interaction skills across geographic boundaries will only increase in the future. This recognition is one stimulus for the recent and growing interest in the management of diversity at work." (Hays-Thomas 2003: 15).

2 Das Projektvorhaben „Managing Diversity in virtuellen Teams"

Durch die Zunahme netzgestützter verteilter Kooperation, die Zusammenarbeit trotz räumlicher Getrenntheit ermöglicht, kooperieren vermehrt Menschen aus verschiedenen Kulturkreisen miteinander. „More and more companies are depending upon virtual teams to conduct business across borders" (Schneider/Barsoux 2003: 244). Mit der Zunahme verteilter Kooperation wachsen – aus der Perspektive des Managing Diversity-Ansatzes betrachtet – auch die Chancen, bestehende Schranken und Vorurteile zu erkennen und abzubauen und die Potenziale der personellen Verschiedenheit zu nutzen (vgl. Hauenschild/Schmidt/ Wagner 2004).

Für das Projektvorhaben „Managing Diversity in virtuellen Teams" soll die grundlegende Sichtweise des Managing Diversity-Ansatzes deshalb aufgegriffen und auf die Mikroebene der Zusammenarbeit von Personen in virtuellen Teams übertragen werden. Virtuelle Teams sind wie traditionelle Teams kleine Gruppen, die gebildet werden, um zielorientiert einen Arbeitsauftrag zu erfüllen. Während die Mitglieder eines traditionellen Teams sich für die gemeinsame Arbeit und deren Zergliederung und Abstimmung in der Regel an einem Ort treffen und überwiegend face-to-face kommunizieren, sind die Mitglieder eines virtuellen Teams auf verschiedene Standorte verteilt und nutzen für die Kommunikation und Kooperation überwiegend elektronische Kommunikationsmedien (vgl. Hauenschild/Schmidt/Wagner 2004, Konradt/Hertel 2002: 17f., Lipnack/Stamps 1998: 31). Das Projekt „Managing Diversity in virtuellen Teams" wird mit dem laufenden Modellversuch MEUM (Modulentwicklung Übersetzungsmanagement) der Universität Hildesheim und der Fachhochschule Flensburg zusammenarbeiten. In diesem Modellversuch werden virtuelle Teams mittels Fragebögen, Gruppendiskussionen sowie durch Dokumentenanalyse der netzgestützten Teamkommunikation untersucht. Das erhobene Material wird unserem geplanten Projekt für eine vertiefende Analyse zur Verfügung stehen und soll dann ggf. durch weitere qualitative Erhebungen ergänzt werden. Im Zentrum der vertiefenden Analyse wird neben der qualitativen Inhaltsanalyse der Gruppendiskussionen die Analyse von E-Mail, Chat- und Web-Forums-Beiträgen stehen. In diesem Artikel gehe ich nur auf eine der Methoden, die wir für die Analyse der netzgestützten Kommunikation verwenden wollen, näher ein.

Zentrale Diversity-Dimensionen für die zu untersuchenden virtuellen Teams

---

2   Im Projektseminar „Managing Diversity in virtuellen Teams" (Hauenschild/Schmidt) werden im Zusammenhang mit dem geplanten Projekt zur Zeit Experteninterviews zu diesen Diversity-Dimensionen durchgeführt.

sind – unseren bisherigen Überlegungen zufolge[2] – Ethnie, Muttersprache, Gender, Alter, persönliche Mediennutzungsweisen (z.b. aufgrund von Behinderungen) sowie die Zugehörigkeit zu einer Fach- oder Berufskultur. In unserem Projektvorhaben, soll die Diversity-Dimension Gender im Mittelpunkt stehen, aber nicht isoliert von den anderen Dimensionen betrachtet werden. Hierzu wollen wir folgende Fragestellungen untersuchen:

- Was sind die relevanten Spezifika der Zusammenarbeit in virtuellen Teams?
- Wie gestalten bzw. nutzen Frauen und Männer die neuen Kooperationsformen?
- Wie erleben und beurteilen sie die Möglichkeiten und Grenzen der verteilten Kooperation?

3 Gender als Diversity-Dimension virtueller Teams

Gender-Aspekte virtueller Teams sind bisher kaum untersucht worden. Es liegt zwar eine Reihe von genderbezogenen Ergebnissen, Hypothesen und Beobachtungen zu netzgestützter Kommunikation vor (vgl. z.b. Herring 1997; 2000, Pohl 1998). Diese lassen sich aber nicht ohne weiteres auf virtuelle Teams übertragen, so ist z.b. die Genderforschung zu netzgestützter Kommunikation vor allem auf Kommunikation zwischen anonymen Personen bezogen, etwa in öffentlichen Chatrooms oder Newsgroups, während sich in virtuellen Teams die Kooperationspartner und -partnerinnen meist persönlich oder zumindest namentlich kennen.

Ziel der geplanten Unersuchung ist, wie oben bereits erwähnt, Hypothesen zur Diversity-Dimension Gender in virtuellen Teams zu entwickeln. Dabei wird es wichtig sein, vorliegende Ergebnisse und Hypothesen zur Geschlechterdifferenz im Bereich netzgestützter Kommunikation nicht unkritisch zu übernehmen und dieser Diversity-Dimension zuzuordnen. Gestaltung und Nutzung netzgestützter Kooperation in virtuellen Teams sowie die subjektiven Einschätzungen der Teammitglieder sollen deshalb mit qualitativen Methoden untersucht werden. Der Diversity-Management-Ansatz bildet hierzu nur einen heuristischen Untersuchungsrahmen. Die Analysekategorien für personelle Vielfalt zu der Dimension Gender müssen erst entwickelt werden.

Gender als eine von mehreren Diversity-Dimensionen in virtuellen Teams zu betrachten, könnte einer Ausblendung der Unterschiede zwischen verschiedenen Frauen und der Unterschiede zwischen verschiedenen Männern entgegenwirken. Durch die Multidimensionalität, die den Managing-Diversity-Ansatz auszeichnet, wird eine ausschließlich geschlechtspezifische Perspektive, wie sie etwa am Ansatz der weiblichen Zugangsweisen zum Computer[3] kritisiert worden ist, vermieden. Anderseits geht der Managing Diversity-Ansatz von unterschiedlichen Potenzialen verschiedener Personen aus, die anerkannt und genutzt werden sollen. Unter Gender-Perspektive könnte dies – ähnlich wie beim Zugangsweisenansatz – leicht dazu führen, von geschlechtsspezifischen Eigenheiten oder Eigenschaften auszugehen und diese festzuschreiben (vgl. zur Kritik am Zugangsweisenansatz Knapp 1989, Erb 1994, Auszra 2001).

Der Managing-Diversity-Ansatz ist auch in der institutionalisierten Frauengleichstellungspolitik aufgegriffen worden (vgl. z.b. Krell/Mückenberger/Tondorf 2000 sowie Döge 2002). Ich möchte ansatzweise auf kontroverse Positionen (vgl. Koall 2002, Wetterer 2002) hierzu eingehen, da sich in ihnen Parallelen finden lassen zu den eben genannten Überlegungen zur Orientierung unserer geplanten Untersuchung an der Diversity-Dimension Gender.

In der Verknüpfung von Managing Diversity und Gleichstellungspolitik wird von einigen Wissenschaftlerinnen eine Antwort auf die Kritik an klassischer Frauenförderung gesehen. So wird z.b. im Diversity Projekt des IFF (Interdisziplinäres Frauenforschungszentrum der Universität Bielfeld), einem Gemeinschaftsprojekt der Universität Bielefeld und der Fachhochschule Gelsenkirchen, begrüßt, dass dieser Ansatz die Aufmerksamkeit auf die Vielfalt innerhalb der Zielgruppe der Frauen lenkt (IFF Projektbeschreibung). Auf der Auftakttagung zum postgradualen Studiengang Gender-Kompetenz an der FU-Berlin bezeichnete Cornelia Klinger die Entwicklung von Gender Mainstreaming und Managing Diversity als „eine Art pragmatische Wende in der Geschlechterdiskussion" (Klinger 2003). Angelika Wetterer beurteilt dagegen den Managing Diversity-Ansatz (ebenso wie den Gender Mainstreaming-Ansatz) im Kontext der Gleichstellungspolitik kritisch. Ihr zufolge handelt es eher um eine „Modernisierung des Redens über Gleichstellungspolitik" als um einen grundlegenden Wechsel in diesem Bereich. Statt von geschlechtsspezifischen Unterschieden, geschlechtshierarchischen Strukturen und sozialer Ungleichheit sei nun von „Diversity" die Rede (vgl. Wetterer 2002: 129).

> „Mit den unterschiedlichen Potenzialen von Frauen und Männern, die das moderne Personalmanagement zur Effektivitätssteigerung nutzen möchte, erleben wir ein unvermutetes Revival des vielgescholtenen 'weiblichen Arbeitsvermögens' – allerdings in einer erheblich modernisierten Variante" (Wetterer 2002: 138).

---

[3] Die Differenz zwischen männlichen und weiblichen Umgangsweisen mit Computern war in den 80er und 90er Jahren Gegenstand vieler Untersuchungen im Bildungsbereich. Dabei ging es nicht mehr nur darum, eine mögliche Benachteiligung der Mädchen bei der Einführung der Computer in den Unterricht zu verhindern, sondern auch darum, 'weiblichen' Zugangsweisen im praktischen und reflexiven Umgang mit Computern gerecht zu werden (vgl. hierzu z.B. Heppner et al. 1990, Metz-Göckel et al. 1991, Schründer-Lenzen 1995).

Da wir in unserem Projektvorhaben zu virtuellen Teams Grundideen des Managing Diversity auf die Mikroebene Team übertragen und Gender – verstanden als Diversity-Dimension – in dem Mittelpunkt stellen wollen, halten wir es für wichtig, unter Bezug auf diese Kontroverse zunächst unterschiedliche Begriffsverständnisse z.b. von Differenz und Diversität zu klären, auf diesem Hintergrund sollen dann Analysekategorien für die Diversity-Dimension Gender aus dem Erhebungsmaterial entwickelt werden. Eine Methode, die wir für die Analyse des erhobenen Materials einsetzen wollen, ist die Sequenzrekonstruktion von E-Mail-Kommunikation.

4 Die Methode der konsensuellen Sequenzrekonstruktion[4]

Dokumente netzgestützter Kommunikation wie elektronische Briefe oder Diskussionen in Webforen und Chats bestehen in der Regel aus schriftbasierten Kommunikationsbeiträgen. Diese lassen sich nicht geschriebenen Texten gleichsetzen, sondern sind als „talking in writing" (Spitzer 1986: 19) zu charakterisieren. Für die Analyse von Dokumenten netzgestützter Kommunikation bietet es sich aufgrund dieser Form „zwischen Mündlichkeit und Schriftlichkeit" (Meise-Kuhn 1998) an, mit einer um gesprächsanalytische Zugangsweisen erweiterten Dokumentenanalyse zu arbeiten (vgl. zur Methode der Dokumentenanalyse Wolff 2000). Aufgrund der Schriftlichkeit und der Asynchronität der Kommunikation entfallen bei der E-Mail-Kommunikation im Vergleich zur mündlichen Kommunikation viele Hilfsmittel, die Zuordnungen zwischen einzelnen Kommunikationsbeiträgen erleichtern. So fehlen aufgrund der Schriftlichkeit z.B. nonverbale Elemente wie der in Gruppensituationen wichtige Blickkontakt mit der Person, auf deren Beitrag man sich bezieht. Aufgrund der Asynchronität entfällt die Möglichkeit der direkten Antwort auf eine Frage oder die Möglichkeit eines spontanen Kommentars zu einer Äußerung. Zu diesen Problemen, die auch bei one-to-one-Mails auftreten, kommt bei few-to-few-Mails komplizierend hinzu, dass es sich meist um mehrere vorangegangene Mails unterschiedlicher Personen handelt, so dass nicht einmal von vornherein klar ist, auf wessen E-Mail hier Bezug genommen wird.

Hiervon ausgehend habe ich eine E-Mail-Sequenz definiert als Folge von Schreibbeiträgen, die aus aufeinander bezogenen Textpassagen aus mindestens zwei zeitlich aufeinanderfolgenden E-Mail-Texten unterschiedlicher Verfasser bzw.

---

4 In Schmidt (i.V.) sowie in einem zum methodischen Vorgehen der qualitativen Studie erstellten KBS-Hyperbook (vgl. Henze/Schmidt/Wolpers 2001) habe ich diese Auswertungsmethode, ihre Entwicklung und die Methodenkombination, in deren Rahmen sie eingesetzt wurde, ausführlich beschrieben und begründet.

Verfasserinnen bestehen. Das Verfahren, das ich in Zusammenarbeit mit Christa Hauenschild zur sequenzorientierten Analyse netzgestützter asynchroner Kommunikation im Rahmen eines Projektes zu Lehr- und Lernerfahrungen zu internetgestützten Seminaren[5] entwickelt habe, bezeichne ich als Sequenzrekonstruktion. Das analysierte Material sind elektronische Dokumente (in dem hier ausgeführten Beispiel handelt es sich um E-Mails). Ziel der Analyse ist die systematische Zuordnung von Textpassagen zu Sequenzen. Bei der Analyse gehe ich von vorliegenden (gespeicherten und ausgedruckten) Texten aus, die ich im nachhinein betrachte. Dies bedeutet, dass die Sequenzen rekonstruiert werden müssen. Produziert werden die Sequenzen von den Personen, die die E-Mails bzw. Forumsbeiträge geschrieben haben. Sie haben unterschiedliche Themen eingebracht bzw. sich auf von anderen eingebrachte Themen bezogen. Durch diese teils explizite, teils implizite Bezugnahme sind die Sequenzen entstanden. Ich habe mich entschieden, nur dann von einer Sequenz zu sprechen, wenn mindestens zwei Personen beteiligt sind. Ich spreche also z.B. nicht von „Sequenz" wenn ein Verfasser oder eine Verfasserin einen Redegegenstand in mehreren E-Mails einbringt, ohne dass der Redegegenstand von anderen aufgegriffen wird. Die einzelnen ausgewählten Textpassagen bzw. Einzeldokumente, die zusammen eine Sequenz bilden, bezeichne ich als „Sequenzsegmente". Die Sequenzrekonstruktion besteht aus der Bestimmung der zusammengehörigen Sequenzsegmente zu Sequenzen.

Zur Suche nach Sequenzsegmenten gehört das intensive Lesen der erhobenen Dokumente, um das Geschriebene zu verstehen und herauszufinden, worum es in den einzelnen Textpassagen geht: Welches sind die Gegenstände, zu denen hier etwas geschrieben wird? Dabei geht es jedoch nicht einfach nur darum, eine Art Glossar zu den vorkommenden Gegenständen anzulegen, Ziel ist vielmehr herauszufinden, ob es einen Zusammenhang gibt zwischen Textpassagen in einem Dokument und Textpassagen in einem oder mehreren der folgenden Dokumente.

Im Verlauf der Analyse der E-Mail-Dokumente habe ich vier Kriterien als entscheidend für die Bestimmung des Zusammenhangs zwischen zwei oder mehreren E-Mail-Passagen einer via Mailing-Liste kommunizierenden Gruppe definiert. Die Kriterien können, aber müssen nicht gleichzeitig zutreffen:

Das Vorhandensein anaphorischer Referenz als zentrales allgemeines sprachliches Kriterium für die Zugehörigkeit zu einer Sequenz: „Ein Ausdruck ist anaphorisch, wenn seine Interpretation von einem Antezedens im Text abhängt" (Hauenschild 1985: 28).

---

5 Projekt: „Evaluation 'Lernen im Netz' – Lehr- und Lernerfahrungen in netzgestützten Seminaren" (Schmidt/Hauenschild 2003).

Solche anaphorischen Ausdrücke sind oft quasi Stellvertreter, die einen bestimmten Redegegenstand, der im vorangegangenen Text vorkam, wiederaufnehmen. Ein typisches Beispiel hierfür sind Personalpronomina. Von der Form her muss es sich weder beim Antezedenz noch beim anaphorischen Ausdruck unbedingt um einzelne Worte handeln. Es können jeweils auch Wortgruppen oder ganze Sätze sein. Ein Beispiel: „Die Mitglieder des beobachteten Teams [= Antezedens] studierten unterschiedliche Studiengänge. Sie [= anaphorischer Ausdruck] kamen aus drei Universitäten".

Das Vorhandensein deiktischer Referenz als weiteres allgemeines sprachliches Kriterium für die Zugehörigkeit zu einer Sequenz. Hauenschild unterscheidet anaphorische und deiktische Referenz:

„In beiden Fällen geht es um die Referenz indexikalischer Ausdrücke, d.h. solcher Elemente eines Textes, deren Bedeutung nur mit Hilfe des Bezuges auf andere Elemente des Textes oder Kontextes festgelegt werden kann. Dabei sprechen wir von *anaphorischer* Referenz, wenn dieses andere Element innerhalb des betrachteten Textes liegt, und von *deiktischer* Referenz, wenn es sich außerhalb des Textes befindet, also nur durch den Kontext gegeben ist" (Hauenschild 1991: 53f.).

Diese (nicht unbestrittene) Unterscheidung zwischen anaphorisch und deiktisch (vgl. Hauenschild 1982: 178f.) ist für die E-Mail-Analyse hilfreich, z.B. um zwischen Bezügen auf Passagen aus E-Mails innerhalb der Gruppenkommunikation (anaphorisch) auf der einen und Bezügen auf Informationen der Seminarleitung, auf Videokonferenzbeiträge etc. (deiktisch) auf der anderen Seite zu unterscheiden. Ein Beispiel: In einer Seminarsitzung werden von der Seminarleitung die Aufgaben für die studentischen Teams erläutert. Alle Teams sollen zunächst einen detaillierten Zeitplan erstellen. Teammitglied A fragt ihr Team hinterher per E-Mail „Wie machen wir für unser Team eigentlich diesen genauen Zeitplan?" Die Wortgruppe „diesen genauen Zeitplan" kann nur durch Bezug auf etwas, das von der Seminarleitung in der Seminarstunde gesagt wurde, also durch Bezug auf ein Element außerhalb des E-Mail-Textes verstanden werden (= deiktische Referenz).

Das Vorhandensein von Quotes: Quotes sind (hier) Abschnitte in einer E-Mail, die als Zitat aus einer vorangegangenen Mail gekennzeichnet sind.

Die Kennzeichnung einer E-Mail als „reply" auf eine spezifische vorangegangene E-Mail: Als Subject/Betreff einer E-Mail wird das Subject der vorangegangenen E-Mail mit einem vorangestelltes „Re" oder „AW" benutzt, z.B. „Re: Unser Zeitplan?."

Die beiden letztgenannten Punkte sind kein ausreichendes Kriterium für das Bestimmen und Zuordnen eines Sequenzsegmentes zu einer Sequenz, sondern nur ein zusätzliches Indiz für einen solchen Zusammenhang zwischen zwei Passagen in zwei aufeinanderfolgenden E-Mails.

Konsensuelle Sequenzrekonstruktion bedeutet, dass die Zuordnung von Textpassagen bei der Auwertung zu Sequenzen zunächst unabhängig von mindestens zwei Personen durchgeführt wird, die die rekonstruierten Sequenzen dann vergleichen und – bei unterschiedlichen Einordnungen und Zusammenstellungen von Sequenzteilen – diskutieren, um durch Konsensbildung zu einem gemeinsamen Ergebnis zu kommen. Ziel dabei ist nicht nur, fehlerhafte und vergessene Einordnungen zu finden, sondern auch die Einordnung und ihre Kriterien zu reflektieren. Die Sequenzen sollen korrigiert und ergänzt werden und die Kriterien und Indizien zur Zusammenstellung und Eingrenzung der Textpassagen sollen hinterfragt und gegebenenfalls genauer formuliert oder modifiziert werden. Letzteres bezeichne ich als „rekursive" Form der Kriterienbestimmung.

Eine Schwierigkeit der Rekonstruktion von Sequenzen netzgestützter Kommunikation ist, dass eine Sequenz nicht notwendigerweise auf ein Medium beschränkt ist. So können beispielsweise E-Mail-Absprachen per Telefon oder face-to-face bzw. in Videokonferenzen fortgesetzt werden. Es ist deshalb wichtig, bei der Sequenzanalyse netzgestützter Kommunikationsbeiträge Hinweise auf andere Medien zu berücksichtigen und die Sequenzanalyse mit der Auswertung anderer Daten, z.B. aus der teilnehmenden Beobachtung, zu verknüpfen. Das folgende Material-Beispiel ist dennoch (aus Gründen der hier notwendigen Einschränkung) auf Beispiele aus der E-Mail-Analyse begrenzt.

5 Analyse Beispiel aus der E-Mail-Kommunikation eines virtuellen Teams

Die im folgenden präsentierte E-Mail-Sequenz stammt aus dem Projekt zu Lehr-Lernerfahrungen in internet-gestützten Seminaren, in dessen Rahmen – wie oben erwähnt – auch die Methode der konsensuellen Sequenzanalyse entwickelt wurde. Das in diesem Projekt von 1998 bis 2002 in netzgestützten hochschulübergreifenden Seminaren und Weiterbildungsveranstaltungen[6] erhobene Material (durch teilnehmende Beobachtung, Erhebung von Dokumenten elektronischer Kommunikation, Leitfadeninterviews und Gruppendiskussionen) habe ich bisher vor allem unter didaktischer Perspektive ausgewertet (mit qualitativer Inhalts- und Dokumentenanalyse) (vgl. Schmidt 2000a; 2000b; Schmidt i.V.). Dieses – bisher nicht unter Gender-Aspekten ausgewertete – qualitative Material soll zur Hypothesenbildung für das Projektvorhaben „Managing Diversity in virtuellen Teams" her-

---

[6] In dem Projekt wurden Seminare der Projektpartner „Virtuelle Campus Niedersachsen" sowie „Weiterbildung im Internet" des Weiterbildungsstudiums Arbeitswissenschaft der Universität Hannover untersucht.

angezogen werden. Ich präsentiere hier also keine Auswertung unter Gender-Aspekten. Mit dem ausgewählten kurzen Materialausschnitt möchte ich nur verdeutlichen, wie mit der Dokumentenanalysemethode „konsensuelle Sequenzrekonstruktion" eine Sequenz bestimmt wird. Im nächsten Abschnitt werde ich dann die Verwendbarkeit der Methode für eine Analyse unter Gender-Aspekten reflektieren.

Die dokumentierte Sequenz stammt aus einem Seminar, das standortübergreifend und netzgestützt durchgeführt wurde. Teilnehmende waren ca. 20 Studierende meist höherer Semester aus Studiengängen zur Angewandten Informations- und Sprachwissenschaft (Universität Dreistadt), Computerlinguistik (Universität Zweistadt) sowie Informatik (Universität Einsstadt). Gegenstand des projektorientierten Seminars waren neue Tendenzen in der Entwicklung, Gestaltung und Anwendung computergestützter Übersetzung. Die Studierenden bildeten virtuelle, standortübergreifende Teams, die via Mailing-Liste kommunizierten. Jedes der Teams untersuchte ein in Entwicklung befindliches Übersetzungssystem. Etwa vierzehntägig fanden Plenumssitzungen des Seminars in Form von Videokonferenzen statt. Eingerahmt wurde das Seminar von einem Start- und Abschlussworkshop, zu dem alle Teilnehmenden an einem der Orte persönlich zusammentrafen.

Das virtuelle studentische Team, aus dessen Mailing-Listen-Kommunikation im Folgenden ein kleiner Ausschnitt[7] präsentiert wird, bestand aus sieben Teilnehmenden, die aus den drei beteiligten Orten kamen. Unter den lokalen Teammitgliedern bildeten sich lokale Teilgruppen des Teams, die sich (face-to-face) trafen, um übernommene Teilaufgaben vorzubereiten oder gemeinsam zu bearbeiten.

In dem hier ausgewählten Ausschnitt geht es um die Änderung des auf dem Startworkshop vereinbarten Ziels „Evaluation des Übersetzungssystems Üsys 1". Im Verlauf der Arbeit am Informationsmaterial zu Üsys 1 war einzelnen Teammitgliedern aufgefallen, dass sich aufgrund des Entwicklungsstandes des zu untersuchenden Systems der ursprünglich gefasste Plan des Teams, das System u.a. mit einen „Crash-Test" zu evaluieren (Stellenanzeigen eingeben und die Übersetzung bewerten) nicht umsetzen lassen würde. Die Veränderung dieses Plans wird in mehreren Sequenzen geklärt und konsentiert. Die im folgenden dokumentierte Sequenz ist eine dieser Zieländerungssequenzen.

---

7 Personen-, Universitäts- und Firmennamen sind anonymisiert, Anmerkungen von mir, die ich zum besseren Verständnis eingefügt habe, stehen in eckigen Klammern. Die beteiligten Studierenden haben der Auswertung der E-Mails zugestimmt.

Sequenz-Segmente	Bezüge
AG-Mail / Abs.: Elke /01-13_12-15 (Textausschnitt)	
Vielleicht sollten wir uns noch mal Gedanken ueber unser konkretes Evaluationsziel machen. Wenn ich das richtig sehe, wird Üsys1 noch nicht von den Arbeitsaemtern genutzt, um die Uebersetzung zu machen (bzw. es werden noch gar keine Stellenanzeigen uebersetzt). Somit koennen wir ja auch gar nicht ueberpruefen, ob es funktioniert. Vielleicht sollten wir mit unserer Fallstudie/Evaluation eher einen Anforderungskatalog fuer die Entwickler erstellen, so nach dem Motto: Auf das und das muesst ihr achten, das und das muss unbedingt gemacht werden und das nicht. Was denkt ihr darueber?	*Antezedenz:* • unser konkretes Evaluationsziel ...eher einen Anforderungs-katalog erstellen
Mail-Zitat 1	

AG-Mail / Abs.: Marc /01-14_10-15 (Textausschnitt)	
die abwandlung unsere evaluation von elke ist wohl an dieser stelle besser. wahrscheinlich faellt dann auch der punkt CRASH-TEST unter den Tisch.	*anaphorisch* • die abwandlung unsere Evaluation *deiktisch* • von elke
Mail-Zitat 2	

AG-Mail / Abs.: Elke / 01-14_11-55 (Textausschnitt)	
Roland und ich sitzen hier gerade und surfen duchs Internet. Wir haben uns franzoesische Stellenanzeigen über das SIS angeschaut [...] Wird hier tatsaechlich Üsys genutzt? Oder sitzen da arme Hilfskraefte, die die franzoesischen Stellenanzeigen von Hand abtippen und alles, was sie auf Deutsch kennen und was unzeifelsfrei ist, auch in Deutsch hinschreiben?	*(wir = lokale Teilgruppe!)* *anaphorisch* • unsere Fragestellung • in der letzten mail • ja vorgeschlagen • Arbeitsziel abzuändern • statt Systemevaluation ...eher einen Anforderungskatalog • Doch eine Evaluation machen
Die Antwort ist ja insofern interessant, weil es unsere Fragestellung beeinflussen koennte. Ich hatte in der letzten Mail ja vorgeschlagen, unser Arbeitsziel etwas abzuaendern und statt einer Systemevaluation (die ich fuer schwierig halte, weil das System noch nicht so richtig funktioniert bzw. eingesetzt wird) eher einen Anforderungskatalog an die Entwickler zu formulieren. Wenn diese Teileubersetzung aber schon von Üsys1 gemacht wird (was ich mir aber nicht vorstellen kann...), dann koennten wir doch eine Evalution machen und muessten das dann wohl auch tun.	
Sollte man vielleicht mal bei Herrn Berg oder bei Peter fechtner vom Üsy nachfragen, wie das mit dem Einsatz von Üsys1 aussieht? Denn irgendwie muessten wir ja langsam mal etwas konkreter werden. Ich habe naemlich persoenlich so das Gefuehl, dass ich gar nicht weiss, woraufhin wir eigentlich hinarbeiten - obwohl ich mir das bei dem Zwischenbericht nicht habe anmerken lassen. Na ja. Wenn mich jemand aufklaeren kann, dann waere ich ihm oder ihr sehr dankbar dafuer.	**Antezedenz** • Bei Berg oder bei Peter Fechtner nachfragen?
Mail-Zitat 3	

Analyse von E-Mails zur Rekonstruktion von Diversity 327

AG-Mail / Abs.: Marie / 01-15_14-59_233 (Textausschnitt)	*anaphorisch*
1. elkes vorschlag in puncto „anforderungskatalog" finde ich gut. 2.[...]	• Elkes vorschlag • in puncto „anforderungs-katalog"

Mail-Zitat 4

[In einer Mail der Seminarleitung an das Team (die Seminarleitung war nicht Mitglied der Team Mailing-Liste und von dem Team noch nicht wegen der Zielveränderungsentscheidung angesprochen worden) wird die Relevanz einer Teilaufgabe der Gruppe (zu einer vorliegende Bedarfsstudie für die Übersetzung von regionalen Stellenanzeigen) betont. Aus deren Auswertung würden sich „wichtige Hinweise für die erforderliche Übersetzungsqualität" und „eine wichtige Orientierung für die Evaluation der Funktionalitäten des Systems" ergeben.]	Bezugspunkt für deiktische Referenz

AG-Mail / Abs.: Elke / 01-27_12-15 (Textausschnitt)	*deiktischer Bezug*
Mir bereitet es echte Probleme, dass Üsys1 noch ein Prototyp ist, der gar nicht benutzt wird - jedenfalls nicht fuer Stellenanzeigen. Wie sollen wir die Uebersetzungsqualitaet also beurteilen? Soll ich das sagen und dann darauf eingehen, dass wir vielleicht doch keine Evaluation in dem Sinne machen, sondern eher einen Anforderungskatalog? Sollten wir das vor der Praesentation mit Berg besprechen?	• die Übersetzungs-qualität *anaphorisch* • doch keine Evaluation • eher einen Anforderungsgsk atolog • mit Berg besprechen?

Mail-Zitat 5

AG-Mail / Abs.: Marie / 01-27_13-10 (Textausschnitt)	*anaphorisch*
1. [...] 2. das, was wir von Üsys1untersuchen ist lediglich ein kleiner teilbereich. fuer stellenanzeigen ist Üsys noch nicht in betrieb, sondern uebersetzt zb medizinische diagnoseberichte und arbeitet in der kundendatei von XXXXinXstadt. . ich kann gerne mit unseren seminarleitern die umbenennung in anforderungenkatalog besprechen, wenn ihr wollt. die idee scheint mir jedenfalls gut.	• ich kann gerne mit unseren seminarleitern ... besprechen • die umbenennung in anforderungenkat alog • die idee

Mail-Zitat 6

AG-Mail / Abs.: Lisa / 01-28_15-24 (Textausschnitt)	*anaphorische Bezüge*
Hallo Marie, hallo ihr alle, ich wollte nur noch kurz sagen, dass ich es gut faende, wenn Marie mal mit Hans-Peter [zweiter Seminarleiter] oder Herrn Berg ueber die Aenderung von Evaluation hin zum Anforderungskatalog sprechen wuerde. Ist da jemand anderer Meinung? [Kein weiteres Segment zu diesem Redegegenstand, Marie spricht dann mit dem Seminarleiter.]	• die Aenderung von Evaluation hin zum Anforderungskatalog • Marie • mit Hans Peter oder Herrn Berg sprechen würde

Mail-Zitat 7

6 Potenziale und Probleme der Methode Sequenzrekonstruktion für die Untersuchung der Diversity-Dimension Gender in virtuellen Teams

Ein wichtiges Potenzial dieser Methode für die Rekonstruktion von Diversity in virtuellen Teams sehen wir darin, dass es sich um ein (weitgehend) non-reaktives Verfahren handelt. In der Analyse liegt die Betonung auf dem Gestaltungsaspekt von netzgestützter Kooperation. Es geht nicht darum, wie Frauen oder Männer selbst ihr jeweiliges Kommunikationshandeln und ihre Kompetenzen beurteilen, sondern es werden im Teamalltag entstandene Dokumente analysiert, wie im voranstehenden Beispiel alle E-Mails, die über eine für die standortübergreifende Kooperation verwendete Team-Mailing-Liste ausgetauscht wurden. Dies bietet die Möglichkeit, weitgehend unabhängig von geschlechterbezogenen Selbst- und Fremdbildern, personelle Unterschiede und Gemeinsamkeiten in der Gestaltung der netzgestützten Kooperation zu erkennen.

Es werden nicht einzelne Wörter, Sätze oder einzelne komplette E-Mails sondern Sequenzen und Sequenzsegmente als Ausgangsmaterial für einen Vergleich unter Gender und anderen Diversity-Dimensionen im Material bestimmt; damit wird in systematischer Weise ein Ausgangspunkt geschaffen, um zu überprüfen, wie häufig und wie explizit Bezüge zu vorangegangenen E-Mail-Passagen in der Team-Kommunikation hergestellt werden. Eine Hypothese, die wir auf dieser Grundlage entwickeln und ausdifferenzieren wollen, ist die Hypothese, dass Frauen in computervermittelter Kommunikation häufiger und expliziter Bezüge zur vorangegangenen Kommunikation herstellen als Männer. In eine ähnliche Richtung weisen z.B. die Ergebnisse von Susan Herring, die von einem eher weiblichen Kommunikationsmuster in der E-Mail-Kommunikation spricht, dass sie als „aligned" charakterisiert (vgl. Herring 2000). In unserer E-Mail-Sequenzanalyse in dem vorangegangenen Projekt zu netzgestützter verteilter Kooperation, aus dem auch das oben vorgestellte Beispiel stammt, war Alignment nach unserem Eindruck vor allem auch von der Dauer der Teamkommunikation abhängig.

In der qualitativen Forschung ist umstritten, Hypothesen an das Material heranzutragen. Häufig wird die Ansicht vertreten, dass im Vorhinein formulierte Hypothesen die Aufmerksamkeit und Unvoreingenommenheit bei der Erhebung und Auswertung einschränken. Eine Gegenposition hierzu ist, dass Hypothesen die Möglichkeit bieten,

„im Forschungsfeld gezielter, genauer und aufmerksamer zu suchen und auch die Erhebungsinstrumente spezifischer auszuwählen. Hierdurch kann die Sensibilität in der Wahrnehmung bestimmter Phänomene und Einzelheiten vergrößert werden. Selbst die Aufmerksamkeit für Beobachtungen, die dem eigenen theoretischen Vorverständnis widersprechen, wird in mancher Hinsicht durch explizit formulierte Vorannahmen erhöht, da diese einen bewußteren Umgang mit dem eigenen Vorverständnis ermöglichen können, als eine fiktive theoretische Offenheit." (Hopf et al. 1995: 23f.).

Für unser Vorhaben, die „Alignment-Hypothese", dass Frauen sich häufiger und expliziter als Männer auf vorangegangene Kommunikation beziehen, mit Hilfe der E-Mail-Sequenzrekonstruktion zu untersuchen, stellt sich in diesem Kontext folgende Frage. Beeinflusst diese Hypothese schon die Sequenzrekonstruktion selbst und führt als 'Blick durch die Genderbrille' zu einem Bias (z.B. indem anaphorische Bezüge in Beiträgen von männlichen Teammitgliedern übersehen oder weniger wahrgenommen werden)? Oder schärft die bewusste Vorannahme die Wahrnehmung auch für gegenläufige Beobachtungen?

Eine sensible Wahrnehmung könnte durch die genaue Definition von Kriterien bei der Sequenzrekonstruktion unterstützt werden (vgl. hierzu die oben vorgestellten vier Kriterien). Eine gewisse Kontrolle der Voreingenommenheit bei der Sequenzrekonstruktion bietet die konsensuelle Form der Analyse, bei der beide Interpretinnen bzw. Interpreten zunächst unabhängig voneinander interpretieren. Die wechselseitige Korrektur sollte allerdings nicht überbewertet werden (vgl. zu Problemen konsensueller Interpretation Schmidt 1997: 559f.). In dem oben dokumentierten Beispiel einer E-Mail-Sequenz bestand u.a. bei der konsensuellen Interpretation zunächst Uneinigkeit darüber, ob es sich hier um *eine* längere oder um *mehrere* kurze Sequenzen handelt. Dies veranlasste uns einerseits, die Kriterien zu präzisieren, und machte uns andererseits darauf aufmerksam, nicht nur die Anzahl, sondern auch die Länge der Sequenzen zu beachten; dies wird auch für die Untersuchung der „Alignment-Hypothese" eine wichtige Rolle spielen.

Eine geschlechtneutrale Anonymisierung des Materials vor der Analyse scheidet als Möglichkeit aus, die Sequenzen – trotz genderbezogener Hypothesen – zunächst unabhängig von der Gender-Perspektive zu rekonstruieren. Es müssten nicht nur Namen, sondern auch viele Pronomen, Adjektive etc. grammatikalisch verändert werden, z. B. müsste „er" oder „sie" immer mit „er/sie" ersetzt werden. Dies würde die Interpretation von anaphorischen Bezügen unmöglich machen, weil unter Umständen ursprünglich nicht vorhandene Mehrdeutigkeiten eingeführt würden. Ein Beispiel dafür wäre folgende E-Mail-Nachricht: „Gestern hat Roland Marie getroffen. Er hat sie gebeten, den Zeitplan noch mal an alle zu schicken.". Dies müsste geschlechtsneutral anonymisiert heißen: „Gestern hat X Y getroffen. Sie/Er hat sie/ihn gebeten (...)". Während in dem Ausgangstext eindeutig ist, dass X Y gebeten hat, ist der anonymisierte Text mehrdeutig; X könnte Y gebeten haben oder Y könnte X gebeten haben.

Bei einer Interpretation der rekonstruierten Sequenzen unter Gender-Perspektive ist zu beachten, dass in virtuellen Teams nicht jedes Sequenzsegment einfach als Beitrag eines einzelnen männlichen oder eines einzelnen weiblichen Teammitglieds klassifiziert werden kann. In dem oben dargestellten Beispiel einer E-Mail-Sequenz wird deutlich, dass es E-Mails gibt, die – mehr oder minder gemeinsam – von lokalen Teilgruppen des Teams formuliert worden sind (vgl. Mail-Zitat 3, „Roland und ich", „wir"). Dies muss bei der Sequenzrekonstruktion sorgfältig aus dem Kontext interpretiert werden und kann nicht einfach aus dem Gebrauch der Personalpronomina „wir" und „ihr" in den Sequenzsegmenten abgelesen werden.

Bei der Anwendung der Methode Sequenzrekonstruktion wächst die Aufmerksamkeit für solche Phänomene. Besonderheiten der für die Teamkommunikation genutzten Medien (wie im Beispiel der Mailing-Liste) können besonders deutlich wahrgenommen werden, z.B. weil sich medientypische Formen des Aufeinanderbeziehens analysieren lassen (in der Kommunikation via Mailing-Liste z.B. Quotes oder besondere Formen der Ansprache wie im obigen Beispiel „Hallo Marie, hallo ihr alle"). Die Unterschiede in der Gestaltung werden nicht auf einen männlichen oder weiblichen E-Mail-Stil reduziert. Im Rahmen des Managing Diversity-Ansatzes kann die personelle Vielfalt bei der Gestaltung der netzgestützten Kommunikationsbeiträge nicht nur als Problem der Verständigung im Team, sondern auch als Potenzial für das Gelingen der Verständigung betrachtet werden. Durch die genaue und medienspezifische Analyse der Gestaltung der Kommunikation mittels konsensueller Sequenzrekonstruktion, verknüpft mit einer Gender-Perspektive, die in diesen multidimensionalen Ansatz eingebunden ist, lassen sich – so unsere Hypothese – dichotomisierende und stereotypisierende Interpretationen vermeiden.

Literatur

Auszra, Susanne (2001): Interaktionsstrukturen zwischen den Geschlechtern in Lernsituationen. In: Giesecke, Wiltrud (Hrsg.): Handbuch zur Frauenbildung. Opladen: Leske+Budrich. 321-329

Beneke, Jürgen/Jarman, Francis (Hrsg.) (2005): Interkulturalität in Wissenschaft und Praxis. Hildesheim: Hildesheimer Universitätsschriften (i.E.)

Döge, Peter (2002): Chancengleichheit als Managing Diversity. Konzeptionen von Gender-Mainstreaming im internationalen Überblick. In: Baaken, Uschi/Plöger, Lydia (Hrsg.) (2002): Gender Mainstreaming. Konzepte und Strategien zur Implementierung an Hochschulen. Bielefeld: Kleine. 39-55

Erb, Ulrike (1994): Technikmythos als Zugangsbarriere für Frauen zur Informatik. In: Zeitschrift für Frauenforschung. Jg. 12, Heft 3. 28-40

Fleury, Maria Tereza Leme (1999): The Management of Culture Diversity. In: Industrial Management & Data Systems. 1999/3. 109-114

Gesellschaft für Arbeitswissenschaft (Hrsg.): Zukunft der Arbeit in Europa: Gestaltung betrieblicher Veränderungsprozesse. Dortmund: GfA Press

Hauenschild, Christa (1982): Demonstrative Pronouns in Russian and Czech – Deixis and Anaphora. In: Weissenborn, Jürgen/Klein, Wolfgang (Eds.) (1982): Here and There. Cross-Linguistic Studies on Deixis and Demonstration. Amsterdam and Philadelphia: John Benjamins Publishing Company.167-186

Hauenschild, Christa (1985): Zur Interpretation russischer Nominalgruppen. Anaphorische Bezüge und thematische Strukturen im Satz und im Text. München: Otto Sagner

Hauenschild, Christa (1991): Anaphern-Interpretation in der Maschinellen Übersetzung. In: Zeitschrift für Literaturwissenschaft und Linguistik. Jg. 21, Heft 84. 50-66

Hauenschild, Christa/Schmidt, Christiane/Wagner, Daniela (2004): Managing Diversity in virtuellen Teams – didaktische Strategien zur Unterstützung eines wertschätzenden Umgangs mit kultureller Vielfalt. http://web1.bib.uni-hildesheim.de/edocs/2004/390120634/doc/390120634.pdf

Hays-Thomas, Rosemary (2003): Why Now? The Contemporary Focus on Managing Diversity. In: Stockdale, Margret S.; Crosby, Faye J. (Eds.) (2003): The Psychology and Management of Workplace Diversity. Oxford, U.K. and Malden, MA.: Blackwell Publishing. 3-30

Henze, Nicola/Schmidt, Christiane/Wolpers, Martin (2001): Mediengestützte Didaktik für qualitative Methoden in der Sozialforschung auf der Basis semantischer Modellierung. In: Wagner, Erwin/ Kindt, Michael (Hrsg.): Virtueller Campus. Szenarien, Strategien, Studium. Münster, New York, München und Berlin: Waxmann. 164-171

Heppner, Gisela/Osterhoff, Julia/Schiersmann, Christiane/Schmidt, Christiane (1990): Computer? „Interessieren tät's mich schon, aber..." Wie sich Mädchen in der Schule mit Neuen Technologien auseinandersetzen. Bielefeld: Kleine

Herring, Susan (1997): Geschlechtsspezifische Unterschiede in computergestützter Kommunikation. In: Feministische Studien. Jg. 15, Heft 1. 65-76

Herring, Susan (2000): Gender Differences in CMC: Findings and Implications. In: The CPSR Newsletter. Jg. 18, Heft 1. http://www.cpsr.org/publications/newsletters/issues/2000/Winter2000/herring.html (16.7.2004)

Hopf, Christel/Rieker, Peter/Sanden-Marcus, Martina/Schmidt, Christiane (1995): Familie und Rechtsextremismus. Familiale Sozialisation und rechtsextreme Orientierungen junger Männer. Weinheim und München: Juventa

Interdisziplinäres Frauenforschungszentrum der Universität Bielefeld (Hrsg.): Projektbeschreibung: Der Umgang mit Diversity in Organisationen und Alltagskonstruktionen von Verschiedenheit. http://www.uni-bielefeld.de/IFF/for/projekte/for-prl9.htm (16.7.2004)

Klinger, Cornelia (2003): Utopie und/oder Illusion. Eine Erinnerung an den Feminismus und andere 'dirty words'. Vortrag bei der Auftakttagung zum postgradualen Studiengang Gender-Kompetenz an der FU-Berlin. Berlin, 4.-6.6. 2003.
http://www.fu-berlin.de/gender-kompetenz/auftakttagung.html (16.7.2004)

Knapp, Gudrun-Axeli (1989): Männliche Technik – weibliche Frau? Zur Analyse einer problematischen Beziehung. In: Becker, Dietmar/Becker-Schmidt, Regina/Knapp, Gudrun-Axeli/Wacker, Ali (Hrsg.): Zeitbilder der Technik. Essays zur Geschichte von Arbeit und Technologie. Bonn: J.H.W. Dietz Nachf. 193-253

Koall, Iris (2002): Thesen von Iris Koall zu einem Streitgespräch zwischen Angelika Wetterer und Iris Koall (Diversity und Genderkonstruktionen in Organisationen: ein Streitgespräch) geführt anlässlich der Fachtagung „Vielfalt als Leitkultur – Wie kommt Diversity in die Organisation." Schwerte 14.-15.6.2002. http://www.gender-diversity.net (16.7.2004)

Konradt, Udo/Hertel, Guido (2002): Management virtueller Teams. Von der Telearbeit zum virtuellen Unternehmen. Weinheim und Basel: Beltz

Krell, Gertraude/Mückenberger, Ulrich/Tondorf, Karin (2000): Gender Mainstreaming – Informationen und Impulse. http://www.niedersachsen.de (16.7.2004)

Krell, Gertraude (Hrsg.) (2001[3]): Chancengleichheit durch Personalpolitik: Gleichstellung von Frauen und Männern in Unternehmen und Verwaltungen. Rechtliche Regelungen – Problemanalysen – Lösungen. Wiesbaden: Gabler

Lipnack, Jessica/Stamps, Jeffrey (1998): Virtuelle Teams. Wien: Ueberreuter

Meise-Kuhn, Katrin (1998): Zwischen Mündlichkeit und Schriftlichkeit: Sprachliche und konversationelle Verfahren in der Computerkommunikation. In: Brock, Alexander/Hartung, Martin (Hrsg.): Neuere Entwicklungen in der Gesprächsforschung. Vorträge der 3. Arbeitstagung des Pragmatischen Kolloquiums Freiburg. Tübingen: Gunter Narr Verlag. 213 -235

Metz-Göckel, Sigrid/Frohnert, Sigrid/Hahn-Mausbach, Gabriele/Kauermann-Walter, Jacqueline (1991): Mädchen, Jungen und Computer. Geschlechtsspezifisches Sozial- und Lernverhalten beim Umgang mit Computern. Opladen: Westdeutscher Verlag

Müller, Patrick (2004): Diversity & Diversity-Management. Vortrag an der Universität Hildesheim im Rahmen des Seminars „Managing Diversity in virtuellen Teams" am 10.6.2004. http://www.uni-hildesheim.de/~cschmidt/sosem2004/virtTeam.htm (16.7.2004)

Pohl, Margit (1998): E-Mail: Klatsch und Tratsch für die Frauen oder Wilder Westen für die Männer. Geschlechtsspezifische Unterschiede bei elektronischer Kommunikation. In: Behrens, Ulrike (Hrsg.): Erfolgreich Studieren - Eltern im Netz. Die Dokumentation zur 4. Tagung im Rahmen des Netzwerkes Campuseltern. Bern, Bonn, Fribourg, Leipzig und Ostrava: InnoVatio Verlag. 98-118

Rühl, Monika/Hoffmann, Jochen (2001): Chancengleichheit managen. Basis moderner Personalpolitik. Wiesbaden: Gabler

Schmidt, Christiane (1997): „Am Material": Auswertungstechniken für Leitfadeninterviews. In: Friebertshäuser, Barbara/Prengel, Annedore (Hrsg.): Handbuch qualitative Methoden in der Erziehungswissenschaft. Weinheim und München: Juventa. 544-568

Schmidt, Christiane (2000a): Evaluation „Lernen im Netz". In: Gesellschaft für Arbeitswissenschaft: CD-Rom-Dokumentation

Schmidt, Christiane (2000b): Evaluation und Begleitforschung „Lernen im Netz": Forschungsdesign und erste Ergebnisse. In: Wedekind, Joachim (Hrsg.): Virtueller Campus 99. Heute Experiment – morgen Alltag? Münster, New York, München, Berlin: Waxmann. 151-160

Schmidt, Christiane (i.V.): Forschendes Studieren mit Neuen Medien. Habilitationsschrift. Universität Hildesheim

Schmidt, Christiane/Hauenschild, Christa (2002): Abschlussbericht des Projekts Evaluation „Lernen im Netz" – Lern- und Lehrerfahrungen in internet-unterstützten Seminaren. http://www.uni-hildesheim.de/~cschmidt/projektlin/Abschlussthesen.pdf (16.7.2004)

Schneider, Susan/Barsoux, Jean-Louis (2003²): Managing across cultures. London: Prentice Hall

Schründer-Lenzen, Agi (1995): Weibliches Selbstkonzept und Computerkultur. Weinheim: Deutscher Studien Verlag

Sepehri, Paivand (2002): Diversity und Managing Diversity in internationalen Organisationen: Wahrnehmungen zum Verständnis und ökonomischer Relevanz; dargestellt am Beispiel einer empirischen Untersuchung in einem Unternehmensbereich der Siemens AG. Hochschulschriften zum Personalwesen. Band 34. München und Mering: Hampp-Verlag

Spitzer, Michael (1986): Writing style in computer conferences. In: IEEE Transactions of Professional Communication PC. Jg. 29, Heft 1. 19-22

Stuber, Michael (2004): Das Potenzial von Vielfalt nutzen – Den Erfolg durch Offenheit steigern. Neuwied und Kriftel: Luchterhand

Tyrtania, Heike (2003): Vielfalt schafft Mehrwert. In: Management & Training. Heft 8. 36-37

Vedder, Günther (2003): Personalstrukturen und Diversity Management in deutschen Unternehmen. Vortrag auf der wissenschaftlichen Fachtagung 'Personelle Vielfalt in Organisationen: interdisziplinäre Zugänge zu den Chancen und Risiken von Diversität' an der Universität Trier vom 26.-28.3.2003. http://www.uni-trier.de/uni/fb4/apo/tagungen/diversity/diversity.html (16.7.2004)

Wedekind, Joachim (Hrsg.) (1999): Virtueller Campus 99. Heute Experiment - morgen Alltag? Münster, New York, München, Berlin: Waxmann

Wetterer, Angelika (2002): Strategien rhetorischer Modernisierung. Gender Mainstreaming, Managing Diversity und die Professionalisierung der Gender-Expertinnen. In: Zeitschrift für Frauenforschung und Geschlechterstudien. Heft 3. 129-149

Wolff, Stephan (2000): Dokumenten- und Aktenanalyse. In: Flick, Uwe/von Kardorff, Ernst/Steinke, Ines (Hrsg.): Qualitative Forschung. Ein Handbuch. Reinbek bei Hamburg: Rowohlt. 502-513

Silke Kirschning

Zur Entwicklung und Auswertung gendersensitiver Online-Fragebögen – ein Werkstattbericht aus der Gesundheitsforschung

Bereits 2001 wiesen Maschewsky-Schneider und Fuchs darauf hin, dass im deutschsprachigen Raum – anders als in den USA und Kanada – keine Richtlinien zur Verfügung stehen, die in den Gesundheitswissenschaften eine angemessene Berücksichtigung geschlechtsspezifischer Belange definieren (vgl. Maschewsky-Schneider/Fuchs 2001: 235). Als allgemein gesichert gilt, dass die Kategorie Gender bislang nicht oder nicht ausreichend berücksichtigt ist, dies „wurde in allen Bereichen der Forschung, Literatur und Ausbildung identifiziert und belegt" (Kolip 2002: 145). Auch wenn bisher keine solchen Richtlinien existieren, so sind bereits Fragestellungen formuliert worden, die als Orientierung dienen können. Einige davon sind:

- Werden Frauen und Männer in der Forschung angemessen berücksichtigt?
- Ist die Fragestellung so formuliert (und operationalisiert), dass mögliche Unterschiede zwischen den Geschlechtern berücksichtigt bzw. entdeckt werden können?
- Sind die verwendeten Instrumente für beide Geschlechter geeignet?
- Wird die Analyse für Frauen und Männer getrennt durchgeführt?
- Wie werden Ergebnisse interpretiert? (Kolip 2002: 145)

Die Medizin, die Jahrhunderte lang einerseits Geschlechterdifferenzen ignorierte, andererseits Geschlechterdifferenzen durch biologistische Zuschreibungen produzierte, wird nun mit der Forderung konfrontiert, die Kategorie Gender zu berücksichtigen. Darüber hinaus sind auch in weiten Bereichen der Versorgungsforschung gendersensible Forschungen nicht selbstverständlich. Die Frage, die in den Gesundheitswissenschaften besonders deutlich wird, lautet: Wie kann in der empirischen Forschung die Reifizierung von Geschlecht vermieden werden, ohne die Relevanz von Geschlecht zu ignorieren? Es gilt, auf den jeweiligen Gegenstand bezogene Forschungsinstrumente zu entwickeln, mit denen die Relevanz der Kategorie Geschlecht neben anderen Ungleichheitsfaktoren erforscht werden kann. Im Folgenden wird am Beispiel der Online-Befragung im Rahmen des Forschungsprojektes „Krebserkrankung und Internetnutzung: Hilfe für Betroffene und Angehörige?"[1] eine Vorgehensweise dargestellt, die diese Problematik kritisch reflektiert. Im Zentrum der Ausführungen steht die Entwicklung zweier Online-Fragebögen: für Frauen mit Brustkrebs und Männer mit Prostatakrebs.

1 Zum Forschungsdesign

Das Forschungsprojekt zielt auf die Klärung von drei zentralen Fragen:

- Wie wirkt sich die Internetnutzung von Krebskranken auf das Arzt-Patient-Verhältnis aus?
- Wie beeinflusst die Internetnutzung die Inanspruchnahme von Leistungen des medizinischen Systems und Therapieentscheidungen?
- Wie verändert die Nutzung des Internets individuelle Bewältigungsstrategien?

Um dies zu untersuchen, werden Frauen mit Brustkrebs und Männer mit Prostatakrebs sowie ihre Angehörigen befragt. Dies geschieht mit quantitativen und qualitativen Erhebungsmethoden. Die Indikationen Brustkrebs und Prostatakrebs wurden gewählt, weil in beiden Fällen Geschlechtsorgane betroffen sind, die das Selbstbild und Rollenkonzept als Frau bzw. als Mann zentral betreffen. Mit der Behandlung einer Brustkrebserkrankung ist in der Regel die Operation der Brust verbunden, die unterschiedlich gravierende Auswirkungen haben kann: vom relativ kleinen Schnitt bis hin zur radikalen Amputation. Die Operation bei Prostatakrebs beinhaltet häufig die Entfernung der Prostata, womit Auswirkungen auf die Potenz und Kontinenz verbunden sind. Die Operation ist bei beiden Erkrankungen meist der erste Schritt in der schulmedizinisch empfohlenen Behandlungskette, die außerdem aus Chemo-, Strahlen- und Hormontherapie besteht. Beide Erkrankungen wirken sich stark auf die alltägliche Lebensführung aus. Die Wahl dieser Krebserkrankungen ermöglicht einen gendersensitiven Vergleich der Erfahrungen bei der krankheitsbezogenen Internetnutzung zu Themen wie der Diagnostik, der Wahl der Behandlung, dem Ort der Behandlung bis hin zum Leben mit der Erkrankung im Alltag, einschließlich zu Aspekten der Lebensqualität und Lebenszufriedenheit. Gleichwohl bestehen große Unterschiede zwischen beiden Erkran-

---

[1] Das Projekt wird von der Deutschen Forschungsgemeinschaft gefördert (Laufzeit: 2003-2005, ggf. 2006) und ist angesiedelt an der Humboldt-Universität zu Berlin. Kooperationspartner ist Prof. Ernst von Kardorff, dem ich hiermit für seine inhaltlichen Anregungen danken möchte. Einen Dank möchte ich ebenfalls gegenüber meinen Mitarbeiterinnen Frau Michel und Frau Merai aussprechen.

kungen bezüglich des durchschnittlichen Erkrankungsalters, der Bedrohlichkeit der Erkrankung und der Behandlungsmöglichkeiten sowie der Nebenwirkungen und Langzeitfolgen der Therapien. Da beide Erkrankungen weit verbreitet sind, gibt es zahlreiche Internetinformationen und Angebote verschiedenster Träger, die häufig aufgerufen werden: von der Deutschen Krebshilfe über die Selbsthilfeorganisationen bis hin zu den Krankenkassen, den Medizinischen Fachgesellschaften, den Kliniken und der Pharmaindustrie. Entsprechend stand eine Vielzahl von Anbietern zu Verfügung, die den Fragebogen mit ihrer Homepage verlinkt haben. Dies war eine wichtige Voraussetzung, um Erkrankte zu erreichen, wodurch die Chance einer großen Beteiligung stieg.

	Frauen mit Brustkrebs und Männer mit Prostatakrebs
Gemeinsamkeiten	von der Krebserkrankung ist ein Geschlechtsorgan betroffen die Erkrankung ist potentiell lebensbedrohlich nach der Behandlung besteht Angst vor Progression durch invasive Therapien entstehen starke physische und psychische Belastungen Beeinträchtigungen des Körperempfindens Auswirkungen auf das Sexualleben Auswirkungen auf die Partnerbeziehung Auswirkungen auf die Familie und das soziale Umfeld Auswirkungen auf die Lebensplanung (sozial und ökonomisch, ggf. beruflich) Konfrontation mit krebsspezifischen Versorgungsproblemen im Gesundheitssystem[1] Schulmedizinische Empfehlungen sind: Diagnoseverfahren: Tastuntersuchung und Biopsie (Gewebeentnahme zur Identifikation von potentiellen Krebszellen) Behandlungsverfahren: Operation, Chemo-, Strahlen- u. Hormontherapie Nachsorge (lebenslange Kontrolluntersuchungen) Rehabilitation (zielt auf die Teilhabe am Arbeits- und gesellschaftlichem Leben)

Tabelle 1: Zusammenfassung der krankheitsspezifischen Gemeinsamkeiten von Frauen mit Brustkrebs und Männern mit Prostatakrebs

---

2 Quelle: Sachverständigenrat für die Konzertierte Aktion im Gesundheitswesen 2001.

Unterschiede	Frauen mit Brustkrebs	Männer mit Prostatakrebs
Neuerkrankungen 2000*	47 517 (11 305 waren älter als 75)	40 670 (13 522 waren älter als 75)
Mittleres Erkrankungsalter*	63 Jahre	72 Jahre
5-Jahres-Überlebensrate*	73 %	70 %
Bedrohlichkeit der Erkrankung*	Brustkrebs führt zu 18% aller Krebstodesfälle	Prostatakrebs führt zu 10,5% aller Krebstodesfälle
Übliche Diagnoseverfahren vor der Biopsie	Mammographie	PSA-Test, Tastuntersuchung
Behandlungsverfahren am Beispiel Strahlentherapie	äußere Bestrahlung der Brust	Prostatabestrahlung von innen mittels kleiner radioaktiver Stifte (seeds)
Verbreitete Langzeitfolgen	Lymphödem chronische Müdigkeit	Impotenz Inkontinenz

Tabelle 2: Zusammenfassung der krankheitsspezifischen Unterschiede von Frauen mit Brustkrebs und Männern mit Prostatakrebs (*Die Daten beziehen sich auf Deutschland, Quelle: Robert-Koch-Institut, Krebsbroschüre 2002)

2 Die Entwicklung von Online-Fragebögen unter Genderperspektive

Das Ziel dieser Untersuchung ist, die krankheitsbezogene Internetnutzung von Frauen und Männern zu erheben und von den Ergebnissen Aussagen über die Auswirkungen auf die ärztlichen Beratungsgespräche und die Inanspruchnahme des Gesundheitssystems abzuleiten. Ausgangspunkt der Studie sind die empirischen Befunde, die zeigen, dass sowohl bei der Internetnutzung geschlechtsspezifische Unterschiede bestehen (z.B. Ergebnisse des (N)onliner Atlas 2004), als auch bei der Kommunikation über Krankheit, dem Umgang mit und der Behandlung von Krankheit (vgl. Härtel 2000: 224ff., Bundesministerium für Familien, Senioren, Frauen und Jugend 2001: 7, Hurrelmann/Kolip 2002, Sieverding 2004). Frauen und Männer nehmen unterschiedliche Versorgungsbereiche des Gesundheitssystems in Anspruch, und die Versorgung durch die Professionellen zeigt einen divergierenden Umgang mit Frauen und Männern. Es ist außerdem empirisch belegt, dass sich geschlechtsspezifische Sprachstile in der computervermittelten Kommunikation wiederfinden (z.B. bezogen auf Chats: Döring 1999: 145).

Es galt ein Forschungsinstrument zu entwickeln, das die Identifizierung sowohl genderspezifischer Faktoren als auch anderer Ungleichheitsfaktoren ermöglichte. Vor der Entwicklung dieses Instruments stand eine grundsätzliche Entscheidung. Eine Option war, zwei Fragebögen zu erarbeiten, um Frauen und Männern unterschiedliche Fragen zu stellen. Die theoretische Vorannahme, Frauen und Männer nutzen das Internet unterschiedlich, hätte zu dieser Vorgehensweise führen können.

Bedenken waren dabei, dass man in diesem Falle einen Sachverhalt untersucht hätte, den man im Voraus unterstellt hätte. Mit anderen Worten: Man hätte über einen Sachverhalt Erkenntnisse gewinnen wollen, die sich jedoch in gewissem Maße zwangsläufig ergeben hätten, weil bereits das Forschungsinstrument diese Prämisse enthalten hätte. Diese Vorgehensweise hätte einen Verzerrungseffekt gegeben – einen Gender Bias. Dieser hätte zur Reifizierung von vermeintlich geschlechtsspezifischen Merkmalen geführt und damit zur unreflektierten Reproduktion von Geschlechterstereotypen beigetragen, während Einflüsse anderer Ungleichheitsfaktoren möglicherweise übersehen worden wären.

Die zweite Option war die Entwicklung einer gemeinsamen Grundstruktur, die sowohl für den Fragebogen der Frauen als auch für den der Männer geeignet war. Hierbei schien als Problem, dass Themen, die für die eine Gruppe offensichtlich relevant waren, dies nicht zwangsläufig auch für die andere der Fall sein musste. Ich entschied mich dennoch für diese Möglichkeit, denn nur diese Vorgehensweise sicherte die Grundvoraussetzung, um folgenden Anspruch einlösen zu können: das Forschungsinstrument sollte nicht nur für beide Gruppen in gleicher Weise geeignet sein, ihre Internetnutzung zu erfragen, sondern es sollten Bereiche der geschlechterdifferenten als auch der geschlechterunabhängigen Internetnutzung und weitere Ursachen für die unterschiedliche krankheitsbezogene Internetnutzung identifiziert werden können.

Die Entwicklung der Online-Fragebögen umfasste schließlich sechs Arbeitsphasen:

Phase I: Benennung der relevanten Themen

Für beide Befragungsgruppen wurden sieben relevante Themenbereiche festgelegt, zu denen Daten erhoben wurden:

- Wie sieht das soziodemografische Profil der beiden Nutzergruppen aus?
- Sind Bedarf und Angebot krankheitsrelevanter Internetinformationen deckungsgleich?
- In welchem Verhältnis steht die interaktive Internetnutzung (z.B. Chats) zur Nutzung reiner Informationsangebote?
- Besteht ein Zusammenhang zwischen der Internetnutzung, der Krankheitsphase (Diagnose, Akutbehandlung, Rehabilitation usw.) sowie der Schwere der Erkrankung?
- Wie wirkt sich die Internetnutzung auf Therapieentscheidungen aus?
- Beeinflusst die Informationsverarbeitung das krankheitsbezogene Handeln?
- Welche Veränderungen zeichnen sich durch die Internetnutzung von Erkrankten im Arzt-Patient-Verhältnis ab?

Anzufügen ist, dass bereits in dieser Phase wichtige inhaltliche und methodologische Entscheidungen und ihre Begründungen dokumentiert wurden, um sie für einen späteren Reflexionsprozess nutzen zu können.

Phase II: Übersetzung der Themen in Fragen für eine der beiden Befragungsgruppen

Die Themen wurden zunächst in Fragen übersetzt, die sich auf die Situation und die Erfahrungen von Frauen mit Brustkrebs bezogen. Als Basis für die Formulierungen von Fragen zu den psychosozialen und den medizinischen Problemen bei dieser Erkrankung wurde die Untersuchung: „Brustkrebs – Der Diagnoseprozess und die laute Sprachlosigkeit der Medizin" (Kirschning 2001) genutzt.

Phase III: Die Entwicklung des Fragebogens für die zweite Befragungsgruppe

Angelehnt an den Fragebogen für die Frauen wurde ein Fragebogen für die Männer mit Prostatakrebs formuliert. Es fand nicht nur ein Austausch der krankheitsrelevanten Begriffe statt. Es wurden außerdem neue Fragen in den zu erstellenden Fragebogen eingegliedert und geprüft, ob die jeweilige Frage nicht auch für die andere Gruppe relevant sein könnte. Diese Phase der Fragebogenentwicklung zielte erstens auf die Herstellung zweier Bögen, die die gleiche Struktur hatten, um die Vergleichbarkeit von Frauen und Männern zu sichern. Die unmittelbare Vergleichsmöglichkeit der Antworten der einen mit den Antworten der anderen Gruppe erleichterte darüber hinaus die statistische Auswertung der Daten. Zweitens ging es um die Gewinnung von neuen thematischen Bezügen zur jeweiligen Lebenswelt und der damit verbundenen Internetnutzung. Drittens wurden beide Fragebögen durch In-Beziehung-Setzung mit der jeweils anderen Erkrankungsgruppe um verschiedene Fragen erweitert.

Phase IV: Inhaltliche und sprachliche Überarbeitung des Fragebogens

Durch Umstellungen in der Abfolge der Fragen wurde eine inhaltliche Stringenz hergestellt, die den Probandinnen und Probanden die Teilnahme an der Befragung erleichtern sollte. Anschließend wurde der Fragebogen sprachlich überarbeitet. Sämtliche fachliche Termini wurden alltagssprachlich übersetzt. Das galt gleichermaßen für die medizinischen wie für die informationstechnischen Fachbegriffe. Diese Arbeitsschritte trugen wesentlich zur Nutzerfreundlichkeit des Fragebogens bei.

Phase V: Beurteilung durch Betroffene

Beide Fragebögen wurden als Papierversionen Betroffenen vorgelegt ('membercheck'). Es sollte herausgefunden werden, ob die gestellten Fragen verständlich formuliert und für die Befragten relevant sind. Außerdem wurde geschaut, ob sie die Fragen akzeptieren. Über persönliche Bekanntschaften und Kontakte zur organisierten Selbsthilfe wurden vierzehn Personen erreicht, die gebeten wurden, als Expertinnen und Experten ihrer Krankheit, diese Vorversionen des Fragebogens auszufüllen und zu kommentieren. Entsprechend der Rückmeldungen wurden Änderungen und Ergänzungen eingearbeitet.

Phase VI: Wechselseitige Spezifizierung beider Fragebögen

Zum Schluss erfolgte noch einmal eine komplette Überprüfung beider Fragebögen. Dies geschah in einer wechselseitigen Bezugnahme. Besonderes Augenmerk galt dabei den Aspekten, die bei beiden Gruppen unterschiedlich waren. Die Fragen und Items mussten einerseits die krankheitsrelevanten und lebensweltbezogenen Themen der jeweiligen Untersuchungsgruppe deutlich abbilden, andererseits sollten die äquivalenten Formulierungen im anderen Fragebogen thematisch entsprechen und ebenfalls sinnvoll sein. Wenn bei relevanten Themen der einen Befragungsgruppe keine Entsprechungen für die andere Befragungsgruppe gefunden worden wären, dann hätte eine Angleichung stattfinden können, die eine geringere Tiefe der abgefragten Inhalte nach sich gezogen hätte. Rückblickend lässt sich jedoch feststellen, dass diese Arbeitsschritte nicht zur Nivellierung von Unterschieden zwischen beiden Stichproben geführt haben, sondern zu einer Erweiterung des Fragebogenkataloges – einschließlich der Antwortmöglichkeiten bei beiden Fragebögen.

Im Folgenden soll anhand von zwei Beispielen aufgezeigt werden, wie durch die kritische Reflexion der theoretischen Vorannahmen an dieser Stelle des Forschungsprozesses die Reproduktion geschlechterstereotyper Vorstellungen über die häusliche Arbeitsteilung und das sexuelle Erleben verhindert werden konnte.

2.1 Erstes Beispiel: Reproduktions- und Pflegearbeit als typische Frauenarbeit?

Bei der Fragebogenkonstruktion für Frauen mit Brustkrebs wurde diskutiert, dass unter den soziodemographischen Daten auch abgefragt werden müsste, ob die Frauen für andere Familienmitglieder verantwortlich seien. Insbesondere bei den jüngeren Frauen mit Brustkrebs war vorstellbar, dass sie minderjährige Kinder hätten (vgl. Mikrozensus von Deutschland, Österreich und der Schweiz). Denn sie erkranken bereits im mittleren Lebensalter, während die Rate der Männer, die unter fünfzig Jahren an Prostatakrebs erkranken, so gering ausfällt, dass sie auf der Liste der acht häufigsten Krebserkrankungen dieser Altersgruppe nicht aufgeführt wird (Robert-Koch-Institut 2004). Bezogen auf die älteren Frauen konnte angenommen werden, dass sie nicht selten ihre Partner oder andere Angehörige pflegen – denn Reproduktions- und Pflegearbeit wird in wesentlich höherem Maße von Frauen als von Männern geleistet. Deshalb wurden bei der Frage: „Was ist Ihr Familienstand?" nicht nur die üblichen Items angeboten, sondern es fand eine ausdifferenzierte Datenerhebung statt: Es waren außerdem Angaben möglich wie „getrennt lebend", „nichteheliche Lebensgemeinschaft" und „alleinerziehend". Darüber hinaus wurden vier weitere Fragen zu diesem Themenfeld gestellt: „Wie viele Personen leben ständig in Ihrem Haushalt?", „Haben Sie Kinder?" Wenn dies bejaht wurde, erschien über eine Filterführung die Frage: „Wie viele Kinder sind jünger als 18 Jahre?" Und daran schloss sich an: „Betreuen Sie eine weitere Person aus Ihrem Verwandten- oder Bekanntenkreis?" Diese detaillierte Abfrage der persönlichen Angaben wurde als sinnvoll erachtet, um die langfristige Zielsetzung des Forschungsprojekts zu ermöglichen, wonach bio-psycho-soziale Daten mit der Internetnutzung in Beziehung gesetzt werden sollen. Bei den Frauen wurde diese ausführliche Abfrage der persönlichen Daten – in der zweiten Arbeitsphase der Entwicklung der Fragebögen – als angemessen angesehen.

Die gleichen Fragen riefen – während der Eingliederung in den Fragebogen für die Männer in der dritten Arbeitsphase – im ersten Augenblick Befremden hervor. Ausgehend von der Annahme, dass wir eher ältere Männer erreichen würden (von sechzig aufwärts), schien die Frage nach minderjährigen Kindern weniger wichtig. Außerdem nahmen wir nicht an, dass die Männer Angehörige pflegen würden. Interessanterweise reagierten die Männer – als ihnen in der fünften Arbeitsphase die Papierversion vorgelegt wurde – keineswegs mit Irritation auf die Fragen. Dies sprach zusätzlich dafür, diese Fragen in beiden Fragebögen aufzuführen.

Inzwischen wurde die Angemessenheit dieser Entscheidung bestätigt. Es lebten 35,8% der Frauen und nur 14,7% der Männer mit minderjährigen Kindern zusammen. Erstaunlicherweise betreute jeder fünfte Mann eine Person aus dem Verwandten- oder Bekanntenkreis, während dies nur bei jeder siebten Frau der Fall war (Zwischenergebnis: Januar 2004). Deutlich werden soll, dass diese Vorgehensweise der Abgleichung – in der dritten Phase der inhaltlichen Entwicklung der Fragebögen und der Abschlussphase – zur Erweiterung der Fragen geführt hat. Teilweise geschah dies in einer Weise, die unsere eigenen geschlechtsstereotypen Vorannahmen sichtbar machte und damit ermöglichte, diese auszugleichen.

2.2 Zweites Beispiel: Verringerung sexueller Lust als typische Männerproblematik?

Das zweite Beispiel bezieht sich auf die Erhebung der Vorgehensweise von Erkrankten bei Internetrecherchen. Gefragt wurde: „Zu welchen Themen suchen Sie?". Während der Erarbeitung des Fragebogens für die Männer wurde das Item

„Verringerung der sexuellen Lust" für unbedingt notwendig erachtet. Argumentiert wurde, dass die Verringerung der sexuellen Lust eine häufige Nebenwirkung der Operation, der Strahlentherapie und der Hormontherapie sei und damit von immenser Bedeutung für die Männer. Erstaunlicherweise fiel erst in der weiteren Diskussion auf, dass dieses Item für die Frauen nicht vorgesehen war, obwohl es durchaus nahe liegend war, dass die Erkrankung auch bei Frauen zur Verringerung der sexuellen Lust führen könnte. Sowohl diverse psychische und körperliche Belastungen als auch rein medizinische Eingriffe könnten auch bei ihnen zur verringerten Lust führen, denn vielen Frauen wird empfohlen, sich einer Hormontherapie zu unterziehen, die sich häufig lustmindernd auswirkt. Erst über die Beschäftigung mit dem „männlichen" Leidensdruck wurde dies deutlich, so dass für die Frauen ebenfalls die Möglichkeit geschaffen wurde, die „Verringerung der sexuellen Lust" als ein Thema anzugeben, zu dem sie recherchierten.

Beide Beispiele zeigen, dass nicht nur sachliche Überlegungen, sondern auch unreflektierte Einschätzungen und Auffassungen – langlebige Vorurteile, entstanden durch kulturelle Konzepte von Weiblichkeit und Männlichkeit, mit denen auch wir verbunden sind – in diesen Alltagsannahmen zum Ausdruck kommen und die Erarbeitung der Forschungsinstrumente beeinflussen.

2.3 Nichtbewusste Einflüsse – Eine methodologische Herausforderung

> „Begleitend und verwoben mit unserem täglichen Handeln, unserem Umgang mit uns selbst und mit anderen, stellen wir – meist unbewusst und selbstverständlich, daher um so wirksamer – eine Ordnung der Geschlechtszugehörigkeit her". (Hagemann-White 1993b: 68f.)

Um dieser Verwobenheit auf die Spur zu kommen und etwas Licht ins Dunkel der konkreten Auswertungsarbeit zu bringen, wurden die wichtigsten Überlegungen, Entscheidungen und ihre Begründungen während des Forschungsprozesses dokumentiert. In diesem Projekt wurde mit dem Verfassen von „Memos" während der ersten Arbeitsphase begonnen. Dies ermöglicht rückwirkend eine Reflexion diverser Entscheidungen im Forschungsprozess. Bereits in der Vergangenheit und auch zukünftig wird es darum gehen, einen Sachverhalt sowohl geschlechtsneutral als auch geschlechtssensibel betrachten zu können – sozusagen mit 'doppeltem Blick' anzuschauen – und offen für das Resultat zu sein. Dies ist selbstverständlich nur begrenzt möglich.

3 Diskussion der Ergebnisse: Aktive Männer und passive Frauen – oder passive Männer und aktive Frauen?

Nachdem die Fragebögen drei Monate im Netz waren (Oktober 2003 – Dezember 2003), wurde eine Zwischenauswertung vorgenommen. Die im Folgenden vorgestellten Daten beziehen sich auf 315 Teilnehmer und Teilnehmerinnen der Online-Befragung. 171 Frauen mit Brustkrebs und 144 Männer mit Prostatakrebs füllten die Online-Fragebögen in den ersten drei Monaten der Befragung aus. (Insgesamt nahmen 676 Probanden an der Online-Befragung im Zeitraum von Oktober 2003 – März 2003 teil.)

	Frauen mit Brustkrebs (N=171)	Männer mit Prostatakrebs (N=144)
Alter		
< 41	11, 7 %	0
41-60	78, 0 %	26, 7 %
61-80	10, 5 %	71, 5 %
> 80	0	2, 8 %
Bildung		
Abitur	40, 0 %	30, 8 %
Hochschulabschluss	24, 6 %	26, 4 %
In Rente bzw. pensioniert	20, 8 %	62, 7 %
Mtl. Netto-Einkommen >3000 •	34, 3 %	35, 2 %

Tabelle 3: Übersicht der Teilnehmerinnen und Teilnehmer an der Online-Befragung

Fast die Hälfte der befragten Frauen und Männer hatte den Eindruck, dass das Internet eine Hilfe bei Wahl einer Therapie war. Frauen und Männer entschieden sich aufgrund ihrer Rechercheergebnisse ähnlich häufig für die Fortsetzung einer Therapie. Jede fünfte Person gab an, dass die Internetnutzung sie darin bestärkte, eine begonnene Therapie fortzusetzen. Etwa jede elfte Person – sowohl Frauen als auch Männer – entschied sich für den Beginn einer weiteren Therapie.

Die Internetnutzung führte jedoch zu unterschiedlichen Entscheidungen bezüglich der medizinischen Behandlung in folgenden Bereichen: Während sich 11,1% der Männer durch das Internet ermutigt sahen, die bisherige Therapieform zu wechseln, entschlossen sich nur 4,7% der Frauen zu diesem Schritt. 11,8% der Männer entschieden sich gegen eine Therapie, die ihnen vom Arzt empfohlen worden war, während dies nur bei 5,3% der Frauen der Fall war. Besonders deutlich ist der Unterschied zwischen Frauen und Männern bei der Entscheidung, während einer Therapie eine weitere zu beginnen. Während sich 19,4% der Männer für eine Parallelbehandlung entschlossen, wurde diese Möglichkeit nur von 3,5% der Frauen wahrgenommen.

Wie lassen sich diese Daten interpretieren? Die folgenden Ausführungen sind als Ideenskizzen gedacht – verbunden mit Überlegungen über mögliche Gender Bias.

Das Verhalten der Männer ließe sich in dem Sinne zusammenfassen, dass sie mit mehr Eigeninitiative über die Behandlung ihrer Erkrankung entscheiden als die Frauen. Diese Daten könnte man als Ausgangsbasis nutzen, um im Anschluss an die Tradition der essenzialistischen Definitionen, die 'Aktivität der Männer' und die 'Passivität der Frauen' zu belegen. Dieser theoretische Ansatz wurde inzwischen mehrfach als unzureichend kritisiert, weil die Wahl des jeweiligen essenziellen Kriteriums recht willkürlich ist (vgl. Connell 2000: 89). In den Gesundheitswissenschaften tauchen sie dennoch häufiger auf (vgl. Schulze/Welters 1991: 71). Ihre Verführungskraft liegt darin, komplexe Zusammenhänge derart zu reduzieren, dass eine auf den ersten Blick plausible und präzise Erklärung entsteht. Deshalb soll in dieser Weise ein Interpretationsversuch vorgenommen werden – wissend, dass damit Geschlechterstereotypen reproduziert werden. Im Verlauf der Interpretationsskizze sollen einige der Daten, die zur Untermauerung dieser These genutzt werden, ein zweites Mal herangezogen werden, um genau das Gegenteil zu belegen und somit die Notwendigkeit einer differenzierten Interpretation zu verdeutlichen.

Die Hypothese der weiblichen Passivität und der männlichen Aktivität ließe sich stärken, denn immerhin hatten 82,6% der Männer und nur 68,4% der Frauen bereits ihre behandelnden Ärzte und Ärztinnen mit Internetinformationen konfrontiert. Jeder vierte Mann dieser Gruppe hatte bereits Erfahrungen mit mehreren Online-Beratungen mit Ärzten und Ärztinnen gesammelt, während dies nur bei jeder fünften Frau der Fall war. Zwei Drittel der Männer nahmen einen Papierausdruck der Informationen mit und konfrontierten die Ärztinnen und Ärzte mit dem gewonnenen Expertenwissen, bei den Frauen hatte knapp die Hälfte einen Ausdruck zum Gespräch mitgenommen. Naheliegend ist die Frage: Gilt es allgemein, dass Männer stärker als Frauen auf ihre Gesundheit achten und einen bewussteren Umgang mit den Angeboten des Gesundheitssystems pflegen? Die Antwort lautet: Nein, das ist keineswegs der Fall, sondern das Gegenteil. Sieverding nutzt Zahlen des Statistischen Bundesamtes, um darauf aufmerksam zu machen, dass im Jahr 2000 doppelt so viele Männer wie Frauen im Alter von 25 und 65 Jahren starben und ein hoher Anteil dieser Todesfälle könne – nach Sieverding (2004) – als „vermeidbare Todesfälle" bezeichnet werden: „Sterbefälle, die nach heutigem medizinischen Kenntnisstand (...) erfolgreich behandelt werden könnten bzw. die durch individuelles Verhalten oder Prävention hätten verhindert werden können" (2004: i.D.).

Es ließe sich einwenden: Dieses Verhalten gilt für die allgemeine männliche Bevölkerung im Alter von 25 bis 65 Jahren. Möglicherweise ändert sich das Verhalten im höheren Alter und in bezug auf krebsspezifische Angeboten. Man könnte dann der Frage nachgehen: Wer nimmt häufiger Krebsfrüherkennungsuntersuchungen in Anspruch, Frauen oder Männer? Krebsfrüherkennungsuntersuchungen werden von Männern relativ selten genutzt. 1995 nahmen nur 14% der anspruchsberechtigten Männer teil, dagegen fast die Hälfte (48%) der anspruchsberechtigten Frauen (Statistisches Bundesamt 1998, zitiert nach Sieverding 2004: i.D.).

Welche Gründe könnten dazu führen, dass Frauen aktiver diese Untersuchungen nutzen als Männer? Frauen wird ab dem 21. Lebensjahr die Teilnahme an Krebsfrüherkennungsuntersuchungen angeboten, während dies für Männer erst ab einem Alter von 45 Jahren vorgesehen ist (Gesundheitsbericht für Deutschland 1998). Im deutschen Gesundheitssystem besteht für Frauen und Männer eine gänzlich unterschiedliche Regelversorgung. Frauen werden mit dem Beginn der Pubertät angehalten, sich regelmäßig gynäkologisch untersuchen zu lassen, während für Männer keine medizinische Kontrolle vorgesehen ist, die sich über alle Phasen des Erwachsenenlebens erstreckt. Es könnte argumentiert werden, dass zur Sozialisation von Frauen gehöre, sich an ärztliche Anweisungen zu halten, während Männer seltener Kontakt mit dem medizinischen System haben. Sie werden in geringerem Maße in einer Weise sozialisiert, dass sie sich an ärztlichen Empfehlungen zu halten haben. Aufgrund der stärkeren Verbundenheit der Frauen mit dem medizinischen System – so könnte angeführt werden, ist es nicht verwunderlich, dass 74,4% der Frauen annehmen, richtig behandelt worden zu sein, während dies nur bei 60% der Männer der Fall ist. Diese Daten könnten gar zum Anlass genommen werden, nicht nur von männlicher Aktivität und weiblicher Passivität zu sprechen, sondern die Dichotomie zu verstärken und in den Daten männlichen Wiederspruchsgeist und weibliche Bereitschaft zur Unterordnung zu erkennen.

Die gleichen Daten könnten aber – leicht verändert formuliert – auch eine ganz andere Einschätzung nahe legen. Oben wurde zitiert, dass 82,6% der Männer und nur 68,4% der Frauen bereits eine/n ihrer behandelnden Ärztinnen/Ärzte mit Informationen aus dem Internet konfrontiert haben. Jeder vierte Mann dieser Gruppe hatte bereits Erfahrungen mit drei Online-Beratungen gesammelt, während dies nur bei jeder fünften Frau der Fall war. Zwei Drittel der Männer nahmen einen Papierausdruck der Informationen mit und konfrontierten ihre Ärzte mit dem gewonnenen Expertenwissen, bei den Frauen hatte knapp die Hälfte einen Ausdruck zum Gespräch mitgenommen. Statt den Unterschied zwischen beiden

Gruppen herauszustellen, wäre es bei diesen Zahlenverhältnissen auch naheliegend, die Gemeinsamkeiten hervorzuheben und den bereits vorhandenen Einfluss des Internets auf die Kommunikation in ärztlichen Gesprächssituationen zu betonen. Möglicherweise sind Frauen gegenüber Ärzten und Ärztinnen weniger kritisch als Männer – denkbar wäre aber auch, dass sie gezielter nach Ärzten suchen, die sie als kompetent erleben und von denen sie sich gut betreut fühlen. Dann ließe sich dieser Unterschied damit erklären, dass eine bewusstere Auswahl durch die Frauen zu mehr Zufriedenheit führt als bei den Männern. Dadurch könnte erklärt werden, dass 74,4% der Frauen annahmen, richtig behandelt worden zu sein, während dies nur 60% der Männer angaben. Diese Datenlage müsste aber auch zum Anlass genommen werden, den Einfluss der krankheitsspezifischen Faktoren in den Blick zu nehmen.

3.1 Geschlechtsspezifik oder Krankheitsspezifik

Wenn Männer an Prostatakrebs erkranken, werden sie bereits bei der Frage der Operation mit unterschiedlichen Auffassungen der Schulmedizin konfrontiert. Während hierzulande in der Regel die Operation empfohlen wird, ist in Skandinavien die Methode des 'wait-and-see' verbreiteter. Dort wird tendenziell seltener operiert, statt dessen wird die Entwicklung des Tumors beobachtet[3]. Diese Auffassung ist auch deshalb für die Männer von Belang, weil mit der Entfernung der Prostata häufig auch eine Entfernung der Samenleiter, die Durchtrennung von Nervensträngen und des Harnleiters verbunden ist. Diese Eingriffe verändern die Erektionsfähigkeit des Gliedes, das Orgasmuserleben, die Zeugungsfähigkeit und die Kontinenz in hohem Maße.

Welche Auffassung der medizinischen Behandlung angemessener ist, gilt es hier nicht zu entscheiden. Bezogen auf das Forschungsthema sind diese medizinischen Aspekte aber von großer Bedeutung, weil sich Männer bereits bei der Entscheidung zur Operation mit widersprüchlichen Auffassungen der Schulmedizin auseinandersetzen müssen, woraus starke Unsicherheiten resultieren. Möglicherweise führten die stark beeinträchtigenden Nebenwirkungen der Operation dazu, dass sich 15,3% der Männer nicht schulmedizinisch behandeln ließen, obwohl

---

3   „Die Behandlung richtet sich nach der Ausbreitung des Tumors. Eine Sonderstellung nehmen dabei sehr kleine, nach feingeweblichen Merkmalen wenig bösartige Tumoren ein. In dieser Situation gibt es zwei Therapiemöglichkeiten: operative Entfernung der Prostata oder 'abwarten und beobachten'. Da sich Vorteile im Hinblick auf die Überlebenswahrscheinlichkeit erst nach zehn Jahren gezeigt haben, profitieren vor allem ältere Menschen von der sogenannten 'wait-and-see'-Strategie: die Operation bleibt ihnen erspart, und sie leben nicht weniger lang" http://www.dkfz-heidelberg.de/Patienteninfo/prostata.htm (24.5.04).

sie wussten, dass sie erkrankt waren. Nur 2,4% der Frauen verhielten sich in dieser Weise. Das Alter könnte diese Entscheidung mitbedingen. Über drei Viertel der Probandinnen waren zwischen 41 und 60 Jahre alt. Nur ein Viertel der Männer gehörte dieser Altersgruppe an. Die meisten Probanden waren älter. Dementsprechend könnten die Männer abgewogen haben zwischen Nebenwirkungen der Therapie und den damit verbundenen Einschränkungen in die Lebensqualität auf der einen Seite und der potenziellen Lebensverlängerung auf der anderen Seite.

Wenn Frauen an Brustkrebs erkranken, wird ihnen von ärztlicher Seite zur Operation geraten. Nach schulmedizinischer Auffassung besteht die Notwendigkeit der Entfernung des Tumors: je früher er entfernt wird, um so geringer ist die Wahrscheinlichkeit, dass sich Krebszellen im Körper ausbreiten. In dieser zentralen Frage sind widersprüchliche Empfehlungen selten, erst bei den weiteren Fragen, der Art des operativen Eingriffs und der anschließenden Therapien nimmt die Eindeutigkeit ab und die Unsicherheit zu.

3.2 Partizipative Entscheidungsfindung: Geschlechtsspezifsch oder ressourcenabhängig?

Es wurde bereits angedeutet, dass die häufige Einbeziehung von Internetinformationen sowohl von Männern als auch von Frauen ein Hinweis ist, dass sich das traditionelle Arzt-Patient-Verhältnis wandelt. Patienten und Patientinnen fordern zunehmend, dass sie 'auf gleicher Augenhöhe' ärztlich beraten werden (vgl. Mayer 2004: 320). Zusammenfassend lässt sich zwar festhalten, dass sich in den zitierten Daten bisher bei den Frauen eine stärkere Zustimmung und positivere Bewertung der Angebote des Versorgungssystems als bei den Männern zeigt. Noch kann dies aber nicht abschließend erklärt werden. Es könnte sein, dass die oben angeführten Deutungen – zumindest teilweise – zutreffen, es könnte aber auch eine gegenteilige Erklärung herangezogen werden. Möglicherweise wissen die Frauen – jünger als die Männer, relativ gut ausgebildet und ökonomisch gesichert – die Ressourcen zu nutzen, durch die sie umfassende Beratungsangebote zur Erkrankung in Anspruch nehmen und damit Prozesse anstoßen können, die zur „partizipativen Entscheidungsfindung" ('shared-decision-making') führen. Dieser Ansatz basiert auf dem Gedanken, dass Rahmenbedingungen, die die Einbeziehung von Patienten in Entscheidungsprozesse fördern, bei diesen zu mehr Wissen über die Erkrankung führen und dadurch zu realistischeren Erwartungen über den Verlauf, zu einer beständigeren Umsetzung der gewählten Behandlung ('compliance'), zu höherer Patientenzufriedenheit und sehr wahrscheinlich auch zu höherer Therapiewirksamkeit (vgl. Härter 2004: 89). Ob dies tatsächlich der Fall ist, wird zu prüfen sein.

4 Fazit

Die Ausführungen zur Entwicklung und Auswertung der Online-Fragebögen sollen aufzeigen, dass bei geschlechtervergleichenden Studien gefragt werden muss, wie Forschungsinstrumente entwickelt werden können, die die Identifikation von geschlechtsspezifischen Faktoren ermöglichen und mit deren Hilfe gleichzeitig Zusammenhänge aufgedeckt werden können, in denen andere Ungleichheitsverhältnisse in viel stärkerem Maße wirken. Dies ist eine wesentliche Voraussetzung, um einerseits nicht in die Sackgasse der ungewollten Reproduktion von Geschlechterstereotypen zu geraten und andererseits der unangemessenen Entwertung der Kategorie Geschlecht entgegenzuwirken (vgl. Koch/Winkler 2003: 31). Die dargestellten Interpretationsmöglichkeiten sind allesamt als vorläufig anzusehen. Sie werden im weiteren Forschungsprozess gestützt, widerlegt und erweitert werden. Bezogen auf dieses Forschungsprojekt wird methodisch zu überprüfen sein, ob die gendersensitiv konstruierten Erhebungsinstrumente tatsächlich in der Lage sind, auch gendderrelevante Aspekte herauszufiltern. Zentrale Fragen bleiben im diesem Zusammenhang vor allem: In welchem Beziehungsgeflecht stehen Geschlecht, Bildung, beruflicher Hintergrund, Alter usw. zur krankheitsspezifischen Internetnutzung? Welche krankheitsbezogenen Aspekte, kulturellen Voraussetzungen und gesellschaftlichen Rahmenbedingungen sind in die Interpretation der krankheitsbezogenen Internetnutzung einzubeziehen?

Literatur

Connell, Robert W. (2000): Der gemachte Mann. Konstruktion und Krise von Männlichkeit. Opladen: Leske+Budrich

Döring, Nicola (1999): Sozialpsychologie des Internets. Die Bedeutung des Internets für Kommunikationsprozesse, Identitäten, soziale Beziehungen und Gruppen. Göttingen: Hogrefe

Bundesministerium für Gesundheit und Soziale Sicherung/Statistisches Bundesamt (Hrsg.): Gesundheitsbericht für Deutschland 1998. http://www.gbe-bund.de/pls/gbe/trecherche.prc_them_rech (15.5.2004)

Härtel, Ursula (2000): Geschlechtsspezifische Aspekte in der Rehabilitation: Das Beispiel koronare Herzkrankheit. In: Bengel, Jürgen/Uwe Koch (Hrsg.): Grundlagen der Rehabilitationswissenschaften. Berlin und Heidelberg: Springer. 215-238

Härter, Martin (2004): Partizipative Entscheidungsfindung (Shared Decision Making) – ein von Patienten, Ärzten und der Gesundheitspolitik geforderter Ansatz setzt sich durch. In: Zeitschrift für ärztliche Fortbildung und Qualität im Gesundheitswesen 98. Heft 2. 89-92

Hagemann-White, Carol (1993): Die Konstrukteure des Geschlechts auf frischer Tat ertappen? – Methodische Konsequenzen einer theoretischen Einsicht. In: Feministische Studien. Jg. 11, Heft 2. 68-78

Hurrelmann, Klaus/Kolip, Petra (Hrsg.) (2002): Geschlecht, Gesundheit und Krankheit – Männer und Frauen im Vergleich. Bern: Huber

Kirschning, Silke (2001): Brustkrebs. Der Diagnoseprozess und die laute Sprachlosigkeit der Medizin. Opladen: Leske+Budrich

Koch, Gertraud/Winker, Gabriele (2003): Genderforschung im geschlechterdifferenten Feld der Technik. In: Stuttgarter Beiträge zur Medienwirtschaft. Heft 8. 31-40

Kolip, Petra (2002): Pulsschlag. In: Forschungsjournal NSB 2002. Jg. 15, Heft 2. 143-151

Maschewsky-Schneider, Ulrike/Fuchs, Judith (2001): Gender Bias – Gender Research: Entwicklung von methodologischen Standards zu geschlechtsspezifischer Forschung am Beispiel Public Health. In: Worringen, Ulrike/Zwingmann, Christian (Hrsg.): Rehabilitation weiblich – männlich. Geschlechtsspezifische Rehabilitationsforschung. München und Weinheim: Juventa. 235-252

Mayer, Julika (2004): Arzt-Patienten-Beziehung im Wandel. In: Jähn, Karl/Nagel, Eckhard (Hrsg.): e-Health. Berlin und Heidelberg: Springer. 320-325

Robert-Koch-Institut (Hrsg.): Krebsbroschüre 2002. http://www.rki.de/GBE/KREBS/KREBS.HTM?/GBE/KREBS/SCHAETZUNG2003/DEUTRENDS2003.HTM&1 (15.5.2004)

Sachverständigenrat für die Konzertierte Aktion im Gesundheitswesen (2001): Bedarfsgerechtigkeit und Wirtschaftlichkeit, Band III; Über-, Unter- und Fehlversorgung des Gutachtens 2000/2001. http://www.ikk.de/ikk/generator/ikk/service-und-beratung/bestellung-und-download/4466.pdf

Schulze, Christa/Welters, Ludger (1991): Geschlechts- und altersspezifisches Gesundheitsverständnis. In: Flick, Uwe (Hrsg.): Alltagswissen über Gesundheit und Krankheit. Subjektive Theorien und soziale Repräsentationen. Heidelberg: Ansager. 70-86

Sieverding, Monika (2004): Geschlecht und Gesundheit. In: Schwarzer, Ralf (Hrsg.): Gesundheitspsychologie. Enzyklopädie der Psychologie. Göttingen: Hogrefe. (i.D)

TNS Emnid, Initiative D21 (Hrsg.) (2004): (N)Onliner Atlas. Eine Topographie des digitalen Grabens durch Deutschland. http://www.nonliner-atlas.de

Verzeichnis der Autorinnen und Autoren

Ralf Biermann

Dipl.-Soz.-Päd., wissenschaftlicher Mitarbeiter im Forschungsprojekt „Medienbiografien mit Kompetenzgewinn" (Leitung: HD Dr. Kommer, Pädagogische Hochschule Freiburg, KGBI). Ralf Biermann promoviert mit dem Thema „Konstruktion von Medienkompetenz in Internetspielgemeinschaften". Seine bisherigen Arbeitsschwerpunkte sind Jugendkulturen, Neue Medien und Arbeiten mit Multimedia.

Dr. Sylvia Buchen

Professorin für Erziehungswissenschaft (Schulpädagogik) und Gender Studies an der Pädagogischen Hochschule Freiburg. Sylvia Buchen ist Leiterin des „Hochschulartenübergreifenden Kompetenzzentrums für Genderforschung und Bildungsfragen in der Informationsgesellschaft (KGBI)" und des Projektes „Interneterfahrungen und Habitusformen von weiblichen und männlichen Jugendlichen im Haupt- und Realschulbereich". Ihre Arbeitsschwerpunkte sind Hermeneutische Bildungs-, Schul- und Beratungsforschung; Genderforschung, Kulturforschung (deutsch-deutsche Kulturdifferenz) und Neue Medien.

Elke Billes-Gerhart

Lehramtsstudium für Grund- und Hauptschule, wissenschaftliche Mitarbeiterin im Projekt „Medienkompetenz unter der Perspektive ethnischer und geschlechtlicher Differenz" (Leitung Prof. Dr. Treibel, Pädagogische Hochschule Karlsruhe, KGBI). Derzeit promoviert Elke Billes-Gerhart zur Thematik „Medienkompetenz von Lehramtsstudierenden" an der Pädagogischen Hochschule Karlsruhe. Ihre bisherigen Arbeitsschwerpunkte sind Gegenwartsgesellschaft, Neue Medien, Bildung und Erziehung.

Dr. Nina Degele

Professorin für Soziologie und Gender Studies am Institut für Soziologie der Universität Freiburg. Ihre Arbeitsschwerpunkte sind Modernisierung, Körper, Arbeit und Geschlecht sowie Soziologie des Wissens, der Wissenschaft und der Technik.

Dr. Hannelore Faulstich-Wieland

Professorin für Erziehungswissenschaft mit Schwerpunkt Schulpädagogik unter besonderer Berücksichtigung von Sozialisationsforschung an der Universität Hamburg. Ihre Arbeitsschwerpunkte sind Koedukation, Geschlechterverhältnis im Bildungssystem sowie Mädchen und Frauen in Technik und Naturwissenschaft.

Dr. Silke Birgitta Gahleitner

Studium der Sozialarbeit und Sozialpädagogik, Promotion in Klinischer Psychologie. Silke Brigitta Gahleitner ist tätig als Lehrbeauftragte an verschiedenen Berliner Hochschulen und Psychotherapeutin in einer stationären Einrichtung für Mädchen und junge Frauen nach (sexueller) Traumatisierung. Ihre Arbeitsschwerpunkte sind psychosoziale Beratung, Psychotraumatologie und Traumatherapie, Genderforschung, (sexuelle) Gewalt an Kindern und Jugendlichen und qualitative Forschungsmethoden.

Dr. Regine Gildemeister

Professorin für „Soziologie der Geschlechterverhältnisse" an der Universität Tübingen. Ihre Arbeitsschwerpunkte sind Prozesse der sozialen Konstruktion von Geschlecht: Interaktion und Geschlecht, Analyse von Professionalisierungsprozessen insbesondere in Sozial- und Gesundheitsberufen, Interaktions-, Organisations- und Institutionenanalyse und rekonstruktive Sozialforschung.

Dr. Damaris Güting

Lehramtsstudium und Promotion in Erziehungswissenschaft. Damaris Güting hat promoviert zum Thema „Soziale Konstruktion von Geschlecht im Unterricht. Ethnographische Analysen alltäglicher Inszenierungspraktiken". Ihre Arbeitsschwerpunkte sind Konstruktivistische Gendertheorie, empirische Geschlechterforschung in der Schule, pädagogische Professionalität von Lehrenden, qualitative Methodologie mit Schwerpunkt Ethnografie.

Dr. Cornelia Helfferich

Professorin für Soziologie an der Evangelischen Fachhochschule für Soziale Arbeit, Diakonie und Religionspädagogik. Cornelia Helfferich leitet das Projekt „Neue Medien in der sexualpädagogischen Arbeit in der Schule – Mediennutzung und Geschlechterinteraktion im Entwicklungsbezug" (KGBI). Ihre Arbeitsschwerpunkte sind die Umsetzung von Gender-Theorien bei der Weiterentwicklung sozialpädagogischer Konzepte für jugendliche Zielgruppen (insbesondere im Bereich der Suchtprävention), Genderfragen im Zusammenhang mit sozialer Lage und Familie sowie Geschlechterbeziehungen im Lebenslauf von Frauen und Männern.

Dr. Silke Kirschning

Leiterin des DFG-Projektes „Krebserkrankung und Internetnutzung" (gefördert von der Deutschen Forschungsgemeinschaft), Dipl.-Sozialarbeiterin und -pädagogin, Promotion in Soziologie. Ihre Arbeitsschwerpunkte sind der gesellschaftliche Umgang mit Krankheit und Behinderung, die Kommunikation zwischen Erkrankten und dem betreuenden Fachpersonal, Möglichkeiten und Grenzen der Selbsthilfe, die Rolle der Angehörigen sowie Veränderungen im Umgang mit Krankheit und Gesundheit durch die Potenziale des Internets.

Dr. Sven Kommer

Hochschuldozent für Medienpädagogik an der Pädagogischen Hochschule Freiburg. Sven Kommer ist Leiter des Projekts „Medienbiografien mit Kompetenzgewinn" (KGBI). Seine Arbeitsschwerpunkte sind Mediennutzung von Kindern und Jugendlichen, Entwicklung der Medienlandschaft, Medieneinsatz in der Schule und Kindheits- und Jugendforschung unter besonderer Berücksichtigung der Neuen Medien.

Maja S. Maier

Soziologin (M.A.), Projektkoordinatorin des „Hochschulartenübergreifenden Kompetenzzentrums für Genderforschung und Bildungsfrage in der Informationsgesellschaft (KGBI)". Derzeit promoviert Maja S. Maier an der TU Dresden zum Thema „Homosexuelle und heterosexuelle Paarbeziehungen im Vergleich". Ihre Arbeitsschwerpunkte sind Geschlechterverhältnisse, Soziale Ungleichheit, Familien- und Paarforschung, Körpersoziologie und Institutionentheorie.

Dr. Burkhard Schäffer

Oberassistent am Lehrstuhl für Erziehungswissenschaftliche Medienforschung unter Berücksichtigung der Erwachsenen- und Weiterbildung an der Universität Magdeburg. Seine Arbeitsschwerpunkte sind Medien und Generation, Qualitative Methoden (insbesondere Gruppendiskussionsverfahren und dokumentarische Methode) und Jugendkulturen.

Dr. Dominique Schirmer

Sinologin und Soziologin. Derzeit wissenschaftliche Mitarbeiterin im interdisziplinären Projekt „Körper – Kultur – Medien" am Institut für Soziologie an der Universität Freiburg. Ihre Forschungsschwerpunkte sind die Volksrepublik China im Wandel, Pazifikasien, Qualitative Forschung, Meta-Soziologie und Geschlecht.

Dr. Christiane Schmidt

Dipl.-Päd, freiberufliche Weiterbildnerin für internetgestütztes Arbeiten und Lernen sowie für Methoden empirischer Forschung, Lehrbeauftragte und Habilitandin an der Universität Hildesheim. Ihre aktuellen Forschungsschwerpunkte sind Didaktik und Evaluation netzgestützter Lehre und Weiterbildung, Diversity in virtuellen Teams, subjektive Realität der Computerisierung, Weiterentwicklung qualitativer Forschungsmethoden in der Erziehungswissenschaft.

Andreas Schnirch

Dipl.-Ing. (FH), wissenschaftlicher Mitarbeiter im Projekt „Lernen mit Neuen Medien – Chancen für Mädchen und Jungen in der naturwissenschaftlichen Ausbildung" (Leitung: Prof. Dr. Welzel, Pädagogischen Hochschule Heidelberg, KGBI) und Dozent bei Stiftung Rehabilitation Heidelberg SRH Learnlife AG. Seine Arbeitsschwerpunkte sind Lernen mit Neuen Medien und Erwachsenenbildung.

Dr. Gabriele Sobiech

Professorin für Sport an der Pädagogischen Hochschule Freiburg. Ihre Arbeitsschwerpunkte sind historische und moderne Formen der Körperdisziplinierung, Körperformung und Körpernutzung, Konstruktionen von Weiblichkeit und Männlichkeit im Sport; Körper- Bewegungs- und Raumaneignung, insbesondere die Chancen und Risiken für Mädchen in Kindheit und Pubertät sowie die Kommunikation und Interaktion in Sport und Sportunterricht.

Ingo Straub

Dipl.-Päd., wissenschaftlicher Mitarbeiter im Projekt „Interneterfahrungen und Habitusformen von weiblichen und männlichen Jugendlichen im Haupt- und Realschulbereich" (Leitung Prof. Dr. Buchen, Pädagogische Hochschule Freiburg, KGBI). Ingo Straub promoviert zum Thema „Männlichkeitskonstruktionen – eine hermeneutische Fallrekonstruktion zur Bedeutung neuer Medien im Sozialisationsprozess männlicher Jugendlicher". Seine Arbeitsschwerpunkte sind Schulgeschichte/Schultheorie, Qualitative Sozialforschung (dokumentarische Methode) und Genderforschung.

Dr. Annette Treibel

Professorin am Institut für Sozialwissenschaften und Europäische Studien (Abt. Soziologie) an der Pädagogischen Hochschule Karlsruhe. Annette Treibel ist stellvertretende Leiterin des „Hochschulartenübergreifenden Kompetenzzentrum für Genderforschung und Bildungsfragen in der Informationsgesellschaft (KGBI)" und Leiterin des Projektes „Medienkompetenz unter der Perspektive ethnischer und geschlechtlicher Differenz". Ihre Arbeitsschwerpunkte liegen im Bereich Migrationsforschung, Soziologische Theorien, Geschlechterforschung und Zivilisationstheorie.

Dr. Manuela Welzel

Professorin für Physik und ihre Didaktik an der Pädagogischen Hochschule Heidelberg. Sie leitet das Projekt „Lernen mit Neuen Medien – Chancen für Mädchen und Jungen in der naturwissenschaftlichen Ausbildung" (KGBI). Ihre Arbeitsschwerpunkte liegen in der Untersuchung von Lehr-Lern-Prozessen und darauf aufbauend in der Erstellung, Bearbeitung und Evaluation von didaktischen Konzepten für die Physikausbildung an Schulen und Hochschulen.

Bettina Wilke

Soziologin und Sprachwissenschaftlerin (M.A.). Bettina Wilke promoviert derzeit zum Thema „Popularisierung und Aneignung von Wissen und Wissenschaft am Beispiel des Bestsellers ‚Warum Männer nicht zuhören und Frauen schlecht einparken'". Ihre Arbeitsschwerpunkte sind feministische Theorien, Gender Studies, Queer Theory und qualitative Sozialforschung.

Dr. Gabriele Winker

Professorin für Arbeitswissenschaft und Gender Studies an der TU-Hamburg-Harburg und Leiterin des Arbeitsbereichs Arbeit – Gender – Technik. Ihre Forschungsschwerpunkte sind Internetforschung aus Genderperspektiven, Ko-Konstruktionen von Technik und Geschlecht sowie Geschlechterarrangements in flexiblen Arbeits- und Lebensformen.

Neu im Programm Soziologie

Gabriele Klein
Electronic Vibration
Pop - Kultur - Theorie
2004. 310 S. Br. EUR 24,90
ISBN 3-8100-4102-5

Das Buch entwickelt eine Kulturtheorie des Pop und legt dabei ein besonderes Augenmerk auf Körperinszenierungen. Auf der Grundlage einer empirischen Untersuchung der Jugendkultur Techno wird eine an Bourdieu und den Cultural Studies angelehnte theoretische Skizze der Popkultur vorgestellt, die die lebensweltliche Relevanz globalisierter Kulturen, wie es jugendliche (Pop)Musikkulturen seit ihren Anfängen sind, herausarbeitet. Das Buch gibt Antworten auf die Fragen, warum Techno eine Tanzkultur war und ist und welche Rolle die Körpertechniken und -inszenierungen in dieser Jugendkultur spielen.

Corinna Kleinert
FremdenFeindlichkeit
Einstellungen junger Deutscher zu Migranten
2004. 318 S. Br. EUR 32,90
ISBN 3-531-14202-X

In diesem Buch wird das Phänomen Fremdenfeindlichkeit grundlegend analysiert: Was ist unter Fremdheit zu verstehen? Warum und wann werden Fremde zu Feinden? Warum trifft das Phänomen nur bestimmte Gruppen von Fremden, andere hingegen nicht? Was sind die Ursachen fremdenfeindlicher Einstellungen? Diese Fragen werden nicht nur theoretisch beantwortet, sondern empirisch anhand einer deutschlandweit repräsentativen Befragung nachgeprüft.

Christine Weinbach
Systemtheorie und Gender
Das Geschlecht im Netz
der Systeme
2004. 206 S. Br. EUR 24,90
ISBN 3-531-14178-3

In dieser Arbeit wird zum ersten Mal der systematische Versuch einer fruchtbaren Begegnung von Systemtheorie und Gender Studies vorgenommen. Ausgangspunkt bildet die Unterscheidung von Bewusstsein und Kommunikation. Die These lautet, dass die je spezifische Strukturierung der stets geschlechtlichen Person einen geschlechtstypischen psychischen und sozialen Unterschied macht.

Erhältlich im Buchhandel oder beim Verlag.
Änderungen vorbehalten. Stand: Juli 2004.

www.vs-verlag.de

VS VERLAG FÜR SOZIALWISSENSCHAFTEN

Abraham-Lincoln-Straße 46
65189 Wiesbaden
Tel. 0611.7878-722
Fax 0611.7878-400